PRÉCIS

DROIT DES GENS

MODERNE

DE L'EUROPE

SAINT-DENIS. — TYPOGRAPHIE DE A. MOULIN.

PRÉCIS

DU

DROIT DES GENS

MODERNE

DE L'EUROPE

PAR

G. F. DE MARTENS

AUGMENTÉ DES NOTES DE PINHEIRO-FERREIRA

Précédé d'une Introduction et complété

PAR L'EXPOSITION DES DOCTRINES DES PUBLICISTES CONTEMPORAINS

et suivi d'une *Bibliographie* raisonnée du Droit des Gens

PAR M. CH. VERGÉ

AVOCAT, DOCTEUR EN DROIT

2ᵉ Édition, enrichie de nouvelles Notes et mise au courant des événements contemporains.

TOME PREMIER

PARIS

GUILLAUMIN ET Cⁱᵉ, LIBRAIRES

Éditeurs du Journal des Économistes, de la Collection des principaux Économistes
du Dictionnaire de l'Économie politique, du Dictionnaire universel du Commerce et de la Navigation, etc.

RUE RICHELIEU, 14

—

1864

LE DROIT DES GENS

AVANT ET DEPUIS 1789.

Les sciences morales et politiques sont solidaires dans leur développement et dans leur décadence. Cette solidarité des sciences morales et politiques n'avait pas échappé à l'antiquité alors même qu'elles n'étaient pas parvenues à leur entier épanouissement. Cicéron la constate dans des termes non équivoques : « *Etenim omnes artes, quæ ad humanitatem pertinent, habent quoddam commune vinculum, et quasi cognatione quadam inter se continentur.* » (*Pro Archia*, I.) Aujourd'hui cette vérité brille d'un bien plus vif éclat. Elle est surtout apparente pour le droit des gens, qui a ses racines dans la morale et dans la philosophie, qui emprunte quelques-unes de ses règles et de ses formules au droit privé et aux enseignements de l'histoire, et dont l'économie politique par sa diffusion étend chaque jour l'empire et les moyens d'action.

Le droit des gens, qui n'est avant tout que l'application

I.   *a*

du droit naturel ou de la loi divine et primitive aux rapports internationaux, est, comme science et même comme
ensemble de principes et de pratiques systématiquement
conçues, de création toute moderne, bien que l'antiquité
l'ait connu et observé dans une certaine mesure. Pour que
la loi morale tende à s'établir dans les relations de peuple
à peuple, elle doit d'abord prévaloir au sein de chacun
d'eux en particulier ; il faut que les législations particulières satisfassent plus ou moins aux exigences de la raison,
aux inspirations de la conscience, aux prescriptions du bon
sens ; il faut, enfin, que le sentiment de l'humanité ait jeté
d'universelles racines. Entre les perfectionnements du droit
à l'intérieur et l'amélioration des rapports extérieurs des
peuples, il y a un rapport incontestable. Ce double travail
s'accomplit, à travers les mêmes phases de luttes, de succès
et de revers. Les vérités se dégagent lentement et s'implan-
tent plus lentement encore. A l'origine des sociétés, règne
le patriotisme le plus étroit, l'individualisme le plus
égoïste : dans leur entier développement, c'est la fraternité
la plus large, le cosmopolitisme le plus élevé. Entre ces
deux termes dont l'un est mystérieusement enfoui dans la
nuit des temps, dont l'autre n'est qu'un idéal sublime et
irréalisable, il y a toute la série du développement des idées
morales qui se dégagent insensiblement de la conscience
de l'homme et des peuples, et qui jettent successivement
leur clarté sur la famille, la cité, l'État, la société humaine.

Le mouvement qui porte les nations vers un mutuel rapprochement a été tellement accéléré depuis un demi-siècle,
qu'on serait tenté de croire qu'il ne date que de cette

époque. Ce serait cependant une grave méprise, le droit des gens a de plus vieilles origines, comme le droit naturel d'où il découle. Qu'est-ce en effet que l'un et que l'autre, sinon la substitution de l'équité à la force, la prédominance des considérations de justice sur celles d'intérêt, dans toutes les sphères de l'activité humaine? Dire qu'il y a un droit naturel, c'est affirmer qu'en dépit de nos tendances instinctives, de l'âpreté de nos désirs, de l'entraînement de nos passions, en dépit des suggestions de notre avantage personnel, nous sommes soumis à certaines obligations invariables, tenus de fléchir devant certains principes impersonnels, et d'accomplir les actes qui en dérivent, quelques conséquences qu'ils puissent entraîner pour notre bien-être. Les conflits que la morale essaye de prévenir ou de calmer au dedans de chaque individu, le droit naturel essaye de les prévenir ou de les terminer d'homme à homme. Les règles que ces principes nous imposent ou plutôt qu'ils nous proposent, ils ne nous contraignent pas de nous y conformer, mais ils nous contraignent à en reconnaitre, à en attester la réalité. Alors même que nous les violons, nous les attestons par les efforts que nous faisons pour nous soustraire à leur influence, par les distinctions instinctives que nous établissons entre le bien et le mal, par les idées de mérite et de démérite, par les expressions de blâme ou d'approbation, par les sentiments de remords ou de satisfaction interne, par la conscience enfin de la responsabilité qui nous incombe toutes les fois que nous sacrifions à ce qui nous plaît ou à ce qui nous sert, ce qui nous apparaît comme bon en soi, et par conséquent comme vrai en soi. Que notre volonté, éclairée par l'intelligence, dotée

de la liberté, fortifiée par l'expérience, puisse réaliser le
bien moral, c'est ce qu'il est difficile de nier ; que l'individu, élevé au rang de créature morale, n'ait pas d'autre
impulsion, d'autre *criterium*, d'autre frein que ses besoins
propres, c'est ce que le témoignage de l'expérience, à défaut de celui de la raison, suffirait à refuter : si j'ai des
devoirs à remplir envers moi-même en vue des conditions
de ma fin morale, tout autre individu est dans des conditions identiques. Chacun d'eux a comme moi une âme, une
raison, une destinée, autant de droits que moi à la réaliser.
Chacun d'eux est tenu de faire, comme moi, triompher son
intérêt raisonné de ses appétits brutaux, et sa conscience,
de son intérêt, libre de se développer en développant ses
facultés, et obligé de se faire respecter dans l'accomplissement de ses devoirs [1].

---

[1] Ce caractère de la loi morale est présenté avec éloquence par
M. Barthélemy Saint-Hilaire dans un mémoire sur la science sociale
communiqué à l'Académie des sciences morales et politiques. « La loi
morale, dit-il, n'est pas une loi individuelle, c'est une loi commune.
Elle peut être plus puissante et plus élevée dans telle conscience que
dans telle autre, mais elle est dans toutes à un degré plus ou moins
fort. Elle parle à tous les hommes le même langage, quoique tous ne
l'entendent pas également. Il suit de là que la loi morale n'est pas
uniquement la règle de l'individu, c'est elle encore qui fait à elle seule
les véritables liens qui l'associent à ses semblables. Si les besoins rap-
prochent les hommes, les intérêts les séparent quand ils ne les arment
pas les uns contre les autres, et la société qui ne s'appuierait que sur
des besoins et des intérêts, serait bientôt détruite. Les affections même
de la famille, qui suffiraient à la commencer, ne suffiraient point à la
maintenir. Sans la communauté morale, la société humaine serait impossible. Peut-être les hommes vivraient-ils en troupes comme quelques
autres espèces d'animaux ; mais ils ne pourraient jamais avoir entre
eux ces rapports et ces liens durables qui forment les peuples et les
nations, avec les gouvernements plus ou moins parfaits qu'ils se donnent et qui subsistent des siècles. C'est parce que l'homme sent ou se

La filiation évidente et nécessaire de ces diverses idées n'échappe qu'à ceux qui ont intérêt à la fausser ou qui prononcent sur ces questions sans les approfondir : l'idée d'une fin morale engendre l'idée des devoirs à accomplir pour y atteindre, et les garanties nécessaires à l'accomplissement des devoirs ne sont autres que ce qu'on appelle les droits. Selon que ces droits naturels sont plus ou moins bien déterminés par les législations positives chargées de les faire prévaloir, une société est plus ou moins bien assise et durable. La civilisation suppose que les rapports de droit naturel entre les hommes sont en général assurés; que l'exercice de la liberté de chacun, contenu dans les limites où elle gènerait la liberté d'autrui, ne supporte pas d'autres restrictions que celles-là; que la liberté du travail et la libre jouissance de ses fruits sont garanties; que la société, veillant à la sécurité de ses membres ou capable d'en réparer les lésions, protége l'inviolabilité du domicile et de la propriété, la facilité de la circulation, la diffusion des lumières et l'association des forces; qu'elle maintient par des règles fixes et reconnues le libre arbitre des individus, la commodité des échanges; qu'elle ménage la puissance contributive de chacun, et donne aux contributions publiques le meilleur emploi pour ceux qui les acquittent; que des prescriptions arbitraires ou erronées dans leur principe n'exploitent aucune classe de citoyens, ne renchérissent pas artificiellement les denrées, ne rétrécis-

dit que les autres hommes comprennent aussi la loi morale à laquelle il est soumis lui-même, qu'il peut traiter avec eux. Si des deux parts on ne la comprenait pas, il n'y aurait point de liaisons ni de contrats possibles. » — *Séances et travaux de l'Académie des sciences morales et politiques*, t. XXXIII, p. 200.

sent pas les avenues du travail ; que les idées peuvent se
faire jour dans une nation sans craindre une compres-
sion inintelligente ou sans engendrer l'anarchie ; qu'enfin la vie matérielle, la vie intellectuelle et la vie morale
s'y manifestent et s'y fortifient sans mollesse et sans li-
cence.

Tout cela, c'est la civilisation, qui semble avoir trois
conditions, la morale dominant l'individu, le droit naturel
inspirant la société, le droit des gens gouvernant les rapports des sociétés entre elles. Au fond, ces trois conditions
n'en font qu'une : le droit naturel, c'est la morale sociale,
le droit des gens, c'est le droit naturel universalisé. Si une
société est une agrégation de créatures morales et qui
tendent à en remplir les conditions, le monde n'est qu'une
agrégation de sociétés morales ou qui tendent à le devenir :
dans le monde, comme dans une société, tous ne marchent
point du même pas, et chacun a besoin de tous ; l'ensemble
ne subsiste et surtout n'arrive au complet développement
de ses forces natives, qu'à la condition de s'appuyer sur les
ressources collectives. Pour les peuples comme pour les individus, la liberté de chacun limite celle des autres, l'intérêt de chacun heurterait celui des autres, s'il se développait
sans règle, et, dans un cas comme dans l'autre, les tenta-
tions sont grandes de substituer le commode au juste. De
même qu'il y a un égoisme individuel, il y a un égoisme
collectif, national : le patriotisme exclusif, c'est-à-dire entendu comme un sentiment irrésistible, sans être accessible
aux idées de justice, de fraternité et de solidarité communes, égare au lieu d'éclairer. Qu'était-ce autre chose
qu'un patriotisme de ce genre, le sentiment qui faisait con-

sidérer tous les étrangers comme barbares par les Grecs et les Romains, ou qui pousse aujourd'hui encore certaines républiques du Nouveau-Monde à tolérer, à encourager l'invasion armée de territoires indépendants? La justice plane donc au-dessus de l'intérêt national comme de l'intérêt individuel, et quand elle introduit dans les rapports de peuple à peuple certaines règles protectrices de l'indépendance et du libre développement de chacun, quand ces règles se manifestent elles-mêmes par certaines formes, certaines pratiques, certaines conventions, certaines coutumes, destinées à en assurer l'observation, l'ensemble de toutes ces règles, formes, pratiques, conventions, coutumes, constitue le droit des gens.

Mais, comme il y a une morale instinctive qui inspire jusqu'à un certain point l'individu, un droit naturel instinctif qui organise jusqu'à un certain point toute société antérieurement à l'organisation scientifique de l'une et de l'autre, il y a également une sorte de droit des gens instinctif qui préexiste au droit des gens formulé et codifié pour ainsi dire dans des traités ou dans des ouvrages didactiques, et qui donne aux relations internationales, à défaut de sécurité et de fixité, plus ou moins de garanties A défaut de principes, il y a des tendances et des coutumes; à défaut de règles, des formes; à défaut de conventions, des usages. La religion, le sens moral, l'intérêt même jettent les bases de ce droit des gens instinctif, le seul que semblent avoir connu les peuples anciens. L'empire du lien d'hospitalité, le droit d'asile assuré aux édifices religieux, les formes solennelles dans lesquelles on déclarait la guerre ou promettait la paix, le respect des traités invoqué

ou vengé au nom des dieux, la grâce de la vie faite aux
vaincus : tels sont, chez les Hébreux, les Grecs et les Romains, quelques-uns des traits du droit des gens instinctif,
tel qu'il est sorti des inspirations de la religion et d'un ensemble d'usages particuliers ; mais ils n'empêchèrent ni la
haine de l'étranger, ni la perfidie dans les luttes, ni l'esprit
de ruse et de trahison dans les rapports des peuples, ni la
cruauté dans les conquêtes, ni la difficulté des communications hors du territoire national. C'est que l'idée-mère du
droit des gens ne s'était pas encore manifestée dans le
monde. La religion, la cité, était tout ; chaque peuple se
proposait comme but dernier ou le triomphe de sa croyance,
ou la prépondérance de sa civilisation, ou la suprématie de
ses armes. Au fond, c'était le principe de la souveraineté
du but et de la subordination des moyens. Quant au respect
pour la qualité d'homme, pour l'inviolabilité des territoires, il n'en était pas question : l'exclusivisme religieux et
politique, tel était alors le fondement des relations internationales. Quand un peuple se croyait le plus fort, il en-
vahissait ; quand il se sentait le plus faible, il demandait à
traiter ; l'étranger était un ennemi, ou tout au moins un
espion. En temps de guerre, chacun se croyait tout permis ;
injuste dans ses origines, barbare dans ses procédés, la
guerre était l'état normal des populations anciennes,
comme la paix semble devoir être l'état normal des nations
modernes. Passer au fil de l'épée des populations entières,
s'introduire furtivement dans la tente d'un général ennemi
pour le frapper du glaive ou provoquer contre lui l'empoisonnement, mettre à mort des otages, recourir aux strata-
gèmes les plus meurtriers, l'histoire des Juifs, celle des

Grecs et celle des Romains nous en offrent des exemples
à chaque page.

L'antiquité nous a transmis l'histoire d'un peuple qu'on
s'est attaché spécialement à flétrir pour ses infractions aux
rapports internationaux, ce sont les Carthaginois ; et leurs
adversaires ont réussi à leur infliger un stigmate posthume
qu'ils méritaient autant eux-mêmes. Qu'est-ce, en effet, que
le droit des gens pour le sénat romain, qui marche d'envahissement en envahissement, qui sous des paroles trom-
peuses prépare la conquête d'une nation, qui adjuge au
trésor public ou à ses légionnaires les propriétés privées
des vaincus, qui viole ses promesses dès qu'il peut le faire?
Le droit des gens, au contraire, n'établit ou ne perpétue
les formes que pour protéger par elles le fond de justice
naturelle gravée au cœur de tout homme. Dominés par
l'esprit de cité, de race ou de croyance, les peuples anciens
n'ont jamais admis ni même compris l'idée de l'humanité,
indépendante des circonstances de lieu, de temps, de climat,
de religion ou d'éducation; ils l'ont toujours subordonnée
à un intérêt, et cet intérêt a légitimé à leurs yeux tout ce
qui pouvait le servir : former un croyant ou un citoyen,
les plus hautes intelligences n'ont visé que là ; le sentiment
avec ses inspirations variables de pitié ou de répulsion,
l'intérêt avec ses suggestions mobiles, le patriotisme avec
ses tendances exclusives, voilà les influences dominantes du
droit des gens instinctif. Dans les livres bibliques, tout est
sacrifié au triomphe du principe monothéiste, à l'horreur
de l'idolâtrie, à la nécessité de la combattre. Chez les philosophes grecs, c'est le sentiment de la nationalité grecque
qui règne seul : pour Platon, la Grèce est la patrie com-

mune; il ne faut donc pas, même en temps de guerre, en saccager le territoire; enlever la récolte de l'année, c'est le seul droit de la guerre, selon lui, entre des Grecs; mais, sans souscrire à tous les préjugés de ses concitoyens, il considère également les étrangers comme des barbares. Aristote, qui n'admet point de communauté de droit naturel entre le maître et l'esclave, divise aussi le monde entre les Grecs, qui représentent l'humanité, et les barbares, qui sont tenus d'obéir.

L'affaiblissement de l'esprit de cité en Grèce ne date réellement que des conquêtes d'Alexandre et de la formation du stoïcisme. Le conquérant avait comme fusionné les peuples, mêlé les races, adopté plusieurs coutumes des vaincus. La philosophie, avec Zénon, Cléanthe et Chrysippe, pressentit l'unité du genre humain et embrassa dans toute son étendue le sentiment du droit naturel. Les vaines classifications, les partages iniques en maîtres et en esclaves, en concitoyens et en barbares, s'évanouissent à ce souffle : « Le stoïcisme savait, dit M. Denis [1], que tout
» homme est un être raisonnable et libre, qui a Dieu même
» pour père; qu'il ne relève originairement que d'une
» seule loi, la vérité ou la raison universelle..... que nous
» avons tous les uns à l'égard des autres les mêmes de-
» voirs et les mêmes droits qu'un citoyen à l'égard d'un
» citoyen. »

Le stoïcisme avait généralisé les principes de Platon et d'Aristote, restreints par ces deux philosophes à la patrie

---

[1] *Histoire des théories et des idées morales dans l'antiquité*, t. II, p. 429.

grecque [1]. Le droit romain, en s'attachant à donner une forme arrêtée, une expression solennelle aux idées de bien et de mal gravées dans la conscience, contribua pour sa part à réhabiliter l'idée de l'humanité. C'est sous cette double influence de la philosophie grecque progressivement élargie et du droit romain formulé scientifiquement que Térence put écrire son fameux vers, dont la pensée ne saurait être aujourd'hui même dépassée, et que Cicéron put dire [2] : « La société la plus étendue de toutes est celle qui » unit les hommes entre eux..... Le droit civil n'est pas » toujours le droit des gens, mais le droit des gens doit » toujours être le droit civil. »

Les idées fondamentales de l'unité de Dieu, de la nature du bien et de l'égalité des hommes entre eux avait jailli des recherches de la philosophie ancienne : la base du droit des gens était donc trouvée ; le christianisme vint les développer, les agrandir, les populariser, resserrer l'unité humaine par l'unité religieuse ; mais subordonnant à cette même idée religieuse l'idée morale, il ne put réaliser le droit des gens dans toute son étendue. Vis-à-vis du monde païen ou musulman, le christianisme, sans cesse à l'état militant, manqua souvent et d'impartialité et d'équité philosophiques. Les croisades ne sont-elles pas la négation même du droit des gens? Au lieu de la patrie grecque ou romaine, on eut la patrie chrétienne ; le titre de

---

[1] La *République* et les *Lois* de Platon, avec le dialogue du *Gorgias*, ainsi que la *Morale* et la *Politique*, d'Aristote, sont les premiers monuments du droit naturel. Plus tard, la philosophie stoïcienne mariée au platonisme, inspira à Cicéron ses plus nobles ouvrages, la *République*, les *Lois*, le *Traité des devoirs*.

[2] *De officiis*, lib. III.

coreligionnaire se substituait à celui de concitoyen, comme
sauvegarde et comme symbole d'une mystérieuse alliance :
la religion, non plus la cité, devint la mesure du droit.

C'était un progrès, ce ne fut pas encore la consécration
des titres imprescriptibles de l'humanité. L'enceinte du droit
s'élargissait, mais elle avait encore des barrières. Le moyen
âge améliora peu les rapports des peuples entre eux : la rudesse des mœurs était trop grande. Cette rudesse se fit sentir non-seulement dans les rapports des nations chrétiennes
avec les États privés des lumières du christianisme, mais
même dans les rapports des nations chrétiennes entre
elles. Différentes causes ont préparé, sous l'influence des
idées chrétiennes, des temps meilleurs pour les rapports internationaux. Les plus importantes sont la réunion de l'É-
glise d'Occident sous un même chef et l'emploi heureux
de son pouvoir spirituel, qui amena l'abolition successive
des cruautés qui désolaient les rapports des peuples entre
eux, la chevalerie et les croisades, enfin la diffusion du droit
romain comme droit commun de la chrétienté. C'est qu'en
effet à pénétrer au fond des choses, il est facile de reconnaître dans les premiers éléments du droit international
tel qu'il est pratiqué depuis la Renaissance un mélange des
idées chrétiennes et des principes du droit romain, empruntés au droit privé et étendus au droit public. On comprend
d'ailleurs que le christianisme devait faire prévaloir au sein
des peuples soumis à sa loi des notions plus saines sur les
rapports destinés à les unir; l'influence universelle du saint-
siége, salutaire dans ces siècles d'ignorance, modéra les
usages de la guerre, en suspendit de temps en temps les
luttes par les trèves de Dieu, déclara impie l'emploi d'armes

trop cruelles, condamna le droit barbare d'épaves. Il était réservé à la réforme et aux luttes religieuses du seizième siècle, en scindant définitivement la chrétienté en deux parts, de faire prévaloir politiquement les doctrines d'indépendance des États, de souveraineté et d'égalité, et de rapports réguliers de paix et de guerre entre les nations. Pendant tout le moyen âge, la prépondérance de la force, la passion de la conquête, l'impuissance ordinaire des gouvernements centraux avaient favorisé le mépris du droit des gens. Des institutions comme la trève de Dieu ou le droit d'asile étaient une bien faible sauvegarde contre les violences d'une aristocratie avide; mais, lorsque les États modernes organisés et les consciences irrévocablement divisées firent comprendre le besoin de garanties réciproques et accepter la scission des croyances, un nouveau principe surgit, celui de la souveraineté de chaque État, et une grande idée, celle de mettre la souveraineté de chaque État sous la garantie collective de tous les autres, celle d'opposer à l'ambition d'un État puissant l'union des autres comme barrière infranchissable : tel fut le principe de l'équilibre européen qui ne se fonda plus ni sur l'identité de croyance, ni sur l'identité de loi, mais sur la solidarité des intérêts, sur le besoin commun de sécurité. Par cette combinaison politique ou par ce système juridique, l'État qui eût violé le droit d'un autre État devait s'attendre non-seulement à la réaction de l'État offensé, mais encore à celle des autres États. Ce système de garanties réciproques modifia celui des alliances, et les fit varier fréquemment; mais à travers les modifications de puissance des divers États et les fluctuations de la politique, il se dégagea du mélange même des

croyances et de la multiplication des besoins un certain
nombre d'idées relatives aux rapports nécessaires des peuples entre eux : on entrevit la possibilité de soumettre ces
rapports à certains principes généraux, de les codifier, et
d'en faire sortir avec les règles d'une organisation nouvelle
les conditions d'un état social plus assuré.

La science devait avoir son tour. Le traité de Hugo
Grotius *De jure belli et pacis* publié en 1625 [1] est la première et la plus imposante des tentatives faites pour systé-
matiser le droit des gens en l'appuyant sur les principes du
christianisme, sur les leçons de l'histoire et les décisions des

---

[1] En signalant l'influence des publicistes qui, comme Grotius et ses
successeurs, ont jeté les bases rationnelles et scientifiques du droit des
gens, on ne tient pas assez compte, ainsi que le fait observer Walter
dans son *Encyclopédie du droit*, des auteurs qui les ont précédés et qui
ne sont pas tous sans mérite. Des théologiens moralistes sortis pour la
plupart de l'école de Bologne et imbus des principes du droit romain
et du droit canon, dirigèrent leurs investigations du côté de quelques-
unes des questions de droit des gens soumises alors à l'arbitrage du
saint-siége, et soumirent à une analyse scrupuleuse les éléments de la
question de la légitimité de la guerre, considérée au point de vue de la
morale chrétienne : tels Jean de Lignano, professeur à Bologne, mort
en 1383, *De bello*; Henri de Gorcum, *De bello justo*, vers 1460; le do
minicain espagnol François Victoria, *De Indis et jure belli*, 1480-1546; les
jésuites de la même nation, François Arias, mort en 1605, *De bello et ejus
justitia*, et Suarez, mort en 1617. Le droit des gens, comme le droit naturel en général, était alors traité comme une partie de la morale théolo-
gique du christianisme. Au seizième siècle apparaissent, comme pour
marquer la transition, Martin Garat, professeur de droit à Pavie; on lui
doit plusieurs dissertations *De bello, De confœderatione, pace et con-
ventionibus principum, De legatis principum, De represaliis;* Bal-
thazar Ajala, mort en 1584, qui résidait dans les Pays-Bas et qui a laissé
un traité espagnol *De jure et officiis bellicis*, et enfin, Albéric Gentilis,
né en Italie (1551 à 1611) et obligé par suite de son changement de religion de passer en Angleterre, où il obtint une chaire de professeur à
l'université d'Oxford. Il est l'auteur des traités *De jure maris, De jure
belli, De legationibus.*

sages de l'antiquité et sur les témoignages et la doctrine de l'Ancien et du Nouveau Testament. Cet ouvrage, écrit dans un langage clair et simple par un homme né dans une ré-publique qui donnait à l'Europe des leçons de tolérance et de modération et qui était le foyer de la diplomatie euro-péenne, devint une autorité et exerça une salutaire in-fluence. Bien qu'il dénote dans ses écrits plus d'érudition que de philosophie, Samuel de Puffendorf (mort en 1694), élève de Grotius et aussi de Descartes, exposa à la fin du même siècle, sous ce titre : *Du droit de la nature et des gens,* les rapports de la raison avec la morale et avec la légalité, les fondements du droit politique international, mais avec des vues étroites et dont l'influence se fit sentir après lui dans l'enseignement du droit des gens. Pour que les maximes du droit des gens acquissent une autorité dé-cisive, pour que la justice qui le fonde devînt la règle générale de la politique, il fallait que non-seulement les cabinets en fussent nourris, mais que l'esprit public en fût pénétré, et même qu'une longue habitude, une pratique habituelle, une démonstration éloquente les fissent en quel-que sorte entrer dans toute conscience. L'esprit public n'existait pas au commencement du dix-huitième siècle, alors que des hommes de génie élevaient de toutes parts la voix en faveur de l'humanité méconnue. Les chaleureux écrits du Genevois Burlamaqui, l'œuvre populaire, bien que médiocre, du Neuchâtelois É. de Vattel, continuaient la tradition de Grotius et de Puffendorf au profit des cabinets plutôt que de l'instruction des peuples : c'est que la discussion ardente, l'entraînante éloquence qui devait contribuer à le former, n'avait pas encore eu le temps de

ruiner dans l'opinion des masses les principaux sophismes,
de secouer de l'atmosphère universelle la poussière des vieux
préjugés. Il ne suffit pas en effet que les principes du droit
des gens soient posés, qu'ils soient exposés avec toutes leurs
conséquences dans de volumineux traités à l'usage des diplomates et des juristes, il faut qu'ils soient répandus, vul-
garisés, qu'une surveillance incessante empêche ceux qui
sont intéressés à les violer ou à les altérer d'arriver à leurs
fins, ou flétrisse énergiquement jusqu'aux tentatives su-
breptices d'y arriver [1]. L'Europe n'en était pas là encore
au dix-huitième siècle, lorsque l'audacieuse ambition de
trois cabinets, l'incompréhensible indifférence des autres,
décida le partage de la Pologne. Cet acte, qui abolissait
une nation, s'accomplit sans manifestation sérieuse ; il est
resté comme une menace incessante, suspendue sur l'Europe, comme un précédent de nature à provoquer des
imitations. Le souvenir de cette violation inouie du droit
des gens, par laquelle un peuple entier fut annihilé, n'a
pas été du moins perdu pour la postérité [2].

La révolution française et l'empire, et les guerres d'opinion et de rivalité politique qui signalèrent cette période
de l'histoire moderne suspendirent les progrès de la con-

---

[1] Je n'ai pas la prétention de présenter ici un tableau complet du
développement scientifique du droit des gens au siècle dernier. Mais il y
aurait injustice à ne pas rappeler les noms de Thomasius, jurisconsulte
célèbre, de Leibnitz, qui a eu, sur le droit de la nature et des gens,
quelques aperçus profonds mais sans liaison, de Wolf, qui a réuni en
système les idées de Leibnitz, et de Kant qui a insisté sur les limites du
droit et de la morale, etc.

[2] Sur l'histoire politique des relations internationales aux dix-
septième et dix-huitième siècles, V. Heffter, le Droit international
public de l'Europe, traduit de l'allemand par Jules Bergson, § 8.

ciliation européenne, sans ruiner l'idée de l'équilibre. Plus
d'une fois, l'aveuglement des passions entraîna des violations du droit des gens : l'assassinat des plénipotentiaires
français à Rastadt, le blocus continental, la prédominance
menaçante de la France et son abaissement exagéré par les
rancunes et les colères survivant à la chute de l'empire
étaient de manifestes dérogations aux règles mêmes de la
guerre légitime; mais, dès 1814, malgré les ressentiments
issus de vingt-cinq ans de lutte, on s'appliqua à raffermir
par des traités les principes du droit et à assurer le maintien
de la paix par une sorte de contrat européen. Le temps devait compléter cette œuvre, il la rectifiera progressivement.

Les faits économiques occupent une grande place dans
l'histoire du droit des gens depuis cette époque. La paix et
les développements merveilleux de la civilisation et de l'industrie qui en sont les produits, en multipliant les échanges
entre les peuples, en facilitant la circulation des hommes et
celle des idées, en donnant aux sciences et aux lettres une
impulsion nouvelle, resserrent les liens qui unissent les nations et la solidarité d'intérêt qui les rapproche. Aujour-
d'hui, une incroyable publicité éclaire tous les actes des
cabinets, une discussion incessante modifie instantanément
leurs vues ; les peuples, mieux avertis des dangers qui les
menacent, sont plus en mesure de s'en préserver, et
lorsqu'un perturbateur du repos universel se montre, la
résistance énergique des uns, la neutralité menaçante
des autres, a le double effet de faire tourner le dénoû-
ment contre lui, et d'abréger la durée des hostilités.
N'est-ce pas ce qui est arrivé dans la guerre d'Orient ?
Entreprise au nom du droit des gens, elle s'est terminée

par un acte qui a donné une éclatante sanction et une
expression qu'on peut croire définitive à plusieurs principes de ce droit.

Quel est aujourd'hui l'avenir du droit des gens? Nous ne
voulons pas parler d'un avenir hypothétique et du perfectionnement idéal que des esprits chimériques peuvent entrevoir, mais des voies plus droites où il est déjà entré depuis
un demi-siècle, et des résultats assurés que promettent à
l'humanité les progrès généraux de la morale, de la science
et du bien-être, l'avenir que tous les peuples pressentent,
et un grand nombre de faits importants peuvent en être
signalés comme les gages évidents; mais ce n'est pas sans
de longues et opiniâtres luttes que ces faits se sont accomplis, et, pour compléter l'œuvre, le droit des gens a plus
d'une victoire encore à remporter, soit contre d'autres
faits encore subsistants et marqués de caractères opposés
aux siens, soit contre des théories plus fâcheuses encore
que les faits et qui paralysent les efforts les plus honorables
de régénération sociale.

Quand tous les hommes investis du privilége de formuler
et d'interpréter le droit des gens seraient d'accord sur les
conséquences qu'il entraîne, et auraient matériellement en
main le pouvoir de les réaliser, ils reculeraient encore
devant les périls d'une transformation instantanée et générale du monde, et ils se croiraient tenus de ménager, par
des transitions prudentes, les intérêts constitués, les préjugés invétérés, les éléments d'organisation consacrés par
le temps; mais cet accord que nous supposons n'existe pas,
et cette puissance matérielle, que nous considérons également comme nécessaire pour donner à un tel accord force

de chose jugée, n'existe pas davantage. Il y a dans le monde moderne inégalité d'avancement intellectuel, inégalité de puissance effective, inégalité de bonne volonté morale entre les divers États : de là, la nécessité pour l'homme politique, souverain ou ministre, de travailler à l'affermissement des principes de droit dans la mesure du possible, et de multiplier surtout les germes féconds que le temps seul peut faire lever. Mais, si les éléments d'organisation existants méritent qu'on n'en aborde la réforme qu'avec ménagement, il n'en est pas de même des systèmes immoraux et par conséquent faux, des théories antirationnelles et par conséquent dégradantes ; ceux-là ne méritent point de pitié. On peut parlementer avec les intérêts établis, on ne le doit pas avec les doctrines déshonnêtes.

Parmi ces doctrines, il y en a deux surtout qui s'opposent aux progrès effectifs du droit des gens, et qu'on allègue souvent dans des vues égoistes aux tentatives de redressement social : c'est la théorie de la légitimité ou du droit divin, et la théorie des faits accomplis. L'une a été mise en avant par les partisans du mysticisme théocratique ; l'autre, par les matérialistes de la politique, qui ne voient rien au delà du fait même et du jour présent. Les uns et les autres prétendent enfermer l'humanité dans un cercle infranchissable, et mesurer ses développements soit sur une règle dont ils affirment la réalité sans la démontrer, soit sur ses besoins les plus immédiats : montrons le vice commun de ces deux théories, dont l'une n'a de commun avec le droit que le nom, et dont l'autre nie précisément l'existence même de tout droit.

La théorie dite des faits accomplis ne croit qu'au succès, se prête à tous les changements, pourvu qu'ils durent; elle condamne et approuve les mêmes choses, suivant qu'elles échouent ou qu'elles·réussissent; elle prétend ne faire que suivre le courant de l'humanité et refléter par ses variations la variété même des événements : au fond, elle est contradictoire avec ce qu'il y a de plus élevé dans notre nature et aussi de plus stable, avec l'essence même du droit. La conscience fait entendre à chacun de nous qu'il y a des devoirs supérieurs aux intérêts, des partis à prendre momentanément profitables, mais radicalement déshonnêtes; que les maximes à tirer de faits immoraux couronnés de succès peuvent saper les bases des institutions les mieux établies et mettre en péril qui les invoque : « Le vice radical de la » théorie des faits accomplis, dit Bluntschli[1], réside dans » la manière étroite, partielle, superficielle, dont elle in- » siste exclusivement sur le côté phénoménal des événe- » ments, et qui lui fait perdre de vue et méconnaître com- » plétement l'élément moral et spirituel du droit. »

Ce qu'il faut ajouter, c'est que cette théorie est la néga- tion même de tout droit, et qu'elle est à peine une théorie. Qu'une usurpation s'accomplisse, qu'un envahissement de territoire se prépare, qu'une violation de garanties pro- mises et d'engagements contractés se réalise, la théorie des faits accomplis aura toujours des arguments tout prêts, et pourtant les sociétés humaines ne subsistent qu'en vertu de certains principes supérieurs, que les constitutions, les lois, les traités ont pour but de faire respecter. Livré au fait, le

---

[1] *Allgemeines Staatsrecht*, t. I, p. 20.

monde l'est à la violence et à la ruse, aux habiles et aux forts. Chaque révolution est à la merci d'une révolution subséquente. Si donc les faits accomplis l'ont été contre le droit, ils peuvent sans cesse craindre la résurrection de ce droit, et les intérêts mêmes qu'ils consacrent doivent se sentir constamment menacés. Le droit des gens, en se propageant dans le monde, proteste implicitement contre cette apologie de la force. La politique est souvent obligée de s'incliner devant des faits accomplis, mais ces faits accomplis attestent toujours l'incurie coupable, l'indifférence ou la pusillanimité des générations antérieures qui les ont laissés s'accomplir. S'il n'est pas toujours donné à la politique de rétablir un équilibre rompu, une nationalité abattue, ou de réintégrer dans l'exercice de ses droits une nation affaiblie; si des considérations d'ordre supérieur et de paix universelle lui interdisent parfois d'essayer d'abolir par la force ce que la force a institué, elle doit veiller activement à ce que le domaine des faits illégaux ne s'étende pas et profiter des occasions qui permettent de le rétrécir; le présent et l'avenir sont sous sa sauvegarde : chaque Etat doit se considérer comme gardien, pour sa part, des principes de droit public, que le droit seul a qualité pour modifier, et exercer à l'égard des faits internationaux sans aveu la même surveillance, avec la même rigueur, qu'il exerce au dedans de lui-même contre les personnes sans aveu.

Tandis que la théorie des faits accomplis sacrifie purement et simplement à l'élément matériel de l'homme, la théorie de la légitimité affecte de se donner comme représentant surtout l'élément spirituel, invariable du droit public. Si, par la légitimité, on entendait l'état de fait en

rapport avec le droit, l'ensemble des relations qui existent
entre les choses en vertu de leur essence, il n'y aurait rien
de mieux; mais par la légitimité on entend l'attachement à
la forme, non en tant que l'expression de l'esprit, la forme
pour elle-même, et alors que l'esprit s'en est retiré. La
théorie des faits accomplis n'était qu'un prétexte à l'usage
des fluctuations perpétuelles des événements, celle de la
légitimité immobilise pour ainsi dire la vie sociale et en-
chaîne l'homme à certaines institutions, elle l'enchâsse dans
un moule où toutes ses aspirations s'éteignent. Il n'y a de
droit divin que l'esprit, que les principes éternels, que les
lois découvertes par la raison, attestées par la conscience et
manifestées de moins en moins imparfaitement par les faits
sociaux. Le monde n'a pas été seulement livré aux disputes,
il l'est aussi aux transformations : « Dieu n'efface que pour
écrire, » avait dit J. de Maistre, un des apôtres du système
de la légitimité; donc il efface, les formes sont légitimes
tant qu'elles sont vivantes, tant que les intérêts respectables
qu'elles consacrent méritent ce respect par la façon dont ils
se comportent. Les services qu'une forme rend à l'humanité
sont la mesure de sa durée : si la doctrine du droit divin
avait la portée que ses partisans lui attribuent, on ne voit
pas pourquoi le régime des castes, l'esclavage, l'omnipo-
tence du chef de famille, les exemptions d'impôt accordées
à des privilégiés, le despotisme gouvernemental, la domination temporelle des clergés, la limitation des professions,
la justice arbitraire auraient cessé d'exister. N'étaient-ce pas
là autant de corollaires du pouvoir légitime? Mais, s'ils sont
tombés avec lui, c'est que la liberté humaine les a condamnés comme contraires au bon sens et à la justice. De toutes

les institutions qu'on décore du nom de légitimes, les unes
l'étaient dans une certaine mesure et ont cessé de l'être; les
autres ne l'ont jamais été et n'étaient que l'expression de la
force. Les peuples se dérobent successivement à leur
étreinte, et les rapports sociaux se reconstituent soit des
débris du passé, soit à l'encontre du passé : « Toute forme
» positive, a dit Benjamin Constant [1], quelque satisfai-
» sante qu'elle soit pour le présent, contient un germe
» d'opposition aux progrès de l'avenir. » Le droit des gens
ne s'incline donc pas devant les institutions vieillies qui entravent le progrès; légitimité ou fait accompli, si diverses
que semblent ces deux théories, elles ont un trait essentiel
qui leur est commun : elles reposent toutes deux sur des
faits que l'une divinise dans le passé, que l'autre divinise
à toute époque; elles matérialisent également la notion du
droit, qui est de sa nature immatérielle, insaisissable aux
sens. Le droit des gens se propose de faire prévaloir dans
les rapports internationaux non ce qui a réussi une fois ou
tout ce qui a pu réussir, mais ce qui est équitable. Principes, institutions, usages, faits, il soumet tout à une critique raisonnée qu'éclaircit la lumière intérieure; il aide
chaque nation, comme chaque individu, en proportion de
ses besoins et de son caractère, à remplir son devoir de
membre de la famille humaine.

Cette grande idée de l'unité du genre humain dont la
religion a fait un dogme, dont la philosophie démontre la
réalité par l'identité des facultés, par l'existence d'une loi
rationnelle, tend chaque jour à entrer dans le domaine des

[1] *De la religion*, t. I.

faits : « Le temps et la force des choses, dit Théodore
» Jouffroy [1], ont tout simplifié sur cette terre, et après
» quelques milliers d'années, le monde, d'abord si confus,
» si divers, si inconnu, si hostile à lui-même, s'est ra-
» massé peu à peu et organisé de telle sorte, que le philo-
» sophe qui spécule sur son avenir peut et doit le chercher
» tout entier dans celui de cette civilisation dominante dont
» Paris, Londres et Berlin sont les foyers. » Ces lignes de
M. Jouffroy datent de 1827; que de progrès n'a pas faits
depuis le sentiment qui rapproche les peuples! Les idées de
la Révolution et les conquêtes de l'Empire s'étaient répan-
dues dans l'Europe entière, les unes portant les autres ;
mais c'était la guerre surtout qui avait propagé et implanté
les généreuses doctrines promulguées chez nous en 1789.
Le vaste génie de nos philosophes du siècle dernier, l'universalité de notre langue, fruit de la clarté, avaient préparé le terrain. Le spectacle des institutions nouvelles issues de ces doctrines, l'exercice des droits politiques et
civils garanti par elles, contribuèrent à en généraliser dans
le monde l'imitation ou le respect; mais, indépendamment
de ces influences abstraites ou politiques, marquées au coin
de l'esprit français, il s'en est développé une foule d'autres
dans la sphère des intérêts, plus pratiques en quelque sorte
et plus visibles peut-être aussi moins marquées de l'empreinte d'une nation en particulier, influences qui tendent
à réunir les nations dans le sens de leur bien-être respectif, en facilitant par tous les moyens possibles l'échange de
leurs produits et de leurs idées en même temps que la

---

[1] *Mélanges philosophiques*, 2ᵉ édit., p 122.

garantie des droits de chacune. Sous l'empire de ces idées, de ces sentiments et de ces nécessités matérielles, la guerre, qui était jadis un fait normal, tend à devenir une exception, et la solidarité se resserre incessamment, aussi bien que l'uniformité des législations intérieures, des usages, des coutumes et des mœurs. La plupart de ces actes se sont accomplis sous l'empire de nécessités dont les peuples, tout en y obéissant, n'avaient pas nettement la conscience ; les intérêts qui les dictaient ne sentaient pas le plus souvent qu'ils marchaient dans le même sens que les idées. C'est à l'utilité matérielle que l'on doit toutes ces conventions internationales. La multiplication des besoins, résultat d'une civilisation plus avancée, a fait découvrir de nouveaux moyens d'y satisfaire et nécessité le concours de différents peuples : c'est le principe économique de la division du travail qui, appliqué sur une plus large échelle, a prédominé dans le monde. La consommation croissant, il a fallu s'adresser à un nombre croissant de producteurs ; la production s'accroissant également, il a fallu multiplier les débouchés. Chaque nation a eu besoin des autres nations pour satisfaire ses goûts, pour accroître sa somme de bien-être propre, et même pour subsister. On a compris qu'en se rapprochant et qu'en se donnant des garanties réciproques, on vivrait partout mieux et à meilleur marché. Rétrogrades ou intelligents, les gouvernements ont dû céder devant une pression irrésistible. Chaque année on voit éclore de nouveaux traités de commerce par lesquels une nation s'attache à obtenir d'une autre pour ses produits et son industrie le traitement des plus favorisés : de là une émulation qui généralise de tels bienfaits, et qui, gagnant les autres parties

du monde, entraîne jusqu'aux souverains des contrées les
plus barbares et les plus immobiles [1]. Des traités de navigation ont assuré aux transactions commerciales maritimes un développement et une sécurité jusqu'alors inconnus. On a obtenu et accordé des diminutions de droits pour
l'accès des ports, le pilotage, etc...; on a fait disparaître
ou du moins atténué les taxes maritimes qui grossissaient
les frais de transport. Le droit des gens protestait contre
les exigences des puissances qui occupaient les postes privilégiés, routes obligées de la navigation ; mais le droit des
gens défendait aussi de supprimer par la force et sans compensation suffisante les ressources que ces exigences longtemps acceptées promettaient à leurs détenteurs. L'Europe
entière s'est mise d'accord pour régler équitablement par
une contribution proportionnelle les indemnités convenables, et c'est ainsi que se trouve aboli le péage du Sund
et ménagé le trésor danois. Le recours projeté de quelques
puissances à la force, pour arriver à ce résultat, a échoué
devant le bon sens universel, et le droit des gens a triom-
phé par des moyens qu'il n'a pas à désavouer.

Certains fleuves, artères vitales des nations, étapes obligées d'un transit commercial qui intéresse toutes les nations,
étaient devenus le monopole de quelques riverains puissants, ou bien leurs embouchures s'envasaient et s'ensa-
blaient, grâce à l'indifférence de riverains ignorants.
L'Europe a pourvu à ce double inconvénient en faisant
prévaloir le principe de libre navigation de ces fleuves, en

[1] La Perse, la Chine, les royaumes de Siam et d'Annam, le Japon, les
États de Mascate se mettent en communication avec l'ancien et le nouveau
monde par des traités d'amitié, de commerce et de navigation.

poursuivant l'abolition des monopoles commerciaux qui
s'y étaient installés, en décrétant l'entretien et la surveillance à frais communs de ces routes importantes du commerce [1].

[1] Il est de principe aujourd'hui que les droits perçus sur la navigation
des fleuves parcourant le territoire de plusieurs États ne doivent l'etre
qu'à titre de contribution pour en entretenir la navigabilité, et le tarif
de ces droits doit être fixé conventionnellement par les riverains. L'acte
final du congrès de Vienne mentionne expressément, comme fleuves et
rivières de cette catégorie, le Rhin et ses principaux affluents, le Neckar,
le Mein et la Moselle, l'Elbe, le Weser et l'Ems. La navigation du Weser et de l'Ems est affranchie de tout droit (depuis le 1er janvier 1857);
mais les péages sur le Rhin, le Neckar et le Mein, ainsi que sur l'Elbe
subsistent toujours. Ce sont les droits de navigation perçus sur ce dernier fleuve qui forment actuellement l'objet des plaintes et des réclamations les plus vives, notamment le péage de Stade-Brunshausen, établie
au profit du Hanovre, dans la partie inférieure du fleuve, au-dessus de
Hambourg, et maintenu peut-être, jusqu'à un certain point, avec l'ar-
rière-pensée de favoriser le petit port hanovrien de Hambourg. Comme
l'Elbe, dans cette partie de son cours, est accessible aux plus gros bâtiments de mer, on a déjà proposé de faire du péage de Stade, impôt que la
douane hanovrienne perçoit depuis un temps immémorial sur les marchandises venant de la mer et entrant dans l'Elbe (il tire son origine des
traditions féodales), une question de droit international, comme le péage
du Sund, et on se fonderait sur les mêmes arguments en en poursuivant
l'abolition ou le rachat.

Pour ce qui concerne le cours de l'Elbe, au-dessus de Hambourg,
l'Autriche a déjà aboli, en 1852, jusqu'à sa frontière, la perception de
droits sur ce fleuve et sur son principal affluent, la Moldau. Mais la Saxe
et le Hanovre n'ont pas encore suivi cet exemple.

Le Danube et l'Inn ne figurent pas parmi les fleuves conventionnels
désignés dans l'acte final du congrès de Vienne. La navigation du Danube inférieur, depuis ses bouches jusqu'au point où aucune de ses rives
n'appartient plus à la navigation ottomane, est déclarée entièrement libre
par le dernier traité de Paris, sauf les droits et règlements à établir par
la commission internationale instituée pour cet objet. Plus haut, la partie
comprise dans la domination de l'Autriche, de la Bavière et du Wurtemberg est ouverte à la navigation des riverains en vertu des conventions
qui existent entre eux Cependant l'usage de cette navigation a été limité
en Autriche. V. sur cette matière, un ouvrage récent de M. CARATHÉO-

Quelques langues de terre, deux ou trois dans le monde, causent un inappréciable dommage aux relations maritimes en obligeant les navires à rompre charge; les frais de transport ainsi multipliés retombent sur le consommateur universel. On a conçu le projet de percer ces isthmes; et le plus important de tous, celui de Suez, sera bientôt supprimé par une association européenne de capitaux et de savants. La plupart des nations applaudissent d'avance à ce grand acte, et l'opposition puérile et inintelligente d'une seule d'entre elles s'abaisse chaque jour devant l'intérêt commun.

Dans l'ordre des communications par terre, les chemins de fer, se substituant partout aux routes ordinaires, ont dû se rencontrer et se joindre d'État à État; il a fallu pouvoir en traverser plusieurs tout d'une traite : de là des conventions nécessaires. Il a fallu réunir par des ponts jetés sur les plus grands fleuves des lignes importantes, et l'on y arrive en dépit des objections stratégiques et des méfiances nationales. C'est ainsi qu'une convention spéciale a autorisé la jonction des chemins de fer français et allemands à travers le Rhin. Pour certaines lignes internationales, plusieurs gouvernements ont dû garantir en commun des minimum d'intérêts.

Les communications d'idées et de nouvelles, plus importantes encore que celles des hommes et des marchandises et susceptibles d'une célérité de transmission plus grande, ont donné naissance à une foule de conventions postales et télégraphiques. Quand ce mouvement s'est produit, la va-

DORY, intitulé : *Le Droit international concernant les grands cours d'eau*

riété, l'anarchie la plus complète régnaient en matière de taxe des dépêches. On a dû arriver à une certaine unité, combiner les départs et les arrivées, multiplier les convois, faciliter les transits des correspondances et la formation des services de messageries ou de paquebots. Les correspondances entre l'Amérique et l'Europe traversaient naturellement différents pays, les relations de l'Angleterre avec l'Inde devaient passer sur le continent par plusieurs administrations étrangères : on est parvenu à régler toutes ces questions. Quant aux communications télégraphiques, qui, terrestres ou sous-marines, tendent à embrasser le monde entier, on a dû résoudre les difficultés issues de la différence des idiomes, fixer les tarifs, accélérer la transmission des messages : des combinaisons ingénieuses élaborées dans des congrès spéciaux y ont pourvu. C'est une œuvre perfectible et journellement perfectionnée.

Toutes ces mesures ont pour but et pour effet d'assurer aux voyages d'intérêt ou d'agrément, au transport des denrées et des produits, à la transmission des idées, des désirs et des nouvelles politiques des franchises universelles ; elles font circuler une vie commune dans le monde. D'anciennes institutions entravent ce mouvement : la nécessité des passeports, l'existence des douanes, l'élévation des tarifs maintenue dans certains pays aggravent les difficultés et accroissent les frais de cette circulation générale. La théorie de la liberté des échanges est née du besoin de rapprocher et de fondre les intérêts des peuples ; elle a fait beaucoup de chemin déjà dans le monde et en France notamment, quoiqu'elle semble heurter des positions acquises ou menacer de tarir des sources de revenus. Rien ne serait pourtant plus désirable que la disparition de ces obstacles au libre commerce. Poursuivie avec modération, prudemment graduée, progressivement instituée, la liberté sagement ménagée des échanges prévaudra dans l'intérêt commun. L'esprit prohibitioniste, qui n'est qu'une des faces de l'esprit d'exclusion et d'isolement des races humaines, a fait son temps. On comprend et on comprendra de jour en jour davantage que l'abaissement des frais de production est d'intérêt universel et que deux États qui combinent des réductions respectives de tarifs agissent toujours en faveur des masses d'hommes qui les constituent; on comprendra surtout qu'il n'est pas toujours possible à un État de prendre isolément de telles mesures et que la réciprocité des concessions en est une condition importante.

Pour donner aux divers rapports numériques que les échanges de toute nature nécessitent une base fixe, on a conçu l'idée de généraliser les poids et mesures en les ramenant à l'unité, et d'arriver également à une simplification des nombreuses unités monétaires. Des congrès se sont réunis pour discuter cette idée, et arrêter les principes à poser en la matière. Si elle n'est pas encore complétement mûre, cette idée approche du moins de la maturité, et l'on peut entrevoir le moment où l'unité métrique, fondée sur le système français, simplifiera tous les comptes.

Enfin, la solidarité des capitaux tend à s'établir d'une extrémité du monde civilisé à l'autre par les rapports journaliers des places de commerce, et surtout par l'établissement de grandes institutions de crédit ou de grandes compagnies industrielles qui concentrent les forces éparses et opèrent ou favorisent les plus gigantesques travaux d'utilité publique. L'argent n'avait jamais eu de patrie; bientôt, les instruments et les signes représentatifs de crédit éprouvé n'en auront plus davantage. Les titres des entreprises seront éparpillés dans le monde, les réservoirs de capitaux seront des réservoirs communs aux diverses nations. Déjà les crises financières sont générales, quand elles éclatent; déjà les capitaux voyagent d'un pays à l'autre en les fécondant tous; le droit des gens ne peut que gagner à cette association et à cette généralisation du crédit qui, rattachant les intérêts, rend les conflits plus sensibles dans leurs conséquences et par conséquent plus rares.

Si de l'ordre matériel on passe à l'ordre social, combien d'actes, de conventions, de congrès qui se sont proposé de résoudre en commun les questions de cette nature, intéressant l'humanité en général ! Les expositions universelles ne sont pas seulement des convocations de produits à juger au point de vue de la perfection du travail et du bon marché : ce sont aussi des symboles et des occasions de rapprochement. Les congrès de bienfaisance, de statistique, historiques, scientifiques ou pénitentiaires essaient de réunir en faisceau les lumières des hommes compétents sur toutes les questions qui touchent à la répression du vice, à l'atténuation du paupérisme, à l'appréciation des faits sociaux. On se communique les plans imaginés, les résultats des expériences faites, on discute les découvertes archéologiques ou scientifiques, les innovations proposées; la diversité même des lieux où siégent successivement ces congrès atteste la haute impartialité qui y préside. Enfin, pour combattre l'action et la contagion de certaines épidé-

mics, des conventions sanitaires ont été signées, et grâce à
elles, les maladies poursuivies, étudiées, combattues dans
les foyers mêmes d'infection, semblent destinées à diminuer d'intensité.

Dans l'ordre moral, c'est-à-dire pour tout ce qui tend à
sauvegarder la dignité et l'inviolabilité de la vie humaine,
à favoriser le châtiment des malfaiteurs et l'action de la justice, à rendre les guerres moins cruelles et la propriété plus
sacrée, de grands progrès méritent d'être notés. Le congrès de Vienne a décidé en principe l'abolition de la traite
des noirs[1] et l'extinction de la piraterie; le congrès de

---

[1] On sait le nombre, l'importance des transactions diplomatiques auxquelles ont donné lieu la traite des nègres et les mesures de répression
dictées aux grandes puissances de l'Europe, par les inspirations de la
charité chrétienne. Jusqu'à la fin du dix-huitième siècle, il était général
de considérer la descendance de Cham comme une branche de la grande
famille humaine d'un ordre inférieur et justement condamnée à la servitude. Des nécessités agricoles l'avaient provoquée après la découverte du
continent américain; l'utilité et l'intérêt en perpétuaient l'usage sans
révolter les consciences.

Vainement, dès l'année 1770, l'abbé Raynal, s'élevant au nom des lumières de la raison et des sentiments de la nature contre la férocité de nos
pères, demandait l'émancipation des noirs d'après un plan sagement gra-
dué, et avec des ajournements et des conditions qui sauvegardaient les
intérêts des colonies. La traite des noirs continuait à constituer un trafic
régulier, comme toutes les autres branches de commerce. Avant la révolution de 1789, elle était à son apogée : la France, l'Angleterre, la Hollande, le Danemark, le Portugal avaient des comptoirs sur la côte d'Afrique. Quant à l'Espagne, elle avait successivement concédé aux Portugais,
aux Français, puis aux Anglais, après la paix d'Utrecht, en 1713, et le
congrès d'Aix-la-Chapelle, en 1748, le droit d'approvisionner de noirs
ses possessions coloniales. Les actes nombreux de barbarie commis sur
la personne des noirs; la manière dont ils étaient enlevés et le traitement qui les attendait dans l'esclavage excitèrent en leur faveur des
sentiments de philanthropie, dès l'année 1780, aux États-Unis de l'Amérique du Nord. — La Pensylvanie avait donné, dès cette époque, la liberté aux nègres, en Danemark et enfin en Angleterre. Les éloquentes

Paris a aboli la course et reconnu les droits des neutres;
mais la garantie la plus efficace de la sécurité générale est
dans la conclusion des traités d'extradition. Le crime avait
jadis un asile presque assuré en passant la frontière; bientôt heureusement, le fameux cri du scepticisme de Pascal : « Vérité en deçà des Pyrénées, erreur au delà, »
n'aura plus de signification, morale au moins. Tous les
peuples seront coalisés contre les assassins et les voleurs,
comme contre des perturbateurs du repos universel, et des
infracteurs à la raison, universelle aussi : le principe philosophique du droit d'extradition est là; l'exercice du
droit de répression des méfaits, violant la loi positive d'un
État, est simplement facilité par l'autre État où le fugitif

et persévérantes réclamations de Wilberforce, l'accord de Pitt et Fox,
malgré l'opposition qu'ils rencontrèrent dans le parlement, notamment
de la part de lord Eldon et de lord Westmoreland, eurent pour résultat
d'amener l'Angleterre à se déclarer, en 1806, protectrice du principe de
l'émancipation. A partir de 1810, c'est pour elle comme une idée fixe.
En 1815, à Vienne; en 1818, à Aix-la-Chapelle; en 1822, à Vérone, elle
obtient des puissances européennes des déclarations conformes à sa politique, et, depuis cette époque jusqu'à nos jours, elle a conclu plus de
quarante traités renfermant des clauses relatives à l'abolition de la
traite et aux mesures destinées à réprimer ce trafic. Les États qui ont
adhéré à ces traités sont nombreux; plusieurs ont décrété des lois intérieures qui interdisent les traites et même les déclarent acte de piraterie (a); aussi peut-on dire que, grâce au droit des gens l'abolition

(a) Les conventions les plus importantes conclues par l'Angleterre, avec les
grands États maritimes, pour arriver à l'abolition de la traite, sont celles des
10 déc. 1822, avec l'Espagne; 31 déc. de la même année, avec les Pays-Bas;
6 nov. 1824, avec la Suède; 2 oct. 1826 et 3 juillet 1842, avec le Portugal;
23 nov. de la même année, avec le Brésil; 20 déc. 1841, avec l'Autriche, la
Prusse et la Russie; 9 août 1842, avec les États-Unis de l'Amérique septentrionale; 30 novembre 1831, 22 mars 1833, et 29 mai 1845, avec la France. Par
les traités de 1831 et de 1833, la France avait consenti à la visite réciproque
qu'elle refusa par son traité de 1845 *Voyez* DE CUSSY, *Phases et causes célèbres du droit maritime des nations*, t. I, p. 157 et t. II, p 392.

a prétendu trouver l'impunité. Un seul abus serait à craindre, c'est celui qui résulterait d'une interprétation exorbitante du mot de criminels. Les cas d'extradition doivent donc être soigneusement spécifiés ; l'opinion publique refusera toujours d'assimiler aux criminels les réfugiés politiques et applaudira aux puissances même secondaires, qui sauront maintenir à leur égard les priviléges de l'hospitalité, pourvu que ceux-ci à leur tour ne constituent point par des manœuvres coupables ou en fomentant la guerre civile dans leur propre patrie un danger pour l'État qui les aura accueillis. Le droit naturel, *criterium* inflexible

de la traite et de l'esclavage ont pris place dans le code des nations chrétiennes (a). Du reste, l'abolition de la traite des noirs eût elle provoqué plus de sympathies actives et moins de défiances, d'appréhension contre la politique de l'Angleterre, si, au système de croisières établies sur la côte d'Afrique par les gouvernements engagés à s'opposer à la traite des noirs, entraînant la nécessité de la visite, dans une zone déterminée par les traités, des bâtiments de commerce par des bâtiments de la marine militaire, on eût substitué plutôt le régime actuel. C'était, en effet, une innovation fâcheuse, pleine de dangers dans l'application, que celle qui, en pleine paix, en vue d'un résultat de civilisation, autorisait la visite des bâtiments de commerce par des navires de guerre étrangers. Le principe d'indépendance et de dignité des nations éprouvait par là une fâcheuse atteinte.

(a) L'abolition de la traite n'a pas marché aussi vite que les traités et les lois intérieures destinées à la réprimer. De 1815 à 1848 on continuait à exporter annuellement de la côte d'Afrique, sur les rivages du Nouveau-Monde, 30 ou 40,000 esclaves. Seulement le prix du noir avait baissé sur le marché africain de 400 fr. à 250 et à 140 francs, et s'était élevé sur le marché d'importation, et notamment au Brésil et à Cuba, de 1,200 à 1,500. Une surveillance plus active, due surtout au progrès de la marine à vapeur, paraît mettre un terme à ce trafic barbare. L'importation de nègres au Brésil, était en 1842 de 17,000, en 1843 de 19,000, en 1844 de 22,000, en 1845 de 29,000, en 1846 de 50,000, en 1847 de 56,000, en 1848 de 60,000, en 1849 de 54,000. En 1850 l'importation n'est plus que de 23,000, en 1851 de 3,000, en 1852 de 700. Elle paraît avoir complétement cessé en 1853 (*Revue des Deux-Mondes*, liv. du 15 déc. 1857, p. 792).

du droit des gens, applaudit à l'extradition des malfaiteurs ordinaires, protége les réfugiés politiques paisibles, et autorise les mesures de précaution à l'égard de ceux dont les actes répréhensibles peuvent compromettre les bons rapports de deux États. Il y a donc pour tous les gouvernements à l'égard du crime un devoir absolu et un intérêt commun : toute infraction à la loi naturelle devient, si elle n'est punie, si l'on n'en favorise le châtiment, une infraction au droit des gens.

Enfin, dans la sphère littéraire et intellectuelle proprement dite, les États commencent à s'entendre pour assurer aux productions de l'esprit ou de l'art une efficace protection contre les actes de spoliation et de contrefaçon, une rémunération légitime en faveur des auteurs, un droit de cité universel. Le droit de propriété littéraire, à peine reconnu en France à la fin du siècle dernier, gagne incessamment du terrain en Europe, et nous pouvons déclarer à la gloire de notre pays, qu'il est à la tête de tous les autres dans cette généreuse croisade. Depuis cinq ou six années, la France a traité avec une vingtaine d'États; il en est aujourd'hui bien peu avec lesquels nous n'ayons traité, et dans un avenir prochain, il n'y en aura plus un [1]. Sans

---

[1] Les résultats obtenus par la diplomatie depuis quelques années sont nombreux. Dès 1840, un traité de commerce conclu le 25 juillet entre la France et les Pays-Bas, avait proclamé la garantie réciproque de la propriété littéraire; les conditions d'application et d'exécution du principe ont été réglées entre les deux puissances par une convention du 29 mars 1855. Un traité spécial est intervenu le 28 août 1843 entre la France et la Sardaigne. Ce traité a été complété depuis par ceux des 22 avril 1846 et 5 novembre 1850. Viennent ensuite, dans l'ordre chronologique, deux traités conclus entre l'Angleterre et la Prusse, le 13 mai 1846, et l'Angleterre et le Hanovre, le 7 octobre

doute, ces diverses conventions, écloses à intervalles irré-
guliers, obligées de transiger avec les exigences locales, ne
sont pas toutes également libérales ; l'œuvre manque encore d'homogénéité, et porte la trace de ses origines :
mais, une fois qu'elle sera universalisée, il sera temps d'é-
tablir une concordance rigoureuse entre toutes ses parties.
Félicitons-nous dès aujourd'hui, au nom du droit des
gens de ce que la *Gazette d'Augsbourg* appelait juste-

1847 ; ceux conclus entre la France et les États suivants : le Portugal, le 12 avril 1851 ; le Hanovre, le 20 octobre 1851 ; l'Angleterre, le 3 novembre 1851 ; le duché de Brunswick, le 8 août 1852 ; la
Belgique, le 22 août 1852, avec article additionnel du 27 août 1854 ; le
grand-duché de Hesse-Darmstadt, le 18 septembre 1852 ; le land-
graviat de Hesse-Hombourg, le 18 octobre 1852 ; la Toscane, le 15
février 1853 ; la principauté de Reuss (branche ainée), le 24 février 1853 ;
la principauté de Reuss (branche cadette), le 30 mars 1853 ; le duché de
Nassau, le 2 mai 1853 ; l'électorat de Hesse-Cassel, le 7 mai 1853 ; le
grand-duché de Saxe-Weimar, le 17 mai 1853 ; le grand-duché d'Oldenbourg, le 1er juillet 1853 ; l'Espagne, le 15 novembre 1853 ; la principauté de Schwarzbourg-Sondershausen, le 7 décembre 1853 ; la principauté de Schwarzbourg-Rudolstadt, le 16 décembre 1853 ; la principauté
de Waldeck-et-Pyrmont, le 4 février 1854 ; le grand-duché de Bade, le
3 avril 1854 et le 2 juillet 1857 ; Hombourg, le 2 mai 1856 ; la Saxe, le
19 mai 1856 ; le grand-duché de Luxembourg, les 4 et 6 juillet 1856.
les Pays-Bas, les 29 mars 1855 et 27 avril 1860 ; la Russie, le 6 avril
1861 ; la Belgique, le 1er mai 1861 ; l'Italie, le 26 juillet 1862 Il est à
remarquer qu'antérieurement aux traités qui précèdent ou à quelques-
uns d'entre eux, plusieurs États avaient consigné dans leurs législations
particulières des offres plus ou moins efficaces de réciprocité. La France
est même allée plus loin. Par un décret du 28 mars 1852, elle assimile
complétement sans imposer aucune condition de réciprocité, les œuvres de
littérature et de beaux-arts publiées en pays étrangers à celles publiées
en France. Les traités dont nous avons fait l'énumération sont susceptibles d'amélioration, notamment en ce qui concerne le délai du dépôt, le
délai du droit de traduction, etc. *V.* du reste, Pataille et Huguet, *Code
international de la propriété industrielle, artistique et littéraire,* p. 53
et suiv.

ment[1] « un triomphe de la civilisation sur la barbarie,
» une source inépuisable de chances nouvelles pour l'in-
» dustrie honnête et loyale. »

Favoriser les transactions commerciales, les communications, les voyages, les échanges de nouvelles, les associations de capitaux, les mesures préventives contre les
épidémies, les moyens de contrôle des découvertes et des
inventions, les rencontres des hommes spéciaux et compétents, l'examen des problèmes sociaux ; garantir par des
mesures concertées en commun le respect des lois morales,
de la vie, de la propriété, de la liberté individuelle ; aider
à l'adoucissement des mœurs en flétrissant et en s'interdi-
sant réciproquement les cruautés inutiles en temps de
guerre, les atteintes portées à la sécurité des faibles ; donner enfin aux intelligences elles-mêmes une protection nécessaire contre l'esprit de rapine, en consacrant les droits
de la propriété intellectuelle comme de toute autre, ne
sont-ce pas là autant de signes d'un rapprochement des
peuples, d'une fusion de plus en plus complète qui se prépare? Tous ces phénomènes ne tendent-ils pas à identifier
de plus en plus le droit naturel et le droit des gens, et à
établir pour l'honneur de la conscience humaine des règles générales dont les frontières naturelles et artificielles
n'interrompront plus l'exercice? Nous le pensons ; mais
nous serions injuste à notre tour, si, en énumérant tant
de phénomènes, signes d'un temps nouveau, symboles
d'un droit universel, nous omettions l'instrument le plus

---

[1] Articles des 27 et 28 janvier dernier, analysés par le *Moniteur universel* français.

énergique peut-être du progrès social, du rapprochement international, la presse. C'est la presse qui établit et qui maintient comme un courant électrique dans le monde entier, qui forme un lien, une chaîne non interrompue entre tous les peuples, qui les intéresse tous à ce qui se passe de plus caractéristique au sein de chacun d'eux; par elle, une sympathique uniformité de préoccupations et de désirs s'établit insensiblement; c'est elle qui déblaie le terrain et qui y sème le grain, qui ruine les privilèges et qui stigmatise les méfaits : le droit des gens finit toujours par formuler en arrêts et en lois ce que l'enquête universelle et permanente instituée par la presse de tous les pays, a révélé, fécondé et purifié par la discussion.

En insistant sur les symptômes nombreux d'un rapprochement international qui attestent et présagent tout à la fois d'importants progrès du droit des gens, il ne faut cependant pas se dissimuler les lacunes également importantes qu'en présente encore l'application. Ses maximes pénètrent peu à peu les intelligences, mais elles s'y rencontrent et elles s'y heurtent avec les passions. Les préjugés des peuples et les intérêts mal entendus des gouvernements sont un double obstacle au triomphe de la justice dans le monde par les seuls moyens qu'elle autorise elle-même. De tout temps, lorsqu'il a été impossible d'aplanir un différend par voie de conciliation, on a dû chercher et trouver d'autres voies; mais ici nous touchons au plus grand vice, au côté faible, vulnérable du droit des gens : il y a un code ou un ensemble de règles généralement admises, et ce code n'a pas de sanction; il n'a ni tribunal accepté qui

prononce les sentences, ni pouvoir institué qui les fasse
exécuter. Le droit civil a à son service des agents pour
notifier les arrêts qui émanent des tribunaux, et pour donner à ces arrêts force obligatoire. Dans les relations internationales, le principe de l'indépendance réciproque des
divers États a empêché jusqu'à présent l'établissement
d'une autorité coercitive. Chacun est à la fois juge et partie ; ceux qui sont lésés, ne pouvant obtenir justice, sont
d'ordinaire obligés de se la faire eux-mêmes. De là, la nécessité de la guerre, c'est-à-dire de la substitution de l'é-
tat de force à celui de droit. Dans chaque agglomération
d'hommes l'existence précaire des droits et des obligations a, comme le fait observer Ancillon [1], amené l'établissement de l'ordre social et la constitution d'une volonté souveraine, à laquelle toutes les volontés particulières
sont obligées de se soumettre, et qui prononce dans les
conflits nombreux qui s'élèvent entre elles, d'une force
publique qui, toujours protectrice parce qu'elle est toujours active, toujours menaçante et toujours supérieure à
toutes les autres, contient les forces particulières dans de
justes limites. Par là s'explique l'absolue nécessité des
gouvernements et se légitime leur existence ; elle est à la
fois le principe de leur origine et de leurs titres. Le même
besoin a produit partout les mêmes effets... Mais s'il est
vrai, continue Ancillon, « que les souverains et les États,
» en leur qualité de personnes morales, soient justiciables
» de la même loi qui sert à déterminer les rapports des
» individus, chacun d'eux a sa sphère d'activité qui est

---

[1] *Tableau des révolutions de l'Europe*, t. I, p. 2 et suiv.

» limitée par celle des autres ; là où la liberté de l'un finit,
» celle de l'autre commence, et leurs propriétés respec-
» tives sont également sacrées : il n'y a pas deux règles
» de justice différentes, l'une pour les particuliers et l'au-
» tre pour les États...

» Ce droit existe, mais il manque d'une garantie exté-
» rieure : il n'y a point de pouvoir coactif qui puisse for-
» cer les différents États à ne pas dévier, dans leurs rela-
» tions, de la ligne du juste... Les souverains sont encore
» dans l'état de nature, puisqu'ils n'ont pas encore créé
» cette garantie commune de leur existence et de leurs
» droits, et que chacun d'eux est seul juge et seul défen-
» seur de ce qui lui appartient exclusivement, et de ce
» que les autres doivent respecter. »

Comment sortir de cette situation ? Bien des moyens ont
été proposés : la monarchie universelle ; mais les corps
politiques consentiraient-ils à signer leur arrêt de mort par
la crainte des maladies ? Une association de toutes les puissances formant un tribunal souverain chargé de déterminer les droits de chaque État, fixant leurs rapports mu-
tuels et assurant le tout par le déploiement d'une grande
force coercitive ? Henri IV a rêvé ce plan ; l'abbé de Saint-
Pierre et Kant l'ont développé dans leurs écrits ; mais il
suppose de la part des souverains des concessions peu
probables, et, consenti, il rencontrerait d'invincibles difficultés. Restent les progrès de la raison et de la moralité
pour assurer la garantie de l'existence et de l'indépendance des États. De cette insuffisance actuelle résulte la
triple nécessité de mettre, avant qu'elle n'éclate, tout en
œuvre pour la prévenir, de proscrire, pendant qu'elle

dure, tous les moyens que la conscience réprouve, et de saisir toutes les occasions honorables d'en abréger la durée et d'en hâter la conclusion.

On essaie d'abord des moyens de conciliation, pour éviter de recourir aux armes, en appuyant ses réclamations de mémoires où tous les points de droit sont développés jusque dans le détail, où l'on cherche à ramener son adversaire et à éclairer les tiers, soit en communiquant ces mémoires ou notes aux diverses puissances, soit en les livrant directement à la publicité; il y a lieu aussi de recourir à la médiation d'une puissance tierce ou à un arbitrage. S'il s'agit d'une mesure violant directement le droit, on a recours, avant de déclarer la guerre, à des mesures de représailles en observant toutefois les ménagements que l'humanité commande; on se saisit par exemple d'une place ou d'une position forte, comme gage matériel du succès des réclamations qu'on se croit fondé à faire.

Enfin, la dernière raison, c'est la guerre, *ultima ratio*, comme on l'a appelée, quand il y a nécessité de repousser une agression imminente ou déjà effectuée, ou qu'on veut contraindre un autre État à donner une satisfaction déjà refusée, la guerre qu'on a représentée comme un des moyens que, dans le plan du développement de l'espèce humaine, la Providence emploie pour le faire parvenir par le travail au développement de toutes ses forces[1].

Une question plus délicate est de savoir si une nation peut en attaquer une autre, lorsqu'elle a lieu de craindre d'en

---

[1] Ancillon, *Tableau des révolutions de l'Europe*, t. I, p. 45.

être attaquée elle-même. Montesquieu fait une réponse trop absolue, à laquelle M. Thiercelin[1] propose de sages restrictions : « La déclaration de guerre motivée par la seule » possibilité d'un dommage futur serait injuste ; car faire » la guerre, c'est punir, et l'on ne punit pas pour un dé- » sir, pour une pensée, encore moins pour la tentation » que des circonstances éventuelles pourraient donner » de mal faire. Une nation qui croit avoir à redouter, » dans un temps plus ou moins long, une agression in- » juste, peut négocier, préparer des alliances, demander » des garanties ; mais elle ne peut attaquer, c'est-à-dire » punir... Mais la guerre est incontestablement légitime » contre un État qui fait des préparatifs pour attaquer. » Les préparatifs d'une attaque sont déjà une atteinte au » droit... »

Si la guerre éclate, bien qu'interrompant tous les rapports de droit, elle n'interrompt pas les rapports moraux ; elle autorise tout ce qui peut mener au but, mais elle n'autorise rien de ce qui le dépasse, ou même de ce qui n'est pas absolument indispensable. Les progrès de la raison humaine et l'adoucissement des mœurs ont introduit dans la guerre certains tempéraments ; elle n'existe plus, à proprement parler, entre les nations belligérantes, mais seulement entre leurs armées. Aussi, même en pays ennemis, les personnes et les biens des citoyens paisibles de l'État avec lequel on est en guerre, sont-ils respectés ; on ne les regarde plus comme de bonne prise. Entre les armées belligérantes elles-mêmes, tous les moyens de destruction ne

---

[1] *Principes du droit*, p. 312-314.

sauraient être indifféremment employés : l'usage du poison, de l'assassinat, la mise à prix de la tête des chefs, la pratique de certaines ruses, l'emploi de certaines armes ou projectiles sont interdits par ce droit de la guerre dont Voltaire niait jusqu'à l'existence.

Pour ce qui concerne les effets de la guerre, le droit de conquête est admis à la rigueur par l'usage des nations, mais autant seulement qu'il est indispensable pour l'objet des réclamations poursuivies, et des dommages-intérêts qui en dérivent, ou pour empêcher de nouvelles hostilités.

Quant aux traités destinés à consacrer les résultats de la guerre, le droit des gens et l'intérêt même des parties contractantes se réunissent pour exiger qu'ils ne consacrent ni un affaiblissement d'une des parties disproportionné aux nécessités de son existence, ni son humiliation, ni l'anarchie au sein des éléments de son organisation intérieure, ni la séparation d'une des portions intégrantes de son territoire, toutes conditions qui, en rendant la paix ruineuse ou dégradante, l'empêchent d'être durable.

Le droit des gens a pour mission première d'empêcher la guerre, c'est-à-dire la violence, de se substituer au droit, entre les nations ; il commande, quand elle a éclaté, qu'on la fasse de la manière la plus humaine, c'est-à-dire se rapprochant le plus du droit, affectant le moins ceux qui ne l'ont pas violé et se terminant au plus tôt quand il est vengé ; il exige enfin que les actes qui en consacrent la fin et les résultats soient conçus de telle sorte qu'ils ne donnent pas de nouveau, par l'abus du droit reconquis, ouverture à la violence.

Telle est la direction que la civilisation moderne imprime au droit des gens, qui est la science de la justice, en dépit de la politique, qui est la science ou plutôt l'art des intérêts. Les peuples ont, comme les individus, des besoins, des sentiments et des intérêts, mais aussi la conscience de leurs obligations. Ils peuvent être entraînés, soit par leurs propres passions, soit par celles de ceux qui les gouvernent, à sacrifier leurs devoirs à leur avantage ; mais à mesure qu'ils se connaissent mieux, ils sympathisent davantage ; à mesure qu'ils se pénètrent mieux, par l'influence des lumières et de l'instruction générale, de leur destinée commune, ils aspirent davantage à la remplir ; à mesure enfin qu'ils nouent ensemble des rapports plus fréquents, ces rapports deviennent des liens, cette communauté de besoins, un nœud plus solide, et cette solidarité plus sainement comprise, le plus efficace des préservatifs contre la domination ou les emportements de la force brutale.

Il arrive cependant, et il pourra souvent arriver, que ni le développement des besoins, ni celui des lumières, ni celui même des idées et des sentiments communs, n'empêchent les occasions de conflit de naître. Comment les étouffer dans leur germe, ou les arrêter avant qu'ils dégénèrent en luttes armées, ou hâter leur terme, puisque, les voies spécifiques épuisées, il n'existe, comme nous l'avons dit, nulle juridiction supérieure absolue pour faire triompher le droit par le droit ? Si l'idée d'établir une juridiction européenne permanente n'a pas encore abouti, n'a même pas été sérieusement abordée, il y a eu assez fréquemment, depuis deux siècles, sous le nom de *Congrès* et sous le nom plus moderne de *Conférences*, des essais plus ou moins heureux pour instituer temporairement des tribunaux de conciliation internationale. Le premier en date est celui qui termina à Munster et Osnabrück la guerre de Trente ans (1648). Plusieurs congrès furent plus tard provoqués soit pour les affaires de Pologne, soit pour celles de la France, dans la seconde partie du dix-huitième siècle ; mais, soit que les parties contractantes n'eussent pas un sincère désir de paix, soit même qu'elles laissassent en dehors de leurs délibérations un ou plusieurs des États intéressés ou des États importants de l'Europe, soit enfin que les considérations d'intérêt ou de vengeance y neutralisassent celles de justice et de pacification, leurs résultats furent rarement durables. Le congrès de Vienne en 1814, peut être considéré à juste titre comme la plus imposante réunion de négociateurs chargés, depuis la paix de Westphalie, de régler les intérêts de l'Europe. L'empire de Napoléon venait de s'écrouler, la France était épuisée ; il s'agissait de remanier entièrement la carte du monde, de fixer les rapports territoriaux des États, et de poser de nouveau les bases du droit public. Les affaires les plus nombreuses et les plus considérables y furent traitées. Des royaumes à reconstituer, des dédommagements territoriaux à déterminer, des constitutions à reviser, de grandes iniquités morales à réparer, une vaste union politique à resserrer : voilà ce qui ne donne encore qu'une faible idée de la tâche dévolue à ce congrès. Mais, animé qu'il était par un esprit étroit de réaction, cette tâche, il ne la remplit point avec l'impartialité, avec le souci des droits naturels, avec les ménagements nécessaires. On brisa les nationalités, on dé-

peça les territoires plutôt qu'on ne les rendit à leurs affi-
nités naturelles ; on vit disparaître de la carte politique de
l'Europe, la Pologne, les républiques de Venise et de Gênes,
les souverainetés ecclésiastiques de l'Empire, la presque
totalité des villes libres d'Allemagne, une grande partie des
États de second ordre. La Saxe fut réduite de moitié ; la
Belgique et la Norwége attribuées à la Hollande et à la
Suède, et le Lauenbourg au Danemark. On prétendit même
exclure la France, la puissance vaincue, du droit de participer aux délibérations territoriales. Bien que l'acte ou
plutôt les actes de Vienne régissent encore aujourd'hui,
malgré d'importants changements, les rapports européens,
ils ne dérivaient pas d'une pensée assez haute pour assurer définitivement la paix et pour la rendre féconde.
Dominés par une passion de vengeance ou tout au moins
de représailles, cherchant plutôt à fortifier une portion de
l'Europe au détriment de l'autre qu'à la constituer solide-
ment, délibérant sous la pression de certains cabinets et ne
tenant guère compte de l'opinion publique, à peine initiée
à leurs délibérations, les négociateurs de Vienne ont fait
une œuvre de diplomatie et d'autorité, non une œuvre de
justice et de franchise.

Sous un autre rapport, le congrès de Vienne a manqué
de souvenir et de prévoyance. Si l'on étudie l'histoire politique du dix-huitième et du dix-neuvième siècle, on arrive
promptement à reconnaître que les grandes injustices se
sont commises surtout sur mer. C'est qu'en effet, les abus
de la force sont plus faciles sur mer que sur terre. Et cependant, le spectacle de ces injustices et les souffrances
qu'elles ont entraînées n'ont pas amené, comme cela eût

été à désirer, la recherche et l'établissement d'un équilibre maritime. Les traités de Münster, en 1643, contre la maison d'Autriche, d'Utrecht, en 1713, contre Louis XIV et la France, de Vienne et de Paris, en 1814 et en 1815, ont été conduits et signés dans le but d'arriver à un équilibre des puissances sur terre, par une répartition égale des forces matérielles et morales des États, en contenant l'ambition des uns et en soutenant la faiblesse des autres; et on semble s'être abstenu à plaisir de poursuivre l'équilibre sur la mer, bien autrement nécessaire à l'équilibre du monde, comme si, à raison de leur nature même et de l'étendue de leurs moyens particuliers d'action, et des facilités de l'abus, l'exagération des forces maritimes n'avait pas encore plus besoin de contrôle et de contre-poids. Le dix-septième siècle ne fournit la trace d'aucune guerre, d'aucun traité, d'aucune coalition pour arriver à l'équilibre maritime. Les coalitions de 1780, de 1796 et de 1800, connues dans l'histoire sous le nom de *neutralité armée*, et qui n'avaient qu'un but spécial, celui de faire respecter les priviléges du pavillon neutre, et qui constituaient les puissances du Nord en faisceau contre l'ambition et les excès trop souvent heureux de l'Angleterre, marquent à peine un essai sans suite et par conséquent sans effet. Les causes de cette absence de l'équilibre maritime dans le droit international moderne s'expliquent par la politique même de l'Angleterre, qui, confiante dans sa position insulaire et dans ses forces maritimes, a souvent évité de se lier par des traités, de régler par des dispositions intérieures les points délicats du droit maritime, se réservant de les préciser dans chaque guerre au gré de ses intérêts et de ses alliances. Les derniers évé-

nements politiques et militaires qui ont fait éclater en
Orient l'antagonisme des puissances, ont remédié à quelques-uns des inconvénients de l'absence d'un équilibre sur
mer. C'est ainsi qu'au milieu même de la lutte, les États-
Unis de l'Amérique du Nord ont fait une convention destinée à fixer les principes du droit maritime en temps de
guerre; mais cette convention est très-incomplète, puisqu'elle laisse subsister la course. Plus tard, le traité de
Paris a donné à l'équilibre des puissances de nouvelles
bases, et proclamé des principes libéraux en faveur des
pavillons neutres en temps de guerre. Mais ces dispositions
ne sont que partielles et par suite incomplètes. Si un jour
il était donné au vœu des publicistes de voir s'établir,
au lieu de ces expédients transitoires et fragiles comme
l'intérêt qui les a vus naître, un système politique permanent, organisé pour maintenir les puissances qui pourraient être tentées d'abuser de leur prépondérance maritime, il faudrait peut-être, comme le demandait dans la
Presse un publiciste éminent, M. Labiche, lui donner une
double base : « en premier lieu, un ensemble de résolutions commun à toutes les puissances sur toutes les questions qu'embrasse le code maritime, non-seulement sur les
points compris dans la déclaration du 16 avril 1856, mais
sur ceux qu'elle n'a pas touchés; sur la contrebande, notamment; sur les formes et les conditions de la visite; sur
les prises; sur les relâches et les sauvetages; sur les priviléges du pavillon; sur l'organisation et les droits des
consuls. En second lieu, une combinaison de mesures destinées, sinon à restreindre la marine des États trop puissants et à répartir politiquement les forces maritimes, du

moins à faciliter, entre les puissances inférieures, les ligues et les unions nécessaires pour faire respecter par les grands États les principes et les droits consacrés par le code maritime consenti par tous. »

Les autres congrès réunis de 1815 à 1830 pendant la durée de la Restauration obéirent à une même pensée, soit de domination, soit de défense exclusive contre la révolution et au profit des monarchies absolues ; le sentiment qui inspirait leurs résolutions était un sentiment de défiance réciproque qui devait finir par en désagréger les membres, modifier les attitudes respectives, changer le système des alliances et engendrer de nouvelles luttes.

Malgré quelques mesures utiles et profitables, auxquelles il faut rendre hommage, le congrès de Vienne avait montré plutôt ce que ces réunions ont été dans le passé que ce qu'elles doivent être dans l'avenir ; c'est le congrès de Paris de 1856 qui est le véritable signe de ce qu'ils peuvent être dès maintenant [1]. Qui n'a encore présentes à la mémoire les circonstances dans lesquelles il s'ouvrit? Chacun connaît l'esprit dans lequel il a été dirigé ; mais il n'en

---

[1] Nous ne mentionnerons que pour mémoire le projet conçu en 1826, par Bolivar à l'apogée de son pouvoir, d'appeler en congrès à Panama les délégués de tous les États d'Amérique qui venaient de s'affranchir de la domination espagnole. L'annonce de ce congrès excita un vif intérêt en Europe où l'on se plaisait à y voir une sorte de contre-partie de la fameuse Sainte-Alliance, mais, en réalité il n'exerça aucune influence, et ne servit qu'à constater la faiblesse où se trouvaient encore les républiques naissantes de l'Amérique espagnole.

Nous n'insisterons pas davantage sur les conférences de Londres, au sujet du règlement de la question belge, puisqu'elles n'avaient qu'une portée toute spéciale, bien que la question qu'elles étaient appelées a résoudre eut menacé de dégénérer en conflit européen.

faut pas moins faire ressortir cet esprit, qui est bien celui
du droit des gens moderne, par la largeur des discussions,
la modération relative des ambitions et la publicité officielle
ou officieuse des délibérations. Issues d'une lutte terrible
entre trois des plus grandes puissances de l'Europe, les
conférences de Paris avaient pour principal objet de régler
la question d'Orient et de consacrer des principes de droit
public conformes à l'esprit nouveau. Elles ont atteint ce
double but, le premier provisoirement peut-être, mais le
second de manière à inspirer à l'homme d'État philosophe
une légitime confiance dans la perfectibilité de l'espèce humaine.

Elles ont de plus fait entrer la Turquie dans le système
politique de l'Europe, arrêté les bases du règlement de
frontières entre cet État et la Russie, décrété l'abolition de
la course maritime, proclamé la liberté de la navigation du
Danube et celle du commerce de la mer Noire; plusieurs
des grandes questions politiques qui divisent l'Europe et
menacent son repos y ont été abordées; enfin, l'idée la
plus importante peut-être pour l'affermissement du droit
des gens, celle d'une sanction certaine à donner à ses
arrêts, y a été émise et formulée en vœu : « Les calamités
» de la guerre, y a-t-il été dit[1], sont encore trop pré-
» sentes à tous les esprits, pour qu'il n'y ait pas lieu de
» rechercher tous les moyens qui seraient de nature à
» en prévenir le retour; il a été inséré, à l'article 7 du
» traité de paix, une stipulation qui recommande de
» recourir à l'action médiatrice d'un État ami, avant

---

[1] Protocole n° XXIII, séance du 14 avril

» d'en appeler à la force, en cas de dissentiment entre la
» Porte et l'une ou plusieurs des autres puissances signa-
» taires.

   » M. le premier plénipotentiaire de la Grande-Bretagne
» pense que cette heureuse innovation pourrait recevoir
» une application plus générale, et devenir ainsi une bar-
» rière opposée à des conflits qui souvent n'éclatent que
» parce qu'il n'est pas toujours possible de s'expliquer et
» de s'entendre.

   » Il propose donc de se concerter sur une résolution
» propre à assurer dans l'avenir, au maintien de la paix,
» cette chance de durée, sans, toutefois, porter atteinte à
» l'indépendance des gouvernements. »

   Un vœu conforme a été émis : les plénipotentiaires n'ont
pas hésité à l'exprimer au nom de leurs gouvernements,
en ce sens que les États entre lesquels s'élèverait un dissentiment sérieux eussent recours, autant que les circonstances l'admettraient, aux bons offices d'une puissance
amie avant d'en appeler à la force brutale, et ils ont exprimé en outre l'espoir que les gouvernements non repré-
sentés au congrès s'associeraient à la pensée qui avait inspiré ce vœu.

   Sans doute, les restrictions qui accompagnent ce vœu en
retarderont de longtemps l'effet, et une intervention arbi-
trale ou suprême, qui n'aurait pas de force coercitive, n'a-
boutirait le plus souvent qu'à retarder les mêlées sanglantes. Il ne faut pas moins se féliciter qu'une idée si
morale, si humaine, si conforme au droit, ait été adoptée
en principe par un congrès européen. En dépit des animo-
sités de races et de politique, le congrès de Paris a délibéré,

on le comprend par ce vœu, à une époque où l'effusion du sang humain fait horreur, où la justice parvient toujours à se faire entendre, sinon à se faire écouter, où la discussion ruine à la longue tous les artifices, ou enfin, grâce à l'immensité et à la complexité des intérêts engagés, au mélange des nations par le commerce, aux travaux publics et au crédit, les guerres sont ruineuses pour toutes les parties. La nécessité de se préoccuper davantage des questions intérieures, des besoins moraux et matériels des classes déshéritées, rend de pareilles luttes plus odieuses et plus dangereuses que jadis : le sens moral même s'est développé, et c'est une influence puissante, à laquelle on cède, mais sans l'avouer trop haut, par suite d'une fausse honte, d'un blâmable respect humain qui s'atténuera également de plus en plus

L'interprète énergique, bien que latent, de ce sens moral, la puissance qui joue le plus grand rôle dans les temps modernes, celle qui prononce sur toutes les causes, et à laquelle la diplomatie elle-même donne audience tôt ou tard, celle qui doit mettre fin aux perturbations extérieures des États et qui a imposé la conclusion de la guerre d'Orient, celle qui en définitive remporte les victoires, comme on l'a dit dans une circonstance solennelle, c'est, faut-il la nommer? l'opinion publique, cette reine du monde, comme l'appelle Pascal. Le secret de sa puissance, c'est qu'elle est sans cesse guidée par des motifs désintéressés, c'est que nulle considération personnelle ou particulière ne la confisque à son profit; c'est qu'elle exprime uniquement ce qui est le devoir et l'intérêt le plus élevé de tous. Comme elle est insaisissable, elle est indisciplinable; et comme elle

est indifférente à tout avantage spécial, à tout mobile
égoïste, elle est incorruptible; la faveur ne peut rien sur
elle, puisqu'elle représente tout le monde; la crainte ne
peut pas davantage l'influencer, puisque nul cachot ne peut
l'enfermer, nulle censure la faire taire, nulle promesse
l'entamer. La force de l'opinion publique est dans son im-
personnalité; elle n'est inféodée à aucun homme ni à
aucun parti; n'étant partie dans aucune cause, elle peut
être juge dans toutes.

Plus la civilisation se développera en accroissant la circulation des idées et la réciprocité des besoins, plus la voix
de l'opinion publique se fera entendre et écouter, se for-
tifiant même dans les États où la forme absolue du pouvoir
lui oppose le plus de résistance. Elle n'avait jadis, quand les
peuples étaient isolés par des barrières artificielles, par le
dénûment et par l'ignorance, ni raison d'être, ni organes,
ni force. Elle a aujourd'hui tous ces moyens d'action, et
elle en use pour appuyer le progrès pacifique, assurer le
respect de la dignité humaine, et paralyser les tentatives
de l'égoisme, pour déjouer les menaces d'une barbarie
rétrospective et les piéges de la diplomatie du passé :
l'opinion publique, voilà l'égide du droit public dans l'a-
venir, avec les cent voix que la mythologie prête à la re-
nommée.

C'est encore elle qui est appelée, en agissant comme une
sorte de suffrage universel inspiré par la morale et éclairé
par l'intelligence du genre humain, à fortifier le système
de l'équilibre européen, à développer le droit des gens; en
faisant pour ainsi dire intervenir tous les intéressés dans le
gouvernement du monde, elle y introduit celui qui a plus

d'esprit politique que Machiavel : « Par le système moderne
» de politique internationale, dit un éminent publiciste
» étranger [1], le sort des nations est devenu plus fixe ; l'in-
» fluence du hasard, de la fortune, des armes, des ca-
» prices de quelques individus sur les affaires générales de
» l'humanité, a été prodigieusement diminuée... La durée
» de l'existence d'un État ne dépend pas tant de ses res-
» sources propres que de la place qu'il occupe dans un
» vaste et régulier système, où les États les plus puissants
» doivent, pour leur propre sécurité, constamment veiller
» au salut des plus faibles. Un État florissant ne peut plus
» perdre son indépendance ou sa prospérité par le fait
» d'une bataille ; il faut qu'il en perde beaucoup, que de
» nombreuses modifications s'opèrent avant qu'une telle
» catastrophe s'accomplisse... Ce grand et bienfaisant pro-
» grès ne s'est effectué que par degrés. Il réalise et résume
» en lui tous les précédents ; il assure tous les bienfaits
» déjà obtenus ; il contribuera, plus que tout le reste, à
» l'amélioration de l'espèce... »

Cette fixité du système européen que constate lord Brougham avec son libéralisme le plus élevé, cette solidarité des
divers États, qui est la protection des faibles et le frein des
plus puissants, c'est le droit des gens qui l'a produite, c'est
l'opinion publique qui la fortifiera. Par là, toutes les amé-
liorations, toutes les réformes, soit à l'intérieur de chaque
État, soit dans les rapports internationaux, ont leur avenir
marqué, leur voie tracée. Cette route est longue, mais elle

---

[1] Lord BROUGHAM, *Historical and political Dissertations*, p. 49 (non
traduit).

est sûre; et l'on peut entrevoir au terme, non pas sans
doute la paix perpétuelle, rêve d'un sage du siècle dernier, mais l'équilibre permanent et stable des forces humaines, qui en empêche la déperdition, mais qui n'en
interdit pas, qui en autorise le déplacement graduel !

CH. VERGÉ.

————

A

LEURS ALTESSES ROYALES

MESSEIGNEURS

ERNEST AUGUSTE, AUGUSTE FRÉDÉRIC

ET

ADOLPHE FRÉDERIC

PRINCES DE LA GRANDE-BRETAGNE

MESSEIGNEURS,

Le faible hommage que j'ose offrir respectueusement à VOS ALTESSES ROYALES est le fruit d'un travail que son motif m'a rendu bien cher. Chargé de Vous entretenir des usages des nations de l'Europe, de ces nations dont Vos glorieux ancêtres ont défendu tant de fois et les droits et la liberté, j'ai désiré présenter aux yeux de VOS ALTESSES ROYALES l'esquisse du tableau dont Elles m'ordonnent de leur tracer les détails. Puisse le zèle qui a guidé ma plume en faire pardonner les imperfections !

Je suis avec un très-profond respect,

MESSEIGNEURS,

DE VOS ALTESSES ROYALES,

Le très-humble et très-obéissant serviteur,

G.-F. DE MARTENS.

Ce 20 novembre 1788.

1.

EXTRAIT DE LA PRÉFACE

DE LA PREMIÈRE ÉDITION.

(1788.)

Il y a trois ans que j'ai publié en latin un Essai du Droit des gens positif de l'Europe. Je ne méconnaissais pas l'imperfection de cet ouvrage lorsque les circonstances m'empêchèrent de le retenir plus longtemps chez moi pour le retoucher. L'impression en a même été exécutée en partie assez négligemment en mon absence. Continuant depuis à me livrer à une étude à laquelle mon devoir et mon penchant m'appellent, j'ai trouvé beaucoup à corriger, et plus encore à ajouter à ce que j'avais dit; surtout dans les matières des traités, de la préséance, du commerce, et des ambassades; de sorte que ce que j'offre aujourd'hui au public est plutôt un nouvel ouvrage qu'une simple traduction du précédent.

L'ordre dans lequel j'ai distribué les matières a été conservé presque entièrement, excepté dans les IIIe et VIIe livres, où plusieurs chapitres ont été ajoutés. Voici le plan général de l'ouvrage.

Avant d'entrer dans les détails des droits que l'usage et

les traités ont établis en Europe, il m'a paru naturel de
commencer par examiner de plus près quels sont les peuples des droits et des obligations desquels il est question;
et après avoir fait voir le rapport commun sous lequel on
peut considérer les puissances de l'Europe comme un tout,
j'ai cru devoir les représenter sous les différents points de
vue sous lesquels la diversité de leur dignité et de leur
puissance, de leur constitution, enfin de leur religion, les.
fait paraître. Puis passant à l'examen des droits mêmes qui
font l'objet de la science, il y avait trois questions principales à résoudre : 1° quelles sont les sources du droit des
gens positif; 2° quels sont les objets auxquels ces droits se
rapportent; 3° quelles sont les voies par lesquelles ces
droits peuvent se perdre. La première de ces questions a
donné lieu de parler des traités, des conventions·tacites,
de l'usage, et à examiner si la prescription peut se considérer comme une source du droit des gens naturel ou
positif. La seconde question, demandant une ample
réponse, a fait naître la subdivision des droits en ceux qui
concernent les intérêts des nations et de leurs souverains
mêmes, et en ceux qui se rapportent aux moyens dont les
puissances se servent pour traiter leurs affaires entre elles.
Les intérêts des nations mêmes concernent et leurs affaires
intérieures et les affaires extérieures. Relativement aux
premières, après avoir examiné en général les droits d'une
nation sur son territoire, j'ai fait voir quels sont les droits
des puissances étrangères relativement à la constitution
d'un autre État; jusqu'à quel point elles sont en droit de se
mêler des disputes qui touchent le choix d'un souverain
étranger, et la fixation de l'étendue de ces droits. Après

quoi il a fallu entrer dans les détails des principaux droits
de souveraineté qui concernent le gouvernement extérieur,
pour faire voir ce qu'une puissance doit à cet égard aux
puissances étrangères et à leurs sujets, et quels sont les
effets que les actes de souveraineté qu'elle exerce chez elle
peuvent produire même hors du territoire, en vertu des
traités ou de l'usage. Les affaires étrangères ont pour but
le maintien de la sûreté et l'augmentation du bien-être de
l'État au dehors C'est ce qui a donné lieu de parler du
maintien de la sûreté et de la liberté des États, de l'égalité
et de la dignité, du commerce et de la navigation. De ces
droits, qui concernent le corps de la nation, il est nécessaire de distinguer encore ceux qui concernent moins les
nations entières que la personne de leurs souverains, ou
leur famille, et leurs affaires privées, dont il a été parlé
séparément.

Le second genre principal des droits conventionnels et
coutumiers est celui qui concerne les moyens dont les puissances se servent pour traiter leurs affaires et pour vider
leurs différents. Ces moyens sont de deux sortes : le premier, c'est la voie à l'amiable, en traitant ensemble, ou par
le moyen de différents genres d'écrits, ou de vive voix, par
le secours des ambassades ; le second moyen est la voie de
fait, savoir, la rétorsion, les représailles, ou la guerre.
Quant à ce dernier point, il fallait séparer les droits reçus
entre les puissances belligérantes de ceux qui ont lieu relativement aux puissances alliées, auxiliaires, ou neutres ; et
enfin marquer la manière dont se terminent les guerres par
les traités de paix ; après quoi il ne restait plus qu'à
répondre à la troisième question, en indiquant les moyens

par lesquels les droits acquis par les conventions ou par l'usage peuvent venir à s'éteindre.

Si je me suis écarté peut-être en quelques endroits des limites ordinaires d'un livre destiné à servir de guide dans les leçons, en alléguant un assez grand nombre d'exemples dans les notes, c'est que j'ai désiré me rendre par là plus utile et plus intelligible à ceux qui ne sont pas dans le cas de fréquenter mes leçons ; ces exemples particuliers, ainsi que les traités individuels dont il est fait souvent mention, ne suffisent pas sans doute pour faire preuve de l'universalité d'un certain usage . cependant ils servent d'illustration à la matière ; et d'ailleurs on sait que, dans la pratique, un seul exemple souvent a plus de poids que toute la force d'un raisonnement J'aurais pu augmenter le nombre de ces allégations, si je n'avais craint d'étendre sans nécessité les bornes de ce petit ouvrage.

Peut-être pourrait-on me reprocher d'avoir traité quelques points qui, en prenant le terme de droit des gens dans sa rigueur, semblent appartenir moins à la théorie de cette science qu'à celle de la pratique du droit des gens. Le chapitre des différentes sortes d'écrits dont se servent les puissances dans leurs affaires est de ce nombre. Cependant il touche de si près la matière du cérémonial et de la préséance, que j'ai cru ne pas devoir l'omettre. D'ailleurs un motif particulier m'a engagé à l'insérer. Je saisis volontiers l'occasion d'en faire mention. Depuis plusieurs années j'ai commencé à faire succéder aux leçons sur la théorie du droit des gens moderne (pour lesquelles le présent ouvrage me servira d'introduction) des leçons pratiques du droit des gens, auxquelles j'ai voué deux heures par semaine dans chaque semestre. Chacune de ces heures formant un cours séparé, l'une sert à enseigner à travailler en allemand, l'autre en français, sur toutes sortes de matières du droit des gens, et à dresser différents genres d'écrits dont on peut être chargé en entrant dans la carrière politique. Plusieurs des ouvrages dont j'occupe ceux qui suivent ces cours ont peu, ou n'ont rien de commun avec le cérémonial ; par exemple, ce qui regarde les extraits et les comparaisons de divers traités d'alliance ou de commerce, etc.; les rapports à faire verbalement sur quelques illustres disputes agitées sur des points du droit des gens, les suffrages motivés sur des questions de droit des gens, l'explication des différentes méthodes des chiffres, etc... Cependant il y a bien d'autres points, par exemple, les correspondances entre les cours ou leurs ministres, les notes, mémoires, discours, etc., des ambassadeurs, et d'autres, où la forme extérieure et les différents points du cérémonial doivent être observés ; et, quoique en général le cérémonial ne soit pas le seul, ni même le principal objet de la critique à faire sur les ouvrages auxquels ce cours donne lieu, il ne saurait cependant être négligé. C'est là ce qui m'a fait désirer de joindre d'avance à la théorie du droit des gens l'abrégé d'une théorie de la pratique de cette science, c'est à-dire de l'art d'appliquer ces droits à des cas particuliers, afin que la connaissance préalable de ces points pût servir d'introduction à ceux qui, en suivant l'ordre qui est le plus naturel, lorsqu'il est possible de l'adopter, ne fréquentent mes leçons pratiques qu'après avoir assisté à celles qui sont destinées à la théorie.

Si j'ai préféré donner ce traité en français, ce n'est pas

mon goût seul pour cette langue que j'ai consulté : j'ai cru qu'il était assez naturel de parler des droits des nations dans la langue qui depuis longtemps est devenue presque universelle en Europe, surtout pour les affaires étrangères, et cette considération aurait pu suffire pour me déterminer, si le motif le plus puissant qui m'engage à publier aujourd'hui cet écrit n'eût contribué encore à fixer mon choix. Du reste, je ne dissimule pas d'avoir rencontré pour le style des difficultés qu'il n'a pas tenu à mes soins de vaincre avec succès. Un livre principalement destiné à servir de guide dans les leçons doit renfermer en abrégé les principes qu'il s'agit de développer dans le discours. La langue française semble offrir des difficultés particulières pour ce genre d'écrits. Il est aisé de devenir obscur en voulant éviter d'être prolixe. Plusieurs écrivains français, d'ailleurs estimés, semblent en avoir fait l'épreuve. Un auteur qui n'est pas né Français a donc à cet égard quelque droit à l'indulgence du lecteur.

Gottingue, au mois de novembre 1788.

EXTRAIT DE LA PRÉFACE

DE L'ÉDITION ALLEMANDE.

(1796.)

. . . .

Sous plus d'un point de vue j'aurais désiré pouvoir dif-
férer la publication du présent ouvrage jusqu'à l'époque de
la paix générale; mais la perspective en était encore trop
incertaine lorsque j'ai commencé ce travail pour la remettre jusque-là.

Des changements individuels qui pourraient être la suite
d'un tel traité de paix pourront aisément être exposés de
vive voix dans les leçons... Il ne paraîtra probable à personne que ce traité nous apporte un droit des gens tout
nouveau. A la vérité il avait été proposé déjà en France
(1793), d'après l'exemple d'une *déclaration des droits des
hommes* qui devait établir les droits inaliénables du genre
humain, de rédiger aussi une *déclaration du droit des gens*
destinée à être acceptée par tous les peuples comme un
code immuable du droit des nations; et bien qu'à cette
époque la proposition n'en fût pas agréée, M. le député Grégoire présenta en avril 1795 un tel projet à la Convention

nationale, dans lequel, en se permettant de vives sorties
contre ce qu'il appelle la *vieille diplomatie*, il exposa
en vingt en un articles ce qu'il voulait faire considérer
comme droit des gens ; cependant, sur les représentations
très-fondées du comité de salut public, l'impression déjà
décrétée de son discours et de son projet fut suspendue [1].

[1 Notre auteur se trompe La déclaration du droit des gens, proposée par Grégoire, à la séance du 4 flor. an III (23 avril 1795), de la Convention, n'est pas plus un projet de code de droit des gens que la déclaration des droits de l'homme proposée par Thomas Payne n'était un projet
de code civil. Grégoire n'avait d'autre intention que de recommander à
l'attention de l'assemblée et des nations les principes de morale et de
droit naturel qui, contrairement aux usages et pratiques des gouvernements au dix-huitième siècle, planent au-dessus de l'arbitraire des constitutions humaines et doivent diriger les relations internationales des
différents peuples de l'Europe. Dans ses notes sur Martens, M. Pinheiro-
Ferreira ajoute : « Ce que les assemblées françaises et les auteurs de
ces différentes déclarations se sont proposé, c'est de proclamer les principes qui devaient servir de base à la réformation politique qu'ils avaient
entreprise, mais ce n'était pas la réformation elle-même Jamais on
n'a pensé qu'il suffit de mettre ce petit nombre de principes généraux à
la place du corps de doctrines, vicieuses dans le sens des réformateurs,
et qu'ils se proposaient de remplacer par un autre corps de doctrines qui
leur semblaient plus conformes à la vérité. Mais *qu'est-ce que la vérité*?
demandait-on à ces réformateurs Les *déclarations* dont nous parlons
étaient la réponse à cette demande.

» Les peuples étaient régis par des codes civils et criminels basés également sur des principes quelquefois conformes à la saine raison et à la
justice universelle, mais le plus souvent dictés par le despotisme, l'ambition et le privilége.

» Les relations internationales des différents peuples de l'Europe ne
reposaient sur aucun principe fixe : pas un seul qu'on ne vit, non-seulement enfreindre, mais remettre chaque jour en discussion, les gouvernements les plus forts n'ayant jamais consenti à reconnaitre qu'il y eut
d'autres principes de droit des gens que leurs conventions.

» Il fallait donc bien commencer par montrer aux peuples qu'ils n'a-
vaient pas seulement des devoirs, mais qu'ils avaient aussi des droits,
et par conséquent il fallait leur dire quels étaient ces droits.

» Il fallait convaincre la nouvelle génération qu'il y a *pour les nations,
comme pour les individus*, des droits et des devoirs qui, loin de dépen-

Quiconque connaît notre droit des gens sait qu'il ne
manque pas de points sur le changement ou la fixation
desquels il serait fort à désirer que les principales puissances de l'Europe pussent s'entendre; que dans le cérémonial des peuples, il y a divers points qui augmentent sans
nécessité la difficulté des négociations, qui même ne s'accordent plus avec l'esprit du siècle, et qu'en partie on serait tenté d'appeler ridicules ; qu'il y a même plusieurs
objets bien plus importants du droit des gens, tant en
temps de paix qu'en temps de guerre, qui, par le motif
même que le droit naturel ne peut pas les décider avec
évidence, resteront l'objet permanent de disputes, tant que

dre des conventions arbitraires des gouvernements, doivent être en tout,
et pour tous les peuples de la terre, la règle invariable du juste, à laquelle
ces conventions doivent se conformer

» Mais ce n'était pas tout que d'opposer des principes à des principes,
il fallait encore démontrer lesquels, des anciens ou des modernes, étaient
les plus conformes aux vérités fondamentales et nullement contestées de
la morale des peuples, qui ne saurait être différente de celle des individus, par cela seul qu'il ne saurait y avoir deux morales.

» Voilà pourquoi les auteurs des déclarations dont nous parlons ont
commencé par poser *des principes nullement révoqués en doute*, sans
que cela doive leur attirer le reproche d'inutilité que M. de Martens leur
adresse.

» Rien de plus connu, ni de plus généralement avoué, que les principes
contenus dans le fameux *Acte de la Sainte-Alliance* ; M. de Martens
n'oserait cependant pas le qualifier d'une superfluité diplomatique. L'intention des souverains, en le signant, a été de frapper de nullité tous
les actes diplomatiques qui dans la suite pourraient émaner de leurs
cabinets, en contradiction avec ces principes. De même, les assemblées
françaises ont voulu, par leurs déclarations, dénoncer d'avance à la
nation qu'elles représentaient, et en son nom à tous les peuples de la
terre, comme des abus de pouvoir, et par conséquent comme autant
d'actes de forfaiture envers les droits imprescriptibles des nations, tout
ce qui pour le passé aurait été fait ou à l'avenir pourrait être ordonné
ou contracté par les législateurs ou les gouvernements de la France, en
contravention à ces principes. »   Ch V j

les peuples ne se seront pas déterminés à les décider d'une manière ou d'une autre, sur un pied durable, et par traités.

Sous ces points de vue, l'accord des peuples sur de certains principes fixes, sur des changements dans la manière de se conduire réciproquement, serait une chose très-désirable, et l'on pourrait aisément oublier si la première proposition en a été faite par des ennemis ou par des amis, pourvu que les premiers ne voulussent pas abuser de leur prépondérance pour prescrire comme loi ce qui, pour être durable, doit être le résultat de délibérations entièrement libres.

On ne peut pas non plus regarder comme chimérique qu'à l'occasion de la paix future plusieurs puissances pourraient convenir expressément ou tacitement de quelques points individuels, et influer par là sur un changement plus général dans la manière de traiter les affaires, ou de se conduire vis-à-vis des étrangers, comme à cet égard la paix de Westphalie peut servir d'exemple ; comme aussi le système de la neutralité armée en a fourni un exemple d'un autre genre, dans une autre occasion.

Mais que tous les peuples de l'Europe se réunissent jamais pour convenir de stipulations générales et positives sur l'ensemble des droits des nations, ou pour signer une déclaration du droit des gens dictée par l'un d'eux, et qu'ainsi ils s'accordent sur un *Code de droit des gens positif,* voilà ce qui me paraît dénué de toute vraisemblance, et tomber dans la catégorie du projet de paix perpétuelle, fruit d'anciennes théories, qui, bien que renouvelé et présenté sous des formes plus ou moins lumineuses, n'est tout au plus qu'un beau songe dont on peut se bercer agréablement dans des moments de loisir, mais qui, tant que les hommes resteront hommes, tant que, malgré tous les efforts qu'on fait pour leur perfectionnement, ils seront maîtrisés par leurs passions et aveuglés par leur intérêt propre, ne restera qu'une chimère sous le point de vue tant de son exécution que des avantages qu'on s'en promet.

Pour peu qu'on se représente, même légèrement, les motifs d'un tel *Code de droit des gens positif*, on rencontre des obstacles difficiles à vaincre, et on voit du moins aisément qu'un projet de principes de droit des nations naturel, tel que celui du député Grégoire, n'est point fait pour y conduire.

Ce n'est pas la répétition de principes du droit des gens universel (que nous ne révoquons point en doute) dont on pourrait espérer des effets salutaires, et qui pourrait engager les peuples à cimenter un traité général Si donc la *déclaration du droit des gens* renferme les propositions suivantes : article 1er : *Les peuples sont entre eux dans l'état de nature, ils ont pour lien la morale universelle* ; article 2 : *Les peuples sont respectivement indépendants et souverains, quel que soit le nombre d'individus qui les composent et l'étendue du territoire qu'ils occupent* ; article 10 : *Chaque peuple est maître de son territoire* ; article 17 : *Un peuple peut entreprendre la guerre pour défendre sa liberté, sa propriété* ; article 21 : *Les traités entre les peuples sont sacrés et inviolables* : voilà, certes, de grandes et incontestables vérités, qui peuvent fort bien s'accorder en théorie, comme il est prouvé par l'expérience ; cependant on est forcé de convenir qu'elles peuvent faire tout le mal possible à d'autres peuples, en blessant leurs droits primitifs ou acquis. Des thèses de ce genre ne peuvent donc mériter une place dans une telle déclaration, qu'en tant qu'on peut en faire découler d'autres thèses moins généralement reconnues.

Ensuite c'est un vain étalage de mots, si, dans une déclaration des droits, on fait entrer des préceptes de la morale des peuples, rarement méconnus, mais encore plus rarement suivis, et qui ne le seraient pas davantage à l'avenir, supposé que tous les peuples eussent signé ces articles, s'ils n'acquièrent pas en même temps ce degré de lumières et de perfection morale qui rendrait superflus la plupart des traités. De ce genre de préceptes est, par exemple, l'article 3 : *Un peuple doit agir à l'égard des autres comme il désire qu'on agisse à son égard*; l'article 4 : *Les peuples doivent en paix se faire le plus de bien, et en guerre le moins de mal possible.*

Pour remplir le but proposé, une telle déclaration de droit des gens doit tendre à l'abolition de coutumes, soit injustes, soit inconvenantes, à la fixation de principes litigieux du droit des gens universel, et à l'introduction de nouvelles règles de conduite conformes au bien-être des nations. Les matériaux pour tout ceci ne manquent pas; mais des difficultés presque insurmontables forment un obstacle entre l'idée et l'exécution, entre les cabinets d'étude et ceux des souverains.

Quand on se souvient de toutes ces scènes ridicules, et en partie même sanglantes, auxquelles les disputes de préséance entre les ministres ont donné lieu, on pourrait considérer comme un grand avantage de fixer, comme le propose l'article 20, *qu'il n'y a pas de préséance entre les agents publics des nations*; et personne ne doutera que ce principe ne soit conforme au droit des gens naturel. Mais y gagnerait-on, en général, y gagnerait-on beaucoup, en remontant à cette thèse? Les scènes violentes, telles que celles entre Vatteville et d'Estrades, ne sont plus guère à craindre, d'après les mœurs du siècle; on a depuis long-temps trouvé des moyens pour empêcher, soit par l'alternat, soit par des réversales, etc., que des négociations importantes ne fussent suspendues par des disputes de préséance, lorsque de toutes parts on a l'intention sérieuse de les continuer; et si, d'un côté, on cherche des subterfuges, en manquerait-on pour rompre, quand même les disputes de préséance ne pourraient plus servir de prétexte? Et si réellement on parvenait à l'abolition de toute préséance, si le député de la république de Saint-Martin n'avait plus à céder le pas à l'ambassadeur de France, et que le premier venu pût se tenir, s'asseoir, signer où il voudrait, ne pourrait-il pas naître des scènes aussi ridicules, ou même violentes, au sujet de la question du premier arrivé, qu'il y en avait sur la préséance? ou peut-on commander à l'opinion de ne pas trouver telle place la meilleure, ne fût-ce que pour cette fois seulement? La confusion n'est-elle pas pire encore qu'un ordre imparfait? Toujours on se verrait forcé à recourir à l'alternat; cet alternat est déjà introduit entre nombre de grandes puissances Et que gagnerait l'humanité, si les petits États avaient aussi un droit constitutionnel de provoquer a cet alternat?.. auquel cependant ils ne provoqueraient pas souvent, sans doute.

Quand on se souvient de ces vexations, et de ces péni

bles disputes survenues au sujet des prérogatives bien ou
mal fondées des ministres, élevées au sujet de l'indépendance de la personne du ministre, de son hôtel, de sa suite,
de ses biens meubles, on pourrait sans doute considérer
comme désirable que ces prérogatives fussent mieux déterminées et ramenées à leurs justes bornes. Mais remédierait-
on au mal en retournant au simple principe du droit naturel, tel que depuis plus de cent ans il se trouve exprimé
dans tous les systèmes de droit naturel, et tel que le
député *Grégoire* le propose dans le 19e article, en ces
termes : *Les agents publics que les peuples s'envoient sont
indépendants des lois du pays où ils sont envoyés, dans
tout ce qui concerne l'objet de leur mission?* Ceci répon-
drait-il au but? et la limitation suivant laquelle le ministre
ne serait indépendant de la cour auprès de laquelle il
réside qu'en ce qui concerne l'objet de sa mission, ne don-
nerait-elle pas lieu à nombre de nouvelles disputes? n'ex-
poserait-elle pas le ministre à nombre de chicanes, souvent
non indifférentes pour la gestion des affaires? et n'augmen-
terait-on pas d'un côté le mal en voulant le diminuer de
l'autre? Il est vrai que nombre de disputes sont survenues
au sujet du droit d'asile, de la juridiction sur la suite des
ministres, etc.; et on n'a pas besoin de se souvenir de la
dispute entre des laquais au congrès d'Utrecht pour les
trouver indécentes. Mais quand a-t-on vu survenir et
poursuivre de telles disputes, un peu importantes seulement, lorsque des motifs d'État n'engageaient pas à leur
prêter de l'importance? Et dans de tels cas ne resterait-il
pas toujours assez de prétextes pour voiler les véritables
motifs des actions?

Si, peut-être, de petits États, qui souvent sont plus que les grands États exposés à des vexations orgueilleuses de ministres individuels, gagnaient aux limitations apportées aux prérogatives des ministres, ce ne serait pas un grand avantage pour le bien des peuples en général.

Mais dès qu'on entre dans des points dont la détermi nation est plus importante pour le bien des peuples, on voit que, par rapport à plusieurs d'entre eux, les intérêts se croisent tellement, que déjà par ce motif il serait difficile d'imaginer qu'ils pussent être réglés par un accord général; et la thèse énoncée par M. Grégoire, article 5, *que l'intérêt particulier d'un peuple est subordonné à l'intérêt général de la famille humaine*, quelque spécieuse qu'elle pût paraître, étant sans limitations, ne semble ni fondée en vérité, ni de nature à persuader aucun peuple, au point de le déterminer à signer son propre préjudice.

C'est ainsi, par exemple, qu'il pourrait paraître très-important et très-désirable que toutes les puissances se réunissent pour mettre fin, dans les guerres maritimes, aux pernicieux armements en course; mais peut-on s'attendre à ce que toutes les puissances maritimes pensent jamais uniformément sur ce point? et pourrait-on regarder comme légitime une alliance tendant à s'opposer, avec des forces réunies, à un moyen dont le droit des gens rigoureux ne répouve que les abus?

C'est ainsi que la thèse proposée par M. Grégoire, article 14, *le bannissement pour crime est une violation indirecte du territoire étranger*, est très-spécieuse; et il serait fort à désirer que, particulièrement en Allemagne, on se réunît pour agir en conséquence : mais qu'on demande à plusieurs, surtout parmi les petits États de l'Allemagne, s'il y a moyen d'exécuter ce projet, et il sera difficile d'obtenir une réponse affirmative (*).

De plus, on voit aisément que nombre d'États, quelque portés qu'ils puissent être à suivre les règles de la justice et de l'équité, pourraient répugner à donner les mains à la sanction de thèses générales d'un droit des gens volontaire, par le motif qu'il est souvent difficile de prévoir combien ces thèses pourraient un jour porter préjudice à leurs intérêts, quelque spécieux que les avantages en pussent paraître pour le présent.

C'est ainsi qu'à bien des égards il serait avantageux que, dans les affaires entre les nations, l'exception de la *prescription* pût être opposée avec la même force qu'entre particuliers, *in vim litis ingressum impediendi*, et qu'à cet effet le temps et les autres conditions de la prescription fussent fixés par un traité général. Mais quelle est la puissance qui voudrait donner les mains à une telle détermination arbitraire, dont on ne peut prévoir les conséquences, et surtout le désavantage qui pourrait en résulter pour elle dans la suite? Que gagnerait-on, au contraire, en établissant comme il est dit dans le projet, article 11, *que la possession immémoriale établit le droit de prescription entre les peuples?* Car si on entend par immémoriale une possession qui remonte au delà de l'époque dont peuvent se

---

(*) Aujourd'hui (1819) la chose a changé; et depuis que le nombre des États en Allemagne a tant diminué, la difficulté y est moindre; aussi a-t-on frayé le chemin à l'accomplissement de ce vœu, par une multitude de traités sur le renvoi réciproque des vagabonds; traités qu'il est à désirer de voir se propager dans tous les États de l'Allemagne.

souvenir les hommes de la génération actuelle, la prescription qu'on voudrait fonder sur elle rencontrerait les
mêmes difficultés que celles qu'on voudrait faire reposer
sur un nombre de 50, 60, 70 années, etc.; et, dans ce sens,
le principe établi n'est pas de droit naturel, et ne sera jamais
adopté par une détermination positive entre les nations. Que
si l'on entend par possession immémoriale celle du commencement de laquelle il n'existe aucun souvenir, le droit qu'elle
accorde ne découle pas d'une prescription, mais de l'avantage que toute possession accorde [*favor possessionis*]; et
personne n'a probablement encore révoqué en doute que
tant qu'il ne constate pas qu'un autre ait possédé avant moi,
il n'y a non plus personne qui soit en droit de m'enlever
une possession sur laquelle, dans l'hypothèse, il ne peut
point prouver avoir un droit mieux fondé que le mien.
Pour établir cette thèse il ne faut point de *déclaration des
droits*.

Enfin, il y a des principes qu'il est à peine possible
d'énoncer avec assez de précision pour ne pas fournir a
des nations libres, et interprétant elles-mêmes leurs traités,
l'occasion de les tourner contre les droits d'autres nations,
donc pour ne pas causer par là plus de mal que de bien.
C'est ce dont la déclaration susmentionnée offre quelques
exemples frappants. L'article 6 porte, *que chaque peuple a
le droit d'organiser et de changer les formes de son gouvernement*; l'article 7 dit, à la vérité, *qu'un peuple n'a pas le
droit de s'immiscer dans le gouvernement des autres*; mais
l'article 8 ajoute, *qu'il n'y a de gouvernement conforme
aux droits des peuples que ceux qui sont fondés sur l'égalité
et la liberté*. Donc, si une nation adopte une constitution

qui ne soit pas fondée sur la liberté et l'égalité, ou si, ce
qui revient au même dans les rapports entre des nations
libres, une tierce puissance trouve que la constitution
d'une autre ne repose pas sur ces bases, donc qu'elle n'a
pas eu le droit de se la donner, elle peut s'immiscer dans
cette constitution! C'est ainsi que le nouveau droit des
gens favorise la *propagande politique!!* De plus, l'article
16 dit : *Les ligues qui ont pour objet une guerre offensive,
les traités qui peuvent nuire à l'intérêt d'un peuple, sont
un attentat contre la famille humaine.* Donc, c'est de cette
question vague, si souvent douteuse, si souvent contestée,
si une guerre ou une alliance est offensive ou défensive,
que dépendra la question de savoir si une tierce puissance
pourra, d'après son opinion, considérer cette alliance,
quoique non dirigée contre elle, comme un attentat contre
la famille humaine, par conséquent aussi l'envisager et la
réprimer comme une offense commise contre elle... Alors
chaque alliance est soumise à la censure de tous les autres
peuples ; et, si ceux-ci la considèrent comme contraire aux
intérêts d'une tierce nation, ils peuvent sans façon considérer ce qui est fait contre d'autres comme une lésion de
tout le genre humain... Que reste-t-il, après ce droit illimité
attribué à des nations étrangères de s'immiscer dans les
affaires d'un tiers, que reste-t-il de cette liberté tant
vantée des peuples? La *vieille diplomatie* pouvait-elle
pousser plus loin le droit de s'immiscer? Si des thèses aussi
dangereuses doivent former la substance d'une nouvelle
déclaration de droit des gens, que Dieu nous conserve notre
vieille diplomatie avec toutes ses lacunes, avec toutes ses
disputes de mots, avec tous ses ornements en partie anti-

ques. Nous ne ferions que perdre au troc, nous échange-
rions des médailles contre des assignats.

Mais je me trompe peut-être dans ma trop faible attente
d'une future législation sur le droit des gens européen;
peut-être ma prédilection pour une science à laquelle on
prédit une révolution totale au son des fanfares me séduit-
elle sans m'en apercevoir; c'est peut-être la crainte qui
m'agite que ce qui est dit dans ce petit livre devra être dit
tout autrement à l'avenir... Il est peut-être réservé au progrès des lumières du dernier lustre du présent siècle de
fonder le bonheur des siècles à venir par les arrêts de la
sagesse la plus pure, de changer la haine et la jalousie des
peuples en amour fraternel, de bannir de la terre la soif
des conquêtes, de changer l'ambition de dominer en prudence de gouvernement, la fierté et l'ostentation en modes-
tie et en simplicité ; et peut-être le droit des gens et l'histoire des nations, si souvent en opposition pendant le
dix-huitième siècle, uni au dix-neuvième siècle par le lien
de la plus belle harmonie, ne formeront plus qu'une seule et
même étude... Mais peut-être aussi... et combien ce peut-
être est-il plus probable!.. le dernier souvenir de mon
petit livre sera-t-il effacé avant qu'on ait fait le premier
pas vers l'accomplissement de cette noble tâche.

Gottingue, le 5 janvier 1796.

EXTRAIT DE LA PRÉFACE

DE LA DEUXIÈME EDITION FRANÇAISE.

(1801.)

La première édition de cet ouvrage parut peu de temps avant le commencement de cette révolution qui a menacé l'Europe d'un bouleversement général. Pendant les diverses époques que la révolution française a parcourues et qu'elle a fait parcourir à l'Europe, il y en a où il pouvait paraître inutile, au moins aux yeux des Français, de s'occuper de ce que, jusqu'alors, on avait appelé le Droit des gens positif de l'Europe, ou celui des peuples civilisés. Le mépris publiquement prononcé pour tout ce qu'on désignait sous le nom de *vieille diplomatie*, l'arbitraire des principes qu'on s'efforçait d'y substituer, principes avancés et violés presque au même moment, le dessein hautement annoncé de renverser toutes les constitutions en promettant secours à tous les peuples qui lèveraient l'étendard de la révolte, le succès des armes d'un nombre de combattants immensément augmenté, d'une part ; de l'autre, l'esprit de vertige qui, dans nombre de pays, s'était emparé d'une mul-

titude crédule et avide de nouveautés : tout semblait
présager à la majeure partie de l'Europe un changement
ou un anéantissement de sa religion, de ses lois et de ses
mœurs, et préparer un nouveau code de droit des gens
dont l'unique principe, le droit du plus fort, n'est susceptible d'être développé que les armes à la main. Mais ces
époques ont été passagères, ou du moins elles ont cessé
aujourd'hui; et, quoique en ce moment même les suites de
la révolution française soient encore incalculables ; quoique
la seule année qui a terminé le dix-huitième siècle ait été
témoin de vicissitudes si multipliées, que la postérité aura
peine à croire qu'elles aient été l'ouvrage de peu de mois ;
quoique ce qu'on appelait jusqu'ici l'équilibre de l'Europe
soit à peu près anéanti dans le moment présent, on doit,
au moins dans ce qui touche les formes et les points qui
sont du ressort du droit des gens coutumier, ne pas confondre la situation actuelle de l'Europe avec celle des premières années de la révolution, ni la France après le 18
brumaire an VIII avec la République française avant le 7
thermidor an II, ou peu après le 18 fructidor an V.

Ce n'est pas par rapport aux neutres seuls que le retour
aux principes établis sous l'ancien régime a été sanctionné
presque au moment de la révolution qui a ramené l'ordre
actuel des choses en France. On s'est visiblement rapproché
dans quelques points de mœurs qu'on a vues subsister avant
la révolution, même dans la conduite tenue à l'égard de
l'ennemi ; ce n'est plus au moins pour planter des arbres
de la liberté qu'on a continué de faire des conquêtes ; et si
la guerre du continent finit par un immense agrandissement d'une puissance déjà formidable, ce sont, ainsi que

par le passé, les chances seules de la guerre, plutôt que le
vœu des nations, qui donnent à ces provinces un nouveau
maître, ou les réunissent à ce qu'on appelle encore toujours le territoire de la *République française*. Sur ces
points, ce n'est pas de nos jours que le droit du plus fort a
commencé à l'emporter sur d'autres considérations

Cependant cette multitude d'événements mémorables,
dont l'Europe a été le théâtre depuis dix ans, a fait élever
nombre de questions de droit public et de droit des gens,
ou rarement agitées jusqu'alors, ou différemment vues aujourd'hui; et on ne peut se dissimuler que même le droit
des gens positif a éprouvé jusqu'à ce jour dans plusieurs
points des changements qui probablement ne se borneront
point à la guerre actuelle, et qu'il n'est peut-être pas in-
vraisemblable de voir encore se multiplier.

Il semblait donc essentiel, en donnant une nouvelle édition de mon *Précis du droi des gens*, de le retoucher entièrement; et ceux qui prendraient la peine de comparer la
présente édition avec la première, ou même avec les *Principes du droit des gens* que j'ai publiés en allemand en
1796, trouveraient que, tout en conservant tant l'ordre
essentiel et général des matières, que ces principes de
la loi naturelle sur lesquels ma propre conviction ne me
permet pas de changer d'opinion, il n'y a presque point de
chapitre qui n'ait subi des corrections ou des changements
considérables, d'un autre côté j'ai retranché plusieurs
détails d'exemples, en me contentant d'alléguer les dates,
ou les ouvrages qui les renferment, ou bien en y substituant
des exemples plus récents. Il est tout simple que ces changements aient surtout porté sur les chapitres qui traitent

du droit de la guerre, et dans lesquels j'ai tâché de faire voir jusqu'à quel point, en distinguant les simples excès ou les simples reproches, dont dans toutes les guerres l'ennemi a tâché d'accabler son adversaire, le droit des gens a effectivement subi des changements par la guerre de la révolution.

Ce qui a pu influer encore sur la manière dont j'ai traité quelques matières, c'est que je considère actuellement ce *Précis du droit des gens général de l'Europe* comme devant servir d'introduction à mon *Cours diplomatique* ou Tableau des relations particulières des puissances de l'Europe, dans lequel je suis entré dans le détail de ce qui, dans les diverses relations des puissances de cette partie du globe, se trouve établi par des traités, surtout en fait des possessions, du commerce, des alliances, du cérémonial et des ambassades Ce *Tableau*, précédé d'un *Guide diplomatique* en 2 volumes in-8°, renfermant un répertoire des actes publics qui ont eu lieu dans les diverses relations des États de l'Europe entre eux, et avec les États situés dans d'autres parties du globe, j'ai cru pouvoir me dispenser d'ajouter à la présente édition du *Précis* la liste des traités conclus depuis 1748, qui se trouvait jointe à la première.

Gottingue, au mois de mars 1801.

PRÉFACE

DE LA TROISIÈME ÉDITION.

✦

La seconde édition de ce *Précis* étant épuisée, je n'ai pu consentir à le faire réimprimer simplement. Les événements qui se sont succédé avec rapidité depuis le commencement du dix-neuvième siècle, sans changer les principes immuables de la loi naturelle, qui sert de base au droit des nations, ont forcé d'élever et de résoudre des questions dont jusqu'alors l'utilité pratique pouvait paraître douteuse. D'ailleurs, en ce qui concerne le droit des gens positif après la réorganisation de l'Europe, celle-ci, et surtout l'Allemagne, a tellement changé de face, que dans bien des chapitres ce qui pouvait être dit avec vérité en 1801 demanderait aujourd'hui à chaque paragraphe des changements ou des suppléments également fastidieux pour le lecteur et pour celui qui voudrait se servir de ce livre, d'après sa destination primitive, comme d'un guide pour les leçons.

Depuis qu'en 1808 j'ai cessé de professer la science qui y est traitée, j'ai vu avec un sensible intérêt les soins que

d'autres ont donnés à cette science, tels que le font voir en
Allemagne les ouvrages de MM. SAALFELD, SCHMALZ,
SCHMELZING, et récemment celui de M. KLUBER, qui à un
grand mérite littéraire joint celui d'une profonde connaissance de toutes les parties de la science.

J'aurais donc peut-être pu me dispenser de faire paraître une nouvelle édition de mon *Précis*. Mais placé entre
la nécessité de consentir à une réimpression, ou de me
charger de retoucher le tout, je n'ai point hésité à préférer
cette dernière voie, quoique des occupations d'un autre
genre dont je suis chargé, et mon éloignement de cette
riche bibliothèque de Gottingue, à laquelle il me fut longtemps permis de puiser à loisir, m'aient fait éprouver des
difficultés auxquelles j'étais peu fait autrefois.

Peu de chapitres, peu de paragraphes même sont restés
sans être retouchés, soit dans le texte, soit dans les notes;
et si j'ai conservé le même nombre de paragraphes en distinguant les nouveaux des précédents par une simple lettre
initiale *b*, j'ai suivi à cet égard l'exemple de plusieurs auteurs, et mon intention a été d'établir une concordance
exacte non-seulement entres les paragraphes de l'édition
précédente et ceux d'autres ouvrages sur le même sujet,
mais même de les faire cadrer avec ceux de cette nouvelle
édition.

Je n'ai pas non plus cru devoir changer l'ordre des matières, qui a été conservé, dans la partie essentielle, dès la
première édition latine de 1785. Sans entrer à cet égard
en contestation avec d'autres qui ont préféré une autre
distribution, j'ai pensé, et je pense encore, que l'ordre du
système que j'ai choisi dès le commencement, et que j'ai

lâché de justifier dans la première édition française, est
propre à faciliter la recherche de questions particulières
auxquelles on voudrait recourir dans cet ouvrage. Mais il
se peut qu'après le long usage que j'en ai fait depuis trente-
cinq ans, je me fasse illusion à cet égard. C'est par ce
motif qu'à la présente édition j'ai ajouté une table générale
des matières.

Si je me suis permis de joindre aux Préfaces des éditions
précédentes un extrait de celle de l'édition allemande de
1796, c'est que celle-ci est moins une simple préface
qu'une critique des efforts faits en France, en 1795, pour
substituer à ce qu'on y appelait la *vieille diplomatie*, une
nouvelle diplomatie. Je m'y suis référé dans quelques passages du Précis, et j'ose croire qu'encore aujourd'hui elle
peut avoir quelque intérêt.

Le *Cours diplomatique* auquel le présent Précis sert
d'introduction, et dont il a été fait mention dans la préface
de la deuxième édition, a paru à Berlin en 1801, en 3 vol.
in-8° ; mais il a aujourd'hui besoin également d'être retou-
ché, et de recevoir des suppléments pour lesquels les
événements des vingt dernières années offrent d'abondants
matériaux.

Francfort, ce 3 novembre 1820

PRÉCIS

DROIT DES GENS

MODERNE DE L'EUROPE.

INTRODUCTION.

§ 1er. — Du Droit naturel et de la Morale.

L'homme, considéré dans le rapport avec son semblable, est né libre. Cette liberté est la loi générale ; apanage égal de tous, elle offre à la fois et le *principe* et les *bornes* de la légitimité externe et naturelle de ses actions, indépendamment de leurs motifs, ou le principe et les bornes du *droit naturel absolu* et proprement dit.

La raison *oblige* l'homme à respecter ces bornes ; mais elle lui ouvre un champ beaucoup plus vaste de *devoirs*, quant à toutes ses actions qui influent sur le bien-être de son prochain. Le *motif* qui le guide vers l'accomplissement de tous ces devoirs semble, *en dernière analyse*, être le soin de sa propre perfection, quoique les chemins par lesquels on arrive à ce premier principe de *morale naturelle* varient d'après la diversité des systèmes (a).

(a) Vattel, *Pièces diverses*, p. 1. *sur les Sentiments délicats et généreux*, p. 161, *sur le fondement du droit naturel.*

Il ne peut y avoir qu'*un* droit naturel, et qu'*une* morale naturelle pour tous les hommes; mais bien des points de droit et de morale peuvent être considérés sous différents aspects. D'ailleurs l'application des principes est modifiée par la diversité des circonstances.

Dans l'état naturel des individus, à défaut de règles positives, et à défaut d'un juge humain, chacun suit ses propres lumières, tant par rapport aux principes qu'il puise dans son cœur ou dans sa raison, que par rapport à leur application aux cas particuliers qui s'offrent à lui. De là naît un état d'*incertitude* et de *crainte* réciproques, qui, sans toujours dégénérer en violence, y expose continuellement; donc la jouissance de ces droits et de ces avantages, dont il convient à l'intérêt réciproque des hommes de s'assurer, n'est que précaire dans l'état naturel absolu, par le défaut de *certitude* et de *garantie*. Les progrès de la raison, le consentement mutuel, peuvent diminuer les *incertitudes*; mais, vu les passions de l'homme, il faut encore une *force commune* pour servir de garantie contre la *crainte réciproque*.

————

[Notre auteur laisse entrevoir, plutôt qu'il ne le précise, le rôle de la morale et du droit naturel dans les rapports d'État à État. Si l'on recherche l'origine des droits de la société, considérée comme personne morale, et si on envisage ces droits dans leur ensemble, on ne doit pas s'arrêter ni aux textes des législations écrites, ni à la tradition, ni même à la coutume. Il convient de remonter à la nature de l'homme, c'est-à-dire au droit naturel et à la morale : au droit naturel que l'on peut définir l'ensemble des préceptes inspirés par Dieu à la conscience de l'homme, et confirmés par la raison; à la morale, c'est-à-dire à la science de nos droits et de nos devoirs.

Le droit naturel, dont on a souvent contesté l'existence, ce qui revient à prétendre avec Hobbes que le bien et le mal, que le juste et l'injuste dépendent de la qualification donnée aux actions de l'homme par la loi civile, mais dont au contraire les principes immuables doivent servir de fondement à toute législation extérieure, qu'elle s'applique aux rapports des individus ou aux rapports des nations, n'est pas, comme on l'a écrit à tort, une science d'origine chrétienne et moderne ; et il n'est pas plus exact d'ajouter que ni l'Orient ni l'antiquité païenne ne l'ont connu. (*V.* Eschbach, *Introduction générale à l'étude du droit*, 3ᵉ édit., § 12.) Sans remonter à Platon, à Cicéron et à Sénèque, on en retrouve des traces évidentes dans les derniers monuments de la législation romaine. On doit dire seulement que le droit naturel, *jus naturale*, a reçu des jurisconsultes romains des interprétations différentes. Ainsi, tantôt le droit naturel a été considéré comme l'ensemble des règles de conduite qui découlent de notre constitution physique et de notre instinct, et qui sont communes aux hommes et aux animaux, *jus naturale est quod natura omnia animalia docuit*, tantôt c'est le produit de la nature ou de la raison naturelle de l'homme, *quod naturalis ratio inter omnes homines constituit* (*Inst.*, 1, tit. 2); tantôt enfin le droit naturel est l'idéal du droit : *quod semper æquum ac bonum est, jus dicitur, ut est jus naturale.* (Dig. *De just. et jur.*, tit. 1, l. 2.) Grotius considère le droit naturel comme reposant sur la nature raisonnable et sociable de l'homme, et il le définit : *Dictatum rectæ rationis.* Avec les stoïciens il le soutient immuable comme la nature de l'homme lui-même, ne pouvant être changé ni par un décret du sénat, comme disait Gaïus, ni par Dieu lui-même ; car Dieu ne peut changer les rapports des choses. L'homme est initié au droit naturel, d'un côté par la raison qui lui révèle les rapports des choses et le met à même de reconnaître si certains actes sont conformes à sa nature raisonnable et sociable, de l'autre côté par l'étude de ce qui est observé du consentement unanime des nations civilisées. Grotius donne pour sanction au droit naturel les remords de la conscience, et les peines et les récompenses de l'autre vie [1].

---

[1] [Kant, le premier, a divisé le droit naturel en deux branches ; il y a, suivant lui, le droit *inné*, c'est-à-dire celui que l'homme tient directe-

Le droit naturel et la morale ont été souvent confondus. Ce qui
distingue le droit de la morale, c'est que, parmi les devoirs de
l'homme, la morale embrasse ceux dont l'accomplissement ne relève que de sa conscience, et le droit, ceux à l'exécution desquels
il peut et doit être extérieurement contraint. Kant a ouvert à la
science une voie nouvelle en précisant la distinction entre le droit
et la morale. Pour lui le droit régit les actions externes, et la morale les actions internes de l'homme.

On a encore dit que la morale ne s'adressait qu'à la liberté et
à la conscience des individus, qu'elle embrassait à la fois les devoirs
intérieurs et les devoirs extérieurs, les uns et les autres pouvant
être accomplis par le seul mobile du devoir, tandis que le droit,
au contraire, fournissant aussi des règles pour la direction des
sociétés et des nations, ne s'applique qu'aux devoirs extérieurs,
les seuls susceptibles d'être l'objet de la contrainte. Aussi tout
devoir, par cela seul qu'il est un devoir, appartient à la morale ;
mais le devoir ne cesse de relever simplement de la conscience
que lorsqu'il peut être l'objet de la législation extérieure, et qu'il
a en effet revêtu un caractère juridique. Ahrens (*Cours de droit
naturel*, 5ᵉ édition, p. 177 et suiv.), insiste sur les différents caractères qui distinguent la morale du droit. Suivant cet auteur :
— 1. La morale considère le motif par lequel une action est accom-
plie ; le droit regarde l'*action en elle-même :* l'une envisage plutôt
l'acte dans sa source, l'autre dans ses effets. — 2. Les préceptes
moraux sont *absolus, invariables,* indépendants des lieux et
des temps ; les préceptes du droit, ou les lois juridiques, sont
relatifs et variables, parce que les conditions d'existence et

ment de sa nature et de sa dignité d'homme, indépendamment de tout
acte extérieur de sa liberté, et le droit *acquis,* c'est-à-dire celui qu'il ne
possède qu'au moyen de quelque acte extérieur qui le lui confère ultérieurement L'homme a comme tel le droit de se gouverner lui-même
librement, en tant toutefois que l'exercice de sa liberté s'accorde avec
celle d'autrui. — Ce titre, il le puise en lui-même, et n'a aucunement
besoin de l'acquérir. Au contraire, pour avoir un droit de propriété ou
pour avoir le droit d'être regardé comme le mari de cette femme, il faut
qu'il accomplisse certains actes extérieurs sans lesquels il ne posséderait
pas ces droits (*V.* l'introduction de M. Jules Barni, p cxlv, placée en
tête de sa traduction des *Éléments métaphysiques de la doctrine du
droit* de Kant).   Ch. V.]

de développement changent avec les situations, les époques de culture, les mœurs. Le principe fondamental du droit est invariable, éternel : il impose partout et toujours l'obligation de fournir à chacun les moyens nécessaires pour son développement : mais ces moyens eux-mêmes varient avec la nature des individus et des nations. — 3. La *conscience* est seule juge de la moralité; mais comme le droit se laisse reconnaître extérieurement, on peut et l'on doit établir des lois sociales applicables à chacun par une *autorité* constituée à cet effet. — 4. Il résulte de là que les obligations de droit peuvent être exigées, au besoin, par la contrainte. — 5. La morale enfin est une science *formelle* et *subjective ;* elle considère surtout l'intention et le sujet qui la manifeste. La moralité est la forme subjective du bien. Le droit au contraire qui s'attache au fond, au contenu, à la matière de l'acte, est plutôt à cet égard une science *matérielle* et *objective.*

Est-il exact d'ajouter que la morale se rapporte à l'individu, et le droit à la vie sociale, que le droit est la morale appliquée à la société; que la morale existe seulement pour la vie de l'esprit, tandis que le droit se rapporte à l'homme comme être physique et spirituel à la fois? Evidemment non : d'une part on peut répondre, avec Ahrens, *loc. cit.,* que les deux sciences concernent également la vie individuelle et sociale de l'homme ; d'autre part, que l'homme doit aussi moraliser ses rapports physiques.

Aux yeux de quelques publicistes, la différence entre la morale et le droit est une simple question de temps ou de culture humaine. Pour eux, le droit représente cette portion toujours croissante de la morale que la conscience publique juge actuellement applicable dans la société et exigible au besoin par la contrainte. Il y a erreur de leur part, la distinction n'est pas accidentelle mais permanente : elle repose sur des caractères que le temps ne peut effacer. Serrigny, *Traité du droit public des Français,* t. I, p. 92, sur le point de savoir si la loi naturelle se confond avec la loi morale ou si elle en diffère, et en cas de différence sur les limites qui les séparent, dit : « La *loi morale,* ou science des mœurs, prise dans un sens large, me paraît embrasser toutes les règles de conduite prescrites à l'homme par sa raison, soit envers lui-même, soit envers Dieu. La loi naturelle, également dans un sens large, se prend souvent pour l'ensemble des règles de conduite prescrites à l'homme par la droite raison. Mais dans un sens restreint, elle se rapporte exclusivement à cette branche des mêmes règles de conduite de l'homme dans ses rapports avec ses semblables, règles qui l'obligent d'une manière plus étroite, et qui peuvent fournir la matière d'un droit véritable en faveur des autres contre lui. En d'autres termes, la loi naturelle embrasse cette partie des devoirs de l'homme à l'égard de ses semblables, qui peuvent être sanctionnés par la loi écrite; tandis que la loi morale renferme, indépendamment des devoirs de l'homme envers lui-même et envers Dieu, cette partie de ses devoirs envers les autres, qui ne l'oblige pas jusqu'au lien juridique, et ne devient point la matière d'une sanction de la loi civile. *V.* ci-après, § 5, et Vattel, *Le Droit des gens,* édit. Guillaumin, *Préliminaires,* § 17, note 1, et les observations de M. Pradier-Fodéré. Cu. V.]

§ 2. — Droit public. — Droit des gens.

Le désir d'obvier, au moins en partie, à ces inconvénients inséparables de l'état naturel absolu, *peut* raisonnablement déterminer un nombre d'individus, de familles, etc., rassemblés sur une même partie du globe à en venir à des conventions expresses ou tacites, pour mieux *fixer,* étendre ou resteindre les bornes de leurs droits, de leurs devoirs réciproques; à se confédérer, pour se *garantir* l'observation de leurs droits naturels ou conventionnels, tant entre eux qu'à l'égard des étrangers. Cette *confédération* égale autorise à considérer ses membres comme *une* personne morale, *peuple, nation,* dans ce qui fait l'objet de la confédération; mais néanmoins l'état naturel continue à subsister : 1° entre les membres entre eux, vu qu'il n'y a encore ici ni pouvoir législatif, ni pouvoir judiciaire, ni pouvoir exécutif, mais seulement quelques *modifications conventionnelles,* sauf lesquelles cependant chacun de son côté conserve le droit de suivre ses propres lumières; 2° dans le rapport entre cette personne morale ou ses membres, d'un côté, et entre d'autres personnes, soit morales soit physiques, de l'autre. Sous ce dernier point de vue le peuple a donc les mêmes droits à réclamer, les mêmes devoirs à observer, que ceux qui ont lieu dans l'état naturel des individus. Mais les modifications que la diversité de l'objet apporte à leur application obligent à distinguer encore ce *Droit des gens* (droit des nations) du droit naturel des individus (*a*).

[L'état naturel absolu, dont parle notre auteur au début du présent paragraphe, semble bien synonyme de l'état de nature que certains publicistes des deux derniers siècles [1] avaient accrédité (*V.* encore sur ce point le § 3`; peut-être était-il superflu dans un ouvrage essentiellement pratique de remonter à l'origine des sociétés, et fallait-il au contraire se borner à constater les conditions nécessaires de leur organisation intérieure et de leurs rapports réciproques. Disons cependant que l'hypothèse d'un état de nature préexistant à l'état social est un de ces rêves dont on a fait aujourd'hui justice. L'antiquité grecque et romaine s'était peu occupée de l'état de nature des sociétés. Dans la science moderne, au contraire, on oppose souvent à l'état social l'état de nature, c'est-à-dire un état de guerre de tous contre tous, de chacun contre chacun. Pour quelques publicistes, l'état de nature est un état d'isolement reposant sur la crainte ou bien encore un état idéal d'indépendance et de liberté. Dans cet état, les hommes vivaient

---

(*a*) *V.* cependant Puffendorf, *Élém. jur. univ.*, lib. I, § 24-26, et *Droit de la nature et des gens*, l. II, chap. III, § 23; et d'un autre côté, Rachelius, *de Jure naturæ et gentium dissertationes*, Kilon., 1676 in-4; Textor, *Synopsis Jur gent.*, 1680, cap. I; et autres. Comparez le baron de Ompteda, *Litteratur des Völkerrechts*, t. I, § 69 et suiv.; van Kamptz, *Neue Litteratur des Völkerrechts*, § 20, p. 28.

[1] [Tels Hobbes, *de Cive*, cap. I, § 2; Puffendorff, *Droit de la nature et des gens*, l. VII, chap. I et chap. II, § 7; Burlamaqui, *Principes du droit de la nature et des gens*, t. IV, p. 55, édit. Dupin, Paris, 1820; Rousseau, *Contrat social*, l. I, chap. I; Sieyes, *Qu'est ce que le tiers-état?* Ch. V]

sans droits, ou du moins aucun droit n'était ni reconnu ni garanti.
Grotius, suivant la remarque d'Ahrens (*Cours de droit naturel*,
p. 21), voit l'état de nature dans le paradis; tandis que pour
Hobbes l'état de nature est un état de guerre de tous contre tous.
Rousseau dépeint cette condition comme heureuse, à raison de
l'absence d'une foule de besoins factices, de l'innocence, de l'indépendance ou liberté naturelle, de l'égalité. A cette diversité
dans la manière d'envisager l'état naturel répond une égale diversité dans la peinture de celle dont il a cessé. Suivant Grotius, les
hommes sont sortis de l'état de nature par suite de l'instinct naturel et inné de la sociabilité qui les inspire ; suivant Hobbes, ils
ont voulu faire cesser la guerre en établissant un pouvoir supérieur dominant les volontés rebelles des individus. Enfin Rousseau attribue la fin de cet état au développement des sciences et
des arts, aux besoins nouveaux et aux inégalités qui en découlent.
L'état social, c'est-à-dire l'état des sociétés civiles et politiques,
ou aggrégations d'hommes unis ensemble sous un même gouvernement, succédant à l'état de nature, a donc été constitué par la
convention ou par le *contrat social*, auquel au dix-huitième siècle
on a attaché tous les droits des individus et de la société. Cette
théorie, aujourd'hui condamnée, n'est qu'une hypothèse fausse et
dangereuse : la société humaine est un fait primordial, inhérent
à l'humanité, coexistant avec elle, et ne pouvant en être séparé,
même abstractivement. M. Rossi a dit avec raison : « L'état social
est une nécessité morale de la nature humaine ; l'homme est sociable comme il est libre, intelligent, sensitif. Le considérer,
abstraction faite de la sociabilité, c'est complétement dénaturer
l'objet qu'on veut examiner... » (*Traité du droit pénal*, t. I, p. 200.)
Ne craignons donc pas d'affirmer que l'homme a en lui une tendance à vivre avec ses semblables, et qu'on peut dire que l'état
social est l'état de nature de l'homme établi par la puissance de
l'instinct.

Dans cet état, il y a, ainsi que le dit Pinheiro-Ferreira, note 2,
un ensemble de lois obligatoires pour les peuples, aussi bien que
pour les individus ; et de même qu'il y avait, indépendamment de
la loi civile, un droit antérieur, auquel pour être juste, celle-ci
devait se conformer ; de même, indépendamment de toute convention ou de l'existence d'un gouvernement qui les prescrive, il y
a des droits et des devoirs pour les nations. La seule différence qu'il

y ait entre les citoyens réunis dans un corps de nation et les différents peuples de la terre, c'est que les premiers s'en rapportent, dans tous leurs différends, aux décisions de leurs législateurs et de leurs juges ; tandis que les seconds rarement se soumettent à de tels moyens de conciliation, préférant vider leurs démêlés par l'emploi de la force. Mais comme personne ne s'aviserait de soutenir que ce soit de la force que dérive le droit, il faudra bien convenir qu'antérieurement à l'emploi de la force, il y avait des droits d'un côté et des devoirs de l'autre. Or, ce sont ces droits et ces devoirs en dehors de la force, et indépendamment de tout législateur, qui constituent ce qu'on appelle le droit des nations. *V.* encore *Cours de droit public interne et externe,* par le commandeur S. Pinheiro-Ferreira, IIᵉ sect., § 1. Cʜ. V.]

§ 3. — Droit public intérieur.

Lorsque tel peuple (nation), possédant une demeure fixe, s'unit sous un *Pouvoir législatif, exécutif et judiciaire* commun et suprême, qui fixe et garantit ses droits, c'est alors qu'il se forme en état [*civitas*]. Et cet État, considéré comme personne morale, est également susceptible d'un double genre de droits et de devoirs, savoir : 1° la relation intérieure qui s'établit entre ses membres ; 2° sa relation extérieure envers les étrangers.

Tous les membres de cette société, dans leur rapport réciproque, passent de l'état naturel à l'état civil, dans lequel on doit distinguer deux genres de droits : 1° le rapport des particuliers entre eux, *droit civil privé ;* 2° le rapport entre le dépositaire du pouvoir commun et suprême comme tel, d'un côté, et les gouvernés considérés comme tels, de l'autre, *droit public.* Ce droit public repose ou sur les principes philosophiques qui découlent de la notion même et du but de tout État, *droit public universel,* ou sur les lois constitutionnelles et les usages adoptés par tel État individuel, *droit public positif et particulier* (*a*).

———

[Pinheiro-Ferreira, note 3, reproche à notre auteur de définir le mot *droit* par le mot *rapport*, et de substituer ainsi une expression obscure à une autre expression plus obscure et non moins vague. C'est cependant dans le même sens que Montesquieu avait dit (*Espr. des lois*, liv. I, ch. 1 : « Les lois, dans la signification la plus étendue, sont les rapports nécessaires qui dérivent de la nature des choses. » Et Martens a très-bien pu à son exemple distinguer dans toute société formée en État le rapport des particuliers entre eux, qu'il désigne, à l'exemple de tous les jurisconsultes, sous le mot de : *droit écrit privé*, et le rapport entre le dépositaire du pouvoir commun et suprême comme tel, d'un côté, et les gouvernés considérés comme tels, de l'autre, sous l'expression de : *droit public.* Ch. V.]

§ 4. — Droit public extérieur, branche du Droit des gens.

Considéré sous le rapport extérieur envers les étrangers, l'État, comme personne morale (aussi bien que chacun de ses membres), conserve son rapport naturel à l'égard de tous ceux qui n'en sont pas membres, soit États, peuples ou individus. La loi naturelle lui est donc applicable dans ses relations extérieures (*droit public extérieur*), mais avec

———

(*a*) On peut encore, en comparant les constitutions ressemblantes de plusieurs États, par exemple, de l'Allemagne, de la Suisse, des anciennes sept Provinces-Unies des Pays-Bas, des États-Unis de l'Amérique, ou des républiques éphémères de création française, former une théorie plus générale des principes qui leur sont communs.

Dans les États monarchiques, les droits privés des monarques, en tant que ces droits reposent sur des lois ou sur des usages constitutionnels, forment une branche de leur droit public. En comparant, sous ce point de vue, plusieurs États monarchiques, par exemple, ceux de l'Allemagne ou de l'Europe, on peut en former, par abstraction, ce qu'on appelle *le Droit privé des princes.*

les modifications qui résultent de son application à des peuples en général, ou en particulier à ces peuples qui se sont formés en États. Il en résulte de là que : 1º le droit public extérieur n'est qu'une *branche* du droit des nations, quoique aujourd'hui la plus importante (*a*); 2º que l'application qu'on fait de ce dernier à des personnes morales qui se sont formées en État peut faire naître des modifications particulières ; 3º qu'au reste un État qui cesserait de l'être, par exemple, en tombant dans l'anarchie, ne perdrait point pour cela la qualité de peuple, et continuerait à jouir du droit des nations (*b*).

[En considérant le droit public extérieur comme une branche du droit des gens ou du droit des nations, notre auteur a conservé à ces mots : *droit des gens*, l'acception romaine. Pour lui, le droit des gens, *jus gentium*, dans sa signification la plus étendue, comme pour les jurisconsultes romains, embrasse à la fois les usages communs à toutes les nations, soit qu'on les considère comme règles de leurs relations, soit qu'on les envisage comme base des rapports sociaux intérieurs de chaque État; dans tous les cas où ces rapports ne reposent pas sur un fondement particulier, ou n'ont pas reçu un développement spécial, il constitue aussi et le droit public externe et le droit commun de tous les hommes. Dans le monde moderne, le droit des gens n'a conservé que sa première signification, celle du droit public externe, *jus inter gentes*, droit international. Cette dénomination de droit international, *international law*, nous vient des Anglais, tels que Bentham, et des publicistes des États-Unis de l'Amérique du Nord, tels que Wheaton (*Hist. du droit des gens*, p. 45 et 46; et *Éléments*

(*a*) *V.* cependant KANT, *Rechtslehre*, p. 215

(*b*) *V.* par exemple, les actes entre la Grande-Bretagne et le Danemark au sujet de la France, en 1793, dans CLAUSEN, Recueil, p. 310, 322; et dans mes *Erzählungen merkwürdiger Rechtsfälle, etc.*, t. I, p. 315, surtout p. 321.

du droit international, t. 1, p. 1). L'autre partie du droit des gens ancien, ce qu'on peut appeler en quelque sorte le droit privé commun de l'humanité, s'est confondu avec le droit intérieur de chaque Etat. Il ne rentre dans le droit des gens moderne qu'à raison de certains droits de l'homme et de certains rapports privés qui sont placés sous la tutelle ou sous la garantie réciproque de certaines nations. *V.* Heffter, *Le droit international public*, traduction de M. Bergson, § 1.

Du reste, le droit international que l'on peut aujourd'hui définir avec Fœlix, *Traité du droit international privé*, 3ᵉ édit., 1, l'ensemble des principes admis par les nations civilisées et indépendantes, pour régler les rapports qui existent ou peuvent naître entre elles, et pour décider les conflits entre les lois et usages divers qui les régissent, se divise, et cette distinction échappe à notre auteur, en droit international public, *jus gentium publicum*, réglant les rapports de nation à nation, et en droit international privé, *jus gentium privatum*, qui comprend l'ensemble des règles d'après lesquelles se jugent les conflits entre le droit privé de certaines nations, ou, en d'autres termes, qui se compose des règles relatives à l'application des lois civiles ou criminelles d'un Etat dans le territoire d'un Etat étranger. De nos jours l'importance du droit international privé s'est notablement accrue en raison du développement de la civilisation et de l'accroissement des rapports d'individu à individu.

M. Laferrière, *Cours de droit public et administratif*, 3ᵉ édit., t. 1, p. 338, comprend sous le nom de droit public international tous les divisions du droit des gens. « Les auteurs, dit-il, qui font autorité dans la science, s'accordent assez bien sur la division fondamentale en *Droit des gens naturel* et en *Droit des gens positif*. Mais quand il s'agit de la notion sur laquelle s'appuie chaque branche, ou de la subdivision du droit des gens positif, l'accord cesse. Grotius, Puffendorf et Leibnitz ne sont pas d'accord sur la notion de droit des gens naturel ; Wolf et son abréviateur Vattel ont subdivisé le droit des gens positif, en droit des gens *volontaire, conventionnel, coutumier*, subdivision contestée à juste titre par Martens et Wheaton. »

La division qu'adopte M. Laferrière est fondée sur la diversité des règles ou des objets du droit des gens. Cet auteur divise le droit public international en droit des gens universel, droit des gens maritime, et droit des gens positif ou droit diplomatique proprement dit.

« Le droit des gens universel ou naturel, ajoute-t-il, est fondé sur la nature et le consentement tacite des sociétés humaines. Il a pour bases la nature et les usages communs des sociétés, considérées comme des personnes morales ayant, dans leurs relations réciproques, des droits et des devoirs nécessaires.

» Le droit des gens maritime est celui qui est né des usages de mer et des règles internationales qui ont été recueillies à diverses époques, et acceptées par le consentement des nations les plus habituées à la navigation.

» Le droit des gens positif, ou droit diplomatique proprement dit, est celui qui est fondé sur les traités, les conventions ou les usages particuliers reçus entre certaines nations. »

Pinheiro-Ferreira, note 5, en signalant ce qu'il y a de vague et de confus dans la division de Martens, attribue, bien à tort suivant nous, à cette confusion une portée qu'elle n'a pas. Il est puéril de prétendre que les notions confuses, énoncées dans ce paragraphe, aient servi de prétexte ou d'argument à plusieurs gouvernements, non-seulement pour suspendre toute relation de leurs concitoyens avec les peuples qu'ils déclaraient en état d'anarchie, mais encore pour intervenir dans les dissensions intérieures de ces mêmes peuples, sous prétexte des prétendus dommages qu'ils affectaient d'en appréhender. C'est, nous le croyons, attacher de grands résultats à de petites causes [1].   CH. V.]

---

[1] [Rien de plus divers et quelquefois de plus confus que les divisions du droit des gens. Les auteurs distinguent entre le droit des gens nécessaire ou droit des gens naturel ou universel, et le droit des gens volontaire, entre le droit des gens naturel et le droit des gens positif, entre le droit des gens coutumier et le droit des gens conventionnel. — Le droit des gens nécessaire n'est autre que le droit naturel appliqué aux rapports entre les peuples. Ceux-ci étant des personnes morales ou juridiques, composées d'hommes, c'est-à-dire d'êtres raisonnables et libres dont les actions sont réglées par le droit naturel, il est logique que les peuples soient guidés, dans leurs rapports réciproques, par les mêmes principes que ceux qui gouvernent les individus avec les seules différences qui résultent de la nature même des choses et de la différence des intérêts. Grotius appelle ce droit des gens nécessaire, droit des gens interne, *jus gentium internum*, pour montrer qu'il a plutôt pour objet la moralité des

§ 5. — Distinction entre le Droit et la Morale des nations.

Le droit des nations et la morale des peuples sont appelés *naturels*, *universels* et *nécessaires*, en tant que leurs préceptes sont puisés dans la raison seule, qu'ils sont obligatoires pour tous les peuples, et qu'il ne dépend point de leur libre arbitre de s'en écarter. Au reste, les suites externes de leur violation ne sont pas les mêmes. Celui qui manque à son *devoir* pèche. Celui seul qui blesse les *droits* de l'autre, l'autorise à user contre lui d'une force légitime. Aucune des diverses théories (a) établies pour tracer la ligne de démarcation entre ce qu'on appelle *obligations parfaites* et *imparfaites* ne semble entièrement suffisante pour empêcher qu'elle ne se perde quelquefois dans les circonstances.

peuples dans leurs relations réciproques que la légalité de leurs actions. Aussi, à ce point de vue, est-il préférable de le désigner sous le nom de philosophie du droit des gens ou de droit des gens philosophique. On comprendrait par là qu'il recherche les principes généraux qui, en se basant sur les besoins de la nature humaine et de la civilisation, doivent régler les rapports des peuples. — Le droit des gens volontaire désigne le droit des gens positif, c'est-à-dire l'ensemble des principes admis entre les peuples dans leurs rapports pratiques actuels. Le droit des gens volontaire est ou coutumier ou conventionnel, suivant qu'il repose sur des usages généralement admis ou sur la lettre expresse des traités. — Le droit des gens primitif n'est autre que le droit naturel, et le droit des gens secondaire que le droit positif des gens. Il y a encore le droit absolu des gens et le droit hypothétique ou arbitraire : l'un est indépendant des conventions entre peuples ; l'autre n'existe que par les conventions et par l'usage. *V.* Vattel, *Le Droit des gens*, édit. Guillaumin, *Prélim.* § 24 et suiv. ; Wheaton, *Éléments du droit international*, t. I, p. 17 ; Heffter, *le Droit international public*, traduction de M. Bergson, § 1 ; Eschbach, *Introduction générale à l'étude du Droit*, § 38 ; Massé, *le Droit commercial*, 2ᵉ édit , I, n. 34, 35 et 36.   Ch. V.]

(a) Hœffner, *Naturrecht* (ed 5) Anhang I, Abhandlung : *Warum sind die Menschempflichten entweder vollkommene oder unvollkommene, und welche Pflichten gehören zu der ersten, welche zu der letzen Gattung?*

[Nous avons signalé plus haut (*V.* § 1`, les différences que l'on s'accorde à reconnaître entre la morale et le droit naturel ; il importe encore, à raison de l'importance du droit naturel et de son influence sur le droit des gens, de rappeler ses origines et de montrer ses vicissitudes dans le domaine de la science et de l'histoire. Le droit naturel, c'est-à-dire l'ensemble de ces principes qui ne dépendent pas des législations écrites et sont inhérents à la nature de l'homme et de la société, donne, de l'aveu de tous, les premiers principes du droit d'après la nature de l'homme et suivant les appréciations de la raison. Il jette de vives clartés sur l'origine de l'idée du droit, sur les principes généraux servant de fondement à la justice. Le droit naturel ne se présente pas dans l'antiquité avec les mêmes caractères que dans les temps modernes ; mais s'il est vrai de reconnaître que sa notion s'est développée en même temps que les doctrines morales et politiques, conformément aux lois générales qui président au développement intellectuel de l'humanité, on ne peut nier son existence avant les temps modernes. La *Politique* d'Aristote, la *République* et les *Lois* de Platon, plusieurs ouvrages de Cicéron, tels que le *de Officiis* et le *de Legibus,* nous donnent des notions très-pures et sous certains rapports très-complètes du droit des gens. Le moyen âge, il est vrai, ne nous a rien transmis sur le droit naturel ; mais on le voit reparaître au commencement du dix-septième siècle, lorsque Hugo Grotius publie (1625) son traité de la paix et de la guerre, *de Jure belli ac pacis.* Puffendorf, le plus célèbre disciple de Grotius, par son *Traité du droit de la nature et des gens* et ses *Devoirs de l'homme et du citoyen,* Leibnitz qui a montré dans toutes les sciences l'universalité de son génie, Wolf qui a réuni en système les idées éparses de Leibnitz, Chrétien Thomasius, jurisconsulte éminent dont les idées n'ont pas été sans influence sur Kant, Vico par ses différents écrits sur le droit, Burlamaqui par ses écrits sur le droit naturel et sur le droit politique, ont suivi Grotius dans la carrière inaugurée par lui. Plus récemment le droit naturel a été considéré comme une branche importante de la philosophie par Kant, Fichte, Hegel et Jouffroy.   Ch. V.]

§ 6. — Droit des gens positif et particulier.

Pour peu que deux nations se fréquentent et veuillent

établir un commerce suivi, la simple loi naturelle ne saurait plus leur suffire. Différents motifs doivent les engager, tantôt à mitiger la rigueur de la loi naturelle, tantôt à déterminer les points douteux, ou à régler ceux qu'elle passe sous silence; tantôt même à s'écarter de cette réciprocité de droits que la loi universelle établit également pour toutes les nations.

C'est l'ensemble de ces déterminations qui forme le droit public extérieur ou *droit des gens positif, propre, particulier* et arbitraire de ces deux nations; et selon qu'il repose ou sur des conventions, soit expresses, soit tacites, ou sur un simple usage (a), on peut le diviser en *conventionnel* et *coutumier*. Il y a dans ce sens pour l'Europe autant de droits des gens particuliers (*droits publics extérieurs*), qu'il y a de relations particulières de tel État de l'Europe avec tel autre, soit de la même, soit d'une autre partie du globe. Ils ne sont pas de la même étendue, ni tous de la même importance pour chacun, mais il semble que plusieurs d'entre eux mériteraient d'être étudiés avec plus de soin qu'ils ne l'ont été jusqu'ici (b).

———

(a) KLUBER, *Droit des gens*, p. 12, note c, et p. 14 et 16, ne regarde pas les simples usages comme formant partie du droit des gens positif, et sans doute le simple usage ne produit point une obligation parfaite; cependant il ne peut devenir une règle de conduite entre les souverains comme entre les particuliers. *V.* plus bas, § 7.

(b) J'ai essayé d'en donner les éléments dans mon *Cours politique et diplomatique*, ou Tableau des relations particulières des puissances de l'Europe, tant entre elles qu'avec d'autres États dans les diverses parties du globe, Berlin 1801, 3 vol. in-8 ; ouvrage dont les premier et deuxième volumes renferment, sous le titre de *Guide diplomatique*, l'indication des actes publics qui en sont les sources; le troisième volume renferme le tableau même.

[Heffter, *Le Droit internat. public,* traduction de M. Bergson, § 2, a montré comment l'homme, pour lequel le droit consiste à l'origine dans la liberté extérieure de sa personne, liberté qu'il manifeste individuellement en traduisant sa volonté en actes ou en la limitant par l'effet d'une conviction intime ou sous les inspirations de son intérêt, est amené dans la société civile à ne reconnaître d'autre droit que celui résultant du consentement de tous ou de la volonté de celui qui a soumis les autres à son empire. Dans les deux cas l'ordre politique naît du moment où ce consentement ou cette volonté ont été exprimés. Sans le droit il n'y a pas de société civile durable : « *Ubi societas, ibi jus est.* » Tantôt le droit jouit d'une sanction et de la contrainte d'un pouvoir ; tantôt il est dépourvu de sanction, et chacun doit alors le protéger et le conserver. A l'origine le droit des gens est dépourvu de sanction. En renonçant peu à peu à l'isolement, chaque Etat lie des rapports avec les autres États, et il en résulte un droit qu'il ne peut ni enfreindre ni méconnaître sans mettre en danger son existence et les liens qui les rattachent aux autres. Ce droit prend un développement plus ou moins grand selon le degré de culture des peuples. Dans le principe, il ne repose que sur la nécessité extérieure ou sur un intérêt matériel ; en se développant on voit naître l'obligation et l'intérêt moral ; il rejette peu à peu ce qui est immoral et exige des actes renfermés dans ces limites. Il repose donc sur l'entente, le consentement général, exprès ou du moins admissible avec certitude ; il repose sur la conviction que chaque partie sentira la nécessité d'agir de telle manière et non pas de telle autre, que les motifs en soient extérieurs ou moraux. Ainsi donc le droit des gens ne peut point être l'œuvre d'un pouvoir législatif supérieur, puisque les Etats, avec leur indépendance, ne peuvent être soumis à une autorité terrestre C'est le droit libre qui existe : dans l'application il lui manque même un pouvoir judiciaire organique, indépendant. Son organe et son régulateur, c'est l'opinion publique, et le dernier jugement, c'est l'histoire, qui confirme le droit et, comme Némésis, punit l'injustice. Sa sanction, c'est l'ordre du monde qui, ayant créé l'État, n'a cependant pas voulu que la liberté fût reléguée dans quelques Etats particuliers, mais qu'elle se répandît sur l'humanité entière. Sa destination, c'est de donner une base au développement de l'espèce humaine dans les relations des nations et des Etats ; chaque

État particulier ne sert que de levier, sans pouvoir toutefois se séparer du grand tout. Cʜ. V.]

§ 7. — Idée qu'on doit se former du Droit des gens général et positif de l'Europe.

Rien n'empêche d'*imaginer* qu'un plus grand nombre d'États, que même, par exemple, tous les Etats de l'Europe s'accordent à mieux fixer leurs droits réciproques par des conventions générales, et même à se *fédéraliser* pour se les garantir. Alors il y aurait un code de droit des gens positif de l'Europe fixe et obligatoire pour tous. Mais jamais, ni les conciles, ni les congrès de paix nombreux, tels que ceux de Westphalie, d'Utrecht, de Vienne ou d'Aix-la-Chapelle, ni les projets infructueux de république universelle, n'ont produit une telle convention générale conclue par la plupart seulement des États de l'Europe (*a*). Ce n'est donc pas dans ce sens qu'existe un droit des gens positif de l'Europe, ou que, probablement, il existera jamais (§ 17).

D'un autre côté, ce qui ne tient qu'aux traités ou aux usages particuliers établis dans les rapports individuels entre quelques États, n'est, comme tel (*b*), obligatoire que

(*a*) Ce n'est que sur des objets individuels que l'acte du congrès de Vienne de 1815 renferme de tels arrangements pris par tous ceux qui ont signé cet acte ou y ont accédé. La Sainte-Alliance du 26 septembre 1815 (*V.* mon *Nouveau Recueil*, t. II, p. 656), à laquelle la plupart des États chrétiens de l'Europe ont accédé, est la convention la plus générale qui existe, mais elle n'est que confirmative des principes de la morale chrétienne.

(*b*) Si des puissances adoptent quelquefois pour règle des traités conclus entre d'autres puissances, comme par exemple le Portugal et l'Espagne, art 2 du traité de 1778, dans mon *Recueil a*, t. I, p. 709, ou *b*, t. II, p. 672, adoptèrent celui entre l'Angleterre et l'Espagne, de 1667; comme la Prusse, lors de son accession au système de la neutralité armée, en 1781, adopta l'art. 2 du traité de 1766 entre la Russie et l'Angleterre,

pour ceux-ci, et non pour le reste des peuples, indépendamment des forces et du nombre des uns ou des autres;
il n'existe non plus aucun point si uniformément réglé par
chaque État dans ses relations particulières avec chacun
des autres, que l'ensemble de ces arrangements particuliers
pût équivaloir à une convention générale (c).

Cependant on peut fort bien former, par abstraction,
une théorie de ce qui se pratique le plus généralement
entre les puissances et États de l'Europe, en considérant,
1° que dans bien des points les nombreux traités particuliers des puissances se ressemblent tellement dans l'essentiel, qu'on peut abstraire de là des principes comme reçus
entre tous ceux *qui ont formé des traités sur cet objet;*
2° qu'il en est de même à l'égard des usages particuliers
établis entre des États qui ont lié commerce ensemble ;
3° que des usages une fois établis, surtout entre la plupart
des grandes puissances de l'Europe, s'adoptent et même
s'imitent aisément par les autres (d), surtout par les moyens

dans mon *Recueil a*, t. II. p. 131, ou *b*, t. III, p. 245, ce n'est pas
qu'elles auraient cru y être obligées ou pouvoir y obliger d'autres contre
leur gré.

(c) Quoique le système de la neutralité armée, adopté dans son temps
par tant de puissances, approche le plus de cette idée, il ne pouvait pas
être censé reçu même entre les seules puissances maritimes pour les rapports de chacune avec chacune d'entre elles, encore en ne parlant pas de
l'Angleterre *V.* mon *Essai concernant les armateurs, les prises et les
reprises,* chap. III, § 59.

(d) Les Provinces-Unies des Pays-Bas, après avoir secoué le joug de
l'Espagne, se conformèrent entièrement aux usages des autres puissances
européennes. Les États-Unis d'Amérique, d'abord après avoir déclaré
leur indépendance, manifestèrent leur résolution de s'y conformer. *V.* par
exemple, leur instruction et formule de commission pour les armateurs,
du 10 avril 1776, dans mon *Recueil*, t. VI, p. 178; et la lettre des commissaires du congrès aux commandants des vaisseaux de guerre, du

et petits États, en tant qu'il y a lieu pour ceux-ci ; 4° que
les puissances de l'Europe, en provoquant si souvent au
droit des gens coutumier des nations civilisées, semblent
lui accorder une force qui ne suppose pas toujours la
preuve particulière du fait de l'introduction de tel usage
dans le rapport individuel auquel il s'agit de l'appliquer ;
5° que même les traités, quoique obligatoires pour les
seuls contractants, servent souvent de modèle aux traités
de ce genreà conclure avec d'autres puissances, d'où résulte
une manière usitée de contracter (e) Quelquefois même
ce qui est réglé par traités avec telles puissances s'observe
avec d'autres par un simple usage ; de sorte qu'un même
point peut être de droit conventionnel pour les uns, et de
droit coutumier pour les autres (f).

[Il y a sans doute, pour régler les rapports d'État à État, des
principes de justice aussi certains que ceux qui président aux
rapports juridiques des citoyens. Ce principes n'échappent pas à
la conscience des peuples au milieu même de leurs passions et de
la diversité de leurs intérêts, mais jusqu'à présent on n'a pu ren-

21 novembre 1777, ainsi que la proclamation du 9 mai 1778, dans mon
Recueil, t. IV, p. 196, 197, ou t III, p 17.

(e) Il en est des traités comme de bien des lois données, par exemple,
sur la navigation, sur les assurances, sur les lettres de change, etc. ; ceux
qui sont chargés de leur rédaction consultent ce qui a été fait antérieurement, ou par d'autres; on adopte ce qui convient, on rejette le
reste. V mon Programme, *von der Existenz eines positiven Europäischen Völkerrechts und dem Nutzen dieser Wissenschaft*, Gottingen,
1787, in-4°.

(f) Par exemple, l'arrangement pris en 1818, dans les conférences
d'Aix-la-Chapelle, sur le rang des ministres résidents, n'a force de convention qu'entre les cinq puissances qui ont signé le procès-verbal du
21 novembre (V. mon *Nouveau Recueil*, t. IV, p 641); mais il paraît
probable qu'il sera suivi comme droit coutumier aussi par d'autres États.

contrer une sanction juridique suffisante pour rendre obligatoires les devoirs que révèle cette intuition. On a vu trop souvent et trop longtemps les gouvernements ne consulter que leurs passions et leurs intérêts sans égard pour les règles de la justice ; c'est qu'en effet, il n'y a point de pouvoir supérieur pour régler les rapports internationaux. On doit cependant reconnaître en comparant le droit international tel qu'il est accepté de nos jours avec le droit international des époques antérieures, que des progrès importants ont été obtenus et que ces progrès sont des gages certains de l'avenir. Jusqu'à quel point est-il possible d'espérer une sanction juridique internationale pour les rapports d'Etat à Etat ? C'est ce qu'il est difficile de déterminer. *V.* du reste notre introduction.

M. Pinheiro-Ferreira, note 9, pour fixer le sens de ce qu'on entend par *droit des gens positif,* commence par déterminer ce que signifie l'expression de *droit positif* d'une nation en particulier.

« Nous remarquerons donc, dit-il, que le *droit positif de chaque nation* se compose des *principes généraux de jurisprudence* qui doivent servir de base à toutes les décisions des autorités législatives, administratives et judiciaires du pays, et des *lois,* des *ordonnances* et des *arrêtés* émanés de ces trois sortes d'autorités.

» Mais, pour que des *principes généraux* fassent partie du *droit positif* d'une nation, il faut qu'ils soient eux-mêmes émanés des autorités constituées, et qu'ils aient reçu, de l'assentiment général de la nation, ce caractère qui les élève à la catégorie de volonté du peuple ou loi de la nation.

» Jamais législateur n'a commencé par établir l'ensemble des principes généraux d'après lesquels il se proposait de se régler dans ses décisions; mais au fur et à mesure que dans la confection des lois on a cru nécessaire d'indiquer le principe d'où l'on faisait dériver la disposition législative, on n'a pas manqué de le remarquer, et par là on a atteint le double but de faire la loi et d'en consacrer le principe ; c'est-à-dire que non-seulement on a pourvu à la solution des cas immédiatement dépendants de la loi qu'on venait de faire, mais encore à la décision d'une foule d'autres qui, appartenant à la même catégorie, doivent être résolus par le même principe; tandis que si celui-ci n'avait pas été déclaré, les juges et les administrateurs seraient souvent dans l'impossibilité de décider si la même loi pourrait leur être appliquée.

» Ce que les législateurs ont fait souvent dans leurs lois, les autorités administratives l'ont aussi pratiqué dans leurs ordonnances, et les tribunaux dans leurs arrêts.

» C'est ainsi qu'il s'est formé dans chaque pays un droit public positif, une véritable *jurisprudence* nationale qu'il ne faut pas confondre avec le *dispositif* de la législation elle-même. Cette distinction est d'autant plus essentielle, qu'il n'est pas rare de voir attaquer des dispositions législatives, et même de les voir réformer, parce qu'on les trouve en opposition avec les principes généralement reçus de la *jurisprudence.*

» Ces principes ont été tirés tantôt de la source primordiale de tout droit, la raison universelle, tantôt de la législation d'une autre nation, où ils se trouvaient déjà consignés, tantôt des écrits des jurisconsultes nationaux ou étrangers.

» De là vient que dans tous les pays on considère le droit positif national comme reposant sur la *loi* ou sur la *coutume ;* et qu'en Angleterre, par exemple, on ajoute encore à ces deux sources de droit celle qu'on y appelle la *loi commune ;* en sorte que lorsque les *principes de jurisprudence* sont expressément déclarés dans des lois du pays, empruntés ou non à une législation étrangère, on les désigne sous le nom de *jurisprudence légale.*

» Mais lorsque ces principes ne se trouvant expressément déclarés dans aucune loi, la teneur des dispositions législatives montre ce qui leur a servi de base ; ou lorsque ces principes sont invoqués dans les rescrits des autorités administratives, ou dans les arrêts du pouvoir judiciaire, dans tous ces cas on dit que les principes appartiennent au *droit coutumier.* Mais lorsque ces *principes,* soit de *jurisprudence légale,* soit de *droit coutumier,* paraissent avoir pris leur origine sur le sol britannique, ou y avoir été importés par les peuples du continent, autres que les Romains ou les héritiers de leur jurisprudence, et qu'ils n'ont été autrement empruntés ni au droit romain ni au droit canon de l'Eglise romaine, on les y distingue par le nom de *loi commune,* qui, d'après cela, ne peut se rencontrer que dans les *précédents* débats des chambres législatives, dans les *précédentes* décisions du pouvoir exécutif, ou dans les *précédents* arrêts des cours de justice, sur des cas pareils ; et voilà pourquoi on dit que la législation anglaise est basée pour la plupart sur des *précédents ;* remar-

que peu réfléchie, car, si on y fait bien attention, on verra qu'il
en arrive autant dans les autres pays.

» En effet, la *législation* de toutes les nations du continent
ayant été pour la plupart calquée sur la *jurisprudence* romaine,
les législateurs citent rarement dans leurs lois les principes qu'ils
considéraient comme généralement connus ; ce n'est donc le plus
souvent que par illation déduite de la teneur même des lois qu'on
peut connaître les principes que leurs auteurs avaient en vue. Il
n'y a, par conséquent, que le petit nombre de principes expressément cités dans nos lois que nous puissions nommer notre *jurisprudence légale ;* tout le reste n'y fait loi que parce qu'on les cite
comme des *principes de jurisprudence,* soit dans les rescrits du
gouvernement, soit dans les arrêts des cours de justice. Ils appartiennent donc au *droit coutumier,* ou, ce qui revient au même,
ils ne reposent que sur des *précédents.*

» De tout ce que nous venons de dire il résulte que lorsqu'on
parle du *droit positif* d'une nation, il faut distinguer ce qui
appartient au *dispositif des lois* de ce qui appartient à leur *jurisprudence.*

» Ainsi, il peut arriver qu'il y ait dans un pays une grande
masse de *législation positive* sans qu'il y ait une *jurisprudence
positive,* tandis que dans un autre pays on possédera *avec moins
de lois une jurisprudence beaucoup plus complete.* Tel est le cas
de tous les États modernes comparés à l'empire romain, à l'époque la plus florissante de sa jurisprudence.

» Après avoir signalé cette importante distinction entre les
principes du droit et les *dispositions de la loi,* qui, fondus ensemble, constituent ce qu'on appelle le *droit positif* de chaque nation,
il nous sera facile de faire sentir au lecteur en quoi consiste la
méprise de M de Martens.

» Certes, il est impossible que jamais la totalité des nations,
quel que soit le degré de leur civilisation, s'accorde à signer une
convention dans laquelle tous les cas de conflit qui peuvent survenir entre elles soient prévus, et en conséquence réglés d'après
des principes fondés sur la maxime du *plus grand bien du plus
grand nombre,* qui doit servir de base tant à la politique qu'à la
législation de tous les peuples, aussi bien qu'à la morale de chaque citoyen.

» Aussi l'histoire des nations nous montre-t-elle qu'à mesure

que la civilisation a fait des progrès parmi elles, les véritables principes du droit des gens ont été accueillis, et ont fini par être généralement reconnus et avoués; en sorte qu'on peut assurer aujour-
d'hui qu'il n'y en a aucun qui n'ait reçu l'assentiment plus ou
moins explicite de la part des gouvernements les plus éclairés,
après avoir été proclamés par les écrivains dont le nom seul porte
la conviction chez ceux qui, n'étant pas en état de juger par eux-
mêmes, ne peuvent se décider que par l'opinion de quelqu'un
qui ait su leur inspirer de la confiance.

» Ainsi on ne peut que regarder comme très-prochaine l'époque à laquelle toutes les nations seront d'accord quant à la *jurisprudence du droit des gens.*   .

» Nous ne saurions en dire autant par rapport à ce qu'on pourrait appeler le *code général des nations,* dans lequel on réglerait,
conformément aux principes généralement reconnus, tous les cas
possibles où des différends pourraient s'élever entre deux ou plusieurs États, tant pour ce qui regarde leurs transactions commerciales, que pour ce qui concerne leurs relations politiques.

» Cependant, même à cet égard, il y a lieu d'espérer que chaque jour les nations se rapprocheront de plus en plus de l'observation de ces principes, et que des traités et des conventions en
fixeront l'application entre les principales puissances. Dès lors il
s'établira, pour la généralité des nations, une sorte de *droit coutumier* qui tiendra lieu de *droit conventionnel,* ainsi que cela est
déjà généralement reçu dans plusieurs autres cas. Or, si cet ensemble d'accords exprès ou tacites ne satisfait pas tout à fait au
but d'un *code arrêté et convenu de droit des gens,* il ne répon-
drait pas moins à l'idée que M. de Martens traite de chimérique,
d'un *droit positif des nations,* tant parce qu'il serait conforme aux
véritables principes du droit, que parce qu'il aurait été admis,
soit par des traités, soit par l'usage, entre toutes les nations civilisées.

» Pour se convaincre que cet espoir n'est nullement chimérique, il suffit de comparer et les conventions et les usages qui,
depuis un siècle, ont remplacé ce qui faisait le *droit positif* des
nations dans les siècles antérieurs. Ce qui n'était jusqu'alors que
des opinions et des vœux d'un petit nombre de bons esprits, est
devenu l'opinion et la politique des gouvernements; en sorte que
ceux-là mêmes qui se refuseraient à stipuler plusieurs de ces

articles par des conventions expresses, n'oseraient plus les enfreindre dans la pratique, tant la conviction s'est emparée de tous les esprits !

» Or, ces étonnants progrès de la raison, pour le passé, sont pour nous une garantie de ceux qu'elle ne peut manquer de faire à l'avenir. »

Relativement à l'effet obligatoire des traités dont il est question dans le présent paragraphe, Pinheiro-Ferreira, note 10, indique les différentes espèces de traités qui, suivant lui, ont pour objet ou d'accorder à une autre nation certains avantages chez nous, ou de nous soumettre à supporter certains désavantages, ou enfin de régler l'éventualité de certains cas dans lesquels les intérêts des deux nations contractantes pourraient se trouver en conflit. Pinheiro-Ferreira suppose le cas où, le traité conclu, il n'y a pas de compensation dans les deux hypothèses précédentes, ou que dans la troisième le but proposé n'a pas été atteint. « Alors, dit-il, l'autre nation n'a aucun droit d'exiger l'accomplissement des traités; car les conventions que les gouvernements peuvent faire entre eux ne sauraient rendre juste ce qui est injuste; et rien de plus injuste qu'un contrat unilatéral tout à la charge de l'une des deux nations. Les traités, n'ayant de force qu'autant qu'ils ont passé en lois du pays, sont assujettis aux conditions générales de toutes les lois, l'assentiment effectif ou présumé de la nation au nom de laquelle la loi a été faite. Or, on ne saurait présumer ni admettre qu'une nation donne jamais, avec connaissance de cause, son assentiment à des conventions qu'il a plu à ses fondés de pouvoirs de souscrire à son détriment; car, quelle que puisse en être la cause, ignorance, lâcheté ou corruption, dès qu'il y a lésion grave, le mandataire a agi en dehors de sa procuration et en opposition avec ses pouvoirs; et ce dont il sera convenu sera par cela seul frappé de nullité, car personne n'est en droit de convenir avec un autre au détriment d'un tiers qui ne l'a autorisé qu'à agir dans ses intérêts, et non pas contre ses intérêts. »

Cette appréciation de l'étendue de la force obligatoire des traités ne nous paraît conforme ni aux principes du droit civil en matière d'obligations, ni aux principes du droit des gens. Un traité consenti par des fondés de pouvoirs réguliers et suivant les lois du pays est généralement obligatoire, quel que soit le préjudice qui en résulte pour l'une des parties contractantes. *V.* cependant dans nos observations à la suite du § 53 et suiv. CH. V.]

§ 8. — Notions et limites de la science.

C'est en rassemblant les principes suivis le plus généralement, surtout pour la plupart des grandes puissances de l'Europe, soit en vertu de conventions particulières, expresses ou tacites, uniformes ou ressemblantes, soit en vertu d'usages du même genre, qu'on forme, par abstraction, une théorie du droit des gens de l'Europe *général, posititif, moderne* et *pratique ;* théorie nécessaire à la connaissance des affaires étrangères de l'Europe en général, quoiqu'elle ne dispense pas de recourir encore souvent au droit des gens propre et particulier de telles nations, pour décider les questions individuelles qui se présentent entre elles ; ce qui est un inconvénient commun à toutes ces branches de la jurisprudence qui sont formées par abstraction.

Au reste, en ayant égard à la diversité des sources et des objets, il est aisé de déterminer les limites qui séparent cette science d'avec d'autres branches de la *politique*, tels que le *droit public intérieur*, universel, ou positf et particulier, le *droit public extérieur* positif, ou droit des gens particulier, la *statistique*, la *politique proprement dite*, etc.

[Les principes du droit des gens se déduisent : 1° de la philosophie du droit ou du droit naturel ; 2° de la connaissance des conventions et traités conclus entre les peuples, aussi bien des traités qui n'ont plus qu'une importance historique que des traités, stipulations et engagements encore en vigueur entre les puissances; 3° des usages, coutumes et observances suivis par les

puissances, soit dans le règlement de leurs droits et de leurs intérêts, soit dans la détermination de la forme des négociations;
4° de la connaissance des intérêts extérieurs ou diplomatiques des
puissances, soit tels qu'ils existent de nos jours, soit tels qu'ils
se sont développés dans le cours des siècles, en d'autres termes
de la diplomatie et de l'histoire de la diplomatie ; 5° de la connaissance des changements qui se sont opérés dans la science du
droit des gens et qui ont exercé, par l'influence des idées et des
opinions, une action directe sur le droit des gens pratique actuel.
Ce qui n'exclut pas, ainsi que le fait très-bien observer notre
auteur, la connaissance de sciences auxiliaires, telles que la politique, le droit public interne, le droit administratif, enfin, la statistique et l'économie politique qui, en révélant aux hommes
d'Etat et aux diplomates la connaissance des véritables intérêts
des nations, facilitent, assurent et fécondent le succès des missions dont ils sont chargés. *V.* d'Hauterive. *Conseils à un élève
du ministère des affaires extérieures; — Conseils a des surnu-
meraires; — Quelques conseils à un jeune voyageur.* Cн. V.]

§ 9. — Qu'il n'existe point de Droit des gens positif universel.

En qualifiant notre science du nom de *Droit des gens
positif de l'Europe*, on ne doit pas oublier qu'en Europe le
droit des gens conventionnel et coutumier des *Turcs* diffère dans bien des points de celui du reste de l'Europe
chrétienne, tandis que, hors de l'Europe, les *États-Unis
d'Amérique* se sont entièrement assimilés à ce dernier.

Les mœurs du reste des peuples, même civilisés, dans
d'autres parties du globe, diffèrent trop des nôtres pour
devoir étendre la notion de notre science à tous les peuples civilisés, quoique cette vague expression soit assez
usitée.

Il n'existe point de droit des gens *positif universel* pour
toutes les nations de l'univers. En admettant l'idée d'une
société subsistant entre les États, nations, etc., comme

entre les individus, cette société est naturelle, et non positive, et ne se régit que par des lois naturelles. En vain
WOLF a-t-il appelé à son secours sa notion d'une *civitas
maxima* pour fonder, sur la volonté présumée des membres de celle-ci, des lois positives qui formeraient ce qu'il
appelle *Jus gentium voluntarium* (a), et ce que d'autres
nomment *Droit des gens modifié* (b). En supposant des peuples qui auraient formé ensemble une société positive, tels,
par exemple, que les membres de la confédération germanique, les droits, les devoirs qui résultent de là tiennent ou
au droit naturel social ou à la morale, ou sont l'effet de
lois constitutives, de traités et d'usages qui leur sont propres et particuliers.

Si de ce que tous les États, peuples, individus, habitent
un même globe dont le sol était commun, et de ce qu'il
serait possible d'établir un jour entre tous une société positive, on peut inférer encore quelques principes distingués
de ceux du droit des gens, *jus cosmopoliticum* (c), au
moins ces principes sont du ressort de la philosophie, et
non du droit positif.

———————

[Il est évident qu'il n'existe pas de droit des gens positif universel, reconnu et accepté par tous les peuples de la terre. Longtemps le droit des gens n'étendait son empire qu'en Europe. Il a
fait et continue à faire chaque jour de nouvelles conquêtes. Les
États-Unis de l'Amérique du Nord, plusieurs États de l'Amérique
du Sud participent aujourd'hui du droit des gens européen ; la

(a) WOLF, *Jus gentium*, Prolegom., § 7 sqq. Comparez VATTEL, *Droit
des gens*, Prélim , § 21.

(b) Le baron VAN OMPTEDA, *Abhandlung von dem Begriffe des Volkerrechts* dans *Litteratur des Völkerrechts*, t. I, § 3.

(c) KANT, *Rechtslehre*, p. 229, *das Weltbürgerrecht*.

Turquie elle-même entre, sous ce rapport, dans une voie nouvelle, et avec les développements incessants des rapports internationaux qui se multiplient par l'effet naturel de la civilisation et
sous les inspirations d'un légitime sentiment de réciprocité, le
droit des gens de l'Europe fera de nouvelles conquêtes. *V.* Wheaton, *Éléments du droit international*, t. II, p. 112; Heffter, *Le Droit
international public*, traduction de M. Bergson, § 1 et suiv.;
Eschbach, *Introduction génerale à l'étude du droit*, § 38. Ch. V.]

§ 10. — Origine du Droit des gens moderne.

Plusieurs des anciens peuples, surtout les Grecs et les Romains, ont eu leur droit des gens positif et particulier, tant
conventionnel (*a*) que coutumier (*b*); mais son usage n'a
point survécu à la chute de l'empire romain et au bouleversement total de l'Europe, qui en a été la suite; depuis,
plusieurs événements successifs, surtout les progrès de la
religion chrétienne, le système de hiérarchie, la découverte
du nouveau monde et de la navigation vers les Indes, les
changements arrivés dans la manière de faire la guerre, les
systèmes d'équilibre, la multiplicité des alliances et des
missions, etc.; enfin toutes ces causes qui ont contribué à
la formation successive de cette espèce de société de peuples qu'on voit subsister en Europe (§ 17), ont aussi contribué à la formation successive de notre droit des gens, varié
dans bien des points d'après la diversité des époques. Il est
des points dont on ne trouve la source qu'en remontant

(*a*) Barbeyrac, *Recueil des anciens traités*, 2 vol in- fol. : ils forment
les deux premiers volumes de la *Constitution du corps diplomatique* de
Dumont, par Rousset. Le plus ancien de ces traités remonte à l'année 1496 avant la naissance de Jésus-Christ; c'est le traité entre les divers
peuples de la Grèce pour l'établissement d'un conseil des Amphictyons.

(*b*) C. D Ritter, *de Fecialibus populi Romani*, Lipsiæ, 1732, in-4.
F C. Conradi, *de Fecialibus et jure feciali populi Romani*, Helmst.,
1734, in 4

assez haut à des époques du moyen âge, pour d'autres, la
fin du quinzième siècle a fait époque; pour d'autres, le
règne de Henri IV, roi de France. Mais, dans la généralité,
l'époque principale du moderne droit des gens date de la
paix de Westphalie; et depuis, la paix d'Utrecht, en affer-
missant le système politique de l'Europe, devint, sous bien
des points de vue, une nouvelle époque mémorable d'un
droit des gens positif, sans doute encore rempli de nombre
de taches et d'imperfections, et dont souvent les dehors seuls
étaient sauvés au milieu des violations réelles qu'on s'en
permit, mais du moins préférable, à bien des égards, à ce
nouveau droit de la guerre et de la paix qu'on a vu
se déployer, surtout dans les premières années de la révolution française, au mépris même des principes qui
devaient servir d'introduction à une nouvelle diplomatie (c).

Il est donc fort heureux de voir que l'Europe, après
avoir secoué le joug qui l'opprimait, soit retournée aux
principes antérieurs à cette époque, sans se refuser à des
modifications que les progrès des lumières ont pu faire
paraître désirables.

[Les peuples de l'antiquité, Grecs et Romains, n'ont pas connu
le droit des gens tel qu'il est pratiqué dans les temps modernes.
Pour eux l'étranger n'était qu'un ennemi et l'état de guerre un
état permanent. Platon, Aristote, c'est-à-dire les plus beaux génies
de la Grèce, regardaient comme licites le pillage des biens de
l'étranger et sa réduction en esclavage. Les traités n'étaient point
respectés et l'inviolabilité des ambassadeurs tenait moins au res-

(c) V. mon *Recueil*, t. VI, p. 733, 776; *V.* aussi plus haut, dans les Préfaces, l'Extrait de la préface de l'édition allemande de 1796.

pect du droit qu'à un sentiment religieux fortifié par des serments et des sacrifices. Le développement du droit des gens actuel ne date que de la fin du quinzième siècle [1]. Les principales puissances ayant affaibli les résistances intérieures, nées du système féodal et de la prépondérance du clergé, à l'action du gouvernement, commencèrent à entrer dans des rapports plus fréquents et à montrer plus de force et d'indépendance. Pendant le moyen âge, l'Europe n'avait présenté qu'une agrégation d'Etats feudataires rattachés au saint-siége par les liens de la vassalité et placés pour le temporel sous la prééminence de l'empereur des Germains héritier des empereurs romains. On vit dès lors surgir l'indépendance politique des Etats, la communauté de civilisation, d'intérêts moraux, religieux et intellectuels, un ensemble de traités qui les rapprochait sans menacer leur indépendance, la substitution à l'ancienne et souvent bienfaisante suprématie du saint-siége d'un système habile d'alliances qui, en réunissant les faibles contre les forts, maintenait l'équilibre entre les moyens d'agression et ceux de défense. L'action de la chevalerie, l'influence des croisades, l'affranchissement des communes, l'institution de lignes commerciales et maritimes ou hanses dans le Midi et dans le Nord, la renaissance du droit romain et des lettres, la découverte du nouveau monde, la réforme religieuse, l'invention de l'imprimerie, les modifications apportées dans le système de la guerre par la découverte de la poudre et par l'établissement des armées régulières, la consolidation du pouvoir royal et de l'unité nationale, les alliances entre les familles régnantes, l'institution des missions diplomatiques permanentes, l'action des publicistes, expliquent et marquent les progrès du droit des gens. Sous ces influences dont l'action ne pourrait être expliquée que dans une histoire générale du droit des gens les principes de justice internationale ont acquis la certitude, la précision et l'autorité inconnues à l'antiquité. V. Heffter, *Le Droit international public*, traduction de M. Bergson, § 6.   Ch. V.]

_____

[1] [C'est bien à tort que M⁰ᵉ de la Lézardière, *Théorie des lois politiques de la monarchie française*, prétend, au sujet du droit des gens admis sous le régime féodal, que le gouvernement féodal mettant un frein aux désordres anarchiques qui avaient fait naître l'usage des guerres privées, donna à l'Europe ce droit des gens sage et modéré qu'elle reconnaît encore, et dont les principes avaient été ignorés des peuples les plus policés de l'antiquité.   Ch. V.]

§ 11. — Sources de l'histoire du Droit des gens positif.

C'est donc dans l'histoire générale et particulière des
États de l'Europe, surtout dans celle des derniers siècles,
et dans les traités et antres actes publics qui en font la
base, qu'on doit puiser l'histoire de l'origine et du progrès
de notre droit des gens conventionnel et coutumier; histoire qui n'a pas encore été traitée avec tout le soin qu'elle
mérite, quoiqu'on ait commencé à s'en occuper avec
succès (a).

————

[L'étude des sources de l'histoire du droit des gens positif ne
saurait être complète qu'à la condition d'embrasser :

1° Les écrits des publicistes qui enseignent les règles de justice
applicables à la société qui existe entre les nations et les modifications qu'elles ont reçues d'après l'usage et le consentement
général;

2° Les traités de paix, d'alliance et de commerce entre les
divers États;

3° Les ordonnances des États souverains pour régler les prises
maritimes en temps de guerre;

4° Les arrêts des tribunaux internationaux tels que les commissions mixtes et les tribunaux de prise;

5° Les opinions écrites et données confidentiellement par des
légistes à leur gouvernement;

6° Enfin, l'histoire des guerre, des négociations, des traités de
paix et autres transactions relatives aux affaires internationales.
Wheaton, *Éléments du droit international*, t. I, p. 25. Ch. V.]

§ 12. — Histoire de l'étude du Droit des gens naturel et positif.

Le droit des gens universel était connu des Grecs et des

(a) Robert WARD, *an Enquiry into the foundation and history of the
law of nations in Europe, from the time of the Greeks and Romans to
the age of Grotius*, London, 1795, 2 vol. in-8.

Romains, mais sans avoir été traité par eux comme une branche particulière de ce droit naturel que les stoïciens appelaient généralement *Jus gentium* (*a*). A la chute de l'empire romain, cette science n'échappa point au naufrage commun. Depuis, négligée par les barbares, qui se contentaient d'en violer les préceptes, condamnée même par quelques Pères de l'Église (*b*), gémissant pendant tout le moyen âge sous le joug de la superstition, sous l'oppression du droit manuaire, et dans la fange de la philosophie scolastique, elle ne vit paraître l'aube d'un nouveau jour pour elle que depuis l'époque où les paix publiques et les tribunaux réussirent à mieux raffermir le repos intérieur des États, où la réforme religieuse servit à briser les fers de la superstition, et où la philosophie commença à ne plus se jouer des mots. Les faibles essais que firent au seizième siècle, OLDENDORP (*c*), HEMMING (*d*), et autres, les progrès plus marqués même d'ALBERICUS GENTILIS (*e*), n'ont pu

(*a*) CICERO, *de Officiis*, lib. III, cap. v; Lois romaines, § 1. *Institutiones de jure nat. gent. et civili*, L I, § 3; L. IX, Dig., *de Justitia et jure*; L. I, Dig., *de acquirendo rerum Dominio*. Comparez VAN UMPTEDA, *Litteratur*, t. I, p. 140, 161.

(*b*) BARBEYRAC, *Traité de la morale des Pères de l'Église*; SCHMAUSS, *Geschichte des Rechts der Natur*., p 73 et suiv

(*c*) Jean OLDENDORP (professeur à Marbourg, † 1557), *Isagoge juris naturæ, gentium et civilis*, Cologne, 1539, in-8.

(*d*) Nic. HEMMINGIUS (professeur à Copenhague,) *Apodictica Methodus de lege naturæ*, Wittemb , 1562.

(*e*) Albericus GENTILIS (né dans la Marche d'Ancône, que sa religion fit fuir en Angleterre, ou il mourut professeur à Oxford, en 1611), *de Legationibus*, lib. III, Oxford, 1585, in-4; Hanov., 1596, 1607, in-4; *de jure belli Commentationes*, lib. III, Oxford, 1588; Hanovr., 1598, 1612, in-8; *de Justitia bellica*, Oxford, 1590, in-4; *Regales Disputationes tres*, Londres, 1605, in-8; Hanovre, 1605, in-8; Altenb., 1662, in-8; Helmstadt, 1669, in-4.

enlever à Hugues GROTIUS (f) le nom glorieux et mérité de
père de la science du droit naturel et du droit des nations,
tant naturel que positif, dont il établit les principes dans
son ouvrage *du Droit de la guerre et de la paix* (g), en les
illustrant d'exemples que sa vaste érudition puisa abon-
damment dans l'histoire des anciens peuples. Depuis, nombre d'auteurs, en reproduisant son ouvrage sous des formes
différentes (h), s'efforcèrent de s'immortaliser par son secours, et l'étude du droit naturel et de celui des nations
gagna de plus en plus. Au système de HOBBES (i), qu'il est

(f) Hugues GROTIUS (né à Delft, en 1583, avocat du fisc en 1600, fiscal
de Hollande en 1607, pensionnaire de Rotterdam en 1613: ensuite, après
une variété d'événements, ministre de Suède à Paris en 1635; puis rappelé; † 1645). L'histoire de sa vie se trouve à la tête de presque chaque
édition de son *Droit de la guerre*, etc., surtout devant la traduction qu'en
a faite BARBEYRAC. *V.* aussi SCHRÖCH, *Abbildung und Beschreibung
berühmter Gelehrten*, t II, p. 257-376; H. LUDEN *Hugo Grotius, nach
seinen Schiksalen und Schriften*, Berlin, 1806, in-8.

(g) Cet ouvrage parut en premier lieu à Paris, en 1625, in-4; les éditions suivantes sont rapportées dans VAN OMPTEDA, *Litteratur*, tom. II,
p. 392, § 122; KAMPTZ, § 31, p. 46.

(h) 1° Les uns en produisirent des commentaires, tels que J. DE FELDEN,
GRASWINKEL, BOCKLER, TESMAR, OBRECHT, OSIANDER. ZIEGLER, GRONO-
VIUS, SIMON, WÆCHTLER, et autres: J.-C. BECMANN, GROTIUS *cum notis
variorum*, Francfort, 1691, in-4; 2° d'autres en formèrent des extraits,
des tables, etc., tels que Guill. GROTIUS, G. A. KULPIS, SCHEFFER, KLENK,
VITRIARIUS, J.-P. MULLER, et autres; 3° d'autres en firent des traduc-
tions, telles qu'en hollandais, en 1635, Harlem; et mieux en 1705, in-4;
en français par COURTIN, Paris, 1637, et mieux par BARBEYRAC, qui y
joignit ses notes, Amsterdam, 1724, 2 vol. in-4; 6° éd., Bâle, 1768,
2 vol. in-4; DUGOUR, *le Droit de la guerre et de la paix*, de GROTIUS,
Paris, 1792, 2 vol. in-8; en anglais, Londres, 1654, 1682, in-fol.; 1715,
in-8; en allemand, par SCHUTZ, 1704, in-4; ensuite à Francfort, 1709,
in-fol.; en danois, en suédois, etc.

(i) Thomas HOBBES (né à Malmesbury, en 1588, † à Hardewick en
1679), *Elementa philosophica de cive*, 1647, in-12; Amst., 1669, in-
12; *Leviathan*, Londres, 1651, in fol.; tous les deux dans ses *Opera philosophica latina*, Amsterdam, 1668, 4 vol. in-4.

dangereux de mal entendre, LOCKE (*j*) et CUMBERLAND (*k*)
opposèrent le leur, fondé sur un principe différent et plus
moral. PUFFENDORF (*l*), GRIBNER (*m*), WOLF (*n*), RUTHER-
FORTH (*o*) BURLAMAQUI (*p*), et autres (*q*), ont rendu depuis
d'utiles services à l'étude du droit de la nature et des gens

(*j*) J. LOCKE (né en 1632, † 1704), *on civil Government*, dans le
t. II de ses *OEuvres*, Londres, 1714, 3 vol. in-4.

(*k*) Richard CUMBERLAND (né en 1632, évêque de Peterborough, † 1719),
de legibus naturalibus Commentatio, in quâ simul refutantur Ele-
menta Hobbesii, Londres, 1672, Lubeck, 1683, 1694, trad. par BARBEY-
RAC, avec des notes, Amst , 1714, in-4.

(*l*) Samuel, baron de PUFFENDORF (né en 1631, prof à Heidelberg, ensuite à Lund., en 1668; puis conseiller privé de l'électeur de Brandebourg en 1590, † 1694), *Elementa juris naturæ me hodo mathematicâ*,
Leyde, 1660, in-8; *Jus naturæ et gentium*, Lund., 1672, in-4; trad. par
BARBEYRAC, et accompagné de notes, Amsterdam, 1724, in-4; Bâle, 1771,
4 vol. in-4; *de Officio hominis et civis*, Lund., 1673, in-8

(*m*) M. H. GRIBNER (né à Leipsick, en 1682, professeur à Wittemberg,
conseiller à Dresde, ensuite prof. à Leipsick, † 1734), *Principia juris-*
prudentiæ naturalis, libri IV, Wittemberg, 1710, 1715, 1717, 1723;
augm. en 1728, 1733, 1748, in-8.

(*n*) Christian, baron DE WOLF (né en 1679, professeur à Halle, en
1717, ensuite à Marbourg, en 1723, † 1754), *Jus gentium methodo scien-*
tificâ pertractatum, Halle, 1749, in-4, à la suite de son *Jus naturæ*,
1740-1748, 8 vol. in-4. Il a paru un extrait de ce *Jus gentium* sous ce
titre : *Institutiones juris naturæ et gentium*, Halle, 1750, in-8; trad. en
allemand, Halle, 1754-1769, in-8; et en français, par E. LUZAC, Leyde,
1172, in 12.

(*o*) T. RUTHERFORTH, *Institutes of natural laws being the substance*
of a course of lectures on GROTIUS', *de Jure belli et pacis*, Londres,
1754, in 8.

(*p*) J.-J. BURLAMAQUI, *Principes du droit naturel*, Genève, 1747, 2 vol.
in-4; *Principes du droit de la nature et des gens, avec la suite du*
Droit de la nature, augmentés par M. DE FELICE, Iverdun, 1766-1768,
8 vol in-8; *Principes ou Éléments du droit politique*, ouvr. posth.,
Lausanne, 1784, in-8.

(*q*) DE CHAMBRIER, *Essai sur le droit des gens*, 1795, in-8, avec un
Supplément; Gérard de RAYNEVAL, *Institution du droit de la nature et*
des gens, Paris, 1803, in-8, etc.

universel. Il était réservé à KANT (r) de frayer une route
nouvelle pour mieux régir les limites du *droit* et de la *morale*, et pour déployer l'insuffisance des simples principes
du droit naturel et la nécessité qu'il y a, pour les États
mêmes, d'en venir à des arrangements positifs capables de
remédier aux inconvénients de l'état naturel.

Malgré les progrès de l'esprit humain dans l'étude de la
loi naturelle, celle du droit des gens positif fut, pendant
quelque temps, presque oubliée, depuis que PUFFENDORF,
dans son *Mélange de philosophie et de droit romain* enseigna à ses disciples à confondre le droit des gens avec le
droit naturel des individus, et à rejeter l'idée d'un droit des
gens positif par le défaut de conventions générales; depuis
que THOMAISE (s) appuya ce raisonnement de toute son autorité; et qu'après eux WOLF, se perdant dans ses vastes
théories, parut souvent oublier le monde pour lequel il écrivait. Cependant, d'après l'exemple déjà donné par ZOU-
CHÉE (t), TEXTOR (u) et GLAFEY (v), mais surtout VATTEL (x),

(r) Emmanuel KANT, *Metaphysische Anfangsgründe der Rechtslehre*,
Konigsberg, 1797, in-8.

(s) Christian THOMASIUS (né en 1655, professeur à Halle, en 1694,
ensuite directeur de l'Académie, † 1728), *Dissertationes Lipsienses*, in
dissert. VII, § 15, *Fundamenta juris naturæ*.

(t) Richard ZOUCHÆUS (né en 1590, prof. à Oxford, ensuite juge du
tribunal d'amirauté, † 1660), *Juris et judicii fecialis, seu juris inter
gentes, et quæstionum de eo Explicatio*, Oxford, 1650, in-4; Leyde, 1654;
La Haye, 1659, in-12; Mayence, 1661, in-12; La Haye, 1759, in-12.

(u) Jean Wolfg TEXTOR (né en 1637, prof. à Altorf, ensuite à Heidelberg, puis syndic à Francfort, † 1701), *Synopsis juris gentium*, Bâle,
1680, in-4.

(v) A.-F. GLAFEY (né en 1682, conseill. à Dresde, † 1754), *Vernunft
und Völkerrecht*, Francfort, 1723, in-4; 3e édit., 1746; *Völkerrecht*,
Francf. et Leipsick, 1752, in-4.

(x) Emer. DE VATTEL (né à Neufchâtel, en 1714, conseiller de légation

tâchèrent d'éclairer leurs principes par des exemples tirés
de l'histoire moderne.

§ 13. — Continuation.

C'était dans les traités et dans d'autres actes publics qu'il
fallait puiser; et ceux qui, comme Leibnitz (a), ont commencé à en publier des recueils, ont frayé le vrai chemin
qui conduit à cette étude. Ces recueils s'étant beaucoup
multipliés depuis, et l'histoire des derniers siècles ayant été
illustrée par tant d'ouvrages étendus, par tant de mémoires

et ministre de l'électeur de Saxe à Berne, ensuite conseiller privé à Dresde,
† 1767), *le Droit des gens, ou Principes de la loi naturelle appliqués à
la conduite et aux affaires des nations et des souverains*, Leyde, 1758,
2 vol. in-4, et 3 vol. in-12; nouv. édit. augm., Neufchâtel, 1773, 2 vol.
in-4; enrichie de quelques notes, Amsterdam, 1775, 2 vol.; avec quelques suppléments en partie tirés des manuscrits de l'auteur, Bâle, 1777,
3 vol. in-12; sans ces Suppléments, Neufchâtel, 1777, 3 vol. in-8; Nimes,
1794, 2 vol. in-4, et 3 vol. in-12; Lyon, 1802, 3 vol. in-8; traduit en
allemand, par Schulin, Francfort et Leipsick, 1750, 3 vol. in-8. [Une
nouv. édit. en 3 vol. in-8, a été publiée en 1863 par Guillaumin et Cᵉ;
elle est enrichie de notes excellentes par M. Pradier-Fodéré.]

(a) G.-W. Leibnitz, *Codex juris gentium diplomaticus*, Hanoveræ,
1693; ibid., mantissa edit., 1700, in-fol.

(b) J. J. Moser (né en 1701, † 1785), *Anfangsgründe der Wissenschaft von der heutigen Staatsverfassung von Europa und dem unter
den europäischen Potenzen üblichen Völker-und allgemeinen Staatsrecht*,
Tubingen, 1732, in-8. *Entwurf einer Einleitung zu dem allerneuesten
Völkerrecht in Kriegs und Friedenszeiten*, 1736, dans ses *vermischte
Schriften*, t. II. *Grundsätze des jetzt üblichen Europäischen Völkerrechts in Friedenszeiten*, 1750, in-8. Item, *in Kriegszeiten*, 1752, in-8.
Erste Grundlehren des jetzigen europäischen Völkerrechts, Nurnb.,
1778, in-8. En outre, il commença, dans un âge déjà fort avancé, un ouvrage plus étendu sous ce titre *Versuch des neuesten Europäischen
Völkerrechts, vornehmlich aus Staatshandlungen seit*, 1740. Cet ouvrage, dont le Iᵉʳ vol. a paru en 1777, a été terminé par le vol. X, im-
primé en 1780, in-8; mais des Suppléments, *Beytrage zu dem Europäischen Völkerrecht in Friedenszeiten*, il n'a paru que 5 vol., 1777-1780;
et des *Beyträge*, etc., *in Kriegszeiten*, il n'a paru que 3 vol., 1779-1781,
la mort ayant enlevé l'auteur à l'âge de 84 ans.

d'ambassadeurs, etc., ce n'est pas le défaut de matériaux qu'on peut accuser de ce qu'une science qui semble intéresser tous les ordres de l'État ait été négligée si longtemps. J. J. Moser (b) est le premier qui l'ait érigée en système, mais en la séparant totalement du droit des gens universel, qui cependant doit en faire la base. Depuis, en France, M. DE RÉAL (c) lui a consacré un volume de sa *Science du gouvernement*, mais sans en embrasser toutes les parties; en Allemagne, plusieurs auteurs (d) se sont occupés avec

(c) Gaspard DE RÉAL, *la Science du gouvernement*, Paris, 1754, 8 vol. in-4; le V⁰ vol. contient le Droit des gens, savoir : le droit des ambassades, celui de la guerre; des traités, des titres, préséances et prétentions.

(d) G. ACHENWALL (outre son *Jus naturæ*, dont les premières éditions furent soignées en commun par M. le cons. privé de justice PUTTER et lui, Gottingue, 1750-1752, in-8, et dont la 8ᵉ édit. a paru en 1786, in-8), commença à donner *Juris gentium Europæ practici primæ lineæ;* mais la mort de l'auteur, survenue en 1772, l'empêcha d'achever ce peu de feuilles. — J.-J. NEYRON, *Principes du Droit des gens européen, conventionnel et coutumier*, Brunswick, 1783, 1 vol. in-8. — En suivant l'ordre chronologique, mes *Primæ lineæ Juris gentium Europæarum practici*, Gottingue, 1785, in-8; *Principes du Droit des gens moderne* de l'Europe, 1ʳᵉ édit., Gottingue, 1789, 2 vol. in-8; 2ᵉ édit, 1801, in-8 : la première édit. traduite en anglais, à Philadelphie; remise en allemand sous ce titre : *Einleitung in das positive Europäische Völkerrecht auf Verträge und Herkommen gegründet*, Gottingue, 1796, in-8. — C. G. GUNTHER (conseiller de cour et de justice de S. A. C. de Saxe, et auteur d'une ébauche anonyme qui parut à Ratisbonne en 1777, in-8, sous ce titre : *Grundriss eines Europäischen Völkerrechts*), *Europäiches Völkerrecht in Friedenszeiten*, t. I, 1787; t. II, 1792, in-8; ouvrage si estimable pour le plan et l'exécution, que sa continuation promise sérait infiniment à désirer. — C.-H. VAN RÖMER, *Volkerrecht der Deutschen*, Halle, 1789, in-8. L'auteur, sect. I, § 3, nie l'existence d'un Droit des gens positif de l'Europe; cependant, sect. III, § 4, il conseille de l'étudier — P.-T. KÖHLER, *Einleitung in das practische Europäische Volker. recht*, Mayence, 1790, in 8. — F. SAALFELD, *Grundriss eines Systems des practischen Europäischen Volkerrechts*, Gottingue, 1809, in-8. — SCHMALZ, *das Europäische Volkerrecht*, in-8. *Büchern.*, Berlin, 1817.

plus ou moins de succès à cultiver une plante que les révolutions modernes ont menacé de noyer dans des flots de
sublimes théories.

§ 14. — Bibliothèque du Droit des gens.

Voici les principales classes d'écrits qui devraient com-
poser une bibliothèque servant à l'étude du droit des gens
positif.

I. Les *traités*, imprimés séparément (*a*) ou dans les recueils de traités (*b*); les recueils d'autres actes publics (*c*);
et plusieurs journaux politiques (*d*).

in-8. — J. Schmelzing, *Grundriss des practischen Europäischen Volkerrechts*, Rudolstadt, t. I, 1818; t. II, 1819, in-8. — J.-L. Kluber, *Droit
des gens moderne de l'Europe*, Stuttgard, 1819, 2 vol. in-8. [Une nouvelle édition a été publiée en 1862 en 1 vol. in-8, par Guillaumin et C°;
elle est annotée par M. Ott.]

(*a*) Sur l'origine de l'usage de faire imprimer par autorité les traités conclus, et sur l'histoire des recueils, *V.* Chalmers, *Collection of
treaties*, Préface, p. iv-xi. Une histoire plus étendue des différents recueils
se trouve dans le Ier vol des Suppléments à mon *Recueil des traités*,
p. i-lxxiii.

(*b*) Ces recueils sont ou généraux ou particuliers.

I. *Recueils généraux*, renfermant les traités des diverses puissances.
Après le *Code diplomatique* de G. W. de Leibnitz, déjà cité plus haut
(§ 13, note *a*), Jac Bernard, *Recueil des traités de paix, de trève*, etc.,
depuis la naissance de Jésus-Christ jusqu'à présent (536-1700), Amsterdam et La Haye, 1700, 4 vol. in-fol. Cet ouvrage a servi de base à la
grande collection suivante : J. Dumont, *Corps universel et diplomatique
du Droit des gens* (800-1731), Amsterdam et La Haye, 1726-1731, 8 vol.;
avec les Suppléments de Rousset, Amsterdam et La Haye, 1739, 5 vol.
in-fol., dont le Ier (IX) renferme le *Recueil des anciens traités* de
Barbeyrac (depuis l'an 800 de J.-C. jusqu'à l'an 1495), les II et III
(X et XI), les Suppléments à l'ouvrage de Dumont, et sa continuation
jusqu'à l'an 1739; les IV et V (XII et XIII) renferment le cérémonial
diplomatique. On y ajoute encore souvent (comme t ·XIV) l'*Histoire des
traités*, par M. de Saint-Priest, ii parties; et même (t XV et XVI) les
Négociations de la paix de Munster, iv parties, citées plus bas, sous le
n° III. Sur la vie et les écrits de M. Dumont, *V.* mes *Recherches sur*

la vie et les écrits de J. Dumont, *baron de Carelscroon*, dans le premier volume des Suppléments à mon *Recueil*, p. LXXIV-XCIV. — Fréd. Aug. Guill. WENCK, *Codex Juris gentium recentissimi*, t. I, Lipsiæ, 1781, t. II, 1788, t. III, 1796 (1735-1772). *V.* mon *Recueil des principaux traités d'alliance, de paix, de trève, de neutralité, de commerce, de limites, d'échanges*, etc., Gottingue, t. I, 1791, t. VII, 1801 ; depuis 1761-1802, Suppléments, 4 vol. 1802-1808, renfermant des Suppléments et la continuation jusqu'à la fin de 1807 ; Suppléments, 8 vol., ou *Nouveau Recueil*, 4 vol., 1817-1820, renfermant les traités depuis 1808 jusqu'à la fin de 1819. — *A Collection of state papers relating to the war against France now carrying on by Great-Britain, and the several other European Powers*, Londres, 1794-1796, 4 vol in-8.

Entre les Recueils manuels, le meilleur, sans contredit, c'est celui de J.-J. SCHMAUSS, *Corpus Juris gentium academicum* (1096 - 1731), Lipsiæ, 1730-1731, 2 vol. in-8. *V.* aussi *General Collection of treaties and other public papers relating to peace and war* (1495-1731), London, 1732, 4 vol. in-8. L'*Abrégé des traités*, par M. le vicomte DE LA MAILLARDIÈRE, formant le IIe volume de sa *Bibliothèque politique*, renferme des extraits assez maigres. La petite collection polonaise, *Traktaty Miedzy Mocarstwame Europeyskierm od Roku*, 1648 ; *Zaste do Roku*, 1763, Varsovie, 1773, 3 vol in 8 ; elle n'est remarquable que par quelques traités qui manquent dans la collection de Dumont.

II. *Recueils particuliers* des traités de telle nation avec les autres :

1° *Pour l'Allemagne*. LUNIG, *Reichsarchiv*, Leipsick, 1710-1722, 24 vol. in-fol.; en partie aussi SCHMAUSS, *Corpus Juris publici academicum*, Lipsiæ, 1794, in-8 ; augmenté par HOMMEL, 1794, in-8.

2° *Pour la France Recueil des traités de paix, de trève,* etc., *faits par les rois de France avec tous les princes de l'Europe, depuis près de trois siècles*, par Fr. LÉONARD, Paris, 1693, 6 vol. in-4. — GERHARD, *Recueil des traités de paix, d'amitié, d'alliance, de neutralité et autres, conclus entre la République française et les différentes puissances de l'Europe jusqu'à la paix générale*, Gottingue, 1796-1803, IV parties, in-8. — DE SCHWARZKOPF, *Recueil des principaux actes publics sur les relations politiques de la France avec l'Italie, de* 1791 *à* 1796; 1796, in-8. — *Recueil général des traités de paix, etc., conclus par la République française avec les différentes puissances continentales, pendant la guerre de la Révolution* Paris, 1798, in-12. — KOCH, *Table des traités entre la France et les puissances étrangères, suivie d'un Recueil de traités, etc., qui n'ont pas encore vu le jour*, Bâle, 1802, 2 vol. in-8.

3° *Pour l'Espagne. Colleccion de los tratados*, etc, *hechos por los pueblos, reyes y principes de Espana*, por D. Jos. Ant. DE ABREU Y BERTODANO (1598-1700), Madrid, 1740-1752, en tout 12 vol. in-fol., dont 2 pour le règne de Philippe III, 7 pour celui de Philippe IV, 3 pour celui de Charles II. Depuis, cet ouvrage a été continué par ordre du duc DE LA ALLUDIA (1701-1796), Madrid, 1796-1801, 3 vol. Il en a paru un abrégé sous ce titre, *Prontuario de los tratados de paz, etc.*, *hechos con los pueblos, reyes, republicas y demas potencias de Europa*, Madrid, 1749: Philippe III, parties I-II ; Philippe IV, parties I-III; Carlos II, parties I-III. Sur le recueil manuscrit commencé par le marquis DE SANTA-CRUZ, mais interrompu par son expédition à Oran, *V.* l'*Histoire des États barbaresques*, t. II, p. 236

4° *Pour l'Angleterre.* Thomæ RYMER, *Fœdera, conventiones, etc.*, *inter reges Angliæ et quosvis imperatores, reges, etc.* (1101-1654), Londres, 1704, 20 vol in-fol.; 3° édition, augmentée, La Haye, 1739, 20 vol. in-fol. *Collection of all the treaties between Great-Britain and other powers*, Londres, 1772, 2 vol., à laquelle il a été ajouté un petit vol. de Suppléments in-8. La nouvelle édition augmentée de ce Recueil, qui parut en 1785, en 3 vol. in-8, a été faussement attribuée à JENKINSON. — G. CHALMERS, *A Collection of treaties between Great-Britain and other powers*, Londres 1790, 2 vol. in-8. Cette excellente collection ne laisse rien à désirer aux étrangers, sinon d'y trouver les traités dans leur langue originale.

5° *Pour la Pologne.* M. DOGIEL, *Codex diplomaticus Poloniæ et magni ducatûs Lithuaniæ, in quo pacta, fœdera, tractatus pacis, etc., continentur.* Toute cette excellente collection, tirée des archives de Craco-vie, devait former 8 vol. in-fol., mais il n'a paru que le Ier à Vilna, en 1758, le V° en 1759, le IV° en 1764; le II° et le III°, ainsi que le VI° et les suivants, n'ont pas paru. On trouve aussi beaucoup de traités dans *Constitutiones Poloniæ*, ou *Prava Konstytucye y Przywileie Krolestwa Polskiego y Wilkiego Kielstwa Litewskiego y wszystkich Prowincyi* (1347-1780), Varsovie, 8 vol in-fol. Pour les temps plus récents, on a publié encore deux petites collections : JESJERSKI, *Traktaty Polskie, etc.*, Varsovie, 1789, in-8 : elle ne renferme que par extraits les traités de 1618-1775;*Traktay, Kovencye Handlowe y Graniczne, etc.* (1764-1791), la plupart en polonais, Varsovie, 1791, 2 vol. in-8.

6° *Pour la Prusse. Recueil des déductions, manifestes, traités, etc.*, rédigé et publié pour la cour de Prusse par le ministre d'État comte DE HERTZBERG (1756 1791), Berlin, t. I, 1788, t. II, 1789, t. III, 1795, in-8. Les traités plus récents de la Prusse se trouvent dans son *Bulletin des lois* publié à Berlin depuis 1810, in-4.

7° *Pour la Suède.* G. R. MODÉE, *Utdrag af de emellan Hans Koni-glige Majestuet och Cronan Suèrige a ena och utrikes Magter n andre sidan sedan*, 1718; *flutna allianse Traktator och afhandlingar* (1718-1753), Stockholm, 1761, in-4. On trouve aussi nombre de traités dans son *Utdrag utur Publique Handlingar, etc.* (1718-1779), Stockholm, 1742-1783, 11 vol. in-4. Sur un Code diplomatique manuscrit de PE-

RINSKIOLD, *V. M.* CELSE, *Apparatus ad historiam Sueco-Gothicam,* s. i, p. 3.

8° *Pour le Danemark.* H.-F.-C. CLAUSEN, *Recueil de tous les traités, conventions, mémoires et notes, conclus et publiés pour la couronne de Danemark, depuis 1766 jusqu'en 1794,* Berlin, 1796, in-8.

9° *Prur la Russie.* L'impératrice Catherine II ordonna la rédaction d'un Recueil des traités, *V.* DOHM, *Materialien zur Statistik fünfte Lieferung,* p. 328 ; mais cet ouvrage n'a pas paru. On trouve beaucoup de traités de la Russie dans TSCHUTKOW, *Istoritseskoe Opisianie Rossitskoi kommercii,* Pétersbourg, 1782 et suv , en 8 vol. in-4, surtout dans les 1er, IVe et VIIIe. On trouve ausi beaucoup de diplômes et d'actes publics dans l'*Histoire de Russie* par SCZERBATOV, imprimée 1789-1791, nommément dans les vol. V, partie iv; vol. VI, partie ii; vol. VII, partie iii.

10° *Pour les Provinces-Unies des Pays-Bas. Recueil van de Tractaaten tusschen de H. M. S. G. ende verscheyde Koningen, etc.* Item. *Vervolgh van het recueil* (1576-1792, etc.), 2 vol. in-4. Ce sont les imprimés des traités particuliers faits par autorité des états généraux qui ont servi a former cette collection à mesure qu'ils ont paru. On trouve aussi un grand nombre de traités dans *Groot Placaet boek* (1576-1794), La Haye, 1658-1796, 9 vol. in-fol.

11° *Pour la Suisse.* J. R. HOLZER, *Sammlung der vornehmsten Bundnussen, Verträgen. Vereinigungen, etc., welche die Cron Frankrych mit loblicher Eydgenosschaft und Der Zugewondaten insgesammt und insbesondere aufgerichtet,* Berne, 1732, in-8. Du même auteur, *Die Bündnusse und Verträge der Helvetischen Nation welche theils die unterschiedene Städte und Republiquen mit einander, theils alle insgesammt mit auswärtigen Potentaten haben,* Berne, 1737, in-4. On trouve aussi beaucoup de traités de la Suisse dans H.-J. LEU, *Helvetisches Lexicon,* Zürich, 20 vol., et 3 vol de Suppléments, par HOLZHALD, in-4. Les actes plus récents se trouvent dans le *Manuel du droit public de la Suisse,* en français et en allemand, par USTERI, Aarau, 1815-1816, 2 vol. in 8.

12° *Pour les États-Unis d'Amérique. V.* KLUBER, p. 530, et *State papers of the United-States of America,* Boston, 1810 et suiv., 10 vol. in-8.

Pour faciliter la recherche des traités, on peut se servir de GEORGISCH, *Regesta chronologico-diplomatica* (1315-1730), Halle, 1740-1744, 4 vol. in-fol.; et depuis 1730, des Tables chronologiques et alphabétiques qui se trouvent à la fin du IVe volume de mon *Nouveau Recueil des traités,* et de mon *Guide diplomatique,* 2 vol. in 8.

(c) Tels sont, 1° les recueils d'actes et mémoires relatifs aux négociations de paix, dont on peut voir la liste dans M. de OMPTEDA, *Litteratur,* t. II, § 179; DE KAMPTZ, § 74. — 2° Les recueils, en partie entremêlés

II. Les œuvres historiques (e) et biographiques.

de narrations historiques pour telle époque de l'histoire, tels que ceux de Vittorio SIRI, *Memorie recondite dell' anno* 1601-1640, 8 vol. in-4, et son *Mecurio, o Vera Historia dei correnti tempi* (1634-1655), qui a paru 1644-1682, 15 vol in-4.—LAMBERTY, *Mémoires pour servir à l'histoire du dix-huitième siècle, contenant les négociations, traités, etc.*, concernant *les affaires d'État* (1700-1748). La Haye, 1724 et suiv., 14 vol. in-4. — ROUSSET, *Recueil historique d'actes, négociations, etc., depuis la paix d'Utrecht*, Amsterdam, 1728-1752, 21 vol. in-8. — *Sammlung einiger Staatsschriften nach Carls VI, Ableben*, 4 vol in-8 ; 1741-1743, unter *Carls VII*, 3 vol. ; 1744-1747, *unter Franz I*, 8 vol.; 1749-1754, *Teutsche Kriegscanzeley, seit* 1755-1753, 18 vol in-4. — A. FABER, *Europäische Staatscanzeley*, 1697-1760, 115 vol.; *Neue Europäische Staatscanzeley*, 1760-1782, 55 vol. in-8.

(d) L'Allemagne et la Hollande ont été particulièrement fécondes en productions de ce genre, surtout depuis le commencement de ce siècle ; savoir : *Die Europäische Fama*, 1702-1734, 360 vol in-8. — *Die neue Europäische Fama*, 1735-1756, 192 vol.— M. RANFT, *der Genealogische Archivarius*, 1732 et suiv., 50 vol. in-8.— *Genealogisk histor Nachrichten*, 1739-1750, 145 vol — *Neue gen. histor. Nachrichten*, 1750-1762, 160 vol. — *Fortgesetzte neue gen. hist. Nachrichten*, 1762-1777, 168 vol. — H M. G. KOSTER, *die Neuesten Staats-begebenheiten*, 1776-1782, 7 vol. in-8. — VON SCHIERACH, *Hamb politisches Journal*, depuis 1781, tous les ans 2 vol. in-8. — WITTENBERG, *Niederelbisches Magazin*, suite du précédent, sous ce titre, *Historisches Magazin*, 1787-1795, 9 vol. — POSSELT, *Europäische Annalen*, depuis 1795, tous les ans 2 vol., et se continue encore par cahiers in-8 — HÆBERLIN, *Staatsarchiv*, depuis 1796-1808, 62 h. Entre les journaux politiques étrangers, remarquez *le Mercure historique et politique* de La Haye, 1686-avril 1782, 187 vol. in-16. *Europäische Mercurius*, 1690-1756, Amst., 67 vol. in-4. — *Nederlandsche Jaerboeken*, 1747-1766, Amst., tous les ans un ou plusieurs vol in 8 — *Niewe Nederlandsche Jaerboeken*, qui continuent depuis 1766 jusqu'à présent; *Jaerboeken der Batavischen Republic*, 1795 et suiv., in-8. — *Storia dell' anno*, dont il a paru annuellement un vol. à Venise, depuis 1731, in-8. V. en général, sur ces ouvrages, MEUSEL, *Bibliotheca historica*, t. I, part. I, p. 162 et suiv.; KLUBER, *Droit des gens*, Supplém., p. 530 et suiv.

(e) Consultez J.-G. MEUSEL, *Bibliotheca historica*, Lipsiæ, 1782-1804, 11 vol. in-8. Quant à l'histoire des traités, remarquez SAINT-PREST, *Histoire des traités depuis* 1598-1700, Amst., 1725, 2 vol. in-fol. — J.-J. SCHMAUSS, *Einleitung zu der Staatswissenschaft und Erläuterung des von ihm herausgegebenen Corporis Juris gentium academici*, Leip-

III. Les mémoires des ambassades, soit historiques, soit collections de mémoires, dépêches, etc. (*f*).

sick, 1741-1747, 2 vol. in-8. — MABLY, *Droit public de l'Europe* (1648, 1763), Genève, 1776, 3 vol. in-8; et dans ses *OEurres*, édit. de Paris, 1794, t. VI-VIII. — KOCH, *Abrégé de l'histoire des traités de paix entre les puissances de l'Europe depuis la paix de Westphalie*, Bâle, 1796 et suiv., 4 vol. in-8; nouvelle édit., amplifiée et continuée par SCHOELL, Paris, 1817-1818, 15 vol. in-8. Pour rappeler à la mémoire la suite des événements, on peut recourir à J.-G. BUSCH, *Grundriss einer Geschichte der neuesten Welthändel*, 1440-1796, 3ᵉ édit., Hambourg, 1796, in-8; nouv. édit, par G.-G. BREDOW, Hambourg, 1810, in-8, et à mon Abrégé, sous ce titre : *Abriss einer diplomatischen Geschichte der Europäischen Staatshändel*, depuis la fin du xvᵉ siècle, — 1802, Berlin, 1807, in-8.

(*f*) Entre une foule de ces mémoires on peut distinguer, en suivant l'ordre chronologique des événements qu'ils embrassent, *Mémoires et instructions pour les ambassadeurs, ou Lettres et négociations de* WALSINGHAM, Amst , 1700, in-4, *Mémoires de MM DE BELLIÈVRE et DE SILLERY, pour la paix de Vervins*, 1677, 2 vol in-8. — *Lettres du cardinal* D'OSSAT, Paris, 1627, in-fol.; ensuite avec les notes D'AMELOT DE LA HOUSSAYE, Amst., 1732, 5 vol in-8. — *Négociations du président* JEANNIN, Paris, 1656, in-fol. — *Mémoires de* Maxim. DE BÉTHUNE, duc DE SULLY, Londres, 1737, 3 vol. in-4. et 1778, 9 vol. in-12 — *Ambassades de M.* DE LA BODERIE *en Angleterre*, 1750, 5 vol. in-8. — DU PERRON, *Ambassades et négociations*, Paris, 1623, 1715, in-fol — *Ambassades de MM.* le duc D'ANGOULÊME, DE BÉTHUNE et DE CHATEAUNEUF, par le comte DE BÉTHUNE, Paris, 1667, in-fol. — *Lettres et négociations du marquis* DE FEUQUIÈRES, Amst., 1753, 3 vol in-8. — *Mémoires et négociations secrètes de M.* DE RUSDORFF, rédigés par E. G. CUHN, 1789, 2 vol. in-8. — *Négociations à la cour de Rome, etc.,* de Messire Henri ARNAULD, 1747, 5 vol. in-8. — *Négociations secrètes touchant la paix de Munster et d'Osnabruck*, La Haye, 1725 et suiv., 4 vol in-fol. — *Mémoires de* CHANUT, *ambassadeur pour le roi de France en Suède*, Cologne, 1667, 3 vol. in-12 — *Lettres du cardinal* MAZARIN, *où l'on fait voir le secret des négociations de la paix des Pyrénées*, Paris, 1690, in 12. — *Actes et mémoires de la paix de Nimègue*, par Adrian MOETJENS, La Haye, 1697, 7 vol in-12. — *Lettres du chevalier* TEMPLE, La Haye, 1700, in-12. — *Lettres du comte* D'ARLINGTON, Utrecht, 1701, 2 vol. in-8. — *Lettres, mémoires et négociations du comte* D'ESTRADES : la meilleure édition est celle de Londres, 1743, 9 vol. in-12 — *Négociations du comte* D'AVAUX *en Hollande, depuis*

IV. Les systèmes et abrégés du droit des gens universel et positif (g), les œuvres mêlées (h), les déductions (i) et dissertations (j) du droit des gens.

1679-1687, Paris, 1752, 4 vol. in-8. — *Lettres et négociations de* M Jean DE WITT, Amst., 1725, 5 vol. in-8. — DE TORCY, *Mémoires pour servir à l'histoire des négociations depuis le traité de Ryswick jusqu'à la paix d'Utrecht*, La Haye(Paris), 1756, 3 vol in 12; Londres, 1757, 2 vol. in 12. — *Mémoires du comte* DE HARRACH, par M. DE LA TORRE, La Haye, 1735, 2 vol. in 12. — *Mémoires de diverses cours de l'Europe*, par M DE LA TORRE, La Haye, 1721, 4 vol. in-12. — *Mémoires de l'abbé* MONTGON, 1750 et suiv., 8 vol. in-12. — LAUGIER, *Histoire des négociations pour la paix de Belgrade*, 1768, 2 vol. in 8. — *Mémoires pour servir à l'histoire de l'Europe depuis* 1740 *jusqu'à la paix d'Aix-la-Chapelle* (par le baron DE SPON) (?), Amst., 1749, 2 vol. in-8. — V. aussi PETITOT, *Collection des mémoires relatifs à l'histoire de France jusqu'à la paix de* 1763, 1re et 2me série; Paris, 1785 et suiv Depuis la paix d'Aix-la-Chapelle, il n'a plus paru de ces mémoires d'ambassadeurs; mais les mémoires et autres actes relatifs à quelques négociations ont été imprimés séparément. V. les *Mémoires et négociations entre la France et l'Angleterre*, de 1761, in-8. — La Correspondance entre l'Autriche et la Prusse, 1778, dans les *OEuvres posthumes du roi de Prusse*, t. III. — Les négociations avec la Russie sur la paix avec la Porte, 1791, dans mon *Recueil des traités*, t. V, p. 53. — *Recueil des actes diplomatiques concernant la négociation de lord* MALMESBURY *avec le gouvernement de la République française*, 1796, in-8; *le Recueil de toutes les pièces officielles relatives à la négociation de Lille*, in-8; et, sous le titre de : *Correspondance complète de lord* MALMESBURY, Paris, 1797, in-8, etc. — *Recueil des pièces officielles publiées par les gouvernements respectifs, à dater des dernières négociations, en* 1800, *entre la France, l'Angleterre et la Prusse*, Paris, 1807 et suiv. — *Actes du congrès de Vienne*, par KLUBER, Erlang, 1815-1818, 8 vol. in-8. — SCHOELL, *Recueil de pièces officielles servant à détromper les Français*, Paris, 1814-1816, 12 vol. in-8. — KOCK, *Histoire de la campagne de* 1814 ; 1819, in-8.

(g) V. plus haut l'Histoire de l'étude du Droit des gens au § 12.

(h) C. VAN BYNKERSHOECK, *Quæstiones Juris publici*, 1737, 2 vol. in-4. — J.-J. MOSER, *Vermischte Abhandlungen aus dem Europäischen Völkerrecht*, Hanau, 1750, in-8. — F.-C. DE MOSER, *Kleine Schriften*, Francfort, 1751 et suiv., 12 vol. in-8, ses *Beytrage zu dem Europäischen Staats-und Völkerrecht*, 1764-1772, 4 vol. in-8. — Plusieurs écrits de feu M. le conseiller privé de légation DE STECK, sous différents titres,

V. Les ouvrages littéraires (*k*).

§ 15. — Ordre de l'ouvrage.

Avant d'entrer dans le détail des droits qui forment l'objet de notre science, il importe de jeter un coup d'œil sur les États dont l'Europe est composée, pour voir jusqu'à

tels que, *Versuche über einige ehrebliche Gegenstande welche auf den Dienst des Staats Einfluss haben*, Francfort et Leipsick, 1772, in-8; *Ausführungen politischer und rechtlicher Materien*, Berlin, 1776, in-8; *Observationum subsecivarum specimen*, Halle, 1779, in-8; *Essais sur divers sujets de politique et de jurisprudence*, 1779, in-8; *Versuche über der schiedene Materien politischer und rechtlicher Kenntnisse*, Berlin et Stralsund, 1783, in-8; *Ausführungen einiger gemeinnützlicher Materien*, 1784, in-8; *Éclaircissements de divers sujets intéressants pour l'homme d'État et de lettres*, Ingolstadt, 1785, in-8; *Abmüssigungen*, Halle, 1787, in-8; *Échantillon d'essais sur divers sujets intéressants pour l'homme d'État et de lettres*, Halle, 1789, in-8; *Essai sur divers sujets relatifs à la navigation et au commerce pendant la guerre*, Berlin, 1794, in-8.

(*i*) *Recueil des déductions, etc*, *pour la cour de Prusse*, par le comte DE HERTZBERG, n. 2, 1790, 3 vol. *V.* aussi mes *Erzählungen merkwürdiger Fälle des E V. Rechts*, Gottingue, 1800-1802, 2 vol. in-4.

(*j*) *V.* MEISTER, *Bibliotheca Juris naturæ et gentium*, et M. LIPPENII, *Bibliotheca juridica realis*. A -F. SCHOTT, Leipsick, 1775, et de R.-C. baron de SENCKENBERG, Leipsick, 1789, t. III; *continuation* par MARTIN, Breslau, 1816 et suiv., in-fol.

(*k*) A.-F. GLAFEY, *Geschichte des Rechts der Vernunft nebst einer Bibliotheca Juris naturæ et gentium*, Leipsick, 1739, in-4. — J.-F.-W. DE NEUMANN, *in* WOLFSFELD, *Bibliotheca Juris imperantium quadripartita*, Nuremberg, 1727, in-4. — C.-F G MEISTER, *Bibliotheca Juris naturæ et gentium*, Gottingue, 1794, 3 vol. in-8 — *V.* surtout D.-H.-L. baron DE OMPTEDA, *Litteratur des gesammten so wohl natürlichen als positiven Völkerrecht*. Ratisbonne, 1785, 2 vol. in 8; C.-A van KAMPTZ, *Neue Litteratur des Völkerrechts, seit dem jahre 1784*; *als Ergänzung und Fortsetzung des Werks des Frh.* van OMPTEDA, Berlin, 1817, in-8, *Bibliothèque choisie du Droit des gens*, dans KLUBER, *Droit des gens moderne de l'Europe*, p. 514-560 [*V.* aussi la Bibliographie raisonnée du Droit des gens qui se trouve à la fin du tome second.   CH. V.]

quel point on les peut considérer comme un assemblage
particulier d'États, et quelle est la diversité de leur constitution politique et religieuse diversité qui n'est pas sans
influence sur les affaires étrangères de ces États.

LIVRE PREMIER.

DES ÉTATS DE L'EUROPE EN GÉNÉRAL

CHAPITRE PREMIER.

DES ÉTATS DONT L'EUROPE EST COMPOSÉE, ET DE LA LIAISON QUI SUBSISTE ENTRE EUX.

§ 16. — Différents genres d'États.

L'Europe entière est aujourd'hui divisée en États qui forment autant de personnes morales figurant immédiatement sur le théâtre politique de cette partie du globe. La plupart de ces États jouissent d'une *souveraineté parfaite*. Le caractère essentiel de cette souveraineté, c'est que l'État, dans ce qui touche sa constitution et son gouvernement *civil* (a), n'ait, de droit, à recevoir des lois d'aucun étranger. La force ou la faiblesse seule d'un État ne décide pas de sa souveraineté, dans la *théorie* (b). Les seules alliances

(a) La dépendance dans laquelle les États catholiques se trouvent envers le pape ne porte atteinte à leur souveraineté qu'en tant que celui-ci empiéterait sur les droits du pouvoir civil sur l'Église (*jus circa sacra*). Sur les différentes acceptions du mot de souveraineté, *V.* KLUBER, *Offentliches Recht des teutschen Bundes*, § 176. n. *b.*

(b) *V.* cependant Cæs. FURSTENERII, G.-W. DE LEIBNITZ, *de Suprematu principum*, cap. XII.

inégales, telles que celles de simple protection (*c*), de tribut, de vasselage (*d*), ne sont pas incompatibles avec la souveraineté; moins encore les alliances et les confédérations égales, quand même elles tendraient à l'administration commune de quelque partie du gouvernement public. Les membres de ces confédérations n'en sont pas moins souverains pour être assujettis aux lois auxquelles ils ont consenti, ou sont censés l'avoir fait, après avoir une fois reconnu la force de la majorité des suffrages.

Mais il y a eu nombre d'États en Europe, et il en reste encore, qui, quoique jouissant d'une constitution et d'un gouvernement propres, ne peuvent pas se considérer comme entièrement souverains, soit par le défaut de quelques droits qui font partie du droit public, soit par leur obligation de reconnaître encore au-dessus d'eux un pouvoir législatif étranger et suprême; on les appelle, quoique impro-

(*c*) On sent toutefois qu'à cet égard le mot seul ne peut pas décider: que d'ailleurs on doit distinguer la théorie de la pratique. Sous la protection de Napoléon, les cantons suisses et les membres de la Confédération rhénane étaient souverains de nom, mais asservis au pouvoir du protecteur. *V*. les actes de médiation de la France concernant les dix neuf cantons suisses, dans mon Recueil, Suppl., t III, p. 361; l'acte de la Confédération rhénane et les déclarations à la diète y relatives, dans mon Recueil, Supplém., t. IV, p. 313 et 326. Il n'en était pas de même de la ville de Dantzick, placée sous la protection des rois de Prusse et de Saxe par les traités de Tilsit, dans mon Recueil, Supplém., t. IV, p. 436, 444, auxquels on doit ajouter les conventions, non encore imprimées, entre la Saxe et la France, du 22 juillet 1807, et entre la Saxe et la Prusse, du 10 novembre 1807.

Il n'en est pas de même de la ville de Cracovie, déclarée cité libre, indépendante et neutre sous la protection de la Russie, de l'Autriche et de la Prusse, par l'acte du congrès de Vienne, art. 6 et suiv. *V*. mon nouveau Recueil, t. II, p. 379.

(*d*) H.-G. Scheidemantel, *Diss. de nexu feudali inter Gentes*, Jenæ, 1767, in-4.

prement, *mi-souverains*. Toutefois, en tant qu'ils jouissent du droit de traiter en leur propre nom avec les puissances étrangères, et de se conduire envers elles sur le pied de puissances indépendantes, dans tous les points sur lesquels leur lien de subordination n'influe pas, on doit les considérer également comme des personnes morales figurant immédiatement sur le théâtre de l'Europe.

Par contre, ces communes, villes, provinces, etc., qui, sans avoir leur propre constitution, ne font que partie d'un autre État, ou système d'États, qui les représente ou les gouverne, ne font que médiatement le sujet de notre science, quoique l'État auquel elles appartiennent soit pleinement autorisé à réclamer pour elles le droit des gens, et puisse, dans des cas particuliers, les autoriser à le réclamer immédiatement elles-mêmes.

Le nombre de ces États de l'Europe a éprouvé de continuelles vicissitudes. Il augmenta souvent autrefois par les partages si fréquents, et à la suite d'événements lents ou subits, par lesquels des parties sujettes d'un État se procurèrent la souveraineté ou la supériorité territoriale Mais dans la suite, et surtout depuis les guerres qu'enfanta la révolution française, ce nombre a beaucoup plus diminué par des réunions réelles, soit égales, soit inégales, suite de guerres, d'extinction de familles, ou même de démembrement conventionnel.

———————

[Bien qu'employés souvent comme synonymes pour représenter l'idée d'une société politique, les mots *État, peuple, nation* impliquent cependant des différences assez notables dans la manière d'envisager les agrégations d'individus dont ils se composent. Le mot *nation*, par exemple, s'entend de la communauté d'origine, le mot *peuple* de la communauté de territoire ou de population, le mot *État* de la communauté de lois ou de gouvernement, et dans cette dernière acception un État est une véritable personne morale, entretenant avec d'autres États des relations plus ou moins fréquentes et plus ou moins intimes, mais toujours utiles et souvent nécessaires. On a encore défini l'État la souveraineté qui représente le peuple entier.

Enfin, il est une autre définition souvent employée et que critique Eschbach, *Introduction générale à l'étude du droit*, § 41. Un État, a-t-on dit, est une société d'hommes libres volontairement réunis pour s'assurer réciproquement une sûreté et une utilité communes. Suivant lui, cette définition est défectueuse : 1° parce qu'elle ne fait pas mention d'une condition indispensable à l'existence d'un État, le *territoire*; 2° parce qu'elle omet le caractère essentiel et *sine qua non* de l'État, la souveraineté ou tout au moins la mi-souveraineté.

Les États ont comme les individus des droits innés ou absolus et des droits acquis ou relatifs. Au nombre de ces droits innés et absolus des États figure en première ligne celui d'assurer leur existence, ce qui implique le droit de conservation de soi-même ou de légitime défense. De là la faculté de lever et d'entretenir des armées de terre et de mer, de construire des fortifications, de contracter des alliances, de garder la neutralité.

Les États ont un droit inné à l'indépendance, c'est-à-dire à repousser de la part de toutes les puissances étrangères tout commandement, prohibition ou injonction; enfin, ils ont un droit de même nature à l'*égalité*. Dans l'ordre civil de nos sociétés modernes les citoyens sont égaux aux yeux de la loi malgré la dissemblance des forces physiques et des aptitudes soit morales soit intellectuelles; de même la différence qui existe entre les forces militaires, la richesse, l'étendue territoriale de plusieurs États n'altère en rien l'égalité qui existe entre des États souverains. Il y a, il est vrai, des puissances de premier, de deuxième et de troisième ordre; mais ces distinctions ne font pas disparaître l'égalité.

Les droits acquis ou relatifs des États sont nombreux et résultent en général des traités. Ils ont notamment, comme nous le verrons ci-après § 72, le droit de propriété nationale fondé sur l'occupation, la prescription ou la conquête.

Heffter, *Le Droit international public*, traduction de M. Bergson, § 16, considère les Etats comme des réunions permanentes d'hommes placées sous une volonté générale en vue de besoins moraux et physiques et pour le développement rationnel de l'homme dans sa liberté. Un Etat n'existe qu'à la condition : 1° de former une communauté pourvue des moyens et des forces nécessaires pour se maintenir ; 2° d'avoir une volonté organique, exclusive, en un mot, un pouvoir pour diriger la réunion ; 3° de jouir d'une stabilité qui est la condition naturelle du développement libre, en d'autres termes de présenter une possession territoriale suffisante pour la communauté et des conditions de moralité et de capacité intellectuelle. Quant à l'origine des Etats particuliers avec leurs diverses nuances, le même auteur, § 23, la considère comme un fait de développement historique. Tantôt on les voit sortir de la vie de famille, des associations de tribus comme dans l'état patriarcal ; tantôt ils se forment sous l'influence des idées religieuses comme dans l'état sacerdotal ; tantôt ils se concentrent sous la main d'individualités puissantes comme aux temps héroïques. Plus tard le monde appartient aux Césars, puis à la féodalité, c'est-à-dire à l'usurpation, à la conquête, au partage. Dans les temps modernes comme dans l'antiquité, la colonisation lointaine, la séparation de la mère-patrie par l'émancipation érigent des Etats distincts et indépendants. Mais au fait violent par lequel le démembrement s'accomplit doit se joindre la volonté de se maintenir comme État. V. Vattel, *Le droit des gens*, édit. Guillaumin, liv. I, ch. I, § 1 et la note 1.   Ch. V.]

§ 17. — De la liaison qui subsiste entre les États de l'Europe.

I. — *Empire romain.*

Il fut un temps où il n'y avait aucune liaison générale entre les Etats de l'Europe. Depuis, lorsque les Romains subjuguèrent la Grèce, et domptèrent la plus grande partie de l'Europe, la plupart des peuples de cette partie du globe pouvaient se considérer sous le rapport commun de leur obéissance au même sceptre. Le faible lien résultant de cette réunion nominale fut depuis fortifié par le fameux

décret de Caracalla (a), qui accordait aux vaincus le droit de
bourgeoisie romaine ; par l'uniformité des lois introduites ;
plus encore par l'introduction de la religion chrétienne,
qui, d'abord si cruellement persécutée par les Romains,
devint ensuite encore pendant longtemps l'appui d'un trône
déjà chancelant.

II — *Moyen âge.*

La chute de l'empire d'Occident rompit ces nœuds, et
l'Europe, inondée par des peuples barbares, oublia ses
mœurs, ses lois, sa religion même. Cependant une seconde
fois Rome, sous ses pontifes, à l'aide du système de hiérarchie et de l'unité de l'Église, devint le centre de réunion
entre la plupart des peuples chrétiens de l'Europe; leur
société, inégale en matière ecclésiastique sous un chef spirituel, influa puissamment sur le temporel ; et de plus en
plus ces peuples, dont les armes s'étaient si souvent réunies contre des infidèles, se considérèrent comme un assemblage particulier d'États, comme un tout soumis au pape,
et subordonné au prétendu successeur des anciens maîtres
du monde.

III. — *Depuis la réformation jusqu'à la paix d'Utrecht.*

De nouveau, ce lien, qui eût pu devenir si utile si l'on
eût su mieux en profiter, se vit relâché, lorsqu'à la suite de
la réforme une partie considérable de l'Europe se sépara de
l'Église romaine, et que celle qui demeura dans le sein de
celle-ci ramena de plus en plus à de justes bornes l'influence du pape. L'autorité diminuée de celui-ci fit diminuer celle qu'on avait prêtée jusqu'alors aux empereurs

(a) Dio. Cassius, lib. LXXVIII. Spanhemii *Orbis Romanus*, ii, 5

romains. Depuis, plus de point de réunion général pour
tous ces peuples, jaloux plus que jamais de leur indépendance et de l'égalité de leurs droits. Cependant les intérêts
politiques, le commerce, les alliances de famille, avaient
déjà fait naître tant de liens particuliers, que même les
sanglantes guerres de religion ne purent ni les rompre
tous, ni empêcher la formation de nouveaux nœuds, indépendamment même de la diversité de religion, dont les
intérêts apprirent bientôt à céder à ceux d'une politique
un peu plus éclairée. Les traités de Westphalie terminèrent
des guerres auxquelles la plus grande partie de l'Europe
avait eu part; et si l'épuisement qui devait en être la suite
n'empêcha pas d'ensanglanter l'Europe par de nouvelles
guerres, et même de monter les armées sur ce pied formidable dont malheureusement Louis XIV donna l'exemple;
si, au commencement de ce siècle, à la guerre de succession qui enflamma le sud de l'Europe, se joignit celle du
nord, par laquelle Pierre Ier fit sa sanglante entrée dans le
système politique de l'Europe, au moins depuis la paix de
Westphalie, l'introduction fréquente de missions perpétuelles fraya le chemin à des négociations plus générales et
plus suivies; négociations dont assez longtemps La Haye
devint le centre.

IV. — *Depuis la paix d'Utrecht.*

Le système politique et colonial, un peu plus raffermi
par la paix d'Utrecht, semblait même devoir bannir de
l'Europe le plus cruel ennemi de son repos, l'esprit de conquête, et faciliter et multiplier les moyens de se concerter
pour établir une paix plus durable dans l'Europe frater-

nisée. Et bien que, depuis, et notamment après la paix
d'Aix-la-Chapelle, on semble s'être plutôt éloigné que rapproché d'un semblable concert, toutefois l'intérêt que chacune des puissances de l'Europe prend aux événements qui
ont lieu chez les autres, le système du maintien d'un équilibre insuffisant, mais nécessaire, la ressemblance de
mœurs dans l'Europe chrétienne, joints à tant de liens particuliers qui unissent plusieurs d'entre elles, soit sous la
personne d'un même monarque, soit sous un système de
confédération, soit par leurs intérêts politiques ou religieux,
autorise à considérer l'Europe comme un tout séparé du
reste de l'univers ; non sous le seul point de vue géographique, mais comme un assemblage particulier d'États,
qui, sans avoir jamais expressément contracté une société
générale et positive, a ses lois, ses mœurs, ses usages, et
dont la situation ressemble, à quelques égards, à celle d'un
peuple qui ne s'est point encore donné de constitution.

V. — *Projet de République universelle.*

Il n'en est pas moins vrai, cependant, que ces États, en
continuant à vivre ensemble dans l'état naturel, éprouvent
tous les inconvénients qui dans cette position résultent de
l'*incertitude* et de la *crainte* (§ 2), et qui pour eux sont
mille fois plus redoutables qu'entre individus. Ils sont assez
généralement convenus de quelques points de droit : ne
pourraient-ils pas en régler encore d'autres ? ne pourraient-
ils pas, soit tous, soit la plupart d'entre eux, se *fédéraliser*
pour se garantir la paisible jouissance de leurs droits ? ou
bien plus, convaincus des inconvénients de l'état naturel,
ces habitants du même globe, voisins les uns des autres, et

plus rapprochés encore par la réciprocité de leurs intérêts, ne pourraient-ils pas, en reconnaissant un pouvoir suprême législatif, exécutif et judiciaire, passer à l'état civil, et, sous une constitution générale (république universelle), jouir des bienfaits d'une paix perpétuelle? Tels sont les projets philanthropiques dont, sous diverses formes, on a souvent bercé l'humanité souffrante (b). Si les passions de l'homme empêchent de se flatter de les voir réalisées, ces mêmes passions nous offrent la triste consolation que jamais une paix perpétuelle ne pourrait être le fruit de diètes ou de tribunaux qui, pour exécuter leurs arrêts, auraient besoin de nombreuses armées.

VI. — Projet de Monarchie universelle.

Moins encore pourrait-on croire ou désirer de voir l'Europe un jour transformée en une monarchie universelle. Les progrès rapides, mais passagers, du moderne dominateur de la France et de l'Italie vers l'établissement, sinon

(b) Le couteau de Ravaillac détruisit le projet de république universelle attribué à Henri IV. Le bon abbé de SAINT-PIERRE le réchauffa dans son *Projet pour rendre la paix perpétuelle en Europe*, Utrecht, 1713, 3 vol. in-8, ouvrage dont J.-J. ROUSSEAU donna un *Extrait* en l'embellissant, Amst., 1761, in-8, et dans ses OEuvres, t. XXVI, édit. de Lyon, 1796. FRÉDÉRIC LE GRAND se rit de la chimère, dans ses *OEuvres posthumes*, t. VI, p. 197. EMBSER, dans *Abgötterey unseres philosophischen Jahrhunderts*, Manheim, 1779, in-8, *erster Abgott, ewiger Friede*, prit la peine de réfuter le projet de Jean-Jacques. — *V.* LILIENFELS, *Neues Staatsgebäude*, in III buchern, Leipsick, 1767; *Ueber die Europäische Republic*, Frankfurt, 1787, in-8; *Nouvel Essai du projet de paix perpétuelle*, Lausanne, 1789, in-8; *Hist. politisches Magazin*, b. I, p. 915. Le célèbre J. KANT, *zum Ewigen Frieden*, Kœnigsb., 1795, in-8, enrichissant ce projet de ses lumineuses idées, en changea la forme; mais, tout en donnant déjà les articles préliminaires, définitifs et de garantie d'un tel traité de paix perpétuelle, ne se dissimula pas qu'il ne pourrait jamais être réalisé dans toute son étendue.

nominal, du moins réel, d'une monarchie universelle en
Europe, n'ont été propres qu'à faire voir le danger général
qui résulterait de là pour toutes les nations habitant cette
partie du globe (c).

VII. — *Position actuelle.*

Ceci ayant fait redoubler les efforts de la majeure partie
de l'Europe pour secouer un joug odieux, il en est résulté
le rétablissement de cette espèce de concert qui subsista
pendant un siècle entre les puissances de l'Europe, sans
porter préjudice à leur indépendance et qu'il ne tiendrait
qu'à elles de rendre encore plus utile.

L'avenir seul pourra faire juger de la permanence et des
suites de cette union plus intime entre quelques-unes des
grandes puissances de l'Europe, qui s'est conservée, même
après que le but primitif de leur étroite alliance était
accompli, et s'est étendue aussi sur d'autres États, à la
suite de traités plus généraux et de l'adoption des principes
de la Sainte-Alliance.

[Notre auteur semble attendre d'une confédération d'États le
soulagement de l'humanité et la substitution d'une paix perpétuelle aux hostilités incessantes que signale l'histoire des peuples. Déjà, au commencement du dix-huitième siècle, un écrivain
d'un esprit honnête et d'un cœur vivement épris de l'amour du
genre humain, l'abbé de Saint-Pierre, après les guerres de
Louis XIV, avait essayé dans son ouvrage sur la *Paix perpétuelle* de
ramener les peuples et les rois à des sentiments de concorde.
Kant. dans son *Essai philosophique sur la paix perpétuelle* publié
en 1795, au milieu même des guerres de notre révolution, essaya

(c) VAN KAMPTZ, *Beyträge*, t. I, p. 95, n. 4; *Ueber die Veränderun-
gen welche das Europäische Völkerrecht unter Napoleons Herrschaft
erduldet hat*, 1815, in-8.

à son tour d'asseoir la paix du monde sur une fédération d'Etats libres, sur l'indépendance de chaque peuple et sur leur mutuelle solidarité. Cette idée de paix universelle et perpétuelle sert de conclusion à sa doctrine du droit; il regarde comme un devoir pour tous les peuples et pour chaque homme en particulier de la poursuivre de tous leurs efforts; et pour cela il veut: « que le peuple règle sa conduite dans chaque Etat sur les principes de la morale et du droit, et les États leurs relations réciproques, quelque spécieuses que soient les objections que la politique déduit de l'expérience. Ainsi la vraie politique ne saurait faire un pas sans avoir auparavant rendu hommage à la morale; unie à celle-ci, elle n'est plus un art difficile ni compliqué; la morale tranche le nœud que la politique est incapable de délier. Il faut tenir pour sacrés les droits de l'homme, dussent les souverains y faire les plus grands sacrifices. On ne peut pas se partager ici entre le droit et l'utilité. La politique doit plier le genou devant la morale. » (Barthélemy Saint-Hilaire, *Séances et trav. de l'Acad des sc. mor. et polit.*, t. XXXIII, p. 185 et suiv.)

Cependant Kant ne se dissimule pas les difficultés qui s'opposeront longtemps à la réalisation de l'idée d'une confédération universelle des peuples et de la paix perpétuelle qui en dériverait. L'union nécessaire pour atteindre ce but est peut-être une chose impossible à raison de son étendue; mais tout impraticable qu'elle soit à certains égards, il ne la propose pas moins au nom de la raison et il engage tous les Etats à s'en préoccuper de manière à la considérer comme un but dont ils doivent se rapprocher de plus en plus. Espérons avec lui que dans un état de civilisation plus avancé, il sera possible un jour d'obtenir et d'assurer les conditions qui sont nécessaires pour constituer juridiquement les rapports d'État à Etat et de nation à nation. Jusqu'ici on s'est borné, sous bien des rapports, à une ébauche grossière des institutions internationales; il est nécessaire de les inspirer de plus en plus de l'esprit de justice, et l'on peut dire avec Schutzemberger, *Lois de l'ordre social*, t. II, p. 513, que la constitution de l'état juridique international au moyen d'une fédération perpétuelle des Etats est le véritable but de la politique extérieure.

Nous éviterons, dans un ouvrage de pure doctrine, d'aborder la réfutation du jugement favorable porté par notre auteur sur les actes du congrès de Vienne, et notamment sur la Sainte-Alliance. Les conceptions des diplomates qui siégeaient à Vienne sont sévèrement jugées par l'histoire, et on leur reproche avec raison d'avoir opposé la force matérielle à l'action continue de la puissance intellectuelle, méconnu l'independance nationale en répartissant les peuples comme de vils troupeaux, violé les droits des princes et la légitimité des gouvernements en disposant arbitrairement de leurs destinées, détruit l'équilibre entre les puissances en rayant de la carte politique de l'Europe la Pologne, la république de Venise et celle de Gênes, les souverainetés ecclésiastiques de l'Empire, la presque totalité des villes libres d'Allemagne, une grande partie des souverainetés de second ordre et en réduisant la Saxe à la moitié d'elle-même, en adjugeant la Belgique à la Hollande, la Norwége à la Suède. Mais il ne faut pas oublier que les actes de Vienne n'étaient qu'une revanche inespérée de vingt-cinq ans de luttes et souvent de revers. Bien que les actes du congrès de Vienne demeurent encore de nos jours la base et comme le point de départ des rapports internationaux de l'Europe, il convient d'ajouter qu'ils ont subi de profondes modifications, contre lesquelles du reste les puissances signataires des actes du congrès de Vienne n'ont jamais sérieusement protesté Il suffit de rappeler l'émancipation de la Grèce, les changements successifs de dynastie qui se sont produits en France, la dissolution du royaume des Pays-Bas par la séparation de la Belgique de la Hollande, l'abolition de la loi salique en Espagne et l'avénement de la reine Isabelle au détriment de don Carlos ; les perturbations apportées dans les rapports de la Russie et de la Porte Ottomane, notamment en ce qui concerne le protectorat de la Moldavie, de la Valachie et de la Servie, enfin la constitution du royaume d'Italie. Peut-être n'est-il pas téméraire de nourrir l'espoir qu'un jour il sera possible, lorsque le souvenir des longues années de lutte qui ont séparé l'Europe s'éteindra, après une longue période de paix, de remanier la carte de l'Europe avec un respect plus profond des nationalités et le désir de rendre au droit et à la raison leur empire trop longtemps méconnu dans le règlement des affaires internationales.   Cu. V.]

CHAPITRE II.

§ 18. — Observation générale.

Outre la division politique des puissances de l'Europe, soit d'après leur situation géographique et les intérêts qui en dépendent, en puissances du *Sud*, de l'*Ouest*, du *Nord* et de l'*Est,* soit d'après le caractère, souvent variable, de leur importance politique, en puissances du *premier*, du *second*, du *troisième* et même du *quatrième* ordre (*a*), on peut encore, en traitant du droit des gens, distinguer les États reconnus comme entièrement souverains de ceux dont la souveraineté n'est pas entière, ou bien est contestée. La plupart des États modernes de l'Europe sont composés de différents États anciennement séparés; et il reste encore quelquefois des vestiges de cette séparation même dans les rapports étrangers, malgré l'union réelle, soit égale, soit inégale, qui, depuis, autorise à les considérer dans la généralité comme un seul État. D'un autre côté, la simple union personnelle de plusieurs États sous un même chef ne dispense point de les considérer comme séparés, même quant

(*a*) Le baron de BIELEFELD, *Institutions politiques,* t. II, chap IV, § 14, p. 136.

aux affaires étrangères (b); mais il est des cas où le chef
contracte et agit avec les étrangers à la fois pour tous les
différents États qui lui obéissent. La diversité des constitutions décide de la fréquence de ces cas (c).

[V. ci-après les observations au § 23.]

§ 19. — États entièrement souverains.

Après la reconstruction de l'Europe à la suite de l'acte
du congrès de Vienne de 1815, et des traités subséquents,
l'Europe est composée des États suivants, jouissant d'une
souveraineté entière :

I. Au CENTRE de l'Europe, l'ALLEMAGNE, formant une
puissance composée d'États souverains liés ensemble par
une confédération égale et permanente, sous le nom de
Confédération germanique. — II. Au SUD, 1º la *France*
dans ses limites actuelles (a) ; 2º l'*Espagne*, composée de
de plusieurs royaumes anciennement séparés, successive-

(b) *V.*, par exemple, le traité entre le roi de Suède, comme roi de Norwége, et le Danemark; du 1ᵉʳ septembre 1819, dans mon Nouveau Recueil, t. IV, p. 648.

(c) *V.* plus au long, sur la diversité des réunions entre plusieurs États,
KLUBER, *Droit des gens*, § 27.

(a) La liste des anciennes réunions de provinces à la couronne de France
se trouve dans BRUNET, *Abrégé des grands fiefs de la couronne de France*,
après la préface. La liste des nouvelles réunions décrétées depuis 1789
jusqu'à la fin de 1810 se trouve, avec les actes de réunion, dans mon
Recueil des traités, t VI, p 396 442; t. VII, p. 237-249; Suppléments,
t. IV, p. 102-262, Suppl., t. V, p. 322-346. Elle est ramenée aujour-
d'hui, à peu d'exceptions près, aux limites de 1790. *V.* Protocole des
conférences de Paris, du 3 novembre 1815, dans mon Nouveau Recueil, t. II, p. 668 ; traité de Paris, du 20 novembre 1815, *ibid.*, t. II,
p. 685.

ment réunis sous ceux de Castille et d'Aragon ; 3º le *Portugal* européen (la *Lusitanie* et les *Algarves*) ; 4º en ITALIE : A, la *Lombardie autrichienne*, y compris *Venise*, avec ses possessions en Dalmatie, et la ci-devant république de Raguse, B, la *Sardaigne*, y compris la *Savoie et Gênes*, C, *Parme, Plaisance et Guastalla*, D, la *Toscane*, E, *Modène*, F, *Massa* avec *Carrara*, G, le duché de *Lucques*, H, *San-Marino*, I, *Piombino*, K, les *États de l'Église*, L, le royaume des *Deux-Siciles*; 5º en SUISSE, la Confédération helvétique renfermant dans ses vingt-deux cantons les treize anciens cantons, une partie des anciens États agrégés et alliés, et les districts nouvellement réunis à elle (*b*). — III. A l'OUEST : 1º le royaume-uni de la *Grande-Bretagne* (l'*Angleterre* et l'*Écosse*) et d'*Irlande*; 2º le royaume des *Pays-Bas* (les anciennes *Provinces-Unies*), les anciens pays de *Généralité*, et une partie de la *Belgique*. — IV. Au NORD : 1º le *Danemark*; 2º la *Suède* et le royaume de *Norwége*, 3º l'empire de toutes les *Russies* avec la partie de la *Pologne* rétablie (*c*) et soumise à son sceptre; 4º la *Gallicie*; 5º la *Prusse* avec le grand-duché de *Posen*; 6º la ville de *Cracovie* (*d*). — V. A l'EST : 1º la *Turquie*; 2º une partie des possessions de la *Russie*, et 3º de l'*Autriche*, savoir : les États de *Hongrie* (les royaumes de *Hongrie*,

---

(*b*) *V.* les actes sur la formation actuelle de la Confédération helvétique, dans le t. IV de mon Nouveau Recueil, p. 161-213.

(*c*) *V.* les actes sur la dissolution de la Pologne, 1795-1797, dans mon Recueil, t. VI, p 699; sur la reconstruction partielle de la Pologne, nommément du duché de Varsovie, *V.* le traité du 3 mai 1815, et l'acte du congrès de Vienne, art. 1, dans mon Nouveau Recueil, t. II, p. 226 et suiv , et p. 383.

(*d*) *V.* l'acte du congrès de Vienne, art. 5 et suiv., dans mon Nouveau Recueil, t. IV, p. 385.

d'*Esclavonie*, de *Croatie* et le grand-duché de *Transyl-
vanie*), et le royaume d'*Illyrie* (e).

———

[Nous présentons dans un ordre différent le tableau des États
souverains qui relèvent du droit des gens. Les États souverains
aujourd'hui se divisent en États monarchiques et en États républicains.

Les États monarchiques revêtent différentes dénominations.
On trouve en Europe :

Les empires de France, d'Autriche, de Russie et de Turquie ;

Les États du Saint-Siége ;

Les royaumes de Bavière, — de Belgique, — de Danemark,
— d'Espagne, — de la Grande-Bretagne et d'Irlande, — de Hanovre, — de Grèce, — des Pays-Bas, — de Portugal, — de Prusse,
— de Saxe, — de Sardaigne, — de Suède et de Norwége, — de
Wurtemberg, — d'Italie ;

Les grands-duchés de Bade, — de Hesse, — de Luxembourg, —
de Mecklembourg-Strélitz, — de Saxe-Weimar-Eisenach ;

L'électorat de Hesse ;

Les duchés d'Anhalt-Bernbourg, — d'Anhalt-Giethen, — d'An-
halt-Dessau, — de Brunswick-Wolfenbuttel, — de Holstein et
Lauenbourg, — de Holstein-Oldenbourg, — de Limbourg, — de
Nassau, — de Saxe-Cobourg, — de Saxe-Gotha, — de Saxe-Hildburg-
hausen, actuellement Saxe-Altenbourg, — de Saxe-Meiningen ,

Les principautés de Lichtenstein, — de Lippe-Detmold, — de
Schaumbourg-Lippe, — de Reuss-Greitz, — de Reuss-Schleitz,
et de Reuss-Lobenstein, — de Reuss-Ebersdorff, — de Schwartz-
bourg-Rudolstadt, — de Schwartzbourg-Sondershausen, — de
Waldeck, — de Hesse-Hombourg.

Les États républicains de l'Europe sont les cantons de la
Suisse, les villes libres et anséatiques de Hambourg, Brême et
Lubeck, la ville libre de Francfort, et la république de Saint-
Marin.

Nous n'avons pas compris dans ce tableau la ville de Cracovie
que nous rangeons parmi les États mi-souverains.   Ch. V.]

(e) *V*. Patente du 3 août 1816, dans le *Journal de Francfort*, 1816,
n° 230.

§ 20. — États mi-souverains.

L'ancien empire d'Allemagne se composait d'États qui, quoique jouissant de la supériorité territoriale, ne pouvaient se considérer comme entièrement souverains, à cause du lien de soumission qui les plaçait sous le pouvoir législatif et judiciaire de l'empereur et de l'Empire. On les désignait souvent par le nom de *mi-souverains*. Le nombre de ces États avait déjà beaucoup diminué à la suite de la cession de la rive gauche du Rhin à la France par le traité de Lunéville, de 1801. de la sécularisation de nombre d'États ecclésiastiques, et de la disposition faite de plusieurs États séculiers et de villes impériales, en vertu du recès de députation de 1803; comme plus tard, par la soumission de divers États sous la souveraineté d'un de leurs anciens co-États, d'après les dispositions de l'acte de la confédération du Rhin en 1806.

Mais, depuis la dissolution de l'empire germanique en 1806, l'ancienne catégorie d'États mi-souverains a entièrement cessé en Allemagne, vu que, 1° les princes et États médiatisés par la confédération du Rhin ou par la France n'ont pas été, ni n'ont pu être rétablis dans leur ancienne position, mais out été placés, en vertu du congrès de Vienne, conditionnellement sous la souveraineté des princes auxquels ils sont tombés en partage; 2° que la souveraineté entière des membres immédiats de la Confédération germanique a été reconnue par ledit acte du congrès, à condition de remplir les engagements résultant pour eux de la confédération germanique, dont ils font partie.

Le faible lien qui attachait encore plusieurs États d'Italie à l'empire germanique, et qui engageait à les ranger, jusqu'en 1801, en théorie, dans la classe d'États non entièrement souverains, ayant également disparu, l'Italie aussi ne se compose aujourd'hui que d'États entièrement souverains.

Il en est de même aujourd'hui des États qui composent la république helvétique.

On ne peut donc plus ranger en Europe sous la catégorie d'États mi-souverains, que tout au plus, 1° les États unis des îles Ioniennes, sous la protection et la souveraineté de la Grande-Bretagne (a); 2° les princes de la Moldavie et de la Valachie (b); 3° la petite république de *Poglizza* en Dalmatie, relevant aujourd'hui de l'Autriche.

[La mi-souveraineté en vertu de laquelle un État a le droit d'intervenir dans le gouvernement intérieur ou dans les relations

(a) En comparant les actes par lesquels le sort des îles Ioniennes a été réglé, avec ceux qui ont eu lieu par rapport à la ville de Cracovie, on verra sans difficulté pourquoi cette dernière doit se considérer comme souveraine, quoique sous la protection de l'Autriche, de la Prusse et de la Russie, mais pourquoi les sept îles Ioniennes, quoique aussi placées sous la protection de la Grande-Bretagne, ne sauraient être considérées comme pleinement souveraines. Comparez le traité additionnel à celui du 3 mai 1815, entre l'Autriche, la Prusse et la Russie, relatif à Cracovie, dans mon Nouveau Recueil, t. II, p. 251, et l'acte du congrès de Vienne de 1815, art. 6 et suiv., *ibid.*, p. 385, avec le traité du 5 novembre 1815, entre la Grande-Bretagne et les puissances alliées, au sujet des îles Ioniennes, *ibid.*, p. 663.

(b) Le Bret, *Magazin*, t. I, n. 2, p. 149; Busching, *Magazin*, t. III, n. 3; V. le traité de Kainardgi, de 1774, dans mon Recueil, t. IV, p. 606 de la 1re, ou t. II, p. 286 de la 2e édit.; la convention expl. de 1779, dans mon Recueil, t. III, p. 349 de la 1re, t. III, p. 653 de la 2e édit.; le hatti-chérif de la Porte, du 28 décembre 1783, dans mon Recueil, t. III, p. 281 de la 1re, p. 710 de la 2e édit., le traité de Yassy, de 1792, dans mon Recueil, t. V, p. 67; le traité de Bucharest, de 1812, dans mon Nouveau Recueil, t. III, p. 397.

extérieures d'un autre Etat, est susceptible de restrictions plus ou moins étendues qui sont réglées par les traités; mais dans tous les cas, l'Etat mi-souverain demeure un Etat investi du bénéfice de toutes les règles du droit international; on s'accorde, en général, à lui reconnaître le pouvoir de traiter comme puissance indépendante avec d'autres Etats, dans les cas et pour toutes les choses où aucune prohibition n'a été faite.

La nouvelle organisation territoriale de l'Europe a eu pour résultat de diminuer le nombre des Etats mi-souverains; il convient cependant d'ajouter, à l'énumération faite par notre auteur, et contrairement à son opinion, la ville de Cracovie déclarée ville libre, indépendante et neutre, et placée sous le protectorat de la Russie, de l'Autriche et de la Prusse par l'acte du congrès de Vienne et dont la situation a été modifiée par une convention signée à Vienne le 6 novembre 1846 entre la Russie, l'Autriche et la Prusse qui la déclare annexée à l'Autriche. La France, l'Angleterre et la Suède ont protesté.

On peut citer comme exemple d'Etats mi-souverains :

La ville libre de Dantzig, placée sous le protectorat des rois de Prusse et de Saxe par le traité de Tilsitt;

Le pachalik de l'Égypte, dépendant de la Porte Ottomane, suivant la convention signée à Londres le 15 juillet 1840, entre l'Autriche, la Prusse, l'Angleterre et la Russie ;

La principauté de Monaco, placée sous le protectorat de la Sardaigne par les traités de 1815;

La seigneurie de Kniphausen, sur les côtes de la mer Baltique, qui conserve ses anciennes relations féodales avec le duché d'Oldenbourg.

Les îles Ioniennes sont aujourd'hui annexées au royaume de Grèce.

Les principautés de Moldavie, de Valachie et de Servie avaient été placées, en 1829, par suite du traité d'Andrinople entre la Russie et la Turquie, sous le protectorat de la Russie. La protection exclusive de cette puissance a été remplacée, aux termes des articles 22 et 28 du traité de Paris, du 30 mars 1856, par la garantie, vis-à-vis de la suzeraineté de la Porte, des puissances entre lesquelles ce traité est intervenu, c'est-à-dire de la France, de l'Autriche, de l'Angleterre, de la Prusse, de la Russie et de la Sardaigne. (V. KLÜBER, *Droit des gens moderne de l'Europe*, édit.

Guillaumin, L. I, ch. I, § 4 et suiv. ; WHEATON, *Eléments du droit international*, I, 43 ; HEFFTER, *le Droit international public*, traduction de M. Bergson, § 19 ; ESCHBACH, *Introduction générale a l'étude du droit*, § 43.   CH. V.]

§ 21. — États dont la souveraineté était contestée.

La reconstruction de l'Europe d'après les stipulations de l'acte du congrès de Vienne de 1815, du traité de Paris du 20 novembre 1815, et du recès général de Francfort du 20 juillet 1819, a fait cesser (a) une multitude de diverses prétentions à raison desquelles on pouvait regarder comme non entièrement reconnue la souveraineté ou même la supériorité territoriale de plusieurs États de l'Allemagne, de la Suisse, de l'Italie et de la Belgique. Et si plusieurs des anciens États de l'Allemagne ont protesté contre les dispositions de l'acte du congrès de Vienne qui les laissa ou les rangea sous la souveraineté de tel membre immédiat de la Confédération germanique, non-seulement cette protestation est tombée d'elle-même a l'égard de tous ceux qui ont souscrit aux conditions qui leur ont été accordées, mais pour quelques-uns d'entre eux elle n'a pu mettre en contestation une souveraineté qu'ils n'avaient jamais possédée.

§ 22. — Puissances maritimes et continentales.

La plupart des États souverains touchent la mer par

(a) On ne prétend pas toutefois préjuger par là sur la totalité de cette multitude de contestations et de prétentions dont on a pu remplir autrefois des volumes. *V.* SCHWEDER, *Theatrum pretentionum illustrium*, Lipsiæ, 1712 ; 2ᵉ édit., augmentée par A.-F. GLAFEY, Leipsick, 1727, 2 vol. in-fol. ; J. ROUSSET, *les Intérêts présents des prétentions des États de l'Europe*, etc., La Haye, 1740, 3 vol. in-4. *V* en abrégé GUNTHER, *Völkerrecht*, t. I, p. 120 et suiv. Comparez aussi KLUBER, *Offentliches Recht des teutschen Bundes*, § 82, 83.

quelques-unes de leurs possessions, et peuvent, dans ce
sens, s'appeler États maritimes; mais on ne nomme proprement puissances maritimes que celles qui entretiennent
une flotte de *vaisseaux de ligne*. Dans ce sens, il n'y a que
l'*Espagne*, le *Portugal*, la *Sicile* (*Venise*) et plus tard la
France, dans le sud; la *Grande-Bretagne* et les *Provinces-
Unies des Pays-Bas* (aujourd'hui le royaume des Pays-Bas),
dans l'ouest; le *Danemark*, la *Suède*, et plus tard la *Russie*,
dans le nord; la *Turquie* dans l'est, qui se sont élevées à
ce rang; les autres ou n'ont jamais été puissances maritimes, telles que l'*Allemagne* (*a*) la *Prusse*, la *Pologne*, les
États de la maison d'*Autriche*, la *Suisse;* ou bien ont cessé
de l'être, telles que la *Hanse teutonique* et la république de
Gênes; ou du moins tels que les *États du Pape, Malte,* la
Toscane, et autres États de l'Italie, qui ont si peu de forces
sur mer, que ce n'est que dans un sens plus étendu que le
nom de puissances maritimes peut leur être appliqué (*b*).

Enfin, surtout depuis la fin du xviie siècle (*c*), on a souvent, même dans les actes publics, désigné en particulier
du nom de puissances maritimes l'Angleterre et les Provinces-Unies des Pays-Bas, dont les principales forces sont
les forces maritimes, alors dominantes sur mer.

(*a*) II. comes DE BUNAU, *de Jure Imperatoris atque Imperii circa
maria*, Lipsiæ, 1744, in-4

(*b*) Ce qui semble pouvoir même encore se dire de l'Autriche, quoique,
depuis l'acquisition des États vénitiens, elle ait acquis plus de forces sur
mer que ne lui en avait accordé jusqu'alors son littoral.

(*c*) Le comte DE HERTZBERG, *Discours sur la véritable richesse des
États*, 1786, p. 16.

CHAPITRE III.

DE LA DIVERSITÉ DES CONSTITUTIONS DES ÉTATS DE L'EUROPE.

§ 23. — De la Souveraineté.

Il est peu de nuances de constitutions légitimes, il est peu de vices de constitutions, depuis le despotisme le plus absolu, jusqu'à l'ochlocratie la plus effrénée, dont l'Europe n'ait offert, ou n'offre encore des exemples. C'est à l'étude du droit public à les approfondir. Il suffira pour notre but d'en donner ici une légère esquisse (a).

Le grand changement qui s'opère, lorsque, en passant de l'état naturel à l'état civil, les hommes se donnent une constitution, c'est la réunion de la volonté et des forces des individus en une volonté et une force commune, par rapport à tout ce qu'exige le but de cette société, la sûreté et le bien-être de ses membres. Cette volonté et cette force commune forment la *souveraineté*, qui renferme le pouvoir *législatif*, *exécutif* et *judiciaire*. Chacun de ces pou-

(a) J'ai exposé plus au long cette théorie dans l'introduction à mon Précis, *Abriss des Staatsrechts der europäischen Staaten*, t. I, 1794, in-8.

voirs appartient primitivement au peuple ; mais il n'est pas
contraire aux droits de l'homme d'en remettre l'exercice
soit en tout, soit en partie, entre les mains d'une personne
physique ou morale La diversité du partage dont ces trois
branches, et chacune d'entre elles, sont susceptibles, fait
naître cette prodigieuse variété de constitutions dont l'Europe offre les exemples. et qu'on range sous les trois classes
de démocraties, d'aristocraties et de monarchies, sans toujours trop s'entendre sur le propre sens de ces termes.

———

[Pour définir la souveraineté, notre auteur s'appuie sur la fiction, aujourd'hui abandonnée, d'un état de nature antérieur à
l'état social. Nous avons montré plus haut, tout en reconnaissant
avec Ahrens, *Cours de droit naturel*, p. 220, dans chaque société
deux époques : l'une de *formation instinctive*, plus ou moins in-
volontaire ; et une époque de *formation réfléchie*, œuvre de raisonnement et de liberté (*V.* les observations sur le § 2), que ces
idées, qui ont eu cours au dix-huitième siècle, n'obtenaient de
nos jours aucun crédit. Ce n'est pas à dire cependant que la souveraineté du peuple ou de la nation ne soit un principe incontestable, mais sur l'étendue et sur l'intelligence duquel les publicistes ne s'accordent pas facilement. Kant, en traitant de la souveraineté du peuple (*V. Éléments métaphysiques de la doctrine du droit,*
traduits par J. Barni, Introd, p. CLXXIV), et nous empruntons ici
l'analyse du savant traducteur, reconnaît que la volonté du peuple
est souveraine. Un peuple étant une réunion d'hommes, et par
conséquent étant lui-même comme une personne, il est son maître et a le droit par conséquent de se donner la constitution et les
lois qui lui conviennent. Mais cette souveraineté est-elle sans
limites ? — La volonté collective n'est pas plus sans règle que la
volonté individuelle ; elle ne s'exerce légitimement que dans les
limites du droit et de la justice. Cela est évident ; mais, sous cette
réserve, un peuple doit pouvoir se donner à lui-même la constitution et les lois auxquelles il doit obéir ; sans cela il cesserait
d'être son propre maître pour devenir l'esclave d'une volonté
étrangère. — Aussi le peuple entier doit-il concourir à la loi ; si la

loi n'émanait que d'une fraction du peuple, elle ne serait plus
l'expression de la volonté générale, et le reste du peuple étant
tenu d'obéir à une loi qu'il n'aurait ni faite ni consentie, serait
ainsi retenu par la fraction usurpatrice du droit exclusif de suffrage dans une espèce d'infériorité et d'esclavage. Le droit de suffrage doit donc être universel, suivant Kant, sauf les mineurs, les
femmes et tous ceux qui n'ont pas d'établissement fixe et ne sont
pas tout à fait leurs maîtres. — Il distingue donc, dans le système
électoral de la révolution française, des citoyens *actifs* et des
citoyens *passifs*. Le peuple doit concourir à la loi à laquelle il est
tenu d'obéir. Comment doit-il y concourir ? Par des représentants. Le système direct, qu'ont pratiqué les républiques anciennes, a inévitablement pour effet l'anarchie et le despotisme. Non-
seulement le pouvoir législatif, tout en émanant du peuple entier,
doit être non direct, mais représentatif ; il faut encore qu'il ne se
confonde ni avec le pouvoir exécutif, ni avec le pouvoir judiciaire ;
la confusion de ces trois pouvoirs entraîne le despotisme. Cela se
comprend. Dès que celui qui doit exécuter la loi, ou juger d'après
elle, la fait aussi, il n'y a plus de garantie contre l'arbitraire de
ses actes et de ses jugements. — Le gouvernement libre n'existe
donc qu'à deux conditions essentielles : la première, c'est qu'il
soit représentatif ; la deuxième, c'est que le pouvoir exécutif et
le pouvoir judiciaire ne s'y confondent pas avec le pouvoir législatif En cela Montesquieu avait fixé, avant Kant, les conditions
d'un gouvernement libre. *V. Esprit des lois*, liv. XI, ch. vi.

D'après ce qui précède, on peut facilement définir la souveraineté
en disant que c'est une force qui dérive d'elle-même, en dehors de
toute influence étrangère, avec pleine liberté, et qui a ses propres lois.

La souveraineté est intérieure ou extérieure.

La souveraineté intérieure se révèle par le droit politique ou
constitutionnel ; elle se décompose en trois pouvoirs bien distincts
et dont nous avons déjà fait entrevoir l'existence : le pouvoir législatif, ou le pouvoir de faire les lois auxquelles la nation sera
soumise ; le pouvoir exécutif, ou le pouvoir de gouverner et d'administrer d'après ces lois ; le pouvoir judiciaire, ou le pouvoir de
juger en interprétant ces lois et en les appliquant. La souveraineté
intérieure se réalise sous différentes formes dont nous parlerons
ci-après. (*V*. le paragraphe suivant.)

« La souveraineté extérieure n'est autre chose que l'indépendance de l'Etat vis-à-vis des autres Etats. Elle s'acquiert ou par la fondation de l'Etat lui-même, ou par la conquête qu'il a faite et qui a été reconnue de cette indépendance. La souveraineté est indépendante de la force ou de la faiblesse de l'Etat. On ne la considère pas comme altérée soit par des traités de tributs comme ceux qui ont longtemps pesé sur les puissances maritimes au profit des Etats barbaresques ou sur l'Espagne au profit du Saint-Siége, soit par les conventions de vasselage du genre de celles qui jusqu'en 1818 existaient entre Naples et le Saint-Siége, soit par des traités de protection comme ceux qui donnaient, au commencement du siècle, à Napoléon Ier, le protectorat des Etats de la Confédération germanique. On verra plus tard que la souveraineté cesse notamment par le démembrement entier du territoire de l'Etat, et par la perte de son indépendance.

» En effet, la souveraineté d'un peuple peut être modifiée soit par les stipulations des traités, soit par de certains avantages et de certaines concessions mutuelles que deux ou plusieurs peuples se seraient faits en se soumettant réciproquement à de certaines prestations positives ou négatives qui n'attaquent pas leur indépendance. Ces concessions, dont le motif est, par assimilation, le même que celui des servitudes dans le droit civil, ont été nommées, par cette raison, des servitudes du droit des gens. On peut les ranger sous quatre espèces différentes :

» 1° Celle qui limite l'exercice de quelques droits de souveraineté à l'extérieur, de manière cependant à n'en pas anéantir l'usage : tel, par exemple, lorsqu'un peuple s'engage à ne pas porter son armée, soit de terre, soit de mer, au delà d'une certaine force, à ne pas conclure telles alliances, ou même à ne pas envoyer d'ambassadeur à telle ou telle puissance. Selon que ces concessions sont plus ou moins l'effet de la libre volonté de la puissance dont elles partent, elles sont plus ou moins compatibles avec son indépendance politique, laquelle serait anéantie, si, pour l'exercice de ces droits de majesté, cette puissance était subordonnée aux autres d'une manière absolue ou perpétuelle.

» 2° Celle qui résulte de la dépendance politique ou du lien vassalitique qui subsiste entre deux souverainetés, de manière que l'une soit censée émanée de l'autre et lui être subordonnée. Cette dépendance cependant, dont, du reste, les exemples sont rares

aujourd'hui, ne porte aucun préjudice à la jouissance par l'État
dépendant de tous les droits et avantages d'un État souverain,
lorsque l'État suzerain laisse à l'État dépendant l'exercice entier
et actuel de ses droits de souveraineté vis-à-vis d'autres nations.

» 3° Celle qui modifie l'exercice de quelque droit de souveraineté intérieure et en accorde la jouissance ou exclusive ou concurrente perpétuellement ou pour un temps à une puissance étrangère : tel, le droit de mettre garnison dans les forteresses de
l'étranger, d'occuper une rade ou un port, d'y faire des armements ; celui d'exploiter les postes exclusivement ou concurrem-
ment avec le souverain du pays, celui du passage des troupes par
le territoire étranger, même celui d'exercer une juridiction criminelle déterminée dans le pays ; ce dernier exemple cependant
ne se rencontre que dans les capitulations militaires que la Confédération helvétique a conclues avec plusieurs puissances.

» 4° Celle qui résulte de prestations perpétuelles, positives ou
négatives, auxquelles une puissance s'est engagée envers l'autre
et qui limite en elle l'exercice d'une faculté que sans cela elle
aurait pu exercer. C'est ainsi qu'un État peut s'engager à livrer
à un autre ou à lui acheter annuellement, ou à des époques et
dans des circonstances convenues, certaines denrées ou objets
d'un usage nécessaire. Il peut se soumettre à ne pas construire de
forteresses sur un point donné, à ne pas y établir de port. On a
même dû imposer l'obligation de démolir des forteresses existan-
tes et de combler des ports. Les mêmes engagements peuvent
avoir lieu au sujet des colonies ou du commerce dans certaines
contrées ou avec certains objets. C'est ainsi que la défense du
commerce ou de la traite des Noirs est une espèce de servitude que
se sont réciproquement imposée tous les peuples de l'Europe qui
avaient coutume de se livrer à ce honteux trafic.

» Dans tous les différents cas dans lesquels il existe des servitudes de l'une ou de l'autre espèce entre peuples l'essentiel est :

» 1° Que la puissance obligée à la prestation en connaisse exactement la nature et les limites et ne puisse pas être obligée à
faire au delà ;

» 2° Qu'elle soit engagée en vertu d'un titre formel, c'est-à-dire
d'une convention par elle conclue ;

» 3° Qu'elle retienne pour tout le reste son libre arbitre ou le
droit de se diriger par elle-même comme celui de la souveraineté

de son territoire, qu'ainsi elle ne soit jamais subordonnée d'une manière absolue ou perpétuelle à d'autres puissances, sans quoi elle cesserait d'être une puissance aux yeux du droit des gens. » (HEPP, *Cours de droit des gens professé à la faculté de droit de Strasbourg*, inédit.)

Du reste, Pinheiro-Ferreira critique la définition de la souveraineté donnée par notre auteur :

« Si la *souveraineté*, dit-il, consistait, ainsi qu'il le prétend, dans la réunion des trois pouvoirs, législatif, exécutif et judiciaire, il n'y aurait de *souverains* que les monarques absolus ; et encore, dans les pays sujets à cette forme de gouvernement, on regarde comme un abus toute intervention du pouvoir exécutif dans l'exercice du pouvoir judiciaire.

» D'après l'usage de tous les siècles, et chez toutes les nations, il n'y a que les monarques qui soient appelés *souverains*, et cela sans aucune distinction entre les monarchies constitutionnelles et les absolues.

» Cette seule observation aurait dû conduire les publicistes à la véritable définition de la souveraineté : car en quoi le monarque diffère-t-il du président d'un État républicain ? quelles attributions appartenant au premier, et refusées au second, empêchent que celui-ci ne soit appelé *souverain ?*

» La question une fois posée sous ce point de vue, la réponse n'était pas difficile ; car personne n'ignore que la différence entre les chefs de deux États, monarchique et républicain, ne consiste que dans la réunion du pouvoir exécutif, dont tous les deux sont investis, au pouvoir législatif, dont les monarques, et non pas les chefs des républiques, ont l'exercice, soit dans sa plénitude, ce qui caractérise les monarchies absolues, soit conjointement avec d'autres représentants de la nation, à cet effet élus par la nation elle-même, ainsi que cela arrive dans les monarchies constitutionnelles.

» Il est donc évident que partout le mot *souveraineté* ne désigne que cette réunion des deux pouvoirs.

» Il est vrai que si l'on demande dans un État républicain qui en est le *souverain*, on est dans l'habitude de répondre que c'est le peuple. Mais ce n'est que par métaphore, puisqu'il serait absurde de le prendre dans le sens propre, savoir, que le peuple exerce les attributions de la souveraineté. Le peuple ne peut exercer aucun pouvoir ; il ne peut que les déléguer, soit en choisissant les personnes qui ont à les exercer, soit en donnant son assentiment à ce que ces personnes auront fait.

» Ce n'est donc pas dans le sens naturel qu'on peut donner au peuple l'épithète de *souverain, c'est-à-dire celui qui exerce la souveraineté,* mais dans le sens métaphorique, c'est-à-dire *celui de qui dérive la souveraineté.* »

Nous avons dit (*suprà* § 16) que les États sont des personnes morales, c'est-à-dire des êtres libres et raisonnables comme les hommes qui les composent; mais, de même que la famille, cette image première de l'État ne peut exister sans un chef, de même il est impossible d'admettre l'existence d'un État sans une autorité centrale, sans ce qu'on est convenu d'appeler un Gouvernement. A chaque État ou à chaque nation appartient le droit de régler l'exercice de sa souveraineté et de déterminer la forme de ce gouvernement pour lui remettre toute la part de cette souveraineté dont l'usage ne peut être constamment collectif, qu'elle ne peut elle-même conserver, et dont l'action directe et permanente détournerait ou absorberait l'activité au préjudice de ses besoins matériels, intellectuels et moraux. Dans le monde ancien comme dans le monde moderne, les formes de gouvernement ont été diverses : monarchies, républiques avec leur infinie variété, ligues, associations fédérales, tout a été et est encore employé pour organiser le gouvernement des États. On est amené à se demander si cette persistance dans la diversité des formes de gouvernement est un fait purement fortuit ou accidentel, si certaines formes sont destinées à l'emporter un jour sur les autres, ou si, au contraire, les influences de race, de quantité, d'origine, de densité des populations, les circonstances d'étendue et de configuration de territoire, de différence dans les croyances religieuses, de sympathie ou d'hostilité au sein de la nation ne perpétueront pas cette dissemblance? La réponse, à notre sens, ne saurait être douteuse, et l'on doit reconnaître avec M. H. Passy, *Mémoires sur la diversité des formes de gouvernement,* Séances et travaux de l'Académie des sciences morales et politiques, t. III, p. 5 et 335 que, « la diversité des formes de gouvernement n'est point un effet sans cause. Loin de là : elle émane d'un fait à la fois naturel et constant, de la dissemblance des États eux-mêmes. Autant d'États, autant d'associations politiques au sein desquelles ne se

rencontrent ni pareillement actives ni en même nombre les causes
de décomposition et de ruine, et qui, par conséquent, n'ont pas
besoin, pour en contenir l'essor, de laisser aux gouvernements
qui les régissent, la même somme de puissance souveraine. A la
conservation des Etats qui en recèlent le moins, peuvent suffire
des pouvoirs qui n'ont d'autre source que l'élection nationale;
pour la conservation de ceux qui en recèlent davantage, il faut
des pouvoirs dont l'existence et l'action ne dépendent pas autant
des volontés mêmes dont il est indispensable qu'ils parviennent à
dominer les discordances. C'est là ce qui, de tout temps, a produit non-seulement des républiques et des monarchies, mais des
républiques où les dépositaires de l'autorité n'étaient pas dans
toutes soumis aux mêmes restrictions dans l'usage qu'ils avaient
droit d'en faire, et des monarchies où la personne royale n'était
pas non plus dans toutes en possession de prérogatives d'une égale
étendue. » *V.* encore un autre *Mémoire,* du même auteur, *sur
les formes des gouvernements,* nouveaux Mémoires de l'Académie
des sciences morales et politiques, t. III, p. 359 et une note très-
étendue et très-complète de N. Pradier-Fodéré sur le § 3, liv. ,
tit   de Vattel, *Le Droit des Gens,* édit. Guillaumin.   Ch. V.]

§ 24. — Des trois genres principaux de Constitutions.

Le caractère essentiel de la *démocratie,* c'est que le pouvoir legislatif, partagé également entre les mains de tous
les citoyens capables de voter, et libres de dépendances personnelles envers des individus, y est exercé, soit à l'una-
nimité, soit plutôt à la majorité des suffrages : celle-ci, une
fois introduite, la loi qu'elle sanctionne est *censée* la
volonté de tous, quand même elle ne le serait pas effectivement. L'état peut être encore démocratique quand on en
vient, presque inévitablement, à un système de représenta-
tion élective, tant que la majeure partie des citoyens eli
librement ses représentants, les instruit, et demeure éligible. Mais lorsqu'on voit disparaître ou la liberté d'élection.

ou le droit d'instruire les élus, l'État ne conserve plus
que la forme extérieure de démocratie, et cette liberté politique qui doit en faire l'attribut n'est plus qu'un fantôme
offert aux dupes par des oligarques qui en usurpent les
droits.

De plus, lorsque la qualité de citoyen actif (d'électeur ou
d'éligible) se lie presque indispensablement dans les grands
États à des réquisites quelconques, soit de fortune, soit de
naissance, etc., qui ne conviennent plus qu'au moindre
nombre d'individus ou de familles (familles privilégiées
dans l'État), celui-ci se change en *aristocratie,* et en aristocratie héréditaire quand la naissance seule rend éligible
ou tient lieu de l'élection. Enfin, l'exercice du pouvoir
législatif (a) *peut* être remis, soit en tout, soit en partie,
entre les mains d'une personne physique (*monarque*).

De même les pouvoirs exécutif et judiciaire, quoique
siégeant, suivant une théorie générale, entre les mains de
la nation, sont susceptibles d'être exercés par une personne
morale ou physique ; et cette délégation, surtout quant au

(a) Pour éviter tout malentendu, je fais observer qu'il faut distinguer
les lois constitutives des lois civiles. Il est difficile d'imaginer qu'un
peuple abandonne librement a un individu le droit de lui donner seul une
constitution, ou de la changer, quoique le Danemark semble en avoir
offert l'exemple en 1660, et la France, après 1800, surtout pour les filles
républiques. Les lois constitutives ou fondamentales qui, dans les États
monarchiques, fixent le rapport entre le monarque et les sujets, ont la
nature d'une convention qui suppose le concours effectif de deux parties,
lors même qu'elles n'en ont pas la forme. Mais, quant aux lois qui, dans
un État constitué, fixent les droits et les devoirs des membres individuels
par rapport à leur personne et a leurs biens, et dont il est question ici, il
ne répugne à aucun principe que l'individu puisse s'engager a considérer,
dans ses actions extérieures, comme votées par lui-même les lois données
par le monarque, comme dans les États les plus démocratiques il est
censé avoir voté ce qu'adopte la majorité des citoyens.

pouvoir judiciaire, est même indispensable dans toutes les constitutions.

[Il y a en effet trois principales formes de gouvernement : la forme autocratique, c'est-à-dire celle dans laquelle un seul commande à tous ; la forme aristocratique, c'est-à-dire celle dans laquelle plusieurs commandent à tous ; enfin la forme démocratique dans laquelle tous commandent à chacun, et par suite à eux-mêmes. Ces différentes formes peuvent s'allier et former des gouvernements mixtes. Chacune d'elles est aussi susceptible de s'altérer et de dégénérer. Ainsi la forme aristocratique peut devenir oligarchique, la forme démocratique peut devenir ochlocratique. Kant ne reconnaît que deux espèces de gouvernement, le républicain et le despotique.

Pinheiro-Ferreira critique la définition donnée par notre auteur des trois sortes de gouvernement, comme fausse et confuse, et il ajoute en quoi consistent suivant lui les différentes sortes de gouvernement :

« Toutes les fois que chacun des pouvoirs politiques peut être exercé par tout citoyen, sans aucune autre condition que celle d'obtenir, de la plupart de ceux de ses concitoyens dont il doit représenter les intérêts, le témoignage légal de capacité pour l'exercice de tel ou tel pouvoir, le *gouvernement* se nomme *constitutionnel*.

» Tous ou quelques-uns des pouvoirs politiques appartiennent-ils à des castes privilégiées, le *gouvernement* est *aristocratique*.

» Le chef suprême du pouvoir exécutif l'est-il à vie, le *gouvernement* est *monarchique*. Ne l'est-il pas à vie, le *gouvernement* est *républicain* ou *démocratique*.

» Quelques publicistes caractérisent le gouvernement monarchique par la réunion des deux pouvoirs exécutif et législatif dans la personne du monarque ; et c'est ce que M. de Martens a sans doute voulu dire. Mais dans cette opinion on prend l'effet pour la cause.

» Un des principes les plus importants de l'économie publique, c'est la séparation des pouvoirs ; et par conséquent il serait contradictoire d'admettre un gouvernement dont la condition essentielle serait la violation de l'un des principes essentiels de tout gouvernement.

» Ce qui constitue donc le *caractere essentiel du gouvernement monarchique,* c'est la *perpétuité du chef du pouvoir exécutif.*

» C'est de cette perpétuité que dérive d'un côté la prérogative de son *inviolabilité,* et de l'autre la condition, qui en est inséparable, de ne rien faire dans l'exercice de ses fonctions sans le contre-seing des ministres responsables; condition qui permet d'admettre sa participation à l'exercice du pouvoir législatif avec la prérogative du *veto absolu,* à l'égal du corps législatif, consistant en une ou en plusieurs chambres. »

V. encore, pour le développement et la démonstration de ces principes, PINHEIRO-FERREIRA, *Cours de droit public,* section 1re, depuis le § 34 de l'article 2.   CH V.]

§ 25. — Des différents genres de Monarchies.

Dans les *monarchies illimitées* le monarque est dépositaire des trois pouvoirs réunis. Si, dans leur exercice, il n'est lié par aucune loi fondamentale *positive (constitutionnelle),* la monarchie est *despotique,* comme en *Turquie (a)* et dans une partie (*b*) de l'empire de *toutes les Russies.*

La monarchie est *limitée (constitutionnelle),* 1° quand le monarque joint au pouvoir exécutif et judiciaire dont il est le chef une partie du pouvoir législatif, mais qu'à l'égard de celui-ci la nation y concourt encore par des représentants (états), en exerçant un suffrage, soit consultatif, soit décisif, tel qu'était autrefois, et tel qu'est de nouveau, quoique sur un autre pied, le cas en France (*c*); tel qu'il

(*a*) STOVER, *Historisch-statistische Beschreibung des Osmannischen Reichs,* Hambourg, 1784, in-8. LE BRET, *Magazin der Staaten-und Kirchenhistorie,* b. I, n. 2; b. II, n. 2.

(*b*) Paix de Nystadt, de 1721, art. 9, 10, 11. Paix d'Abo, de 1743, art. 8, 9. Ces articles ont-ils perdu leur force après le traité de 1790?

(*c*) *Maximes du Droit public,* 2 vol. in-4. BOULAINVILLIERS, *Histoire des anciens parlements, avec quatorze lettres sur les assemblées des*

l'est encore, quoique très-différemment, en *Portugal* (dans
la théorie), en *Hongrie*, en *Bohême*, en *Suède*, dans le
royaume des *Pays-Bas* et en *Allemagne* (d), soit en le par-
tageant avec le monarque, tel qu'en *Angleterre* (e). 2° La
monarchie est encore plus limitée, lorsque les représentants sont autorisés à concourir même à l'exercice d'une
partie du pouvoir exécutif ou judiciaire.

Mais, lorsque le chef physique est exclu du pouvoir légis-

états généraux. Outre les assemblées des notables pour donner avis, et
celles des états généraux pour consentir, il y a eu en France, dans les
pays d'états, des états provinciaux dont il s'était conservé une ombre
jusqu'à la révolution. Aujourd'hui la France, après avoir parcouru toutes
les chances de la révolution, rendue à son souverain légitime, est une
monarchie limitée par sa charte constitutionnelle.

(d) En Allemagne, non-seulement l'ancien empire romain était une
monarchie limitée, et même des plus limitées; mais aussi la plupart des
États monarchiques dont elle se composait jouissaient d'une constitution.
Ces constitutions, quoique très-différemment nuancées, convenaient
dans l'essentiel en ce que l'exercice du pouvoir monarchique était, en ce
qui concerne la législation et les impôts, modéré par un concours quelconque d'états représentant les divers ordres de l'État (le plus souvent le
clergé, la noblesse et les villes). La majeure partie de ces constitutions
avaient, dans les temps plus récents, ou perdu une partie de leur vigueur,
ou étaient tombées en désuétude, ou avaient succombé aux changements
que les territoires ont fréquemment subis. Lors de la reconstruction de
l'Europe et de la formation de la Confédération germanique, composée
(aux quatre villes libres près) d'États monarchiques, le désir de faire
régénérer aussi cette partie du bien-être national, sans exclure les modifications que les changements de circonstances pouvaient rendre désirables, fit stipuler, par l'article 13 de l'acte fédératif, que, dans tous les
États de la Confédération, il y aura des assemblées d'états. Sur le vrai
sens de cet article, *V.* la proposition présidiale à la date du 20 septembre
1819, et l'acte final des conférences de Vienne, signé le 15 mai 1820,
art. 54-62, déclaré loi fondamentale de la Confédération par la résolution de la diète du 8 juin 1820.

(e) Sur le Danemark, la Suède et la Grande-Bretagne, on peut voir
mon Abrégé du Droit public, *Grundriss der Staatsverfassung der vornehmsten Europäischen Staaten*, t. I, p. 19, 80, 143.

latif, ou borné à la simple négative, quand même il posséderait le pouvoir exécutif et judiciaire, soit en tout, soit
en partie, la *constitution* n'est proprement plus monarchique (*f*), quoique le *gouvernement* en conserve encore
la forme.

§ 26. — Des Monarchies héréditaires, électives et mixtes.

Les monarchies sont ou héréditaires, ou électives, ou
mixtes. Dans les monarchies héréditaires le droit et l'ordre
de succession (*a*) sont réglés par des lois fondamentales
expresses ou tacites, ou par des lois de famille lorsqu'elles
ont force de loi fondamentale ; quelquefois même en Europe ils sont réglés ou confirmés par traités avec des puissances étrangères. Dans les monarchies électives (*b*), le
droit d'élire, siégeant primitivement entre les mains du
peuple, peut-être délégué à ses représentants ou à quelques-uns d'entre eux. Dans les monarchies ecclésiastiques,
il avait passé entre les mains des chapitres, ou, quant au
pape, il a passé entre celles du collége des cardinaux.

(*f*) A peine pouvait-on encore appeler monarchique la première constitution française de 1791, en ayant égard au tit, III, art. 1, chap. II,
sect. I ; chap. III, sect. III. *V.* LACROIX, *Constitutions des principaux
États de l'Europe*, p. 346.

(*a*) Dans tous les États monarchiques et héréditaires les princes sont
préférés aux princesses, soit à l'exclusion totale de ces dernières et de
leur souche, tel qu'autrefois, et de nouveau aujourd'hui en France, aujourd'hui en Suède, en Sardaigne ; soit en leur préférant toutes les sou-
ches de princes, tel qu'en Danemark, en Espagne, en Sicile, en Prusse,
soit en ne leur préférant que les princes de la même souche, tel qu'en
Angleterre et en Portugal. Le détail ultérieur de ce point n'est pas du
ressort de notre science.

(*b*) Il n'existe plus aujourd'hui de monarchie proprement élective,
excepté les États du Saint-Siége.

Il est des monarchies qu'on peut appeler *mixtes*, en considérant qu'elles tiennent de la succession élective et héréditaire : telle est la *Russie*, en tant qu'on regarde comme encore valable l'ukase de Pierre Ier au sujet du choix du successeur (c), et la *Turquie*, en tant qu'on peut attribuer au divan le droit de choisir un successeur au trône entre plusieurs descendants du prophète (d).

On appelle encore monarchie mixte (e) celle où l'héritier le plus proche a besoin de la confirmation de la nation pour régner. De cette forme de monarchie, autrefois fort usitée, il ne reste plus que de faibles vestiges dans les cérémonies du sacre de quelques rois en Europe.

§ 27. — Des Aristocraties illimitées, limitées et mixtes.

De même les républiques aristocratiques sont, 1° *illimitées*, quand les trois pouvoirs se trouvent réunis dans les mains d'une assemblée (*sénat*) composée de membres privilégiés (§ 24), comme autrefois à Venise et à Gênes ; 2° elles sont *mixtes*, quand cette assemblée est composée de membres privilégiés et d'autres ; 3° elles sont *limitées*, quand l'exercice d'un ou de plusieurs des trois pouvoirs

(c) *V.* Busching, *Magazin*, t. III, p. 209, et *Wöchentliche Nachrichten*, 1774, p. 173, 339 ; Curtius, *über das Russische Successionsgesetz*, dans de Dohm, *Materialien für die Statistik*, 3e liferung, p. 391. L'opinion contraire est défendue par M. Schlötzer, dans *Briefwechsel*, heft XIII, p. 617, et *Historische Untersuchungen über Russlands Reichsgrundgesetze*, Gotha, 1777, in-8. Le nouvel ukase de succession, du 8 janvier 1788, *V. Hamb. Correspond.*, 1796, n. 86, confirmé en 1797, semble ne pas décider la question litigieuse.

(d) On pouvait encore considérer comme mixte la monarchie française créée par Napoléon, en ce qu'il s'était réservé le droit d'adopter les enfants de ses frères. (*V.* mon Recueil, Suppl , t. IV, p. 267.)

(e) Achenwall, *de Regnis mixtæ successionis*, Gottingæ, 1762, in-4.

exige encore l'avis, le consentement ou la participation
d'autres représentants du peuple. Dans ce dernier cas
l'aristocratie s'approche de plus en plus de la démocratie,
et s'y perd, quand le sénat de privilégiés, collectivement
pris, est assujetti aux sanctions du peuple.

§ 28. — Des Démocraties.

Dans les États purement démocratiques, le peuple, en
réunissant en ses mains les trois pouvoirs, est despote ; il
peut plus que le monarque le plus absolu : il peut annuler
sa constitution ; et le pouvoir le plus arbitraire exercé
sur ses membres se couvre du voile de la volonté de
tous (a).

§ 29. — Des systèmes d'États et des États composés.

Lorsque plusieurs États souverains s'unissent par une
confédération égale, soit pour la défense et la garantie
commune de leurs droits (comme l'union helvétique et aujourd'hui la Confédération germanique), soit, en outre,
pour l'exercice commun de certains droits de souveraineté
(comme autrefois les Provinces-Unies des Pays-Bas), ils
forment un *système d'États confédérés*, qui, dans son rapport avec les étrangers, peut se considérer comme une per-

---

(a) Si ce qui vient d'être dit peut servir à distinguer les formes extérieures des constitutions, pour les connaître à fond, il ne suffit pas de
s'informer de la distribution *légale* des trois pouvoirs, il faut descendre
jusqu'aux ressorts plus cachés par lesquels celui qui exerce l'un trouve
les moyens d'empiéter sur l'autre, ou de le paralyser; moyens qui rendent
quelquefois despote le simple agent du pouvoir exécutif, et qui peuvent
lier les mains à un monarque illimité. Alors souvent les disputes sur les
formes de gouvernement ne semblent plus qu'un jeu de mots dont on
amuse le peuple en l'opprimant.

sonne morale, formant une puissance quoique sans former
un État, tant que ses membres ne reconnaissent pas au-
dessus d'eux un *pouvoir souverain et commun,* quoiqu'ils
soient tenus à l'observation des lois sanctionnées en conformité de leur pacte fédéral ; ils ne formeraient pas encore
un État, quand même ils auraient revêtu une personne
physique de la charge héréditaire de chef de l'union
(comme autrefois le prince stathouder de l'union des Provinces-Unies des Pays-Bas, ou aujourd'hui le chef électif
des *États-Unis d'Amérique*). Mais lorsque plusieurs États se
réunissent sous un pouvoir souverain et commun, ils forment un *État composé.* Tel était le cas, en Allemagne, par
rapport aux États de l'Empire (non par rapport aux anciennes possessions de l'Empire en Italie).

———

[Nous avons parlé au § 20 des États mi-souverains qui sont
déjà, à vrai dire, des États composés. Le droit des gens reconnaît
encore plusieurs autres classes d'États qui, contrairement à la
loi ordinaire, d'après laquelle chaque État existe distinct des
autres États sous un souverain spécial, sont ou réunis sous la
dénomination d'un prince commun ou liés entre eux par les
liens d'une confédération. WHEATON, *Éléments du droit international,* I, 48, reconnaît encore l'existence des États tributaires ou
vassaux qui, soumis à d'autres États par un système féodal, ne
cessent cependant pas d'être considérés comme des États souverains tant que ces relations n'affectent pas leur souveraineté. Il
cite l'exemple des principales puissances maritimes de l'Europe
qui ont longtemps payé un tribut aux États barbaresques sans
qu'il en résultât aucune altération de leur indépendance et de
leur souveraineté. De même le roi de Naples est demeuré vassal
du Saint-Siége depuis le onzième siècle jusqu'en 1818 sans que
ce rapport féodal ait ôté quelque chose à sa souveraineté.
  Lorsque plusieurs États sont unis sous un souverain commun,

il y a lieu de distinguer la réunion *personnelle* de la réunion *réelle*. La réunion qui n'a lieu que dans la personne du prince régnant est purement *personnelle*; dans ce cas, les États conservent leur souveraineté respective, sont gouvernés par leurs propres lois et ont une administration distincte. C'est ainsi que le roi de Prusse était prince souverain de la principauté de Neuchâtel, aisant partie de la Confédération suisse sans être réuni à la monarchie prussienne. Longtemps les royaumes de la Grande-Bretagne et de Hanovre ont été soumis au même prince, mais chacun d'eux avec ses propres lois et une administration distincte. Il y a au contraire réunion réelle, comme le fait observer Escu-BACH, *Introduction générale à l'étude du droit*, § 44, quand deux États, dont la constitution, la législation et l'administration restent distinctes, ne forment plus, aux yeux du droit international, qu'une seule personne morale dont la souveraineté extérieure est tout entière entre les mains du souverain sous lequel ces deux États sont réunis. Telles sont la Suède et la Norwége. — On peut encore considérer comme union *réelle* celle des divers États qui composent la monarchie autrichienne. WHEATON, *Eléments du droit international*, I, p. 53, appelle *union incorporée*, celle qui existe entre l'Angleterre, l'Ecosse et l'Irlande et qui en fait un seul Etat uni sous la même couronne et la même législature, bien que chacun de ces royaumes conserve dans beaucoup de cas des lois spéciales et une administration distincte. Il est plus difficile de définir et d'apprécier les caractères de l'union établie par le congrès de Vienne entre la Russie et la Pologne.

L'histoire présente des Etats souverains unis ou associés par un lien fédéral; les caractères et les conditions de cette union varient suivant qu'ils forment un *systeme d'États confédérés, Staatenbund*, tels que la *Confédération germanique* et, dans de certaines limites, la *Confédération helvétique*, ou un *État composé*, suivant quelques auteurs, un *gouvernement fédéral suprême, Bundestaat*, tel que l'Union américaine. Dans le système d'Etats confédérés chaque État conserve l'exercice de sa souveraineté intérieure et extérieure. Il est tenu, il est vrai, d'exécuter les décisions d'intérêt général prises par le corps fédéral conformément au pacte, mais ces décisions ne peuvent être appliquées dans chacun de ces Etats confédérés, que par l'action du gouvernement local de cet Etat et en vertu de sa propre autorité. Dans un Etat composé, au contraire, le gouvernement fédéral est souverain et suprème ; dans la sphère de ses attributions il agit et sur les Etats membres de la confédération, et directement sur les citoyens de chacun de ces Etats dont la souveraineté particulière se trouve ainsi diminuée. L'Etat composé est seul une puissance souveraine. Par suite de cette distinction, on comprend qu'il n'est licite à aucun des Etats de l'Union américaine de traiter directement, sans l'assentiment du congrès, avec une puissance étrangère, tandis que dans la Confédération germanique, chaque État est libre de ses alliances. (*V.* WHEATON, *ibid.*, p. 56. VATTEL, *Le droit des gens*, édit. Guillaumin, L. I, ch. I, § 10 et note 1. — *V.* aussi ESCHBACH, *Introduction à l'histoire générale du droit*, § 44.)   CH. V.]

CHAPITRE IV.

DE LA RELIGION DES PEUPLES DE L'EUROPE.

§ 30. — Progrès du Christianisme.

Une partie considérable de l'Europe, et même de l'Asie et de l'Afrique, avait déjà embrassé le christianisme *(a)*, lorsque, au commencement du septième siècle, Mahomet vint l'obscurcir des ténèbres de sa nouvelle doctrine. Bientôt ses successeurs, peu contents d'avoir introduit, le fer à la main, leur religion en Perse, en Syrie, dans l'Asie Mineure et en Afrique, se jetèrent au huitième siècle sur l'Espagne, et s'en emparèrent. Cependant, successivement repoussés, ils furent entièrement chassés de la Péninsule au commencement du dix-septième siècle. D'ailleurs, par le soin des églises d'Occident, la religion chrétienne fut propagée en Allemagne au septième siècle, en Suède, en Danemark, en Bohême au dixième, enfin en Prusse au treizième siècle ; de même, surtout par les missionnaires d'Orient, elle fut introduite en Hongrie, en Pologne, en Russie. Mais la faiblesse des

(a) SPITTLER, *Grundriss der Geschichte der christlichen Kirche.* 3ᵉ édit., 1791, in-8.

empereurs d'Orient et de leurs voisins mit les Turcs à même
de gagner pied ferme en Europe dès l'an 1360, et, en
s'emparant de Constantinople en 1453, d'y jeter les fondements du seul empire où la religion chrétienne ne soit pas
la religion du pays, et qui s'est conservé à l'abri de la politique des puissances européennes, succédant à leur zèle
religieux.

§ 31. — Des Églises orientale et occidentale.

De plus, dans le sein de l'Église chrétienne, on vit s'élever entre deux évêques (les plus éminents de tous, surtout
depuis la chute de ceux d'Alexandrie et d'Antioche), entre
celui de Rome et le patriarche de Constantinople, des disputes et des haines dont, au milieu du onzième siècle, résulta
le schisme total entre l'Église orientale et l'Église occiden-
tale. La première, établie aujourd'hui en Russie, tolérée en
Turquie et dans plusieurs autres États, n'a point de chef
visible et général ; la seconde, établie dans tout le reste de
l'Europe, jusqu'au seizième siècle a reconnu pour chef visible en fait du spirituel, le pontife romain (duquel s'est
même rapprochée conditionnellement une partie de l'Église
grecque, sous le nom de Grecs unis).

§ 32. — Des Catholiques et des Protestants.

La réforme que Luther enseigna en Allemagne, et celle
que Zwingli, puis Calvin, montrèrent en Suisse, se répan-
dirent bientôt dans d'autres pays : celle de Luther, d'abord
en 1525, en Prusse, peu après en Danemark, plus tard en
Suède ; celle de Calvin, en Hollande et en France : l'une et
l'autre servirent de modèle à celle qui s'opéra en Angleterre
et en Ecosse. Cependant, non-seulement dans l'intérieur de

plusieurs de ces États on vit s'élever des haines, des persé-
cutions, des troubles, et mêmes des guerres civiles, soit entre les réformés et les catholiques, soit entre les disciples
de Luther et ceux de Calvin ; mais bientôt la religion devint le motif ou le prétexte de ces sanglantes guerres des
nations qui s'élevèrent en Europe aux seizième et dix-septième siècles. Un nombre considérable d'États de l'Europe
se sépara entièrement de l'Église romaine, sans former désormais aucune société générale en matière ecclésiastique ;
le reste des membres de l'Église romaine continua à considérer le pape comme chef visible de l'Église, censée une et
indivisible, mais en limitant de plus en plus son autorité,
en conformité du système adopté, ou des concordats conclus avec le Saint-Siége (a). La France révolutionnée, peu
contente de rompre tout lien étranger en fait de religion,
bouleversa sa propre constitution religieuse, et, sous le
masque d'une tolérance apathique, dressa des autels à l'ir-
réligion. Il était réservé aux puissances dont les efforts réunis ont opéré la reconstruction de l'Europe, de revendiquer
les droits de la religion et de l'autel, et de cimenter, indépendamment de la diversité des cultes chrétiens que
professent ces souverains et leurs sujets, une *Sainte-
Alliance* (b), manifestant leur détermination inébranlable
de ne prendre pour règle de leur conduite, soit dans l'ad-

(a) On trouve une liste de ces concordats dans LE BRET, *Vorlesungen
über die Statistik*, t. II, p. 352. Les concordats plus récents, depuis
1758, se trouvent dans mon *Recueil des traités* et dans ses Suppléments,
jusqu'en 1818.

(b) Sainte-Alliance du 26 septembre 1815, dans mon *Nouveau Recueil*,
t. II, p. 656, solennellement confirmée dans la déclaration du 15 novembre 1818. *V.* mon *Nouveau Recueil*, t. IV, p. 554.

ministration de leurs États respectifs, soit dans leurs relations politiques avec tout autre gouvernement, que les préceptes de cette religion sainte (religion du Dieu Sauveur), préceptes de justice, de charité et de paix.

§ 33. — Des Religions tolérées.

Quant à la diversité des cultes chrétiens, il y a en Europe des États où la seule religion protestante jouit d'un exercice public, tel qu'en Danemark, en Suède, en Angleterre; d'autres où cet exercice n'est accordé qu'à la religion catholique romaine, tel qu'en Espagne, en Portugal, en Italie; d'autres où les droits civils et politiques des deux religions sont égaux, tel qu'en Allemagne aujourd'hui, d'après les dispositions de l'acte fédéral du 8 juin 1815 (a). Le degré de liberté accordé à d'autres religions qu'à celle du pays diffère d'après les lois fondamentales, les traités avec les puissances étrangères, et, à leur défaut, dépend de la volonté de chaque État, guidée par les principes d'une sage tolérance. Il en est de même de la tolérance d'autres sectes religieuses qui ne forment nulle part la religion du pays, telle que celle des sociniens, des anabaptistes, des frères moraviens, etc., et des droits desquelles, ainsi que de ceux des juifs, il est rarement (b) question dans les relations étrangères des États de l'Europe.

———————

[Les conditions sous lesquelles le libre exercice de sa religion est assuré à chaque citoyen rentrent moins, aujourd'hui

(a) ART. 16, dans mon *Nouveau Recueil*, t. II, p. 353.
(b) *V* cependant des exemples dans J.-J. MOSER, *Versuch*, t. VI, p. 96, et dans mon *Recueil des traités*, t. I, p. 398; *V.* aussi l'acte fédéral de la Confédération germanique, art. 16.

surtout, dans le droit des gens que dans le droit public intérieur de chaque État. Il n'en a pas toujours été de même, et, à la suite de la guerre de Trente Ans, entreprise et soutenue au nom d'intérêts religieux, la paix de Westphalie dut consacrer d'importantes dispositions à l'égard des différents cultes. Ce traité reconnaît des droits égaux aux États catholiques et aux États protestants; il laisse à chacun d'eux la faculté d'adopter l'un ou l'autre culte. Chaque souverain obtient dans ses États le libre droit de réformation, mais à la charge d'assurer aux sujets de la confession autre que celle qui avait été adoptée, l'exercice du culte public privé dont ils jouissaient au 1er janvier 1626, avec faculté d'emporter leurs biens en cas d'émigration. L'acte pour la constitution fédérative de l'Allemagne signé à Vienne, le 8 juin 1815, reconnaît aux diverses confessions les mêmes droits civils et politiques, mais sans leur assurer l'égalité du culte.

La liberté de conscience, c'est-à-dire la faculté pour chaque individu d'admettre dans le for intérieur telle ou telle croyance religieuse, est reconnue et consacrée en France par nos diverses constitutions. Il y a néanmoins une distinction à faire entre les cultes reconnus, c'est-à-dire entre ceux dont l'existence est reconnue et protégée par les lois, en d'autres termes ceux qui ont une existence légale, et ceux qui sont simplement tolérés, autorisés par le gouvernement. Les cultes reconnus aujourd'hui en France et salariés sont le culte catholique, les cultes protestants, de la confession d'Augsbourg et réformés, le culte israélite. Ils ont des droits et des devoirs particuliers et sont soumis à un régime de protection et de surveillance.

Aux anciennes rigueurs a succédé, au point de vue religieux, dans les différents États de l'Europe, un régime moins exclusif, mais la tolérance des gouvernements a encore beaucoup à gagner. L'Angleterre a relevé les catholiques des nombreuses incapacités qui les frappaient, mais elle maintient les exclusions prononcées contre les Israélites. En Espagne, en Portugal, au Brésil, la religion catholique continue à être la religion dominante. En Autriche et dans d'autres États de l'Allemagne, les cultes dissidents sont plus ou moins tolérés, et ceux qui les professent sont généralement admis à la jouissance des droits civils et politiques. En Russie et en Grèce la religion grecque est dominante, mais chaque étranger conserve l'exercice de son culte. En Turquie les événements accomplis il y a quelques années ont rassuré les populations chrétiennes en faisant disparaître les distinctions de race et de religion. Enfin, en Amérique et en Belgique, le principe de la séparation absolue et de l'indépendance respective du pouvoir temporel et du pouvoir spirituel est devenu un principe fondamental du droit public intérieur. *V. infrà*, § 112 et 113. Сн. V.]

LIVRE II

CHAPITRE PREMIER.

DE L'ACQUISITION DE PROPRIÉTÉ PAR OCCUPATION.

§ 34. — Des Droits acquis, en général.

En distinguant des droits *absolus* et innés de l'homme
ceux qu'il peut *acquérir*, soit sur des *choses* qui l'environnent, soit sur des *personnes*, tendant à exiger de celles-ci
de faire ou d'omettre ce à quoi elles ne seraient naturellement pas *obligées*, ou ne seraient tenues que par les seuls
devoirs moraux, tous ces droits acquis supposent un fait
suffisant pour en procurer la possession juridique, c'est-à-
dire un *titre* et un *moyen d'acquérir*. Ce fait est, entre les
nations comme entre les individus, ou l'occupation ou les
conventions; le titre général, c'est la loi naturelle.

[On a vu, *suprà*, au § 16, que les nations avaient, comme les
individus, des droits innés ou absolus. Comme eux aussi, elles
ont des droits acquis et le livre II est consacré à l'exposition
de ces droits.   Ch. V.]

§ 35. — De l'Occupation.

La propriété est le droit de posséder exclusivement une chose, et d'en disposer de même. Dans l'état primitif de l'homme, personne n'a un droit de propriété sur des choses qui l'environnent; dans ce sens elles sont *res nullius*; mais tous ont un droit égal d'en faire usage pour leurs besoins, leur avantage, leur agrément, et c'est à quoi se borne cette *communion primitive de biens* tant vantée (*a*). Cependant la loi naturelle ne défend pas, dans la généralité, d'acquérir une propriété exclusive. Mais jusqu'où le permet-elle? et quels sont les réquisites pour qu'un acte unilatéral, tel que celui de l'occupation, puisse imposer à autrui le devoir de s'abstenir d'un usage qui primitivement lui était libre? Ces questions ne sont pas sans difficulté; elles ont été différemment résolues par ceux qui ont traité du droit naturel (*b*).

———————

[M. Cousin a dit : « Le principe du droit de propriété est la volonté efficace et persévérante, le travail, sous la condition de l'occupation première. » (*Histoire de la philos. mor. au dix-huit. siècle, VIIIe leçon.*) En effet, quand on s'occupe de l'acquisition du domaine international, on arrive promptement à reconnaître que le principe de l'acquisition du droit de propriété découle de la possession ou détention d'une chose, avec l'intention de s'en servir comme d'un droit propre, combinée avec l'activité phy-

(*a*) COCCEJI *Grotius illustratus*, lib. II, cap. II, § 2; KANT *Metaph. Anfangsgrunde der Rechtslehre*, t. I, chap. I, § 6, p. 65.

(*b*) *V.*, par exemple, GROTIUS, *de Jure belli et pacis*, lib. II, cap. II, § 5; PUFFENDORF, *de Jure nat. et gentium*, lib. IV, cap. CCLCXV; LOCKE, *on Civil Government*, cap. IV; FEDER, *Lehrbuch der praktischen Philosoph. Naturrecht*, hauptstuck II, abschn. I, § 13; KANT, *Metaph. Anfangsgründe de. Rechtslehre*, t. I, cap I, § 6 et suiv.; cap. II.

sique ou intellectuelle de l'homme, c'est-à-dire le travail. Tous
les modes d'acquérir doivent être ramenés à ces termes, qu'il
s'agisse de la propriété individuelle ou de la propriété d'Etat
à Etat.

Les jurisconsultes romains considéraient l'occupation comme
le titre principal qui confère la propriété. *Quod enim nullius est,
id ratione naturali occupanti conceditur.* (Dig. liv. XLI, tit. I,
fr. 3.) Ils l'étendaient au butin fait sur l'ennemi dans une guerre
régulière (*prœda bellica*), et même à la personne de l'ennemi
vaincu qui, fait ainsi esclave, devenait la propriété du vainqueur.
(Dig. L. 5, § 7, *de acq. rer. dom.*; ib., L. 1, § 1, *de acq. vel
amitt. poss.*) Presque tous les auteurs qui ont écrit sur la propriété ont partagé les doctrines du droit romain. *V.* notamment
GROTIUS, *de Jure belli ac pacis*, lib. II, cap. II; PUFFENDORF, *de Jure
naturœ et gentium*, tit. IV, chap. VI; BLACKSTONE, *Commentair
sur les lois anglaises.* Cependant il est arrivé, aux dix-septième
et dix-huitième siècles, que plusieurs publicistes et jurisconsultes, tout en adoptant ce principe, ne l'ont pas regardé comme
suffisant et conférant à lui seul l'usage exclusif de la chose
occupée. De la théorie de l'occupation on est arrivé à celle de la
spécification ou de l'appropriation, en attribuant au travail une
valeur et en lui donnant une garantie qu'il n'avait pas encore
obtenues. L'industrie qu'une personne avait dépensée à une
chose, le cachet de personnalité qu'elle lui avait attribué en
la transformant et en l'utilisant pour ses besoins est devenu le
titre et l'origine de la propriété. L'activité humaine a reçu sa
récompense. Mais si, comme le fait observer AHRENS, *Cours de
droit naturel*, p. 372, cette doctrine est plus rationnelle que celle
de l'occupation, elle ne donne pas encore la véritable raison de la
propriété. Car la transformation, loin de créer la propriété, la
présuppose. Ce n'est ni l'occupation ni l'appropriation, ajoute
Ahrens, qui constituent la propriété. On doit en chercher les
fondements dans des actes qui seuls peuvent être considérés
comme créant des obligations générales, c'est-à-dire les conventions et la loi.

Kant se rapproche de cette doctrine. Il regarde, il est vrai, le
droit du premier occupant comme le fondement de l'acquisition
originaire du sol, mais il repousse l'opinion d'après laquelle le
travail appliqué à une terre, complète cette acquisition ou la

transforme. Suivant lui, les formes nouvelles que le travail peu
donner à la terre ne doivent être considérées que comme des
accidents. Il faut toujours supposer la légitime possession de la
substance. Celui qui ne serait pas déjà en légitime possession de
cette substance même ne pourrait les faire valoir. Kant va plus
loin. Non-seulement le travail ne peut servir de fondement à la
première acquisition du sol, mais encore il la suppose. Le travail peut être le signe extérieur de la prise de possession, mais il
n'est pas nécessaire. Cette opinion de Kant est très-habilement
combattue et réfutée par M. Jules Barni, dans l'introduction ana-
lytique et critique qui précède sa traduction des *Éléments métaphysiques de la doctrine du droit*, par E. Kant, p. xxxi et suiv. Il
établit que le travail est le fondement véritable du droit de propriété, au moins en ce qui concerne l'acquisition originaire du
sol de la terre. Mais en même temps, poursuit M. J. Barni, il
reconnaît que si, logiquement, ce droit préexiste à l'établissement
de la société civile, il est impossible qu'il s'exerce en fait d'une
manière fixe et durable en dehors de cet état de société. En un
certain sens, il est très-vrai dire que dans l'état de nature il n'y
a pas de mien et de tien possibles ; ils n'existent véritablement
que du jour où il y a une société publique capable de les reconnaître et de les garantir ; c'est là ce qui a trompé et Montesquieu
et Mirabeau [1]. Parce que l'exercice du droit de propriété est
impossible en fait dans l'état de nature, ils ont cru que ce droit

---

[1] [« Comme les hommes ont renoncé à leur indépendance naturelle
pour vivre sous des lois politiques, ils ont renoncé à la communauté naturelle des biens pour vivre sous des lois civiles. Ces premières lois leur
acquirent la liberté; les secondes, la propriété » (MONTESQUIEU, *Esp. des
Lois*, liv. XXVI, ch. xv.) — « Une propriété particulière est un bien
acquis en vertu des lois. La loi seule constitue la propriété, parce qu'il
n'y a que la volonté politique qui puisse opérer la renonciation de tous
et donner un titre commun, un garant a la jouissance d'un seul. » (MIRA-
BEAU, *Hist. parlem.*, V, 325.) — En considérant la loi civile comme la
source de la propriété, Montesquieu et Mirabeau admettent implicitement
qu'elle dépend de la volonté du législateur. Elle se trouve ainsi exposée
aux volontés les plus capricieuses et les plus arbitraires. Fichte est moins
absolu que Montesquieu et que Mirabeau en reconnaissant dans la propriété
un droit personnel, et en demandant seulement un contrat ou une convention sociale pour la garantir et l'organiser intérieurement.   CH. V.]

dérivait lui-même de l'état civil. Il n'ont pas vu que, loin d'avoir
pour principe une institution civile, c'est lui au contraire qui
appelle et exige l'établissement d'un état de société où il puisse
trouver une garantie suffisante. Kant a été plus pénétrant que
ces publicistes, en reconnaissant que le droit de propriété préexiste à l'établissement de l'état civil ; mais il a reconnu que l'état
civil est seul capable d'en assurer l'exercice, et c'est précisément
la raison qui rend nécessaire et obligatoire à ses yeux l'établissement d'un état de ce genre. — C'est donc avec raison que
Bentham a dit, *Traité de législation* : « La propriété et la loi sont
nées ensemble et mourront ensemble. Avant les lois, point de
propriété ; ôtez les lois, toute propriété cesse. » Mais il faudrait
ne pas confondre le droit avec le fait. Alors même que le second
ne pourrait se produire, le premier n'en serait pas moins légitime. Kant est évidemment dans l'erreur, sur les deux points que
nous venons d'analyser ; il est incontestable que l'occupation
primordiale engendre la possession et devient le premier rudi-
ment de la propriété. Le travail vient ensuite qui dépose le témoignage de l'activité personnelle dans les lieux occupés, continue
cette occupation à travers l'espace et le temps, et s'oppose ainsi
à une occupation nouvelle. Par le travail, l'homme s'appro-
prie la portion de terre qu'il occupe ; il la féconde de ses sueurs,
et entre pour ainsi dire en société avec elle.   Cʜ. V.]

§ 36. — Conditions requises pour que l'occupation soit possible.

Pour que l'occupation soit physiquement et moralement
possible, il faut, 1° que l'objet de la propriété soit de nature à être exclusivement possédé par une nation ou par un
individu ; 2° qu'il soit nécessaire, ou du moins d'une utilité
réelle pour l'acquéreur, de le soustraire à la communauté
primitive d'usage (a) ; 3° que cet objet soit encore *res nullius*, ou le soit redevenu. Le droit de propriété étant le
même pour tous les hommes, indépendamment de leur re-

(a) Bᴀʀʙᴇʏʀᴀᴄ, *Not. ad* Pᴜꜰꜰᴇɴᴅᴏʀꜰ, lib. IV, cap. ɪv.

ligion et de leurs mœurs, la loi naturelle n'autorise pas les
peuples chrétiens à s'attribuer des districts déjà effectivement occupés par des sauvages (*b*) contre le gré de ceux-ci,
quoique la pratique n'offre que trop d'exemples de semblables usurpations (*c*).

———

[V. *infrà*, § 37.]

§ 37. — Conditions requises pour que l'Occupation ait eu lieu effectivement.

Supposé que l'occupation soit possible, il faut encore
qu'elle ait eu lieu effectivement ; que le fait de la prise de
possession ait concouru avec la volonté manifeste de s'en
approprier l'objet. La simple déclaration de volonté d'une
nation ne suffit pas, non plus qu'une donation papale (*a*)
ou qu'une convention entre deux nations (*b*), pour imposer
à d'autres le devoir de s'abstenir de l'usage ou de l'occupation de l'objet en question. Le simple fait d'avoir été le
premier à découvrir ou à visiter une île, etc., abandonnée

———

(*b*) GUNTHER, *E. V. R.*, p. 10 Il n'en est pas de même des districts
simplement détenus par des peuples nomades. PFEFFEL, *Principes de
droit naturel*, liv. III, chap. iv, § 21.

(*c*) RAYNAL, *Histoire philosophique des établissements des Européens aux Indes*, en divers endroits.

(*a*) Bulle du pape Nicolas V en faveur du Portugal, de 1454, DUMONT,
Corps diplomatique, t III, part. i, p. 200 ; Bulle de Sixte IV, de 1481,
SCHMAUSS, *Corp. Jur. gent.*, t. I, p. 112 ; Bulle d'Alexandre III, de
1493, pour le partage du nouveau monde entre le Portugal et l'Espagne,
SCHMAUSS, *l. cit.*, p. 130 ; DUMONT, *l. cit.*, part ii, p. 302.

(*b*) Traité entre l'Espagne et le Portugal, conclu à Tordesillas, en
1494 (lequel, omis dans les anciens recueils, se trouve en espagnol dans
le premier volume des suppléments à mon *Recueil*, p. 371, et, en français, dans SCHOELL, *Abrégé de l'histoire de M* KOCK, t. III, p. 235)
confirmé par le pape en 1506. ROUSSET, *Suppl.*, t. II, part. i, p. 28
V., en général, GUNTHER, *E. V, R.*, t. II, p. 7, note *a*.

I.   9

ensuite, semble insuffisant, même de l'aveu des nations,
tant qu'on n'a point laissé de traces permanentes de possession et de volonté , et ce n'est pas sans raison qu'on a
souvent disputé entre les nations, comme entre les philosophes, si des croix, des poteaux, des inscriptions, etc., suffisent pour acquérir ou pour conserver la propriété exclusive d'un pays qu'on ne cultive pas. La loi naturelle
semble prescrire à l'acquisition de la propriété des bornes
beaucoup plus étroites que celles que l'aveu, les conventions, les usages des nations, lui assignent aujourd'hui,
quoique encore ce point du droit des gens positif, si fréquemment agité depuis le seizième siècle, par rapport aux
possessions hors de l'Europe, ne soit rien moins qu'uniformément réglé entre les puissances européennes, dont les
déclarations sont assez souvent difficiles à concilier (c)

———

[L'occupation, qui, avec la conquête et la cession, sont aujour-
d'hui les seuls modes de conférer à un État la propriété d'un
territoire, devient chaque jour plus rare. Il n'est réservé qu'à
quelques navigateurs hardis de pénétrer dans des régions lointaines et inexplorées; mais, même dans cette hypothèse, on s'est
demandé jusqu'à quel point la prise de possession nominale d'une
terre nouvelle par la plantation d'un poteau ou d'un pavillon,
ou par l'érection d'une croix, était suffisante pour en assurer la
propriété à une nation et si, même en admettant de sa part l'intention de s'approprier le territoire vacant ou habité par quelques

(c) V., par exemple, la déclaration de l'Angleterre aux Espagnols,
de 1580, dans CAMBDEN Annales, b. a, et la conduite tenue par elle
en 1774, en quittant les îles de Falkland, dans mon Recueil a, t. III,
p. 252; b, t II, p. 4. Sur les contestations mémorables survenues en
Amérique, aux Indes, en Afrique, V. GUNTHER, l cit , t. II, p. 13 et
suiv.

hordes sauvages, il n'était pas nécessaire de joindre à la prise de possession *animo domini* une possession effective et permanente par un établissement et les travaux qui doivent l'accompagner. A l'exemple de notre auteur, nous devons, au nom des véritables lois de la justice, protester contre l'usage invétéré des nations qui, en invoquant la civilisation, n'hésitent pas à s'emparer de territoires occupés par d'autres peuples, sous le prétexte que ces peuples sont sauvages. Le droit de propriété des individus et des nations ne dépend pas du degré de culture intellectuelle de ces individus et de ces nations. Il est respectable par lui-même et en dehors de toute condition de civilisation. Sans doute on ne saurait empêcher la prise de possession de la terre, et faire que, n'appartenant à personne, elle demeure toujours un bien vacant. Mais, en supposant même des contrées désertes et inhabitées, on ne saurait considérer comme une prise de possession réelle le débarquement accidentel et passager d'un navigateur dans ces contrées et la prise de possession par lui au nom de sa nation. De pareils actes rappellent la distribution que les papes faisaient au seizième siècle d'une grande partie de la terre au profit des souverains de l'Espagne et du Portugal. (*V.* DALLOZ, *Jurisprudence générale*, v° *Droit naturel et des gens*, n° 67.)

De son côté, en partant des principes exposés par notre auteur au § 35, HEFFTER, *le Droit international public*, traduction par M. Bergson, fait observer, au § 70, que l'occupation n'est admise que pour les choses qui ne sont pas déjà possédées par un détenteur antérieur et que dans aucun cas elle ne s'applique aux hommes, si ce n'est à ceux qui se soumettent volontairement ou que la guerre a rangés sous la domination d'un vainqueur. C'est donc surtout aux contrées éloignées, aux îles inconnues que s'applique aujourd'hui l'occupation, sous la réserve toutefois du droit à l'indépendance en faveur des peuples barbares. Que les nations civilisées établissent avec eux des rapports de commerce ou d'amitié, qu'elles leur demandent les vivres dont elles peuvent avoir besoin, et qu'elles sollicitent des concessions de terrain dans des vues de colonisation, c'est ce que le droit des gens admet; mais il repousse la contrainte, malgré les trop nombreux exemples que l'histoire nous présente et dont la fréquence ne saurait atténuer l'abus et le fâcheux caractère.

L'occupation n'a d'effet qu'à une double condition : elle exige

de la part de l'occcupant l'intention bien arrêtée de soumettre à
son pouvoir, d'une manière durable, un objet qui n'a pas de
maître; en second lieu, il faut qu'il y ait prise de possession.
C'est elle en effet qui révèle l'intention d'une appropriation
durable et exclusive. De simples paroles, des actes sans portée
ne suffiraient pas : ils laissent des doutes sur les intentions de
l'occupant.

On admet généralement que la prise de possession peut avoir
lieu par un mandataire. Dans le cas de prise de possession simultanée par plusieurs puissances et sans limitation de ses effets,
l'occupation est commune.   Ch. V.]

§ 38. — Jusqu'où s'étend l'occupation.

Une nation qui occupe un district doit être censée avoir
occupé toutes les parties vacantes qui le composent; sa
propriété s'étend même sur les places qu'elle laisse incul-
tes, et sur celles dont elle permet l'usage à tous. Les limites
de son territoire sont ou naturelles, telles que la mer, les
rivières, les eaux, les montagnes, les forets; ou artificielles,
telles que des barrières, des bornes, des poteaux, etc. Les
montagnes, les forêts, les bruyères, etc., qui séparent le
territoire de deux nations, sont censées appartenir à chacune des deux jusqu'à la ligne qui forme le milieu, à moins
qu'on ne soit convenu de régler différemment les limites,
ou de les neutraliser. A défaut de limites certaines, le droit
d'une nation d'exclure des nations étrangères des terres ou
îles voisines ne s'étend pas au delà du district qu'elle cultive, ou duquel du moins elle peut prouver l'occupation (a);

(a) V. des exemples de contestations de ce genre dans MOSER, Beyträge, t. V, p. 515, 521, 556. Sur la contestation entre l'Espagne et
l'Angleterre, élevée en 1790 au sujet des côtes occidentales de l'Amérique, V. Hist. polit. Magazin, 1790, b. II, p. 182; Nouvelles extraordinaires, 1790, nos 39, 47, 53, 61, 62, 66, 68, 70, 79, 85, dans mon
Recueil a, t. III, p. 184; b, t. IV, p. 492.

à moins que, de part et d'autre, on ne soit convenu de ne pas occuper certains districts, îles, etc., en les déclarant neutres (b).

———

[Pinheiro-Ferreira fait sur ce paragraphe les observations suivantes :

« Quoique la résolution du problème de la fixation des frontières entre deux Etats limitrophes dépende principalement des circonstances locales, il y a un certain nombre de principes généraux qui doivent servir de guide aux deux gouvernements dont l'intention est de prévenir par ce moyen les mésintelligences que sans cela on a raison de craindre entre les peuples situés sur les lisières des deux États.

» Ce sont ces principes que M. de Martens aurait dû exprimer dans cette partie de son ouvrage ; il n'a fait qu'en indiquer quelques-uns très-vaguement. Tâchons d'y suppléer sommairement, en nous rapportant, pour de plus amples détails, à notre *Cours de droit public*, part. I, sect. II, § 24.

» Lorsque, sortant de la dernière peuplade appartenant à l'un des deux pays, on s'achemine vers la première du pays limitrophe, à quel point faut-il placer la limite qui doit les diviser ?

» L'intervalle qui sépare les deux peuplades limitrophes peut être absolument uniforme, en sorte qu'il n'y ait pas plus de raison de s'arrêter à tel point qu'à tel autre ; et alors rien de plus naturel que de marquer la division à égale distance des deux peuplades.

» Mais lorsque, d'un côté, il existe une population beaucoup plus nombreuse que de l'autre, et que l'intervalle présente aussi une étendue considérable, la raison exige que la ligne de division partage cet intervalle dans la proportion même des populations limitrophes.

» Cependant il est rare qu'une uniformité si absolue, telle que

(b) Exemples, entre l'Angleterre et la France, dans les traités de 1713, 1748, au sujet des Antilles ; entre l'Angleterre et l'Espagne, de 1774 ; entre l'Espagne et le Portugal, de 1777 V. Moser, *Versuch*, t. V, p. 25, *Beyträge*, t. V, p. 97, 354, 452, 460; *Idem, Nord-america*, t. III, p. 316, mon *Recueil a*, t. I, p. 634 ; *b*, t. II, p. 545,

nous venons de la supposer, se trouve entre les deux pays. Pour
l'ordinaire il y a des accidents naturels, tels que des rivières, des
lacs ou des montagnes, qui les séparent, et dès lors, c'est moins
l'étendue de terrain que des avantages d'une tout autre importance qu'il faut prendre en considération.

» M. de Martens ne fait mention que des rivières et des lacs ; il
en sera question dans la note suivante. Disons ici quelque chose
relativement aux montagnes.

» Les versants, les pentes et les gorges des montagnes sont les
trois objets qui doivent fixer ici notre attention, tant pour ce qui
regarde les intérêts de l'agriculture, de l'industrie et du commerce, que pour ce qui concerne le bon service de l'administration et la sûreté, soit interne, soit externe de l'Etat ; car, non-
seulement l'intérêt individuel de chacun des pays limitrophes,
mais encore le maintien de leur harmonie et de leur bonne intelligence, exigent que les pentes et les versants regardant l'un des
deux pays lui appartiennent en propriété.

» De même, les gorges des montagnes prêtant des facilités aux
malfaiteurs de l'un et de l'autre pays pour se soustraire aux
poursuites de la justice, et aux gouvernements voisins pour faire
des attaques imprévues sur les provinces limitrophes, il est indispensable de laisser à la disposition des gouvernements des deux
Etats les entrées de ces gorges contiguës à leurs pays, afin qu'ils
y établissent des fortifications ou des postes de surveillance,
selon que chacun le croira plus convenable à la tranquillité
publique. »   Ch. V.]

§ 39. — Des Lacs et des Rivières.

Les lacs, les rivières que borde le territoire occupé, et
les iles qui s'y trouvent, appartiennent a la nation maîtresse
du territoire, à l'exclusion de tous les étrangers. Les rivières qui traversent les Etats attenants, appartiennent a
chacun de ces Etats, à raison de leur territoire. Quant aux
lacs et aux fleuves limitrophes, ils doivent être censés avoir
été occupés par la nation maîtresse du rivage jusqu'à la rive
opposée, lorsque celle-ci n'est encore la propriété de per-

sonne. Mais si les deux rives sont occupées par deux nations différentes, et qu'il ne conste pas laquelle a occupé la première, l'égalité des droits des nations mène naturellement au principe confirmé dans une multitude de traités (a), que chacune des deux nations est maîtresse de la rivière et des îles qui s'y trouvent jusqu'au milieu de la rivière. Cependant rien n'empêche d'en disposer différemment par traité (b), et d'attribuer à l'une des deux nations le droit sur tout le fleuve (c), quelquefois même sur une partie de la rive opposée. Ces mêmes principes sont applicables aux lacs bordés par les possessions de plusieurs nations (d).

Dans les fleuves navigables, c'est le courant du fleuve qu'on a communément en vue, en convenant de prendre

(a) MOSER, *Versuch*, t. V, p. 284, 288, 307 ; GUNTHER, *E V. R.*, t. II, p. 20, note *b*.

(b) Traité d'Utrecht, de 1713, entre la France et le Portugal, art. 10 , traité entre la Prusse et la Pologne, de 1773 ; entre l'Autriche et les Provinces-Unies des Pays-Bas, de 1785, etc. *V.* aussi MOSER, *Versuch*, t. V, p. 229, *Beyträge in Friedenszeiten*, t, V, p. 237; GUNTHER, t. II, p. 21, note *c*.

(c) Sur les prétentions des quatre électeurs à l'égard du Rhin, V. *Sammlung von Staatsschriften nach Ableben Carls VII*, b. II, p. 963; SARTORIUS, *Prog. de navigatione Rheni*, Gottingæ, 1798, in-8. Les stipulations de l'acte du congrès de Vienne relatives à la navigation du Rhin et d'autres rivières qui, dans leur cours navigable, séparent ou traversent différents États (dans mon *Nouveau Recueil*, t. II, p. 434 et suiv.), n'ont pour objet que la liberté de la navigation et non l'empire sur ces rivières. Sur la libre navigation des rivières en Pologne, *V.* les traités du 3 mai 1815, entre la Russie, l'Autriche et la Prusse, annexés à l'acte du congrès de Vienne (dans mon *Nouveau Recueil*, t II, p. 225, 236).

(d) STRAUCHIUS, *de Imperio maris*, cap. IV, § 3; BUDER, *de Dominio maris Suevici, vulgo lacus Bodamici*, Jenæ, 1742, p. 35, in-4; dissertation à laquelle on trouve annexée une déduction contre l'empire prétendu par la maison d'Autriche sur le lac de Constance, de 1711. MOSER, *Nachbarliches Staatsrecht*, p. 440; GUNTHER, *E. V. R.*, t. II, p. 55.

le milieu pour limite. Cette limite change donc, si le courant change ; ce qui cependant n'influe pas sur la propriété des autres parties une fois acquises. Mais dans le cas où un fleuve changerait totalement de lit, le lit desséché resterait partagé entre les deux nations, comme l'était le fleuve. Les simples atterrissements n'altèrent pas la ligne qui sert de limite (e).

————

[Notre auteur s'est proposé dans le présent paragraphe et dans ceux qui vont suivre de déterminer l'étendue du territoire d'une nation. Et d'abord, que faut-il entendre par le territoire d'une nation? La définition donnée par la loi romaine est toujours vraie : *Territorium est universitas agrorum intra fines cujusque civitatis : quod ab eo dictum quidam aiunt, quod magistratus ejus loci intra eos fines* TERRENDI, *id est submovendi, jus habet.* (Dig. de *Verb. signif.*, l. 239, § 7.) Il faut entendre par le territoire d'une nation tout l'espace dans lequel les dépositaires de l'autorité publique peuvent faire exécuter, même par l'emploi de la force, les volontés du souverain.

Chaque nation est propriétaire de tout le territoire qu'elle occupe. Il suit de là qu'elle l'est aussi des choses que renferme ce territoire et, par suite, des fleuves, des rivières, des lacs compris et enveloppés dans ce territoire. Mais qu'advient-il lorsqu'un fleuve, une rivière ou un lac forme la limite du pays? Suivant VATTEL, *Le Droit des gens*, édit. Guillaumin, liv. I, ch. xxii, § 266, et c'est aussi l'opinion de notre auteur, ce fleuve, cette rivière, ce lac appartiennent à la nation qui s'est emparée du pays : on doit présumer de la part de la nation l'intention de se les réserver, et cette présomption prend une force nouvelle quand elle a fait usage de l'eau pour la navigation ou pour la pêche. Si, par une possession immémoriale, elle a exercé sans contradiction des droits de souveraineté sur les eaux du fleuve, de la rivière ou du lac, son droit ne peut plus être contesté par l'Etat riverain [1]. Dans le doute sur

————

(e) GROTIUS, lib. II, cap. III, § 17.

[1] [Un arrêt du conseil, du 22 janvier 1726, rendu à une époque où le comtat d'Avignon appartenait au pape, décide que le Rhone, qui formait

le point de savoir laquelle des deux nations s'est emparée la première de l'eau qui les sépare, et si les faits de possession, en général faciles à constater, ne déterminent pas d'une manière évidente
la souveraineté de l'un des deux peuples, les deux nations riveraines sont présumées avoir occupé au même moment leur territoire respectif, et la domination de chacune d'elles s'arrête au milieu du cours d'eau ou des eaux du lac, sous la réserve, bien
entendu, des dispositions contraires stipulées dans les traités
intervenus entre les puissances riveraines.

De ce qu'un fleuve ou une rivière appartient en entier à l'un
des deux Etats, et que l'Etat qui en est propriétaire a seul juridiction sur le fleuve et en règle seul la navigation, il ne s'ensuit pas
qu'il ait le droit, au préjudice soit de l'autre État, soit des Etats
qui reçoivent les eaux dans leur cours inférieur, d'en disposer
d'une manière qui leur serait préjudiciable par l'absorption ou par
le détournement.

On vient de parler des traités qui peuvent intervenir entre les
puissances riveraines, au sujet de l'exercice, de la jouissance, de
l'extension de leurs droits ou de leur renonciation. L'histoire
diplomatique en présente de fréquents exemples. C'est ainsi que,
par le traité de Westphalie de 1648, confirmé en cela par d'autres
traités postérieurs, la navigation de l'Escaut fut fermée aux provinces belges en faveur des Hollandais. Le traité de Vienne de
1815 déclare libre la navigation commerciale du Rhin, à la charge
de règlements particuliers pour ce fleuve et pour le Necker, le
Mein, la Meuse et l'Escaut qui sont également déclarés libres
depuis l'endroit où ils commencent à devenir navigables jusqu'à
leur embouchure. En 1821, un acte signé à Dresde, le 12 décembre, contient des stipulations semblables pour la navigation de
l'Elbe, de la part des Etats riverains. Enfin le traité de Paris, du
30 mars 1856, assure, par les articles 15 et suiv., la liberté de la
navigation du Danube. (*V.* WHEATON, *Eléments du droit international*, t. 1, p. 180 et suiv. ; MASSE, *le Droit commercial*, 2ᵉ édit.,
t. 1, § 110 et suiv. ; HEFFTER, *le Droit international public*, traduction par M. Bergson, § 130 et 136; de CUSSY, *Phases et causes
célèbres, du droit maritime des nations*, t. 1, p. 140, et t. II, p. 533,

la limite séparative des deux territoires, appartenait en entier à la France.
V. MERLIN, *Rép.*, v° RIVIÈRE, § 1, n° 4; V. encore GROTIUS, *de Jui, belli
ac pacis*, lib. II, ch. III, n° 18.   CH. V.]

Ét. Carathéodory, *le Droit intern. concernant les grands cours d'eau*, et ci-après, § 153.)

Pinheiro-Ferreira signale avec raison ce qu'il y a d'indécis et d'incomplet dans ce que dit notre auteur des droits des nations sur les rivières, sur les lacs qui bordent ou traversent leur pays, sur les mers adjacentes ou sur l'Océan : « Rien de plus vague, » ajoute-t-il, que le principe énoncé au commencement du § 39, » que les lacs et les rivières bordant le territoire et les îles qui » s'y trouvent appartiennent à la nation maîtresse du territoire, » *à l'exclusion de tous les étrangers.* » Mais l'erreur est encore plus grave, lorsque, dans le paragraphe suivant, il étend la même doctrine aux détroits et aux golfes.

« Plus loin, il soutient que le droit exclusif même sur les golfes et les mers adjacentes à un pays, peut être acquis par celui-ci aussi loin qu'il le voudra, 1°, dit-il, *contre une nation individuelle qui consent à le reconnaître; 2° même sans ce consentement en tant que le maître du rivage se voit en état de maintenir cette acquisition à l'aide du local et d'une flotte.*

» Il est vrai que M. de Martens ajoute qu'il faut pour cela *que la sûreté des possessions territoriales de la puissance qui s'attribue ce droit offre une raison justificative pour l'exclusion des nations étrangères.* Mais cette supposition n'est qu'une fiction; car, aussi loin que la sûreté de l'État exige d'étendre la limite maritime, le droit de l'y établir ne dépend pas des moyens que le gouvernement peut avoir ou ne pas avoir de la maintenir : et là où il faut fonder un droit sur les moyens de le soutenir, il n'est plus question de droit, mais seulement de force.

» Lorsqu'il s'agit des rivières ou des lacs qui séparent deux pays, il y a deux points de vue sous lesquels on doit considérer la nécessité de fixer la ligne des limites : l'un est relatif aux usages que l'on fait, soit des lacs, soit des rivières et de leurs eaux; l'autre est relatif aux besoins des propriétaires riverains, à la conservation même des rives et des travaux publics qui s'y rapportent, et enfin à la juridiction des autorités du pays, qui, ne devant pas l'étendre au delà des frontières, ont besoin de savoir où elles doivent s'arrêter.

» Quant à cette dernière considération, on fixe assez généralement la frontière au milieu du lit, ou du moins du canal navigable tant des rivières que des lacs.

» Quant aux convenances riveraines, on ne saurait rien prescrire en général, et ce n'est que par des conventions particulières que les gouvernements animés d'un esprit de conciliation et agissant de bonne foi peuvent parvenir à des arrangements équitables.

» Pour ce qui concerne l'usage de la rivière qui sépare les deux pays (car pour les rivières qui les traversent tous les deux, nous en parlerons ci-après), il leur est utile à tous deux de s'accorder la plus grande liberté compatible avec le maintien des droits des propriétaires riverains et la conservation des travaux publics pratiqués sur les deux rives ; car le droit de propriété étant pleinement respecté, toutes les fois qu'on ne vous trouble pas dans la jouissance de ce qui vous appartient, vous ne sauriez gêner votre voisin dans l'usage de la rivière qui vous sépare, dès que, par cet usage, il ne porte point préjudice à vos propriétés, soit sur la rive, soit sur les eaux adjacentes.

» Ce n'est donc que par un esprit de jalousie que les gouvernements, ne pouvant pas empêcher absolument la navigation, la pêche et autres usages que les peuples limitrophes sont en droit de faire de la rivière ou du lac commun, y opposent, sous différents prétextes, une foule d'obstacles.

» Nous avons indiqué dans la note précédente les principes généraux qu'on peut établir au sujet des frontières entre deux pays limitrophes, et nous avons vu la divergence d'opinions qu'on observe parmi les publicistes à cet égard. On doit s'attendre à les trouver moins d'accord lorsqu'il s'agit des frontières du côté de la mer.

» En effet, du côté de terre, quelque étendue que soit la frontière, il est toujours possible à un gouvernement vigilant de protéger avec plus ou moins de promptitude tous les points que des forces étrangères pourraient être dans le cas d'attaquer.

» Mais pour repousser des attaques tentées par des vaisseaux qui, de la haute mer, se dirigeraient sur les points de la côte où il n'y aurait pas de fortifications, il faudrait pouvoir y envoyer sur-le-champ des forces maritimes, et le plus souvent le mal serait irréparablement fait longtemps avant qu'on pût y remédier.

» Aussi tout le monde est d'accord qu'il faut tracer à une distance convenable des côtes une ligne de respect en dedans de laquelle l'étranger, même dans l'absence de toute force, ait à se

conduire comme s'il se trouvait sur le territoire du pays, dont
cette ligne sera dès lors considérée comme la frontière maritime.

» Mais à quelle distance faut-il placer cette frontière ? Plusieurs
publicistes la bornent à la plus forte portée de canon, ainsi établi sur la pointe la plus saillante de la côte visible ; d'autres
l'étendent aussi loin que de la haute mer on peut avoir vue de
terre ; d'autres enfin, pour éviter tout ce que ces différentes propositions ont de vague et d'incertain, fixent la ligne de respect à
deux, quatre, et même six milles de la côte la plus proche.

» Toutes ces propositions sont également arbitraires et gra-
tuites, parce qu'en effet on ne peut rien déterminer en général à
ce sujet. Ce n'est que par des conventions entre les puissances, et
eu égard aux circonstances locales, que ces sortes de frontières,
encore plus que celles du côté de terre, doivent être déterminées.
Ce qu'en général on peut dire là-dessus, c'est qu'on doit avoir en
vue de veiller à ce que la tranquillité et le libre trafic des habitants des côtes, ainsi que la navigation et la pêche côtière, soient
mis à l'abri de toute insulte : ce qu'on ne peut se flatter d'obtenir si, par des conventions expresses, ainsi que nous le disions
tout à l'heure, les gouvernements ne s'obligent à faire respecter
par les vaisseaux de leurs nations la ligne dont on sera convenu.

» Mais il ne faut pas pousser au de là de certaines limites ce que
nous entendons désigner ici par l'expression de *ligne de respect*.
Ce que cette phrase conventionnelle commande d'observer, c'est
de ne rien entreprendre, en dedans de cette ligne, de ce que le
gouvernement du pays aurait droit d'empêcher comme portant
atteinte à la propriété ou à la sûreté de sa nation.

» On peut donc apprécier, d'après ces principes, jusqu'à quel
point est insoutenable la prétention de quelques puissances à percevoir un certain droit des vaisseaux qui, par force de mer ou
par suite de leur navigation, longent leurs côtes en dedans de
cette ligne.

» Tout aussi insoutenable, mais plus révoltante encore, est la
prétention de certains autres gouvernements, qui exigent des
vaisseaux qui naviguent en dedans de cette ligne frontière de
rendre des honneurs et des saluts à leurs forteresses.

» Cependant il ne faut pas confondre avec ces absurdes prétentions le droit que s'arrogent quelques puissances d'exiger des
vaisseaux qui passent à une certaine distance de leurs côtes le

paiement d'un certain tarif pour l'entretien des fanaux, des bouées
et des moyens de sauvetage qu'elles ont ou prétendent avoir établis sur la côte à l'usage des navigateurs. Ici, du moins, lorsque
réellement ce service est par elles rendu à la navigation, on ne
saurait regarder leur réquisition comme dénuée de fondement.
Cependant les mêmes principes qui font aux autres nations un
devoir de contribuer de leur part à l'entretien de ces établissements, leur assurent le droit de ne le faire qu'avec connaissance
de cause, c'est-à-dire en réglant de gré à gré le tarif des contributions d'après la réalité et l'importance des services.

» Presque tous les gouvernements, partant du principe qu'ils
doivent protection à l'industrie de leur pays, se permettent de
saisir ou d'arrêter comme suspects de contrebande les vaisseaux
étrangers par la seule raison qu'on les a rencontrés naviguant en
dedans de cette ligne. Une pareille pratique ne peut résulter que
du déplorable système de police préventive, qui punit comme
coupables les actions les plus innocentes, sans autre motif que la
facilité de passer de là à une action criminelle. »   Ch. V.]

§ 40. — Des Détroits de mer, des Golfes et de la Mer voisine.

Ce qui vient d'être dit des rivières et des lacs est également
applicable aux détroits de mer et aux golfes, surtout
en tant que ceux-ci ne passent pas la largeur ordinaire des
rivières, ou la double portée du canon.

De même une nation peut s'attribuer un droit exclusif
sur ces parties voisines de la mer (*mare proximum*) susceptibles d'être maintenues du rivage. On a énoncé diverses opinions (a) sur la distance à laquelle s'étendent les
droits du maître du rivage. Aujourd'hui toutes les nations
de l'Europe conviennent que, dans la règle, les détroits,

(a) LOCCENIUS, *de Jure maritimo*, dans HEINECCII, *Scriptores rei
maritimæ*, p. 921, BODINUS, *de Republica*, lib. I, cap x, p. 170, édit.
de Paris; BYNKERSHOECK, *de Dominio maris*, cap. II, ou dans ses *Opera
omnia*, t. II, p. 126 et suiv.

les golfes, la mer voisine, appartiennent au maître du rivage, pour le moins jusqu'à la portée du canon qui pourrait être placé sur le rivage. Dans nombre de traités on a
même adopté le principe plus étendu des trois lieues (b).

———

[Il y a lieu, sur ce point, de distinguer entre la pleine mer et
la partie de la mer rapprochée du rivage, entre les mers ouvertes
à tous à raison de leur position naturelle et celles qui sont renfermées dans le territoire d'une ou de plusieurs nations. Nous nous
occuperons d'abord ici, comme l'a fait notre auteur, de la partie
de la mer rapprochée du rivage et des mers ou parties de mer
renfermées dans le territoire d'une ou de plusieurs nations. On
verra ci-après, au § 43, que la pleine mer ne peut devenir l'objet
d'une propriété plus ou moins exclusive, d'une part parce que
son usage est inépuisable et innocent en lui-même, d'autre part
parce que, n'étant pas de nature à être occupée, personne ne peut
s'opposer à son usage; mais de ce que la mer n'est pas susceptible de l'appropriation de l'homme, par suite de l'impossibilité
pour lui de la retenir sous son obéissance et d'en exclure les autres hommes, et aussi à raison de son immensité et de sa qualité
d'être inépuisable, il résulte que pour les parties de l'Océan qui
ne réunissent pas ces conditions, pour celles qui par leur nature
peuvent subir la domination de l'homme, et l'exclusion des
autres, pour celles, enfin, dont l'usage commun ne saurait être
maintenu sans nuire à la nation intéressée, et qui sont susceptibles de propriété, le principe de la liberté s'efface et disparaît. Cela
a lieu notamment pour les mers territoriales, et pour les mers
fermées. Par l'expression de mers territoriales il faut entendre
celles qui baignent les côtes d'une nation et lui servent pour ainsi
dire de frontière. Ces mers sont soumises à la nation maîtresse
de la côte qu'elles baignent et peuvent être réduites sous la puissance de la nation propriétaire qui a dès lors le droit d'en exclure
les autres. La possession est continue, entière, de même que s'il

(b) PFEFFEL, *Principes du Droit naturel*, liv. III, chap. IV, § 15;
PESTEL, *Selecta capita Juris gentium maritimi*, § 9, GUNTHER, *E V. R.*,
t. II, p 38 et suiv.

s'agissait d'un fleuve, d'un lac, ou d'une partie de territoire continental. Aussi tous les traités reconnaissent aux nations dans un intérêt de navigation, de pêche, et aussi de défense, le droit d'imposer leurs lois dans les mers territoriales qui les bordent, de même que tous les publicistes s'accordent pour attribuer la propriété de la mer territoriale à la nation riveraine. Mais on s'est longtemps demandé quelle était l'étendue de cette partie privilégiée de la mer. Les anciens auteurs portaient très-loin les limites du territoire maritime, les uns à soixante milles, c'était l'opinion générale au quatorzième siècle; les autres à cent milles. Loccenius, *de Jur. marit.*, lib V, cap. iv, § 6, parle de deux journées de chemin; Valin, dans son *Commentaire sur l'ordonnance de 1681*, propose la sonde, la portée du canon ou une distance de deux lieues.

D'autres auteurs ont pensé que l'étendue de la mer territoriale ne pouvait être réglée d'une manière uniforme, mais devait être proportionnée à l'importance de la nation riveraine. Au milieu de ces opinions contradictoires, il faut, suivant Hautefeuille, *Droits et devoirs des nations neutres*, 2ᵉ édit., t. I, p 83 et suiv., pour fixer ces principes, remonter aux causes qui ont fait excepter de la règle de la liberté des mers, les eaux baignant les côtes et qui les ont fait ranger dans le domaine de la nation riveraine. Ces causes étant que ces portions de la mer sont susceptibles d'une possession continue; que le peuple qui les possède peut en exclure les autres; enfin, qu'il a intérêt à prononcer cette exclusion, soit pour sa sécurité, soit à raison des avantages que lui procure la mer territoriale, le domaine maritime doit cesser là où cesse la possession continue, là où la nation ne peut plus exercer sa puissance, c'est-à-dire là où cessent d'atteindre les machines de guerre. En d'autres termes, la plus grande portée du canon placé à terre, est la limite de la mer territoriale, *terræ potestas finitur ubi finitur armorum vis*; et nous devons ajouter que la plupart des traités ont adopté cette règle; beaucoup de peuples l'ont reconnue dans leurs lois et leurs règlements intérieurs; presque tous les publicistes l'ont regardée comme rationnelle, notamment Grotius, Hubner, Bynkershoeck, Vattel, Galiani, Azuni, Kluber.

Au reste, le domaine maritime ne se mesure pas de chacun des points du rivage. On tire habituellement une ligne fictive d'un

promontoire à l'autre et on la prend comme point de départ de la
portée du canon ; cela se pratique ainsi pour les petites baies, les
golfes d'une grande étendue étant assimilés à la pleine mer

La conservation du domaine de la mer territoriale par la
nation riveraine, n'est pas subordonnée à l'établissement et à
l'entretien d'ouvrages permanents, tels que batteries ou forts :
la souveraineté de la mer territoriale n'est pas plus subordonnée
à son mode d'exercice que la souveraineté du territoire même.

Ajoutons un mot sur les mers fermées ou intérieures qui sont
les golfes, rades, baies ou parties de mer qui ne communiquent à
l'Océan que par un détroit assez resserré pour être réputées faire
partie du domaine maritime de l'État maître des côtes. La qualité
de mer fermée est subordonnée à une double condition : il faut
d'une part qu'il soit impossible de pénétrer dans cette mer sans
traverser la mer territoriale de l'État et sans s'exposer à son canon ; d'autre part, il faut que toutes les côtes soient soumises à la
nation maîtresse du détroit. HAUTEFEUILLE, *Droits et devoirs des
nations neutres*, t. I, p. 95, ajoute qu'il croit pouvoir poser
comme principe, qu'une mer ne peut être regardée comme
fermée, et par suite devenir propriété privée, que lorsque le
détroit qui en forme l'entrée est tellement étroit qu'il fait en
entier partie de la mer territoriale ; et que tous les rivages de
cette mer appartiennent à la nation propriétaire du détroit. Mais
il n'est pas douteux que l'accord unanime de tous les peuples
propriétaires des rivages d'une mer intérieure, et du détroit qui
y donne entrée, ne soit équivalent à l'accomplissement des deux
conditions que nous venons d'indiquer.   CH. V.]

§ 41. — Des Mers adjacentes.

Mais une nation ne peut-elle acquérir un droit exclusif
sur des fleuves, des détroits, des golfes trop larges pour
être couverts par les canons du rivage, ou sur des parties
d'une mer adjacente qui passent la portée du canon, ou
même la distance de trois lieues ? Nul doute d'abord qu'un
tel droit exclusif ne puisse être acquis contre une nation in-

dividuelle qui consent à le reconnaître (*a*). Cependant il
semble même que ce consentement ne soit pas un réquisite
essentiel pour une telle acquisition, en tant que le maître
du rivage se voit en état de la maintenir à l'aide du local (*b*)
ou d'une flotte, et que la sûreté de ses possessions territoriales offre une raison justificative pour l'exclusion des nations étrangères. Si de telles parties de la mer sont susceptibles de domination, c'est une question de fait de savoir
lesquels de ces détroits, golfes ou mers adjacentes, situés
en Europe, sont libres de domination, lesquels sont dominés (*clausa*), ou quels sont ceux sur la liberté desquels on
dispute (*c*).

§ 42. — Des Parties de la mer libres ou sujettes.

On reconnaît généralement comme libres, 1° le *détroit
de Gibraltar* hors de la portée du canon (*a*); 2° la *mer d'Espagne*; 3° la *mer d'Aquitaine*; 4° la *mer du Nord* (*b*);
5° la *mer Blanche*; 6° la *Méditerranée*.

On ne conteste pas le droit exclusif, 1° de la Grande-
Bretagne sur le *canal de Saint-Georges*; 2° du roi de Dane-
mark sur le *grand* et le *petit Belt*, et sur le *détroit du
Sund* (*c*); 3° des Turcs sur l'*Archipel*, sur la *mer de Mar-*

(*a*) Paix d'Utrecht entre la France et le Portugal, art. 10; convention
entre l'Espagne et la Grande-Bretagne, de 1790, dans mon *Recueil a*,
t. III, p. 184; *b*, t. IV, p. 492.

(*b*) BYNKERSHOECK, *de Dominio maris*, cap. III.

(*c*) Sur cette question illustre, *V.* HAGEMEISTER, *Sylloge disserta-
tionum de imperio maris*, Francofurti, 1663, in-12; COCCEI, *Grotius
illustratus*, t. IV; et les écrits dans OMPTEDA, *Litteratur*, § 218 et suiv.,
KAMPTZ, § 172 et suiv.

(*a*) *Polit. Journ.*, 1783, p. 684.

(*b*) *V.* cependant GUNTHER, *E. V. R.*, t. II, p. 41.

(*c*) Le Sund a neuf milles de longueur; il en a quatre de largeur

mara, sur les *détroits* qui conduisent à la *mer Noire*; 4° du roi de Naples, depuis 1815 de nouveau, sur le *détroit de Messine*; 5° de la Hollande sur le *Zuyderzée*; 6° du roi de Suede sur le *golfe de Finlande*.

Mais on a souvent et vivement contesté, 1° à la Grande-Bretagne l'empire et la propriété sur les quatre mers qui baignent cette île (*d*), particulièrement sur le canal Britannique et le Pas-de-Calais; 2° à la république de Venise l'empire de la mer Adriatique (*e*); 3° à la république de Gênes celui du golfe de Gênes (*f*); 4° il y a eu de même de vives contestations sur l'empire de la Baltique (*g*), tant entre les États qui la bordent, qu'à l'égard des étrangers auxquels le Danemark, qui en tient les clefs, se croit encore aujourd'hui autorisé à la fermer contre toutes les hostilités en temps de guerre (*h*).

près de Copenhague, et un demi-mille près d'Elseneur. (Busching, *Erdbeschreibung*, t. I, p. 120.) Le peu de profondeur du Sund sur les bords de la Scanie force presque les vaisseaux à passer sous le canon de la forteresse de Cronenbourg.

(*d*) Selden, *Mare clausum*, 1635, in-fol., et dans Cocceji, *Grotius illustratus; the Sovereignty of the British seas in the year 1633 proved by records, history and the municipal laws of the kingdom*, by sir John Borroughs, 1651, in-12; Welwood, *de Dominio maris*, Hagæ-Comitum, 1703, et, pour l'opinion contraire, Th. Graswinkel, *Vindicatio maris liberi adversus* Welwood, Hagæ, 1653, in-4; Corn. van Bynkershoeck, *Dissert. de dominio maris*, dans ses *Quæst. Juris publici*.

(*e*) *V*. la liste des écrits qui ont paru sur cet objet dans Gunther, *E. V. R .* t. II, p 46.

(*f*) *V* les écrits cités par Gunther, *E. V. R.*, t. II, p. 47.

(*g*) *Mare Balticum, id est, Historica Deductio utri regum, Daniæne an Poloniæ, prædictum mare se desponsatum agnoscat*, 1738, in-4, *Anti-Mare Balticum*. 1639, in-4; Stypmann, *de Jure maritimo*, lib. I, cap VI, n. 179 sqq.

(*h*) *V*. la déclaration du Danemark aux puissances belligérantes, de

Il y a de même, hors de l'Europe, une multitude de contestations relatives surtout aux mers adjacentes des possessions des Européens en Afrique, aux Indes et en Amérique (i); une partie seulement en a été réglée par traité.

[C'est avec raison que Pinheiro-Ferreira reproche à notre auteur de confondre des objets tout à fait distincts. Le détroit du Sund, celui de Messine et ceux qui mettent en communication la mer Noire et la Méditerranée ne peuvent être assimilés au canal de Saint-Georges, au Zuyderzée et même au golfe de Finlande. Les peuples situés sur les bords des premiers, ne sauraient en disputer l'usage aux autres nations. Il n'y a aucun inconvénient pour eux dans cette jouissance ; loin de là, la libre navigation de ces détroits peut leur devenir très-profitable ; mais s'il s'agit de détroits ou de golfes dont le libre usage ne pourrait être accordé aux nations étrangères sans détriment pour les peuples riverains, ceux-ci ont le droit de ne pas admettre les étrangers qui refuseraient de souscrire aux conditions sous lesquelles on consent à les recevoir. Il est évident, en effet, d'après les principes exposés aux précédents paragraphes, que tous les golfes et détroits ne sauraient appartenir dans toute leur étendue à la mer territoriale des Etats dont ils baignent les côtes. Pour les golfes et détroits d'une grande étendue, la souveraineté de l'État est limitée à la portée du canon qui serait tiré de terre ; plus loin, ces golfes et détroits sont assimilés à la pleine mer et leur usage appartient à toutes les nations. D'après M. de Cussy, *Phases et causes célèbres du droit maritime des nations,* t. I, p. 97, au nombre des golfes et détroits que l'on peut considérer comme appartenant à la mer territoriale soumise aux lois et à la surveillance de l'Etat riverain, on peut signaler la mer ou golfe d'Azow et la mer de Mamara ; — le Zuyderzée et le Dolard ; — les golfes de Bothnie et de Finlande ; — le golfe de Saint-Laurent dans

l'an 1780, et les réponses, dans mon *Recueil a,* t. II, p. 84 ; *b,* t. III, p. 175.

(i) Sprengel, *Geschichte der Europaer in Indien,* t. I, p. 35 et suiv., Moser, *Nordamerica,* t. II, p. 401, 583 ; t. III, p. 350.

l'Amérique septentrionale; — une partie du golfe du Mexique,
dans la mesure respective indiquée pour chacune des nations
dont le territoire est borné par ce golfe; — le fond du golfe
Adriatique, dans les parages de Venise, Trieste, Fiume, etc., —
les golfes de Naples, Salerne, Tarente, Cagliari, Salonique,
Coron, Lépante, etc.; — les détroits ou canaux d'Écosse, de Messine, du Sund, du grand et du petit Belt, de Constantinople, des
Dardanelles, d'Iénikalé, d'Euripe, etc. Sont considérés comme
mer libre les détroits ou passages de mer dans lesquels le navire, en se tenant au centre, est hors de la portée du canon : tels
sont le détroit de Gibraltar, le canal de la Manche, les détroits de
Mozambique, Bering, Malacca, Davis, Bass, Torrels, etc., et même
le détroit du Sund, malgré les droits de navigation établis autrefois
au profit du Danemark, et sur lesquels nous reviendrons ci-après,
au § 153. La liberté des mers serait illusoire, si l'usage des détroits qui servent de communication d'une mer à l'autre était
entravé. Des conventions et des usages contraires existent, nous
ne saurions le nier; mais malgré ces exceptions, comme le fait
observer M. de Cussy, le principe n'en demeure pas moins intact.

Notre auteur rappelle les anciennes prétentions de l'Angleterre,
de Venise, de la république de Gênes, à la propriété des mers
qui les bordent ou les environnent; non-seulement ces prétentions ont été contestées, mais le temps en a fait justice et la cause
de l'entière liberté des mers au profit de toutes les nations, fait
chaque jour des progrès.   Ch. V.]

§ 13. — De l'Océan.

Toutefois, ni le vaste Océan, qui couvre la plus grande
partie de notre globe, ni la mer des Indes, formant l'une
des quatre mers dans lesquelles on le divise idéalement,
n'ont pu être acquis exclusivement par une nation quelconque. Ce n'est pas la difficulté seule d'en maintenir la
possession qui s'y oppose : c'est le défaut d'une raison justificative pour soustraire à la communauté primitive d'usage
ce qui suffit aux besoins communs de tous. La jalousie de
commerce n'est pas un titre à une telle exemption, et ni la

priorité du temps, ni les concessions papales, ni la prescription, n'ont pu frustrer le reste des nations de l'univers
de la jouissance d'un droit commun à tous (a). Aussi, mal
gré les prétentions exclusives formées par le Portugal et
par l'Espagne au seizième siècle, aucune des nations de
l'Europe n'ose plus aujourd'hui contester, dans la généralité, la liberté de la mer des Indes et des autres trois
grandes parties de l'Océan, bien qu'il reste encore des prétentions sur des parties importantes de ces mers (b), et bien
qu'une nation puisse renoncer à son droit de navigation en
faveur d'une autre, qui seule alors acquiert un titre à l'en
empêcher (c).

[Il n'y a pas, dans les annales du genre humain, de question plus
controversée par la plume des philosophes et des publicistes et
plus débattue par les armes, que celle de la liberté des mers, en
d'autres termes, que la question de savoir si l'empire de la mer
peut appartenir à une nation à l'exclusion de toutes les autres; de
telle sorte que cette nation n'y laisse naviguer et commercer les

(a) GROTIUS, *Mare liberum, seu de jure quod Batavis competit ad
Indica commercia*, 1609, in-8; et ensemble avec d'autres écrits sur cette
matière, dans les ouvrages de HAGEMEISTER et de COCCEIUS, cités plus
haut (§ 41, note c, p 139).

(b) V., par exemple, Mémoire de l'Espagne, du 4 juillet 1790, dans
Hist. polit. Magazin, 1790, b. II. p. 182; les déclarations et contre-déclarations entre la Grande Bretagne et l'Espagne, du 24 juillet 1790,
dans mon *Recueil a*, t. III, p. 166, *b*, t. IV, p. 488; le traité, *ibid.*, *a*,
t. III, p. 184; *b*, t. IV, p 492.

(c) Traité de 1648, entre l'Espagne et les Provinces-Unies des Pays-
Bas, art. 5, 6, traité de Vienne, de 1731, entre l'Autriche et l'Angle
terre, avec accession des Provinces-Unies des Pays Bas, de 1732, dans
ROUSSET, *Suppl.*, t II, part. II, p. 288 et suiv. Sur la question si l'Espagne est autorisée à doubler le Cap pour naviguer aux Indes orientales,
V. N. Nederl. Jarboeken, 1788, part. II, p. 1826-1921, et mes *Erzahlungen merkwurdiger Falle*, t. II, n. 12.

autres qu'au gré de ses convenances. L'historique de ces vicissitudes nous entraînerait au delà des limites du commentaire.
Disons seulement que plus la prédominance d'exclusion d'une
puissance sur le monde s'est affaiblie, plus les abus de la force
sont devenus rares, plus aussi la question s'est dégagée, éclaircie
et a été ramenée a la solution qu'elle doit avoir, c'est-à-dire à la
liberté. On a vu au dix-septième siècle l'Espagne et le Portugal
revendiquer à titre de découverte et de conquête la souveraineté
des mers du nouveau monde et en obtenir la concession du pape
Alexandre VI. Plus tard l'Angleterre prétendit à l'empire et à la
propriété des quatre mers qui l'entourent. Selden, l'adversaire de
Grotius qui, de son côté, soutenait le droit de tous les hommes à
la libre navigation, au commerce et à la pêche dans l'Atlantique et
la mer Pacifique, Selden, disons-nous, se faisait l'interprète et le
défenseur de cette prétention. Venise, à son tour, affectait la souveraineté de la mer Adriatique, et l'empire ottoman celle de la
mer Noire. Mais il est fait justice depuis longtemps de toutes ces
prétentions sur les mers closes ou ambiantes. Le droit commun
des nations à la navigation et au commerce est aujourd'hui acquis.
Et comment, en effet, défendre comme une propriété exclusive ce
qui ne souffre même pas de domicile? La mer, comme l'air, la
lumière, le soleil, étant d'un usage, moralement et matériellement, inépuisable et innocent, n'est pas susceptible d'appropriation, c'est-à-dire d'être retenue sous la puissance immédiate et
absolue de celui qui en réclame la propriété, du moins pour la
pleine mer, la partie la plus rapprochée du rivage, ou les mers qui
sont renfermées dans les terres d'une ou de plusieurs nations
demeurant susceptibles d'appropriation.

Aussi peut-on, en résumé, formuler les propositions suivantes :

1° La pleine mer est libre et ne peut, dans aucun cas, devenir
la propriété exclusive d'une nation;

2° L'usage de la mer pour la navigation, le commerce et la
pêche, appartient à tous les peuples sans exception; ce droit est un
droit naturel, primitif et inaliénable;

3° On ne doit excepter de cette règle que les parties de la mer
sur lesquelles il est possible d'établir une puissance réelle et continue, c'est-à-dire les mers territoriales et les mers fermées. *V.* l'ouvrage récent de M. E. Cauchy., *le Droit maritime international*,
t. II, p. 92 et *passim*.   Ch. V.]

§ 44. — Effets de la propriété ; Empire.

La propriété renfermant le droit d'exclure d'autres de
tout usage et de toute disposition qu'ils pourraient en faire,
elle autorise aussi à prescrire des lois et des conditions a
ceux auxquels on en permet un usage quelconque. En ce
sens, l'empire est la suite naturelle de la propriété illimitée.
Dans tous les autres cas, l'empire sur des objets appartenant à autrui, ou n'appartenant à personne, pour être légitimement exercé, suppose le consentement de ceux contre
lesquels on veut se prévaloir. Donc, si l'on peut s'imaginer
qu'une nation exerce un empire sur des pays non occupés,
sur des parties d'une mer commune et même sur le vaste
Océan, cet empire suppose l'aveu des nations qu'on voudrait y assujettir, lequel, quant au vaste Océan, n'a jamais
eu lieu ; quant à des parties d'une mer commune, il n'a eu
lieu que dans les relations particulières de telle nation
avec telle autre, ainsi qu'il sera dit plus bas, liv. IV,
chap. IV, en entrant dans le détail des droits qu'on fait découler de la propriété ou de l'empire sur certaines mers.

[Vattel, liv. I, ch. XVIII, § 204, divise le droit exclusif d'une nation
sur le pays qu'elle occupe en droit de domaine et en droit d'empire.
Par le premier, elle use et dispose de tout ce que le pays lui offre
de ressources et d'avantages ; par le second, elle commande seule
sur son territoire, permet et défend à son gré tout ce qui s'y fait.
C'est ainsi qu'elle peut permettre à qui il lui plaît l'accès de son
territoire, et par cette permission, elle s'engage à protéger
l'étranger dans sa personne et dans ses biens, et celui-ci, de son
côté, ne fera rien de nature à blesser ses mœurs et ses usages ;
il sera, de plus, soumis à ses lois de police et de sûreté.
Quels sont les divers droits de pur droit civil qui appartiennent à

l'étranger, quels sont ceux au contraire dont il est exclu, c'est ce qui sera expliqué ci-après au § 90, en traitant du droit d'aubaine.

Notre auteur semble admettre que les peuples pourraient renoncer à l'usage de la mer et la céder comme la terre. C'est l'opinion de MONTESQUIEU, *Esprit des lois*, liv. XXI, ch. xxi; de VATTEL, *Le Droit des gens*, édit. Guillaumin, liv. I, ch. xxiii, § 284 ; de GROTIUS, *de Jure belli ac pacis*, liv. II, ch. iii, § 15. Cette doctrine ne saurait être admise; la mer ne peut, ni par sa nature ni par les lois du Créateur, être possédée, ni cédée, ni vendue, ni acquise, ni conquise, et toutes les conventions expresses ou tacites seraient nulles et sans effets obligatoires. (De BARRERE, *de la Liberté des mers*, t I; HAUTEFEUILLE, *Droits et dev. des nat. neut.*, t I, p 214. *V.* encore AZUNI, *Droit maritime de l'Europe*, première partie, ch. i, art. 1, § 16. DALLOZ, *Jurispr. gén.*, v° *Droit des gens*, n. 74, croit qu'une nation peut valablement renoncer à la faculté de naviguer et de pêcher sur telle ou telle mer. « Mais, ajoute-t-il, une convention peut seule entraîner renonciation d'une telle faculté sur une mer; la prescription ou un long usage contraire ne suffirait pas, les droits de navigation, de pêche et autres que l'on peut exercer sur la mer étant des droits de pure faculté. »

CH. V.]

§ 45. — De l'Accession.

Entre les nations, comme entre les individus, le droit de propriété sur une chose renferme aussi celui sur ses accessions naturelles, telles que celles qui ont lieu par des atterrissements et par alluvion. L'alluvion même n'exige pas la preuve d'une occupation particulière (*a*), cependant, si le terrain est reconnaissable, elle peut donner lieu à des indemnités.

(*a*) *V.* GROTIUS, l. VII, chap. iii, p. 17; VATTEL, liv. I. chap xxii, § 268, 275; GUNTHER, *E. V. R.*, t. II, p. 57. Sur les disputes entre les états généraux des Provinces-Unies et la Zélande, touchant les limites de Flandre et la propriété de Hoogeplaat, réglées par la transaction de 1776, *V.* PESTEL, *Commentarii de republ. Batava*, § 268.

[L'accession qui est la réunion d'une chose avec une autre, de
telle sorte que l'une devient l'accessoire de l'autre, n'a besoin
d'aucun acte juridique particulier; elle est comme un accident
inhérent à la substance même de la chose. On reconnaît en droit
civil plusieurs sortes d'accession : l'accession *naturelle, industrielle* ou *artificielle,* et l'accession *mixte,* suivant qu'elle s'est
opérée naturellement, artificiellement ou par l'action combinée
de l'art et de la nature.

« Ce qu'il y a de remarquable, fait observer Proudhon, *Traité
du domaine de propriété,* n° 524, à l'égard de ce mode d'acquérir,
c'est que souvent il a lieu *solâ rei potentiâ,* ou par la force des
choses, et sans le concours de la volonté du maître dont la propriété passe ainsi en d'autres mains... Mais où est donc, ajoute
Proudhon, n° 525, l'empire capable de faire passer rationnelle-
ment et avec justice la propriété de l'un dans les mains de l'autre, sans le consentement du maître? C'est en consultant les décrets de la Providence, qu'il faut répondre à cette question ; c'est
en réfléchissant sur l'harmonie des diverses parties du monde
qu'il faut en chercher la réponse, parce que c'est là qu'on en
trouve l'indication. L'acquisition qui s'opère par le droit d'accession, repose sur ce principe d'éternelle raison, qui veut que l'accessoire soit soumis à la loi du principal : c'est là un de ces
décrets de l'ordre universel auquel tout paraît obéir dans la nature; c'est par l'empire de cette règle d'harmonie générale, que,
dans le monde physique, l'attraction des grandes masses produit
la gravitation des petites... »   ch. V.]

CHAPITRE II.

DES TRAITÉS.

§ 46. — Conventions. — Usage.

Le consentement mutuel des nations peut ajouter à leurs obligations primitives, en leur imposant de faire, d'omettre ou de souffrir ce à quoi elles n'étaient naturellement pas obligées, ou n'étaient engagées que par les simples règles de la morale ou de la décence. La base de ces obligations positives est donc la volonté des peuples. Cette volonté peut être, 1° *expressément* déclarée par des paroles, ou par des signes substitués aux paroles ; 2° ou *tacitement*, par des actes qui, sans être substitués aux paroles, suffisent pour faire preuve d'un consentement obligatoire ; 3° ou *présumée*, par l'uniformité des actes qui ont eu lieu jusqu'ici dans des cas semblables. De là une triple source de droit des gens positif : les *conventions expresses*, les *conventions tacites*, l'*observance* ou l'*usage*.

§ 47. — Des Traités publics.

On appelle Traités publics ceux qui se font de nation à nation, par l'organe de leurs gouvernements. Les contrats

que, dans les monarchies, le monarque passe en son nom
privé, ou les accords que le gouvernement fait avec des
particuliers, ne sont pas qualifiés de traités publics (a), et
sont étrangers à notre science.

La question de savoir jusqu'à quel point il peut appar-
nir à des parties sujettes d'un État de négocier et de conclure des traités publics avec des nations étrangères, doit
être jugée d'après la constitution positive de chaque État.
Dans le moyen âge on accordait fréquemment ce droit,
même à des villes municipales et commerçantes. Les États
mi-souverains de l'Allemagne en ont joui indubitablement
d'après les lois de l'Empire (b). Ce qui reste encore d'États
mi-souverains en Europe semble également pouvoir y prétendre. Mais, au reste, il est reconnu que dans les États
souverains ce droit ne peut appartenir aux villes, aux
états provinciaux, etc, qu'en tant qu'ils sont munis d'une
permission spéciale du gouvernement, ou qu'une loi fondamentale fait exception en leur faveur; et que, hors ces cas,
c'est un crime d'État que d'empiéter sur l'exercice de ce
droit essentiel du souverain (c).

[Le droit de négocier et de contracter des traités de nation à
nation, est un des droits les plus essentiels de la souveraineté extérieure. Son exercice peut cependant, sans que la souveraineté soit
détruite, être soumis à certaines restrictions ou modifications.
Ainsi les États de l'union de l'Amérique du Nord ne peuvent

(a) GROTIUS, liv. II, cap. xv, § 1 et suiv. ; VATTEL, liv. II, chap. xii,
§ 154.
(b) Paix de Westphalie, art. 8, § 2, Cap. imp., art. 6, § 4.
(c) MOSER, Grundsätze des Völkerrechts, p. 528, SCHEIDEMANTEL,
Allg. Staatsrecht, t. I, § 196.

contracter aucun traité avec une puissance étrangère, ou même entre eux, sans le consentement du congrès. Il est à remarquer, au contraire, que les États souverains faisant partie de la Confédération germanique n'ont pas renoncé à la faculté de conclure des traités d'alliance et de commerce, lorsque ces traités ne sont point en opposition avec les lois fondamentales de la Confédération.

L'État ne pouvant agir par lui-même, le pouvoir de contracter des traités avec les puissances étrangères est ordinairement délégué au souverain régnant dans les monarchies absolues et même dans les monarchies constitutionnelles, sauf dans certains cas, l'intervention des autres pouvoirs de l'État. Dans les républiques, ce pouvoir est dévolu au président, au sénat ou au conseil exécutif. Aux États-Unis d'Amérique, le consentement du sénat est essentiel pour rendre valable un traité conclu par le président. C'est, on le comprend, la constitution particulière de chaque État ou sa loi fondamentale qui sert de règle en cette matière, et détermine quels sont ceux des pouvoirs dont l'ensemble forme le gouvernement auxquels appartient le droit de faire des traités au nom de l'État. (WHEATON, *Éléments du droit international*, t. I, p. 226.) En France, le droit de conclure les traités appartient exclusivement à l'empereur. (Art. 6 de la constitution de 1852.

Il est rare que les chefs d'État, rois, empereurs, ou magistrats suprêmes, investis du droit de faire des traités au nom de la nation qu'ils gouvernent, les fassent en personne. Habituellement ils désignent pour la négociation et la rédaction d'un traité un ou plusieurs mandataires revêtus de pouvoirs spéciaux et appelés pour cette raison plénipotentiaires. *V.* VATTEL, *le Droit des gens*, édit. Guillaumin, liv. II, ch. XII, § 154 et la note de M. Pradier-Fodéré. Théodore ORTOLAN, *Règles internationales et diplomatie de la mer*, t. I, p. 91.

Du reste, et cette observation s'applique au présent paragraphe et aux paragraphes qui vont suivre, malgré des points nombreux d'analogie incontestables, on ne saurait assimiler complétement aux conventions des particuliers entre eux les conventions internationales. « Quoique les principes généraux qui les régissent, dit Théodore ORTOLAN, *Règles internationales et diplomatie de la mer*, t. I, p. 89, soient les mêmes, les États, grandes agglomérations collectives, diffèrent trop des particuliers, simples individus, dans leur nature, dans leur mode de résolution et d'action, dans leurs intérêts et dans les choses qui font l'objet de ces intérêts, pour qu'on puisse tirer de ces règles générales les mêmes conséquences de détail et d'application, à l'égard des unes qu'à l'égard des autres de ces conventions. Ainsi, bien qu'il soit vrai des conventions internationales, comme des conventions entre particuliers, que ces conventions ne sont valables qu'autant qu'il y a eu véritable consentement : ce qui concerne la violence, les manœuvres frauduleuses ou les erreurs substantielles qui seraient de nature à vicier le consentement, prend, à l'égard des nations, un caractère à part, et mérite dans la pratique une détermination particulière, appropriée à la nature des nations, à leur manière de vouloir et d'agir. Il en est de même de ce qui concerne la capacité et les pouvoirs des personnes qui forment la convention; la manière de s'y faire représenter; les choses ou les actes qui peuvent ou qui ne peuvent pas en faire l'objet; les causes licites ou illicites susceptibles de s'y présenter; enfin les formes exigées pour que les accords soient censés définitivement arrêtés et sanctionnés. Il y a inévitablement, sur tous ces points, en ce qui concerne les conventions entre nations, des différences notables qui ne doivent pas échapper dans l'application. »   Ch. V.]

§ 48. — Conditions requises pour la validité d'un traité.

I. — *Autorité de ceux qui négocient le traité.*

La validité d'un traité dépendant essentiellement du consentement mutuel des deux parties, il faut que celui qui signe un traité au nom de l'État ait été suffisamment autorisé par *celui-ci* (a) à contracter ainsi qu'il l'a fait C'est à la constitution positive de chaque État à déterminer jusqu'à quel point le monarque, dans les monarchies, ou

(a) Difficulté qui résulte de là à traiter avec un peuple en révolution, tant qu'un gouvernement fixe n'a pas encore été substitué à l'état d'anarchie et de factions Les gouvernements légitimes et reconnus pour tels sont seuls autorisés à prendre des engagements obligatoires au nom de l'État qu'ils gouvernent.

tel conseil, dans les républiques, pourra *seul*, obliger la nation par les traités qu'il signe ou qu'il autorise des subalternes à signer (*b*).

Ce que promet le chef (*c*) ou le subalterne au delà des bornes de l'autorité qui lui est confiée, n'est qu'un simple *sponsum* (*d*), qu'un consentement subséquent, soit exprès, soit tacite de la nation, rend seul obligatoire pour elle

Mais ce que promet un mandataire, ministre, etc., en restant dans les bornes du pouvoir qui lui a été donné, et sur la foi duquel la nation étrangère est entrée en négociation avec lui, est obligatoire pour l'État qui l'a autorisé, quand même il se serait écarté des règles de son instruction secrète. Le droit des gens universel n'exige pas à cet effet une ratification particulière. Cependant, vu la nécessité de donner aux négociateurs des pleins pouvoirs fort étendus, le droit des gens positif a introduit la nécessité d'une ratification particulière (*e*) pour ne pas exposer l'État à des préjudices irréparables, que l'inadvertance ou la mauvaise foi du subalterne pourrait lui causer; de sorte

(*b*) DE STECK, *Abmussigungen*, p. 53.

(*c*) *Mémoires de* DE TORCY. t. III, p. 180, *Mém. de* MOVTGON, t. II, p. 252, 491; t III, p. 70; SCHMAUSS, *Einleitung in die Staatswissenschaft*, t. I, p 389.

(*d*) Exemples de l'histoire romaine, dans TITE-LIVE, liv. IX, chap. 1; CHR. THOMASIUS, *Diss. de sponsione Romanorum Caudinâ*, Lipsiæ, 1684, in-4, le même, *de Sponsione Romanorum Numantinâ*, Lipsiæ, 1688; du seizieme siecle, VATTEL, *Droit des gens* liv II, chap XIV, § 212; de la convention de Reichenbach, de 1790, dans mon *Recueil a*, t. III, p. 174; *b*, t. IV, p. 500 et 535; de la convention entre le duc d'York et le général Brune, de 1799, dans mon *Recueil*, t. VII, p. 353.

(*e*) VATTEL, liv. II, § 156; DE RÉAL. t. V, p. 640; HÉROLD, *de Ratificatione*, Lipsiæ, 1687, in-4; DE MEIERN, *de Jure ratihabitionis*, Lipsiæ, 1724, in-4.

qu'on ne compte plus sur les traités qu'en tant qu'ils ont été ratifiés. Mais le motif de cet usage, qui remonte jusqu'aux temps les plus reculés, indique assez que si l'une des deux parties offre *dûment* sa ratification, l'autre ne peut refuser la sienne (*f*) qu'en tant que son mandataire s'est écarté des bornes de son instruction, et par conséquent est punissable ; et qu'au moins, dans la règle, il ne dépend pas du libre arbitre d'une nation de refuser sa ratification par de simples motifs de convenance (*g*).

Les traités signés immédiatement par les monarques qui y sont autorisés n'ont pas besoin de ratification (*h*) Mais il se peut que pour les rédiger en forme de lois il faille encore les présenter a la sanction des États ; ce qui est pourtant contre la règle.

Les capitulations et autres arrangements militaires (*i*) des commandants d'une armée ou d'un corps de troupes, etc., sont obligatoires indépendamment d'une ratification par-

(*f*) KLÜBER, *Droit des gens*, § 142, est d'une opinion contraire ; et, comme il ne regarde la ratification comme nécessaire qu'en tant qu'elle a été expressément réservée dans les pleins pouvoirs ou dans le traité, ce qu'on n'omet guère aujourd'hui, il semble que cet auteur fasse découler de cette réserve le droit de refuser la ratification à son gré ; ce dont je doute.

(*g*) HARTMANN, *Progr. de variatione à pactis gentium ante ratificationes illicita*, Kiloniæ, 1736, in-4. Exemples de traités non ratifiés, dans GROTIUS, liv. II, chap. xv, p. 617; de traités des Provinces-Unies dans KLUIT, *Hist. fed Belgii*, t. II, p. 506, de traités de la France, dans DE RÉAL, t. V, p. 644. Sur la paix de Belgrade, *V.* LAUGIER, *Histoire de la paix de Belgrade*. Sur la convention de la Haye, de 1790, *V.* C. DE HERTZBERG, *Recueil*, t. III, p. 223, note *. Sur les raisons alléguées par la France pour refuser la ratification de la convention de 1796, du général Ernouf avec le cercle de Franconie, et du traité de 1797 avec le Portugal, *V* mon *Recueil*, t. VII, p. 141 et 207.

(*h*) *The secret History of the armed neutrality*, p. 46, note*.

(*i*) Disputes sur la question si la convention de Closterseven, de 1757,

ticulière, en tant qu'ils ne passent pas les bornes de l'autorite qui doit leur être confiée, ou que les ratifications
n'ont pas été expressément réservées (j); ce qui a lieu
quelquefois, surtout pour les armistices généraux.

Mais lorsque les ratifications ont été échangées, elles
rendent le traité obligatoire *à dater du jour de sa signature* (k), à moins qu'on n'ait expressément stipulé le contraire (l).

[Il est de règle aujourd'hui, dans la plupart des traités, de réserver la nécessité de la ratification. Lorsque la réserve a été faite,
il n'y a pas de difficulté; mais si elle n'a pas été exprimée, quelle
sera la validité d'un traité souscrit par un plénipotentiaire dans
la limite de ses pouvoirs ostensibles? Cette question a été controversée, et l'on trouve dans WHEATON, *Éléments du droit international*, t. I, p. 229 et suiv, l'historique de cette controverse.
La ratification n'est plus de pure forme : elle est au contraire un
droit sérieux et réel. Aucun traité n'est définitif avant d'avoir été

était un arrangement militaire ou une convention de cour à cour, V.
Teutsche Kriegscanzeley, b. V. [1757, b. IV], p. 558, b. VI [1758, b. I],
p. 126, b. VII [1758, b. II], p. 922; b. VIII [1758, b. III], p. 4; b. IX
[1759, b. I], p. 650, Parallele de la conduite du roi avec celle du roi
d'Angleterre, électeur de Hanovre, Paris, 1758, in-4 ; *Wahrhafte Vors-
tellung des Betragens welches S. K M. v. Gr. Brit. als Churfürst beo-
bachtet haben*, 1758, in-4.

(j) Dispute à l'égard de la convention conclue à Oggersheim, le 26 janvier 1798, entre le général Lecourbe et le colonel de Traiteur, concer-
nan Manheim, *Nouv. extraord.*, 1798, n. 12. Réservation de ratification dans l'armistice du 4 décembre 1799, entre le comte de Sztarray et
le général Lecourbe, dans POSSELT, *Annalen*, 1800, s. i, p. 20.

(k) V. mon *Essai concernant les armateurs, les prises et les reprises*, § 41, note c ; § 61, note y.

(l) Paix de Bâle, de 1795, entre la France et la Prusse, art. 12, entre
la France et l'Espagne, art. 17, dans mon *Recueil*, t. VI, p. 495, 542,
et la plupart des traités de paix conclus depuis par la [République française.

ratifié et la survenance de faits nouveaux et graves autorise le refus de ratifier. M. Pradier-Fodéré dans la note 1, sur le § 156, liv II, ch. xii, de VATTEL, *Le Droit des gens*, édit. Guillaumin, fait connaître d'une manière complète l'état de la doctrine sur la ratification des traités.

Du reste, ajoute HEFFTER, *le Droit international public*, traduction de M Bergson, § 87, la ratification dont le sens est de constater que le plénipotentiaire n'a pas outre-passé ses pouvoirs, ne fait que suspendre l'exécution du traité, et, dès qu'elle est donnée, le traité a un effet rétroactif, à moins de convention contraire. Moralement, la ratification ne peut être refusée quand le traité s'accorde avec les pleins pouvoirs exhibés par l'autre partie; mais il est d'usage de ne pas recourir à la contrainte même dans le cas où une des deux parties contractantes a déjà transmis la ratification de son gouvernement. Il y a, dans un refus non motivé, un manque aux convenances et une atteinte à la confiance de l'Etat auquel ce refus s'adresse, un juste sujet de mécontentement pour lui; dans certains cas même, matière à une demande d'indemnité. Lorsqu'au contraire la ratification a été expressément réservée, elle est indispensable; mais même alors, l'effet du traité remonte au moment où il a été conclu.

L'exécution équivaut à la ratification.　　　　　CH. V.]

§ 49.

II. — *Consentement déclaré.*

Un second réquisite naturel pour rendre valide le traité, c'est que le consentement ait été effectivement et purement déclaré. Toutes les négociations qui précèdent une telle déclaration ne sont que des pourparlers qui n'ont rien d'obligatoire (a). De même, les arrangements pris par rapport à quelques articles du traité, sous la condition expresse ou tacite de convenir des autres, perdent leur va-

(a) *V.* mon *Essai concernant les armateurs*, § 65, p. 192; comparez, p. 117, note *c*.

leur dès qu'il conste qu'on ne peut point s'arranger sur
ceux-ci (*b*).

Au reste, comme tout dépend de la certitude de la volonté, et non de la manière de l'énoncer, le consentement
peut être donné expressément ou tacitement, et dans le
premier cas, ou verbalement (*c*) ou par écrit. Mais aujourd'hui, pour faciliter la preuve, on ne manque guère de rédiger par écrit ce dont on est convenu.

§ 50.

III. — *Le consentement doit être libre.*

Le consentement, pour être valide, doit être libre. D'abord, en imaginant le cas d'une signature extorquée par
une force physique, il n'y aurait point là de consentement.
Mais, dans le cas où la crainte d'un plus grand mal présent
ou futur engagerait à signer, ce n'est pas le défaut de consentement qu'on peut alléguer pour revenir sur le choix
qu'on a fait, quoique à regret. Alors la question de savoir
si un tel traité est obligatoire, dépend de la justice ou de
l'injustice des moyens employés pour l'extorquer. La force

(*b*) Tel est le cas de toutes les négociations de paix rompues par le
rapport des ministres; *V.* par exemple, *Protocoll der Reichsfriedens-Deputation zu Rastadt*, b. VI, p. 95; *Beylage* p. 374.

(*c*) Il serait difficile de soutenir, avec M. NEYRON, *de Vi fœderum, speciatim de obligatione successorum ex fœdere, antecessorum*, § 23, que
les puissances européennes ne regardent plus comme obligatoires les
conventions verbales; mais, vu les inconvénients inséparables de toutes
les déclarations de ce genre, il est sans doute important, non-seulement
de rédiger par écrit toutes les conventions conclues, mais d'insister même
pour que toutes les propositions dans une négociation soient remises par
écrit, ne fût-ce même que dans une *note verbale.* Aussi plusieurs États
ont-ils adopté pour principe constitutionnel de ne délibérer que sur des
propositions qui leur ont été présentées par écrit.

illégitimement employée est une lésion, et non pas un titre pour acquérir des droits (a); la force légitime n'empêche pas de jouir de ses fruits (b).

Cependant, puisqu'il n'y a pas ici-bas de juge qui puisse prononcer, entre les nations, de la justice de leurs démarches, l'égalité de leurs droits, leur liberté et leur indépendance exigent que, dans tous les cas douteux, elles considèrent la force employée de nation à nation comme non injuste *quant aux effets externes* (c), et que, conformément à ce principe, elles ne fassent point servir de raison justificative, pour se dédire d'un traité, l'argument que la supériorité des forces de la partie adverse les a forcées de le signer; le seul cas, tout au plus, excepté où l'injustice de la violence serait palpable. En entrant dans l'idée d'une société naturelle ou positive subsistant entre les nations (§ 9), ce principe serait même fondé dans le droit social naturel de ces peuples.

[Le consentement doit être libre pour les traités comme pour les conventions entre particuliers. Le concours des volontés doit exister réellement; il n'est qu'apparent, ou plutôt il n'existe pas lorsqu'il est arraché par l'erreur ou par la ruse, ou lorsqu'il est entaché de contrainte, de manœuvres frauduleuses ou d'erreurs substantielles. On ne peut cependant pas considérer comme faisant obstacle à la manifestation de la volonté des circonstances qui rendent plus difficiles le choix entre plusieurs partis et la résolu-

(a) PUFFENDORF, *Droit de la nature et des gens*, liv. III, chap. VII.

(b) Sur les traités signés par un prince ou un ministre prisonnier, V. les écrits allégués dans KLÜBER, *Droit des gens*, § 142, note k.

(c) Sans doute que la partie adverse, persuadée de son bon droit, est autorisée à opposer la force à la force; mais ceci ne dispense ni du traitement d'ennemi légitime ni de l'observation des traités que le plus faible a signés, ou bien les guerres ne finiraient que par l'extermination de l'une des nations belligérantes.

tion qui doit être prise; pour vicier le consentement, il faut une contrainte telle qu'elle ébranle le courage ferme et persévérant. comme cela a lieu dans tous les cas où il y a danger pour l'existence morale et physique.

HEFFTER, *Le droit international public*, traduction de M. Bergson, § 85, reconnaît l'existence d'un pareil danger pour l'État, lorsque son existence est en péril; et pour le négociateur, dans tous les cas où sa vie, sa santé, son honneur, sa liberté sont sérieusement menacés et que la réalisation de la menace est entre les mains de celui qui menace. La contrainte ne saurait cependant vicier le traité, lorsqu'elle est antérieure à sa conclusion et qu'il s'agit, par exemple, de rendre la liberté à un négociateur captif ou de délivrer un Etat dont la conquête a été faite. (*V.* encore sur ce point, VATTEL, *le Droit des gens*, édit. Guillaumin, liv. II, ch. XII, § 157 et suiv. et les notes de M. Pradier-Fodéré; WHEATON, *Eléments du droit international*, t. I, p. 241, et les autorités qu'il cite.)   CH. V.]

§ 51.

IV. — *Le consentement doit être mutuel.*

Il faut encore que le consentement soit mutuel, que la promesse concoure avec l'acceptation. Alors peu importe la forme qu'on choisit, soit celle d'un instrument commun signé par les deux parties, qui est la plus usitée aujourd'hui, soit celle d'une déclaration et contre-déclaration en forme de lettres, de notes, etc. (*a*). Le plus souvent l'acceptation suit la promesse, mais il est des cas dans lesquels on peut l'inférer d'une déclaration précédente (*b*).

(*a*) Anciennement les traités en forme de lettres étaient fort usités : mais on trouve aussi des exemples modernes de cette forme, par exemple, e traité de 1729, dans ROUSSET, *Suppl.*, t. II, part II, p. 281, et nombre d'exemples modernes de conventions en forme de déclarations, comme en 1772, 1787, 1790, dans mon *Recueil a*, t. III, p. 98, 103, 166, 170; *b*, t. II, p. 170; t. IV, p. 113, 500, et même d'ordonnances ayant la nature de traités, comme celles de la Russie et de l'Autriche, de 1785, dans mon *Recueil a*, t. II, p. 620 et 632; *b*, t. IV, p 72, 84.

(*b*) Par exemple, déclaration de la Suède au Danemark, du 7 novembre,

Le consentement doit frapper le même objet. L'erreur à
l'égard de l'objet essentiel du traité rend celui-ci invalide,
vu qu'elle exclut le consentement, qu'il s'agisse d'une simple
erreur, ou de celle qui a été causée par la mauvaise foi de
la partie contractante ou d'un tiers (c). Mais celui que sa
propre négligence a induit en erreur peut être tenu à une
indemnité. La bonne foi, qui doit présider à tous les traités
des nations, défend de prendre les mots dans un sens inu-
sité, à moins d'en avertir (d).

[La conclusion et la validité d'un traité ne sont assujetties à
aucune forme particulière. Le consentement doit être mutuel et,
comme le fait observer notre auteur, il faut que la promesse concoure avec l'acceptation. Ce consentement mutuel peut être
donné expressément ou tacitement. Au premier cas, il est verbal
ou écrit; il se constate soit par un acte signé par les plénipotentiaires des parties qui figurent au traité, soit par des déclarations
ou contre-déclarations, soit sous la forme de lettres ou de notes.
WHEATON, *Eléments du droit international*, t. I, p. 228, ajoute :
« Mais l'usage moderne exige que les consentements verbaux
soient, aussitôt que possible, convertis en consentements écrits,
afin d'éviter les contestations; et toutes communications pure-

sur le maintien de la paix, et contre-déclaration du Danemark à la
Suède, du 9 novembre 1772, dans mon *Recueil a*, t. III, p. 248; *b*, t. II,
p 170 Ici la déclaration renfermait d'avance l'acceptation de la contre-
déclaration. Mais, par exemple, la Russie avait proposé en 1780 à la Hollande d'accéder au système de la neutralité. Les Hollandais en prirent
la résolution le 20 novembre 1780. Le traité formel ne fut signé que le
5 janvier 1781 De quelle époque datait l'obligation pour la Russie de
satisfaire aux engagements qui résultaient de là pour elle? *V*. les différends survenus a cet égard, dans mon *Recueil a*, t. II, p 117; t. IV,
p 379, 382, 389, 394, 399; *b*, t. III, p. 211-240; et dans mes *Erzählungen merkw. Falle*, t. III, n. 3, p. 59.

(c) PUFFENDORF, *Droit de la nature et des gens*, liv. III, chap. VI, § 6
GROTIUS, liv. II, chap. XI, n. 6; chap. XII, n. 12.

(d) VATTEL, liv. II, chap. XV, § 231 et suiv

ment verbales qui précèdent la signature définitive d'une convention écrite, sont considérées comme renfermées dans l'acte lui-même. Le consentement des parties peut être donné tacitement, dans le cas d'un accord fait sous une autorisation imparfaite, en agissant d'après lui comme dûment conclu. »   Ch. V.]

§ 52. — De la Lésion.

L'inegalité seule des avantages n'est pas pour les nations une raison justificative pour se dédire d'un traité sous le prétexte de lésion, vu que, 1° c'est à chaque partie contractante à peser d'avance les avantages et les désavantages qui résultent pour elle du traité; 2° qu'il n'est pas contraire à la loi naturelle de se faire promettre de plus grands avantages par une autre nation qu'on ne lui en accorde; 3° et tandis que, dans l'état naturel on ne peut ni déterminer le degré de lésion nécessaire pour résilier, ni prononcer sur l'existence d'une telle inégalité, le propre avantage des nations doit les engager à ne pas faire usage d'une exception qui saperait les fondements de tous les traités (a), et par conséquent la base de leur sûreté réciproque.

Toutefois le droit de propre conservation autorise la nation à s'écarter d'un traité qu'elle ne pourrait plus accomplir sans causer sa propre perte; cette faculté est même une condition tacite de tous les traités, et notamment des alliances. S'il est aisé d'abuser du principe, c'est en vain qu'on voudrait en disconvenir : mais ce n'est pas sur la distinction entre le monarque qui promet, et le peuple qui accomplit, qu'on peut vouloir le faire reposer (b).

(a) Exemple de la renonciation a la *lésion évidente, énorme, et très-énorme*, de la part de Philippe V, du 12 novembre 1712. *V. Actes et mémoires de la paix d'Utrecht*, part. II, p. 164, 185.

(b) *V.* cependant le système de Frédéric II, dans la préface de son

[Un Etat ne saurait se dégager des obligations d'un traité en invoquant la lesion ou l'inégalité des avantages qui en résultent pour lui : tous les publicistes sont d'accord sur ce point. (*V.* notamment HEFFTER, *le Droit international public*, traduction de M. Bergson, § 83. Ce serait en effet une erreur que de prétendre, comme on l'a fait, que d'après les principes du droit des gens, la validité d'un traité est subordonnée à l'existence de prestations réciproques, que chaque concession de la part d'un Etat doit se payer par un équipollent. La liberté et l'indépendance même des Etats repoussent un système qui limiterait les manifestations de leur volonté et les inspirations de leur politique. Mais ces publicistes d'accord sur le principe général, reconnaissent en même temps, en s'appuyant sur le droit de conservation de soi-même, que lorsqu'un traité concourt directement à la perte de l'Etat, cet Etat a le droit de s'en écarter. *V.* Théodore ORTOLAN, *Regles internationales et diplomatie de la mer*, t. I, p. 98. CH. V.]

§ 53. — Des Traités non obligatoires.

L'impossibilité physique dans laquelle une nation se trouverait d'accomplir un traité conclu par elle le rend non obligatoire, mais ne la dispense pas d'une indemnité, si cette impossibilité a été prévue ou causée par sa faute. Il en est de même de l'impossibilité morale à l'égard des traités dont l'accomplissement blesserait les droits d'un tiers (*a*). De deux traités conclus avec diverses nations, s'ils sont incompatibles, le plus ancien doit être préféré, sauf l'indemnité à fournir à l'autre nation si la collision peut se prévoir, et si la partie contractante peut être présumée l'ignorer (*b*).

Histoire de mon temps, exposé en 1746, et différemment en 1775 ; C. DE HERTZBERG, *Mémoire historique sur la dernière année de la vie de Frédéric II*, 1787, p. 33 et 41, in-8.

(*a*) C'est sous ce prétexte que la France refusa à Marie-Thérèse, en 1740, de satisfaire à la pragmatique sanction, alléguant des traités antérieurement conclus avec la Bavière.

(*b*) Par exemple, les Turcs promirent à la Russie, dans le traité de 1774, d'accorder à son ministre le rang immédiatement après celui de

[Il nous suffira, sur cette matière délicate, de renvoyer aux excellentes observations de M HAUTEFEUILLE, *des Droits et des Devoirs des nations neutres*, 2ᵉ édit.. t. I, p. 9 . « Les traités, dit-il, sont en général obligatoires pour les peuples qui les ont consentis : cependant ils n'ont pas cette qualité d'une manière absolue. Le traité inégal, ou même égal, contenant la cession ou l'abandon gratuit d'un droit naturel essentiel, c'est-à-dire sans lequel une nation ne peut être considérée comme existante encore comme nation, telle par exemple que l'indépendance même partielle, ne sont pas obligatoires. Ils peuvent continuer à recevoir leur pleine exécution, tant que les deux parties engagées continuent à les maintenir par le concours de leurs deux volontés, ils existent tant que les deux peuples persistent à désirer leur existence, mais tous les deux ont toujours le droit de les rompre, en ce qui concerne l'abandon ou la cession du droit essentiel, en prévenant l'autre partie, en dénonçant le traité. La raison de l'inefficacité des transactions de cette nature est que les droits naturels de cette qualité sont inaliénables, et pour me servir d'une expression du droit civil, qu'ils sont hors du commerce. Les traités inégaux qui ne contiennent aucune atteinte aux droits essentiels, et sont conclus pour un temps déterminé, sont obligatoires pour tout le temps fixé. Mais s'il n'y a pas de terme stipulé pour leur durée, la partie dont le consentement a été forcé par les circonstances, peut toujours s'en affranchir en observant les mêmes formes. Il en est de même des conventions même égales dans lesquelles les droits naturels essentiels sont respectés, qui statuent seulement sur les intérêts privés et secondaires des peuples, elles sont toujours obligatoires pour tout le temps fixé pour leur durée ; mais lorsqu'aucun terme n'a été fixé, lors même qu'elles ont été déclarées perpétuelles, elles n'ont d'existence que par la continuation des deux volontés qui les ont créées ; la stipulation de perpétuité n'a d'autre effet que d'éviter la nécessité de renou-

l'empereur romain ; cependant ils avaient déjà accordé ce pas à la France, par les traités de 1604, art. 20, 27 ; de 1673, art 10, de 1740, art. 1.

C'est ainsi que l'Autriche ne pouvait pas céder au roi de Sardaigne, par le traité de Worms, de 1743, le marquisat de Finale, dont elle avait déjà disposé antérieurement en faveur de la république de Gênes. Elle devait donc l'indemniser ; ce qui se fit, quoique imparfaitement, par le traité d'Aix-la-Chapelle, de 1748, prélim., art. 7 ; défin., art. 12.

veler la convention pour assurer la continuation des mêmes relations, lorsque les deux peuples désirent qu'elles ne cessent pas
d'exister. Les traités même inégaux contenant des cessions territoriales, stipulant des indemnités pécuniaires, enfin des conditions ayant pour objet un fait certain et déterminé, devant être
exécuté de suite ou dans un délai déterminé, sont toujours obligatoires, en ce sens que non-seulement ils doivent être exécutés
dans le délai convenu, mais encore que le peuple qui les a exécutés ne peut revenir sur les faits consommés en vertu de la convention. Enfin les traités qui se bornent à rappeler les dispositions de la loi primitive, à constater, à rappeler les droits qu'elle
confère aux peuples, et à régler le mode de leur exercice entre
les nations contractantes, sont toujours obligatoires, non-seulement pendant tout le temps stipulé par les parties, mais encore
lorsqu'ils n'ont pas reçu de limites, pendant tout le temps de leur
existence, c'est-à-dire jusqu'à ce que, d'un commun accord, les
nations aient modifié les dispositions relatives à l'exécution. La
raison de cette différence est facile à saisir : la loi naturelle est,
par sa nature même, toujours obligatoire. Les traités qui rappellent ses dispositions et règlent leur application, doivent nécessairement avoir la même perpétuité, puisque dans le cas même où
ils cesseraient d'exister, les principes ne cesseraient pas d'être
exécutoires, de la même manière qu'ils l'étaient, pendant le
temps où les stipulations étaient en vigueur » V. encore nos
observations sur le § 7 *in fine*.   Ch. V.]

§ 54. — Effet des Traités en général.

Des traités valides et obligatoires résulte pour les nations,
comme pour les individus. le droit, 1° d'exiger de la partie
contractante l'accomplissement des stipulations qu'ils renferment, et de l'y forcer même en cas de refus, pourvu
qu'on y ait dûment (*a*) satisfait de son côté, 2° d'obliger

(*a*) Ceci ne suppose pas toujours qu'on ait satisfait à tous les articles
du traité avant que l'autre ait commencé à y satisfaire, vu que la justice n'exige, et que la prudence ne permet pas qu'un souverain accomplisse de son côté seul les stipulations avant d'être assuré par le fait que
l'autre en fera autant.

les étrangers a ne pas nous troubler dans la jouissance de
ce droit conventionnel, et, par conséquent, à ne pas empêcher la partie contractante d'y satisfaire.

' [D'après les principes du droit des gens comme d'après les règles
du droit civil, les engagements résultant des conventions internationales durent aussi longtemps qu'ils ne sont pas remplis, et il
n'appartient pas à une seule des parties de briser le lien qu'elle a
contracté; ils sont *bonæ fidei contractus*, sous la réserve toutefois
des observations qui précèdent. Leur effet n'embrasse pas seulement les stipulations littérales; il s'étend encore à tout ce qui est
conforme à leur nature et à ce-qui rentre dans les intentions des
contractants. (*V*. sur ce point les développements dans lesquels est
entré HEFFTER, *le Droit international public*, traduction de J.
BERGSON, § 94.)

L'effet obligatoire des traités, quelle que soit leur nature, ne peut
être opposé aux Etats qui n'y ont pas participé et qui ne figurent
pas parmi les contractants. Ils n'en doivent tirer ni profit ni détriment, et, s'ils avaient lieu d'en être atteints ou blessés, il leur
appartiendrait évidemment ou de protester ou de prendre des
mesures conservatoires.   CH. V.]

§ 55. — Traités conditionnels.

De même que les traités des particuliers, ceux des nations
sont ou *purs* ou *conditionnels*; et les conditions sont ou
suspensives ou *résolutoires*, *expresses* ou *tacites* (a); conclus
pour un temps indéfini ou déterminé, fixant ou le commencement de l'accomplissement (*pactum ex die*), ou le terme
de sa durée (*pactum in diem*). Il suffit de toucher ici ces

(a) C'est ainsi, par exemple, que tous les cartels conclus entre les
puissances belligérantes, lors même qu'ils auraient été conclus pour un
nombre fixe d'années, ont pour condition résolutoire l'époque de la paix,
lors même qu'elle aurait lieu avant le laps de temps déterminé, et qu'il
surviendrait une nouvelle guerre.

points à l'égard desquels les principes du droit des gens naturel et positif ne s'écartent guère des simples principes du droit naturel des individus.

§ 56. — Objet des Traités.

En tant que toutes les stipulations tendent à nous procurer des avantages, et qu'il y a une obligation imparfaite pour les nations comme pour les individus de promouvoir leurs avantages réciproques, on peut soutenir, avec Mendelssohn (a), que tous les traités tendent à changer les obligations imparfaites en obligations parfaites. Cependant on ne saurait disconvenir que, 1° il y a des traités publics qui ne tendent qu'à la confirmation d'obligations déjà naturellement parfaites, sans pour cela être superflus (b); 2° qu'il en est d'autres qui confirment les obligations imparfaites et les renforcent par là sans pouvoir les changer en parfaites (c); 3° qu'il y a enfin des traités par lesquels on se promet ce qu'à proprement parler, et vu la collision avec d'autres devoirs, on n'avait pas même le droit imparfait d'exiger ou d'attendre (d).

[En général, la première condition à rechercher dans tout

(a) Moses MENDELSSOHN, *Phædon*, p. 219; *Jérusalem*, p 53.

(b) De ce nombre sont surtout beaucoup d'articles des traités avec les États barbaresques; mais on en trouve aussi des exemples dans les traités entre les puissances chrétiennes.

(c) De ce genre est le traité de la Sainte-Alliance, du 26 septembre 1815.

(d) Par exemple, que le prince de Ceylan promette aux Hollandais de faire exclusivement avec eux le commerce d'épiceries, il a le même devoir imparfait de faire le commerce avec d'autres nations; mais, quant à la concession d'un commerce exclusif, il n'avait pas même une obligation imparfaite de l'accorder à une nation déterminée.

traité, est celle de savoir si l'obligation qu'il consacre est moralement et physiquement possible. On s'accorde à reconnaître
comme moralement impossibles les conditions qui blesseraient
l'ordre moral ou seraient contraires à la destination des États qui
est de se développer dans leur liberté. Seraient sans effet, toutes
stipulations relatives à l'établissement de l'esclavage, à l'exclusion de tel ou tel État des rapports internationaux nécessaires à
la satisfaction de ses besoins physiques et moraux, au mépris des
engagements pris vis-à-vis des tiers. *V.* une note de M. Pradier-
Fodéré, sur le § 161, liv. II, ch. xii de VATTEL, *le Droit des gens*,
édit. Guillaumin; HEFFTER, *le Dr it international public*, traduction de J Bergson, § 83.

Du reste, les distinctions établies par notre auteur sur l'objet
des traités, sont plus subtiles qu'exactes. En général, les traités
ont pour objet la prestation d'une chose ou d'un droit, la fixation
d'un but à atteindre, la formation d'un lien social et politique.
C'est ainsi que l'on trouve dans l'histoire politique des États un
grand nombre de traités par lesquels une nation accorde à une
autre nation un certain droit avec ou sans réciprocité, avec ou
sans équivalent, confirme un rapport juridique préexistant, le précise ou le dissout. Il y a des traités de cession ou d'abandon par
achat, échange ou donation; des traités de délimitation de frontières; des traités de partage; des traités relatifs aux dettes d'un
Etat vis-à-vis d'un autre Etat. *V.* HEFFTER, *le Droit international
public*, traduction de J. Bergson, § 90. *V.* aussi ci-après § 57.
Sous un autre rapport, on peut encore distinguer les traités internationaux en deux grandes catégories : la première comprenant
les conventions par lesquelles deux États règlent des intérêts spéciaux, tels les traités d'extradition, de propriété littéraire, artistique et industrielle, les conventions postales, les règlements
relatifs aux pêcheries, aux chemins de fer, aux télégraphes élec-
triques; la seconde embrassant les traités qui engendrent des
relations permanentes entre deux ou plusieurs États pour un but
déterminé. A cette classe se rattachent les traités de commerce,
de navigation, d'uniformité de poids et mesures, d'alliance offensive et défensive.   CH. V.]

§ 57. — Genres de Conventions.

Les traités des nations, comme ceux des particuliers,

sont ou bienfaisants, tels que la *donation*, le *prêt à usage*,
le *dépôt* (*a*), ou onéreux, tels que la *vente*, le contrat de
louange, l'*échange*, et nombre de conventions destituées de
noms particuliers, ou bien tantôt l'un, tantôt l'autre, tels
que le *prêt à consommation*, le *mandement*; il y a peu de
genres de ces conventions dont le droit des gens de l'Europe ne fournisse des exemples (*b*). Mais tandis qu'à l'égard
de la plupart d'entre elles le droit des gens pratique ne s'écarte pas de la simple théorie des lois naturelles, on se contentera d'examiner en leur lieu celles à l'égard desquelles
il offre quelques modifications, sans entrer ici dans un
détail superflu à l'égard de chacune d'elles.

§ 58. — Distinction entre les Conventions transitoires et les Traités.

On divise ensuite, en général, les traités en *conventions
transitoires*, qui s'accomplissent d'un seul coup, et en
traités proprement dits, qui obligent à des prestations successives, quoique dans la pratique on ne suive pas toujours
cette distinction dans le choix des termes dont on désigne
les arrangements faits entre les nations. Les traités de cession, de limites, d'échanges, et ceux même qui constituent
une servitude de droit public, ont la nature des conventions transitoires; les traités d'amitié, de commerce, de
navigation, les alliances égales et inégales, ont celle des
traités proprements dits, *fœdera*.

Les conventions transitoires sont perpétuelles par la
nature de la chose; de sorte qu'une fois accomplies, elles
subsistent indépendamment des changements survenus

(*a*) Rousset, *Suppl.*, t. II, part. i, p 200.
(*b*(Gunther, *E. V. R.*, t. II, p. 92.

dans la personne du monarque, dans la forme du gouvernement, et même dans la souveraineté de l'État contractant, tant qu'elles n'ont pas été mutuellement révoquées;
une guerre même, survenue pour un autre motif, ne les
fait pas tomber d'*elles-mêmes*, quoiqu'elle autorise à en
suspendre l'effet, et quelquefois à les révoquer

Les traités proprement dits, au contraire, encore qu'ils
aient été faits pour toujours, tombent d'eux-mêmes, quand,
1° l'État qui les a contractés perd son indépendance ou
vient à se dissoudre (*a*); 2° lorsqu'il change volontairement sa constitution, et que le traité a été conclu en vue
de la constitution précédente (*b*); 3° enfin, dans tous les
cas d'une guerre entre les puissances contractantes, seulement à l'exception des articles arrêtés pour le cas de la
. rupture. En cas de guerre survenue, il n'est donc pas
même nécessaire de dénoncer formellement à l'ennemi les
traités, comme cela se pratiquait autrefois (*c*); ce qui ne
se fait plus aujourd'hui que quand des circonstances particulières y engagent (*d*). Il faut par conséquent renouveler,

(*a*) Exemple de la dissolution de la Pologne, en 1795.

(*b*) Dispute sur cette question, si, après la révolte des Pays-Bas contre
l'Espagne, les Provinces-Unies pouvaient encore s'appuyer du traité
conclu pour les Pays-Bas, en 1495 avec l'Angleterre, en 1544 avec le
Danemark : Kluit, *Hist fœderum*, t. II, p. 490. Bynkershoek, *Quæst.
jur. publici*, t, II, cap xxv, p. 272. Aitzema, *Historia pacis*, lib. I,
p. 26, 32; lib. XVI, p 277: lib. XXIV, p. 650. Les traités non conclus
en vue d'une constitution déterminée ne cessent pas d'être obligatoires
lorsque celle-ci change. C'est ce que la France elle-même reconnut par
le décret de la Convention nationale du 17 novembre 1793; dans mon
Recueil, t. VI, p. 447.

(*c*) Leibnitz, *Codex juris gentium*, préface.

(*d*) C'est ainsi que la Grande-Bretagne dénonça ses traités avec la république des Provinces-Unies, en avril 1780, longtemps avant la déclara-

lors de la paix, ceux des traités antérieurs qu'on a encore l'intention d'observer (e).

Cette distinction entre les conventions transitoires et les traités serait encore plus importante si nombre de traités, et nommément les traités de paix, n'étaient pas composés d'articles de l'un et de l'autre genre, *mixtes*, ce qui met de la difficulté dans l'application des principes énoncés.

[Pinheiro-Ferreira présente sur ce paragraphe les observations suivantes :

« La doctrine enseignée ici par M. de Martens, relativement à la cessation des traités, surtout par le fait d'une guerre survenue entre les deux nations, quoiqu'elle ne soit pas généralement adoptée, est entièrement conforme à nos principes: nous en avons même déduit les fondements au § 45 de la deuxième section de notre *Cours de droit public;* ce que M. de Martens n'a pas cru à propos de faire ici. En nous rapportant donc à ce que nous avons dit là-dessus à l'endroit cité, nous arrêterons pour le moment notre attention sur une sorte de traités que M. de Martens ne fait que mentionner, et auxquels aussi tous les autres publicistes semblent ne pas avoir donné la valeur qui leur appartient : j'entends parler des traités que les gouvernements font quelquefois entre eux avec la clause exorbitante qu'ils sont et demeureront convenus *à toujours,* à moins que les deux parties contractantes ne s'accordent à les rétracter ou à les modifier.

» De pareilles conventions n'ont jamais été ni ne sauraient être prises à la lettre; car il serait absurde de penser que la génération présente ait le droit de lier les générations futures à des conventions bonnes ou mauvaises au moment où elles ont été contractées, dussent-elles sacrifier la postérité de l'une des parties contractantes à la postérité de l'autre.

tion de guerre, sans doute pour n'être plus tenue aux stipulations qu'il renfermaient pour le cas d'une rupture.

(e) *V* mon Programme *von Erneuerung der Verträge in den Frie-denschlussen der Europäischen Mächte,* Gottingue, 1797, in-8.

» Les traités ne lient les nations qu'aussi longtemps que le principe sur lequel repose leur validité continue d'exister, c'est-à-dire aussi longtemps que, de l'accomplissement consciencieux et exact des obligations qu'il impose à chacune des deux parties, il ne provient à aucune des dommages qu'elle ne saurait éviter, et dont l'autre ne saurait l'indemniser. D'après les lois civiles, c'est le cas de rescinder de bonne foi tout contrat entre les particuliers; et lorsqu'ils ne peuvent pas s'accorder entre eux, l'intervention de l'autorité publique n'est pas invoquée par eux pour annuler le contrat, qu'aucune autorité ne saurait anéantir, mais pour déclarer si en effet la lésion alléguée par celle des deux parties qui demande la résiliation a effectivement lieu.

» Toutes les fois donc que deux peuples se trouvent à cet égard dans le même cas qui aurait donné lieu à la résiliation du contrat entre deux particuliers, les obligations résultantes de leur convention ont cessé d'exister. La seule différence qu'il y a entre les particuliers et les nations, c'est que les premiers peuvent appeler l'autorité publique au secours de leur bon droit, tandis que les nations sont réduites à la seule ressource de leurs propres forces. Mais ici il n'est pas question de savoir comment elles peuvent faire valoir leurs droits, mais si elles ont réellement ces droits. » V., du reste, VATTEL, édit. Guillaumin, *le Droit des gens*, liv. II, ch. XII, § 153 et 192; SCHMALZ, *le Droit des gens européen*, liv. II, ch. VIII, WHEATON, *Eléments du droit international*, t. I, p. 242; Théodore ORTOLAN, *Regles internationales et diplomatie de la mer*, t. I, p. 101.   CH. V.]

§ 59. — Du rapport entre plusieurs articles d'un Traité.

Lorsqu'un traité est composé de plusieurs articles, il faut distinguer les articles *principaux* de ceux qui ne sont qu'*accessoires*; les articles qui se trouvent en liaison par leur contenu, articles *connexes*, de ceux entre lesquels il n'y a point de tels rapports, *non connexes* (a). Tous les articles principaux, qu'ils soient connexes ou non quant au contenu,

(a) WOLF, *Jus gentium*, cap. VIII, § 1022.

sont dans une liaison générale, en vertu de laquelle chacun
de ces articles a pour condition l'accomplissement des autres, et ne peut être considéré comme un traité séparé, à
moins de supposer qu'on l'ait expressément signé comme
tel (b). — Lorsque les articles principaux tombent, les
articles accessoires tombent avec eux (c), quoiqu'il y ait des
cas où la politique empêche de sen écarter ; mais la rupture
d'articles accessoires ne fait pas tomber les articles principaux, et n'autorise pas même sur-le-champ à les rompre.
C'est d'après ces principes qu'on doit juger du sort des
conventions mixtes dans les cas indiqués § 58, qui font
expirer les traités.

[« Une erreur fort commune, dit Pinheiro-Ferreira, parmi les
jurisconsultes, et à leur exemple parmi les publicistes, c'est de
regarder la signature du contrat ou convention comme l'origine
de l'obligation. Ces écrivains ont confondu l'obligation civile avec
l'obligation naturelle. Certes il y a des cas où les législateurs,
pour fermer la porte à une foule de litiges qui deviendraient
interminables, ont sagement établi qu'on regardât comme nul et
non avenu tout contrat dont on ne pourra pas produire un document par écrit, et signé par celle des deux parties contractantes
de qui l'on exige l'accomplissement du contrat. Mais cette disposition des lois n'est qu'une précaution destinée, ainsi que nous

(b) Telle paraît être l'intention dans le traité de 1772 entre le Danemark et Alger, dans mon *Recueil*, t. VI, p. 138, dans lequel chaque article a été muni d'une signature particulière. C'est pour empêcher une
semblable interprétation qu'en ajoutant à un traité des articles séparés,
munis d'une signature particulière, on a coutume de déclarer que ces
articles seront considérés comme s'ils étaient insérés dans le document
principal.

(c) V. cependant J.-J. Moser, *von der Verbindlichkeit der Friedens-
schlüsse bey entstehendem neuen Krieg*, dans ses *Vermischten Abhandlungen*, t. I, n 1, p. 24.

venons de le dire, à empêcher autant que possible les litiges qui
doivent s'élever sur l'existence du contrat. L'écriture est une
preuve du contrat, mais elle n'est pas le contrat, car ce n'est qu'à
la suite de celui-ci qu'elle a eu lieu ; et dans maintes occasions on
n'exige pas la production de l'écriture pour croire à l'existence du
contrat, dès qu'on peut la prouver, soit par l'aveu de l'autre
partie contractante, soit par des témoins, soit enfin par d'autres
faits qui ne laissent aucun doute dans l'esprit du juge à cet égard.

» Ce n'est donc pas parce qu'on a signé les stipulations d'un
traité, mais parce qu'on s'y est engagé, ou qu'on devait s'y engager, qu'on est tenu de les accomplir. Je dis qu'on s'y est engagé, ou qu'on devait s'y engager; car il y a deux sortes de devoirs
pour les nations comme pour les individus : les uns qui dérivent
de la nature même des rapports subsistant entre les deux parties ; les autres qui, pour être valables, ont besoin de stipulation
expresse. Dans le premier de ces deux cas, si nous nous enga-
geons expressément, nous ne contractons point des obligations
nouvelles, nous ne faisons que reconnaître celles qui existaient
déjà indépendamment de ce contrat. Mais il arrive très-souvent
qu'aucune sorte de devoirs spéciaux ne nous liant à quelqu'un,
nous contractons volontairement avec lui des rapportes qui donnent origine à des devoirs réciproques ; et c'est là le seul cas où
l'on peut dire que l'obligation dérive du contrat : mais le contrat
lui-même n'est que le résultat nécessaire des rapports nouveaux
que nous avons formés avec l'autre partie envers laquelle nous
nous trouvons engagés.

» Ainsi, ni l'écrit, ni la signature, ni même notre consentement, n'y sont absolument pour rien. Si les rapports, qui seuls
peuvent donner origine aux obligations en question, existent
entre nous et la partie qui se croit en droit d'en exiger l'accomplissement, nous sommes tenus à la satisfaire, bon gré mal gré,
et indépendamment de toute convention ou pacte exprès, car ce
n'est pas la reconnaissance du devoir qui donne origine au devoir.

» Ainsi ce n'est pas parce que deux gouvernements ont conclu
ensemble telle ou telle convention, que leurs nations sont tenues
d'en accomplir les obligations, mais parce que les rapports d'où
ces obligations dérivent continuent d'avoir lieu entre les deux
peuples, que ceux-ci, aussi bien que si c'étaient deux individus
dans la société, sont tenus d'observer les stipulations du contrat.

Il est indifférent sans doute que les rapports qui servent de base à cette réciprocité de devoirs aient existé indépendamment de la volonté des deux peuples, ou qu'ils dérivent des rapports qui se sont formés entre eux par le fait de leur choix : du moment que ces rapports existent, la réciprocité de devoirs, qui en est la suite nécessaire, commencera d'avoir lieu, et continuera aussi long-temps que ces rapports subsisteront. Les conventions peuvent servir à convaincre les deux parties de la sincérité que chacune d'entre elles apporte à l'accomplissement de ces devoirs, sans qu'on puisse dire pour cela que ce sont elles qui donnent naissance à ces mêmes devoirs.

» Aussi, du moment où les rapports d'où ces devoirs tiraient leur origine auront cessé, l'une des parties aura beau alléguer les conventions contractées avec elle et signées par l'autre partie, celle-ci est autorisée à lui répondre qu'on ne saurait concevoir l'existence de l'effet après que la cause a cessé d'exister ; et cette réponse, qui serait catégorique entre deux individus qui auraient contracté en vue de circonstances qui ont cessé d'exister pour tous les deux, et sans la faute ni de l'un ni de l'autre, acquiert une force irrésistible lorsqu'il est question de deux nations ; car, dans le premier cas, il y a identité des personnes contractantes, tandis que, dans l'autre, ceux qui ont contracté ne sont plus ceux qui doivent accomplir : or, ce que les trépassés ont contracté entre eux ne saurait obliger les vivants qu'autant que cela peut être compatible avec les intérêts et des uns et des autres ; et il serait de la dernière absurdité de prétendre, ainsi que nous l'indiquons ci-dessus, que la génération actuelle d'un pays doit faire le sacrifice de ses intérêts à la génération actuelle de l'autre, parce que les gouvernements de jadis, non contents de commander à leurs comtemporains, se sont follement imaginé que même après leur trépas ils continueraient de commander à toutes les générations dans l'avenir. » CH. V.]

§ 60. — Traités réels, ou personnels.

Sous une double acception du terme, on divise les traités proprement dits en *personnels* et *réels* : 1° quant à l'*objet*, on appelle personnels ceux qui ont été conclus en faveur

de la personne, ou même de la famille du monarque
contractant; on appelle réels ceux qui ont été conclus
immédiatement pour le bien de l'État; 2° quant à la *durée*
on nomme personnels les traités dont la durée est liée
à la vie des contractants ou de leur famille; on nomme
réels ceux dont la durée est indépendante des changements
gements survenus à cet égard. La plupart des traités qui
sont personnels dans l'un de ces deux sens le sont aussi
dans l'autre.

Tous les traités entre les républiques sont réels, il en est
de même de tous ceux qui ont été conclus pour un temps
déterminé ou pour toujours. Quant aux traités contractés
par les monarques, soit entre eux, soit avec des républiques, sans qu'on ait déterminé expressément leur durée,
on doit consulter les termes employés, les circonstances,
et même la constitution des États contractants (a). Aujour-
d'hui on a coutume de s'expliquer si clairement à cet
égard, que les disputes sur cette question ne touchent
guère que les traités plus anciens, et par conséquent elles
sont rares.

§ 61. — Importance de cette distinction.

Ce qui rend cette distinction importante, c'est que les
traités réels sont obligatoires pour tout successeur, qu'il
parvienne au trône à titre de succession ou d'élection, sans
qu'il soit nécessaire de les renouveler expressément (a);
tandis que les traités personnels expirent, 1° par la mort

(a) GROTIUS, liv. II, chap. XVI, § 16; VATTEL, liv. II, chap. XII, § 190.
(a) GROTIUS, liv. II, chap. XIV, § 10; chap. XVI, § 16; NETROV, *de Vi
fœderum inter gentes*, Gottingue, 1778, in-4.

de ceux à la personne desquels ils sont liés; 2° par leur abdication volontaire ou forcée, à moins qu'ils n'aient été cimentés pour maintenir la partie contractante sur le trône, et que celle-ci ne conserve encore le droit et l'espoir d'y remonter (b); 3° quelquefois même par le changement de constitution de l'État dont le chef a contracté, à moins qu'on ne consente de maintenir le traité (c).

[Cette distinction ne peut plus être admise. S'il arrive quelquefois que le chef d'un Etat, roi ou empereur, en vertu de son pouvoir, conclut des traités relatifs soit à sa personne, soit à sa famille, ces traités, bien que touchant, dans certains cas, indirectement, aux intérêts de son royaume ou empire, ne sont pas de véritables traités publics. Aussi Pinheiro-Ferreira a-t-il raison de déclarer que des traités ne concernant que les intérêts personnels des souverains sont d'un ordre privé et n'appartiennent pas au droit des gens. « L'auteur, dit-il, donne ici trop d'importance à une distinction qui, lorsqu'elle n'est pas triviale, est absolument fausse et opposée aux principes les plus élémentaires du droit public.

« Ce qu'il nomme dans ces deux paragraphes des *traités personnels*, ne peut être que des traités dont les stipulations concernent les intérêts personnels du souverain contractant ou n'a de valeur que pendant la vie de ce même souverain.

» Si nous prenons donc la distinction faite par l'auteur dans ce second sens, rien de plus insignifiant que de remarquer que les traités conclus pour un certain temps cessent d'être valables après que ce temps sera expiré.

» Mais si l'épithète de *personnel* est donnée par M. de Martens à

(b) Traités de la France avec Jacques II, d'Angleterre; Pacte de famille des Bourbons, de 1761.

(c) Décret de l'Assemblée nationale de France, du 26 aout 1790, sur la continuation des engagements de la nation envers l'Espagne, dans mon *Recueil*, t. VI, p. 413.

des traités qui ne concernent que les intérêts personnels des souverains, ce sont des objets tout à fait privés, et qui n'entrent pas dans le domaine du droit des nations.

» Les temps sont loin de nous, où les rois se permettaient de dire : *l'État, c'est moi*. Le langage du siècle auquel nous appartenons, langage qui seul doit trouver place dans un traité du droit des gens, c'est que les conventions conclues entre les gouvernements d'après leurs constitutions respectives, dans l'intérêt de leurs États, conventions que M. de Martens désigne ici sous le nom de *conventions réelles*, sont les seules qui puissent figurer réellement au nombre des conventions qu'il soit permis au droit des gens de reconnaître.

» Quant à ce que M. de Martens remarque en troisième lieu, que quelquefois le changement de la constitution d'un des États contractants suffit pour que les traités antérieurs cessent d'être obligatoires, ce n'est qu'une conséquence des principes que nous avons établis dans la note précédente. »   Cu. V.]

§ 62. — Des alliances égales et inégales.

On divise encore les traités en égaux et inégaux ; mais on ne doit pas confondre l'égalité du traité et celle de l'alliance. L'égalité du traité dépend de la proportion qu'il y a entre les avantages stipulés des deux côtés, et c'est à la politique à les peser (a). L'égalité ou l'inégalité de l'alliance dépend du rapport établi *par le traité* entre les contractants ; si ce rapport est inégal, tel que dans les traités de protection, de tribut, de vasselage, l'alliance est inégale ; sinon elle est égale, quand même il aurait subsisté antérieurement au traité un rapport inégal d'honneur entre les deux parties. Le plus souvent l'inégalité de l'alliance est compensée par l'inégalité inverse du traité.

(a) Sous ce point de vue, une alliance peut être égale lors même que les secours promis ne le sont pas, et *vice versâ*.

[Il nous semble plus clair et plus exact de dire qu'il existe des traités égaux et des traités inégaux, les uns qui interviennent entre deux nations libres et indépendantes, n'obéissant qu'à leur propre volonté, à leur intérêt, bien ou mal compris, et dégagé de toute contrainte, en un mot, agissant dans toute la plénitude de leur liberté naturelle; les autres, qui sont imposés par l'un des contractants à l'autre, et dans lesquels, par conséquent, l'indépendance de l'une des parties ne concourt pas, la violence imposant, dans ce cas, silence au droit (HAUTEFEUILLE, *des Droits et devoirs des nations neutres*, 2e édit. t. l, p. 9. V. aussi VATTEL, *le Droit des gens*, édit. Guillaumin, liv. II, ch. xii, § 172 et la note 1. CH. V.]

§ 63. — Des moyens d'affermir les Traités.

L'expérience ayant fait voir de tout temps que les nations sont souvent plus promptes à conclure des traités qu'à y satisfaire, on a eu recours de bonne heure à plusieurs moyens accessoires pour mieux s'assurer de leur observation.

Parmi ces moyens, quelques-uns étaient ridicules ou indécents, et ont été proscrits dès longtemps dans les pays où, surtout comme en Allemagne, on les avait employés (a).

D'autres avaient rapport à la religion, tels que le *serment* (b), la *communion*, le *baiser de la croix* (c), la soumission à la *censure ecclésiastique* du pape, etc. (d); moyens fournissant aux papes l'occasion favorable de se

(a) J.-S. BRUNQUELL, *de Pictura famosa*, dans ses *Opuscula*, p. 753. J.-L. KLÜBER, *de Pictura contumeliosa*, Erlangæ, 1787, in-4. Union entre les Électeurs de l'Empire, en 1338, dans SCHMAUSS, *Corpus juris publ.*, p 55.

(b) GROTIUS, liv. II, chap. xiii.

(c) Traité de Cardis, de 1661, entre la Russie et la Suède.

(d) Traité de Cambrai, de 1529, entre François Ier et Charles V, dans DUMONT, t. IV, part. II, p. 7.

mêler des affaires temporelles des souverains sous le prétexte de connaître du péché (e), et aux souverains de se faire
dispenser des traités. De ces moyens, le serment seul n'est
pas encore entièrement hors d'usage, quoique, entre les
États monarchiques, on n'en trouve que peu d'exemples (f)
postérieurs à la paix de Westphalie, et peut-être aucun
dans le dix-huitième siècle (g)

Le *gage* et l'*hypothèque* ont été souvent employés comme
des moyens pour garantir l'accomplissement d'une obligation (h), tant entre les États souverains que, surtout autrefois, entre les membres de l'empire d'Allemagne, le plus
souvent pour assurer le remboursement d'un emprunt ou
la prestation d'une indemnité promise; quelquefois pour
garantir l'observation d'un traité entier (i).

De même, les *otages* ont été souvent pris ou donnés pour
mieux garantir l'observation de toutes sortes d'obligations
imposées à celui qui les fournit : on s'en sert encore aujourd'hui, particulièrement pour garantir l'accomplissement
de quelque article d'un traité, et surtout en temps de
guerre, pour assurer la négociation ou l'accomplissement

(e) LEIBNITZ, préface au *Codex diplom. jur. gentium*, dans VATTEL,
liv. II, chap. xv, § 222.

(f) Paix des Pyrénées, de 1659. REBOULET, *Histoire du règne de
Louis XIV*, t. III, p. 125. Paix de Ryswick, entre la France et l'Espagne,
de 1697, art. 38.

(g) On en trouve encore dans les traités des Suisses. Traité d'alliance
entre la France et les Suisses, de 1777 MOSER, *Versuch*, t. VIII, p. 287.
Renouvellement du traité entre les cantons catholiques et les Grisons, de
l'an 1780, dans mon *Recueil*, t. VI, p 206. Acte de confédération entre
les vingt-deux cantons helvétiques, du 7 août 1815, dans mon *Nouveau
Recueil*, t IV. p. 173. Formule du serment, p. 181.

(h) GUNTHER, t. II, p. 153. Armistice du 20 septembre 1800, dans mon
Recueil, t. VII, p. 410.

(i) Traité entre la Suède et le Danemark, de 1654.

des capitulations (*j*) ; rarement aujourd'hui, comme autrefois, pour un traité entier conclu en temps de paix.

Enfin, l'un des moyens les plus usités dans tout le cours du
moyen âge, c'était de choisir de part et d'autre de puissants
sujets et vassaux pour garants, *warrandi*, ou pour *conservateurs de paix*, auxquels la partie lésée aurait le droit de
s'adresser pour obtenir le redressement de ses griefs, et qui
seraient même obligés, en cas de besoin, de l'assister de
leurs armes contre leur propre monarque et suzerain, pour
forcer celui ci à satisfaire au traité. Mais, surtout après que,
au quinzième siècle, les monarques eurent réussi à rabaisser
la puissance de leurs vassaux, et à mieux affermir le repos
intérieur, ce moyen, devenu insuffisant et dangereux, changea de forme, et, dès le commencement du seizième siècle,
on substitua, aux propres sujets réciproques, des États étrangers, qu'on sollicita de se charger de la garantie et de la
conservation des traités. De là l'usage de ces garanties modernes (*k*), de plus en plus fréquentes, mais dont l'utilité
est plus spécieuse que réelle (*l*).

Si les garanties ont été en premier lieu introduites comme
un moyen accessoire pour affermir l'accomplissement d'un
traité de paix, elles sont aujourd'hui d'un usage plus général, et s'étendent aussi à d'autres traités, aux possessions,

(*j*) WENCK, *Codex juris gentium*, t. II, p. 352.

(*k*) DE STECK, *von den Geisseln und Conservatoren und dem Urs
prunge der Garantien*, dans ses *Versuche über verschiedene Gegenstande*, etc., 1712, n 5, p 48. NEYRON, *Essai sur les garanties*, Gottingue, 1777, in-8. *V*. en général VAN OMPTEDA, § 276 ; VAN KAMPTZ, § 250.

(*l*) « Toutes les garanties, dit Frédéric le Grand dans son *Histoire
de mon temps*, OEuvres posthumes, t I, chap. IX, p. 229, sont comme
de l'ouvrage de filigrane, plus propre à satisfaire les yeux qu'à être de
quelque utilité. » Cependant son règne offre l'exemple de nombre de garanties auxquelles il a eu part.

et généralement à tous les objets dont il peut importer de
s'assurer la jouissance avec le secours d'un tiers. Dans les
traités entre deux puissances, la garantie de l'*accomplisse-*
ment du traité ne peut être fournie que par une tierce puissance; mais pour d'autres points elle peut être réciproque.
Dans les traités entre un plus grand nombre de puissances
la garantie même du traité peut être réciproque.

Les garanties ont en général la nature d'une alliance défensive mais vague ; les obligations qui en résultent sont
soumises aux mêmes principes. Il en sera parlé plus au long
dans le livre VIII, chapitre vi, *des Alliances*, et chapitre viii,
du Rétablissement de la paix.

———

[Comme, dans l'état actuel des sociétés, il n'existe entre les nations d'autre supérieur commun que Dieu, les traités qui régissent leurs rapports et engendrent des obligations ne sont garantis
par aucun pouvoir humain; il a donc été nécessaire, à défaut du
sentiment de justice et de respect à la foi promise qui porte les
hommes à tenir leurs engagements, d'aviser au moyen de corro-
borer, en dépit de l'intérêt et des passions, les stipulations qui
interviennent entre deux ou plusieurs Etats. Suivant HEFFTER, *le*
Droit inte national public, traduction de M. Bergson, § 96, les
moyens employés pour atteindre ce but sont et surtout étaient, indépendamment des solennités religieuses, la remise de gages comme
la cession momentanée d'une portion du territoire, la clause
de dommages-intérêts en cas d'inexécution, les otages, le caution-
nement, la garantie par des tiers dont la puissance assure l'effet
des traités. *V.* sur le serment une note de M. Pradier-Fodéré sur
le § 228 liv. II, ch. xv de VATTEL, *le Droit des gens*, édit. Guillaumin   CH. V.]

§ 64. De la Confirmation et du Renouvellement des Traités.

Tant qu'un traité subsiste d'après l'intention des parties
contractantes, il n'a pas besoin de confirmation, et, d'un

autre côté, lorsqu'il a perdu sa force, il faudrait le renouveler, non le confirmer, s'il doit être observé à l'avenir Cependant, pour obvier autant qu'on le peut aux pénibles disputes entre les souverains sur la validité d'un traité public
antérieurement conclu, il est d'usage, 1° que lors de leur
avénement au gouvernement, les monarques, soit héréditaires, soit électifs, déclarent généralement aux puissances
avec lesquelles ils sont liés par traités qu'ils sont disposés
à observer les traités conclus par leurs prédécesseurs (a),
bien que cette déclaration générale, souvent énoncée seulement de vive voix par l'organe des ministres, ne soit pas
toujours suffisante pour couper les disputes sur tel traité
individuel ; 2° que, même en signant en temps de paix des
traités de limites, etc., on confirme expressément ceux des
traités antérieurs qui s'y rapportent, et qu'on veut encore
conserver, en cassant au contraire expressément ceux qu'on
veut faire cesser (b); 3° que, dans les traités de paix, on renouvelle et confirme non-seulement ces traités, qui ont été
manifestement rompus par la guerre, ou révoqués, mais
ceux même à l'égard desquels il pourrait s'élever quelque
doute; usage qui, malgré ses inconvénients semble être préférable au rétablissement vague de l'état des choses tel qu'il
subsistait à l'époque de la rupture (c). Toutefois le silence

(a) *Algemeine Geschichte der vereinigten Niederlande*, t. VII, p 247.
ARCHENHOLZ, *Mémoires de la reine Christine*, t, III, p. 197.

(b) Traités entre l'Espagne et le Portugal, 1777, 1778, dans mon *Recueil a*, t. I, p. 634, 709 ; *b*, t. II, p. 545. Traité de commerce entre le
Danemark et la république de Gênes, 1789, dans mon *Recueil a*, t. IV,
p. 532; *b*, t. IV, p. 438.

(c) *V*. mon Programme *über die Erneuerung der Verträge in den
Friedensschlussen der Europ. Mächte*, 1797, in-8.

seul qu'on y a gardé par rapport à tel traité, n'est pas toujours une preuve de ce qu'il n'est plus obligatoire; tandis que, d'un autre côté, le renouvellement d'un seul ou de plusieurs articles ne prouve pas celui du traité entier (d), et qu'au reste, en général, l'effet du renouvellement ou de la confirmation d'un traité ne s'étend qu'à ce qui, dans ce traité, concerne les droits des puissances qui le renouvellent (e).

[On trouve de fréquents exemples, dans l'histoire diplomatique des dix-septième et dix-huitième siècles, de la confirmation d'anciens traités; c'est ainsi que les traités de Westphalie et d'Utrecht ont été confirmés dans presque tous les traités de paix ou de commerce intervenus postérieurement entre les mêmes parties. Mais comme la plupart des conventions internationales renferment des stipulations de plusieurs sortes, il est souvent difficile de distinguer celles qui sont perpétuelles de leur nature et celles que la guerre ou d'autres circonstances éteignent ou modifient, ou rendent désormais inapplicables à un nouvel état de choses. « C'est pour cette raison, dit WHEATON, *Eléments du droit international*, t. 1, p. 256, et par abondance de précautions qu'on insère souvent dans des traités de paix des stipulations, qui remettent en vigueur et confirment expressément des traités antérieurement existants entre les parties contractantes, et contenant des stipulations de caractère permanent, ou qui repoussent de quelque autre manière l'intention que pourrait avoir l'une ou l'autre des parties de ne pas exécuter les obligations contenues dans de pareils traités antérieurs. »   CH. V.]

(d) Disputes entre la Russie et la Suède sur la paix de Nystadt, de 1721; après la paix d'Abo, de 1743, dans MOSER, *Versuch*, t. VI, p. 391.

(e) Sur la question, si la Russie est devenue garante des traités de Westphalie, en garantissant celui de Teschen, de 1779, qui les confirme, *V* plus bas, liv. VIII, chap. VIII, la liste des auteurs qui s'en sont occupés.

§ 65. — Des Conventions tacites.

Dans les conventions expresses, le consentement mutuel est manifesté par des paroles ou par des signes (a) qu'un usage reconnu a substitués aux paroles; dans les conventions tacites le consentement des deux parties, ou de l'une d'entre elles, est manifesté par des actes qui en offrent la preuve. Supposé que de tels actes aient eu effectivement lieu, la convention tacite qui repose sur eux est tout aussi obligatoire et irrévocable que celle qui a été cimentée expressément, vu que la force du consentement ne dépend pas de la manière dont il est énoncé, mais de la certitude de volonté

Une multitude d'actes peuvent servir de preuves de consentement pour un cas présent; il est beaucoup plus difficile d'en trouver qui fassent preuve d'un engagement à des prestations futures et successives : pour leur attribuer cette force, il faut au moins qu'ils aient été entrepris non-seulement librement et avec connaissance de cause, mais encore dans la persuasion fondée d'être obligé de les entreprendre, ou qu'ils soient de nature à ce que l'uniformité de conduite pour l'avenir soit une suite nécessaire de celle qu'on a tenue une fois (b).

(a) Par exemple, en arborant un drapeau blanc, en faisant battre la chamade, etc.

(b) Par exemple, en acceptant la république de Venise pour médiatrice du traité de Westphalie, on prouvait qu'on reconnaissait son indépendance; l'Empire, en déterminant par le recès d'Empire de 1654, d'entretenir un bon voisinage avec les Provinces-Unies des Pays-Bas, et ratifiant l'art. 53 de leur traité avec l'Espagne, reconnut leur indépendance aussi bien qu'elle eût pu l'être par un acte formel qui n'a jamais eu lieu. (V. MEERMANN, de Solutione vinculi quod olim fuit inter S. R. I. et l'œd. Belg. Reipubl., Lugd.-Bat., 1777, in-4)

Sous de telles conditions un seul acte peut prouver le consentement tacite; mais la preuve est renforcée par la répétition fréquente de ces actes. Au reste, la plus petite partie de notre droit des gens repose sur de vraies conventions tacites; encore renferme-t-elle plutôt des renonciations ou des prestations unilatérales, que des obligations réciproques. Ceux qui sont d'opinion différente à cet égard semblent confondre les conventions tacites et les usages.

CHAPITRE III.

DE L'USAGE ET DE L'ANALOGIE.

§ 66. — De la nature de l'Usage.

S'agit-il d'actes auxquels une nation n'est tenue que d'après les règles de l'humanité, de la bienséance ou de la politesse, que par conséquent elle est en droit d'entreprendre ou de ne pas entreprendre · non seulement un seul de ces actes, mais encore la plus fréquente répétition qui en aurait uniformément eu lieu pendant des siècles, n'offrirait pas·la *preuve* qu'une nation a voulu s'obliger parfaitement vis-à-vis d'une autre à continuer à l'avenir sur le même pied; elle ne lui ferait point perdre le droit rigoureux de changer à cet égard de conduite, dès qu'elle le jugerait a propos, et même sans en rendre compte à personne. Cependant une telle manière uniforme d'agir fait naître la *présomption* fondée et raisonnable que, dans des cas futurs et semblables, la nation se conduira sur le même pied sur lequel elle s'est conduite jusqu'ici, tant qu'elle n'a pas déclaré le contraire.

Une présomption de ce genre peut même quelquefois

naître d'un seul acte (*a*); cependant elle est fortifiée par la
suite du temps et par la fréquence d'actes uniformes qui
l'ont fait passer en usage.

On peut conclure de là que, lorsqu'une nation a l'intention de s'écarter de cet usage ou de l'abolir, elle doit en
avertir à temps celles des nations étrangères que la présomption qu'elle leur a fait naître pourrait induire dans une
erreur nuisible. Et bien que ce devoir, considéré par lui-
même, ne soit qu'un devoir imparfait, il est encore plus
sacré pour des nations liées ensemble par des traités
d'amitié et de commerce ; d'ailleurs il est reconnu et respecté par toutes les nations de l'Europe.

[Les rapports internationaux et le développement de la civilisation ont amené l'établissement d'usages et de coutumes sur certaines matières qui sont aujourd'hui reçues par la presque una-
nimité des peuples. Ces usages et ces coutumes n'ont jamais été
consignés dans un traité; ils n'ont jamais fait l'objet d'une convention spéciale et positive, mais ils sont en petit nombre et
règlent l'application de quelque partie du droit primitif V. HAU-
TEFEUILLE, *des Droits et devoirs des nations neutres*, 2ᵉ édit., t. I,
p. 11.   CH. V.]

§ 67. — Des motifs qui garantissent la durée de l'Usage.

Toutefois le simple usage ne renferme qu'une obligation
imparfaite; il ne peut donc pas être extorqué par la force,
et chaque nation conserve le droit de s'en écarter et de l'a-
bolir, pourvu qu'elle en avertisse à temps. Cette partie
considérable de notre droit des gens positif, qui est fondée
sur des usages, paraît donc reposer sur de faibles bases, et

(*a*) Par exemple, en donnant librement une fois à un prince les titres
de Majesté, de Roi, etc.

sujette à de continuelles vicissitudes. Cependant, moins cet usage a de force intrinsèque, plus il se réunit d'arguments externes pour en assurer *jusqu'à un certain point* la durée : tels sont, 1° la force naturelle de l'habitude, qui, dans des actes de moindre importance et fréquemment répétés, exerce son pouvoir sur les nations comme sur les individus; 2° le propre avantage qui résulte de la continuation de certains usages; 3° le désir de passer aux yeux des étrangers pour une nation éclairée, civilisée et bien intentionnée : d'un autre côté, la crainte de la rétorsion à l'égard du même point; la crainte de nous voir refuser d'autres points d'usage en compensation de ceux auxquels nous nous refuserions; la crainte que d'autres nations pourraient faire cause commune contre nous dans le refus d'usages qu'il nous importe de voir observés, et enfin la crainte que la violation d'usages pratiqués entre les nations amies pourrait être interprétée par d'autres comme l'avant-coureur de lésions effectives dont elles seraient menacées de notre part (*a*), et sous ce point de vue être considérée comme une raison justificative pour prévenir les hostilités auxquelles on se croit exposé.

§ 68. — Du rapport entre le Droit conventionnel et coutumier.

Au reste, l'histoire de tous les siècles, et particulièrement celle de nos jours, fait suffisamment voir que de simples

(*a*) Par exemple, il est d'usage qu'un ministre accrédité prenne congé avant de partir; il est d'usage de n'exclure aucun ministre étranger de puissances amies des fêtes auxquelles les cours invitent le corps diplomatique : l'un et l'autre n'est qu'un simple usage ; on se souvient cependant des différends survenus en 1750, entre les cours de Berlin et de Pétersbourg, par la non-observation de ces usages, interprétée comme preuve des mauvaises intentions des cours.

usages changent avec le temps et avec les circonstances. Il
n'en est pas de même de ceux qui ne sont que confirma-
toires de la loi naturelle, et qui ne sont susceptibles de
changements qu'en tant que celle-ci admet des modifications conventionnelles.

D'un autre côté, ce qui, dans l'origine, n'était que simple
usage, est quelquefois changé en obligation parfaite, par des
conventions expresses ou tacites ou aboli par elles (a);
comme il se peut de même que ce qui a été réglé par traité
soit ensuite déclaré aboli ou changé par l'usage.

§ 69. — De l'Analogie.

Enfin l'analogie (a) offre encore une source féconde de
décisions dans les affaires des nations. C'est l'application de
ce qui a été réglé pour de certains cas à l'égard d'autres
cas semblables, et qui n'ont pas encore été déterminés. On
sent que toute la force et la justesse de l'analogie reposent
sur la ressemblance effective des cas que l'on compare, et
sur lesquels on fonde l'induction.

———————

[L'analogie est la ressemblance de certains faits et de certains
principes non contestés avec des faits et des principes qu'il convient de juger et d'apprécier. Dans le droit civil l'analogie est
également une règle d'interprétation des lois.   Ch. V.]

(a) Par exemple, l'ancien usage de défrayer les ministres étrangers fut
aboli par traité entre la Russie et la Suède. (V le traité de 1721,
art. 20.)

(a) KLÜBER, Oeffentliches Recht des teutschen Bundes, § 61-64.

CHAPITRE IV.

DE LA PRESCRIPTION.

§ 70. — De la Prescription, d'après le Droit des gens universel.

Une des questions les plus importantes du droit des gens, c'est de savoir si la *prescription* (a) doit être considérée comme une des sources du droit des gens, si par elle on peut acquérir des droits ou les perdre; si le droit des gens universel la reconnaît; si elle a été introduite par le droit des gens positif de l'Europe.

Nul doute qu'ainsi qu'on peut renoncer expressément à la propriété, ou a d'autres droits qu'on possédait, on ne le puisse aussi tacitement par des actes qui font preuve de renonciation, et qu'on ne puisse par là autoriser d'autres à l'acquisition de ces biens, de ces droits ou immunités. Mais, en demandant si la prescription a lieu entre les nations, on a eu vue de savoir si le simple non-usage de la propriété ou

(a) GROTIUS, liv. II, chap. IV. PUFFENDORF, *du Droit de la nature et des gens*, liv. IV, chap. XII VATTEL, liv. II, chap. XI. CUJACIUS, *ad* Leg. 1, D., *de Usucapione*. FEDER, *Recht der Natur.*, t. I, cap. II, sect I, § 22, cap. III, § 79. GUNTHER, t. II, p. 117. KANT, *Metaphysische Anfangsgrunde der Rechtslehre*, t. I, abschnitt II, Episod.; abschnitt *von der idealen Erwerbung*, p. 130.

de tel autre droit, si le silence gardé volontairement, et avec
connaissance de cause, lorsqu'un autre possède notre propriété, ou lorsqu'il dispose de nos droits, quand ce non-
usage, ce silence, ont été continués pendant longtemps,
suffisent pour nous faire perdre notre propriété ou nos
droits, et pour les faire acquérir irrévocablement par le possesseur actuel. Or, le simple non-usage, le simple silence,
considérés en eux-mêmes, n'ont pas la force de la renonciation ou du consentement, en tant que nous ne sommes pas
obligés de faire usage de notre bien ou de protester. Une
telle obligation cependant n'existe pas dans la rigueur de la
loi naturelle; la simple interruption des actes de possession
n'éteint point notre droit (b) : on ne saurait non plus nous
accuser d'une coupable négligence; et bien que le silence
peu usité que nous gardons puisse faire naître une présomption d'abandon, cette présomption seule ne suffit pas pour
nous faire perdre nos droits : la prescription n'est donc pas
fondée dans la rigueur du droit naturel. L'avantage mutuel
des nations semble, à la vérité, exiger qu'on la reconnaisse :
on pourrait donc en faire un principe du droit naturel social (c) par rapport à ces nations reconnues pour vivre dans
une société générale; cependant on n'a rien gagné encore,
tant qu'on ne peut fixer l'espace de temps nécessaire pour
l'acquisition ou pour l'extinction des droits par prescription et il est évident que le droit naturel ne peut pas fixer
cet espace de temps avec la précision nécessaire.

Le possesseur d'une chose est, à la vérité, autorisé à continuer sa possession tant qu'aucun autre ne peut prouver un

(b) V cependant KANT, l. cit., § 33, p. 131.
(c) GROTIUS, l. cit., § 9; WOLFF, Jus gentium, § 366.

droit mieux fondé que le sien : or, en imaginant une possession tellement immémoriale, qu'on ne saurait prouver
qu'avant lui et ses prédécesseurs un autre eût possédé cet
objet (d), il résulterait des circonstances qu'il n'aurait à
céder aux prétentions de personne. Mais cet avantage naturel de la possession, *favor possessionis*, ne peut être
que très-improprement appelé prescription immémoriale (e).

[C'est une question bien ancienne et toujours controversée que
celle de savoir si la prescription est de droit naturel et des gens,
ou seulement de droit civil. Cujas, t. I, sur la loi 1 Dig., *de usur.
et usurp.*, soutenait que la prescription est de pur droit civil, et
qu'elle est contraire tant à la loi naturelle qu'au droit des gens.
Grotius, *de Jure belli et pacis*, lib. II, cap. iv, adopte la même
opinion, mais d'une manière moins affirmative; il incline même
à admettre qu'entre ceux qui n'ont d'autre loi commune que le
droit naturel, la longue possession est un bon titre à alléguer.
Puffendorf, *Dr. de la nat. et des gens*, ch. xi, § 9 et 12, se prononce dans ce dernier sens, et son opinion est suivie par Vattel,
Le Droit des gens, édit. Guillaumin, liv. II, chap. xi, § 141 et 147;
plus récemment M. de Rayneval, *Inst. du droit de la nat. et des
gens*, p. 155, combat cette doctrine, en tant qu'elle a pour objet
de faire valoir la prescription d'Etat à Etat, comme moyen d'acquérir, légitimé par le droit des gens; mais Merlin, *Rép.*, v° *Prescription*, sect. I, § 1, 3°, réfute M. de Rayneval. Son raisonne-

(d) Dans tout autre sens la possession immémoriale n'opère pas plus
un droit exclusif, d'après le droit naturel, que la prescription de 30,
40 ans, etc. *V.* cependant le projet de déclaration de Droit des gens
remis par le député Grégoire à la Convention nationale de France, au
mois d'avril 1795, dans le *Moniteur*, 1795, n. 217, et M. Gebhard, *Recueil*, t. I, p. 9; et sur ce point, l'extrait ci-dessus de la Préface de l'é-
dition allemande de 1796 de mon *Précis*.

(e) J.-G. Walther, *Diss de præscriptione inter liberas gentes*, ad
Hug. Groti *de Jur. bell. et pac.*, lib. II, cap. iv, § 1-9; Witteb., 1751,
§ 17 Gunther, *E V.R.*, t. II, p. 131.

ment, dit-il, se réduit à dire qu'il n'y a point de loi positive qui
ait établi la prescription d'Etat à État, qu'elle est bien, même entre les nations, conforme à l'*équité* : mais que chaque souverain, à
qui on l'oppose, est seul juge de l'application qu'on prétend lui en
faire, et que la force seule doit décider. Rien de plus vrai. Mais de là
s'ensuit-il que la prescription n'est pas de droit naturel ? Qu'est-ce
que le droit naturel, si ce n'est cette *équité* qui parle à la conscience
de tous les hommes ? et l'équité peut-elle commander une chose,
sans que le droit naturel la commande en même temps ? Du reste,
M. de Rayneval n'est pas le premier qui ait soutenu qu'une nation ne
peut pas prescrire contre une autre. Pierre Dupuy avait défendu
la même doctrine dans une dissertation intitulée : *Si la prescription a lieu entre les princes souverains*, et qui se trouve dans le
Recueil des traités touchant les droits du roi tres-chrétien, im-
primé à Paris en 1655. Mais un célèbre professeur d'Helmstadt,
Werlhof, l'a réfuté pied à pied, dans ses *Vindiciæ Grotiani dogmatis
de Prescriptione inter gentes liberas, contrà illustrem scriptorem
Gallicum Petrum Puteanum.* Merlin conclut en disant que la
prescription est véritablement de droit naturel et de droit des
gens, et ce principe une fois convenu, il en résultera toujours
que si la prescription n'a pas lieu d'État à État, elle doit du moins
produire tout son effet entre les particuliers qui habitent des
Etats différents. *V.* encore en ce sens Troplong, *de la Prescription,* sur l'art. 2219, et Dalloz, *Jurisp gén.,* v^{le} *Prescription,*
n° 37, et *Droit des gens,* n° 84.

« Notre auteur, dit Pinheiro-Ferreira, ainsi que la plupart des
jurisconsultes. confond ici la *loi* de la prescription avec le *droit*
de prescription ; en sorte qu'à les entendre il ne saurait y avoir
un droit de prescription là où il n'y a pas une loi de prescription : d'où ils ont conclu que personne ne pouvant donner des
lois aux nations, il ne peut y avoir pour elles un droit de prescription ; et que, par conséquent, la propriété nationale ne peut
jamais être prescrite.

» C'est une grave erreur... Commençons par la prescription
d'après les lois civiles.

» Ces lois n'accordent ni n'ôtent à personne le droit de propriété, ainsi que M. de Martens et les autres publicistes de la
même école se le sont imaginé. Au contraire, ce n'est que parce
que le législateur en suppose la perte d'un côté et l'acquisition

de l'autre qu'il intervient comme un arbitre pour fixer, non le droit, mais l'époque ; parce que c'est l'époque et non le droit qui peut être un objet de contestation entre les parties.

» Par le simple fait d'avoir laissé jouir un autre de notre propriété pendant un certain temps, comme s'il en était le maître, sans que nous ayons songé à l'interrompre dans sa possession en faisant valoir notre droit, nous sommes censés l'avoir perdu, par la raison toute simple, qu'après avoir abandonné nos droits pendant un grand nombre d'années, nous ne saurions être admis à les faire valoir contre celui qui, de notre consentement, a consacré ses capitaux et ses fatigues à fertiliser un terrain à la propriété duquel nous ne pouvons alléguer de meilleur droit que le capital et le travail que nous y avons peut-être employés nous-mêmes. Ainsi, celui à qui nous voudrions en contester la propriété a acquis sur la terre abandonnée un titre de possession pour le moins aussi sacré que celui que nous pourrions lui opposer.

» Telle est l'origine du droit de prescription entre les citoyens ; et puisque pareil fait peut avoir lieu entre les nations, on ne saurait mettre en doute qu'il peut y avoir aussi prescription entre elles, de même qu'entre les citoyens.

» Certes, personne n'est autorisé à fixer l'époque à laquelle le droit de propriété doit être censé prescrit entre deux nations. Ce n'est que par des négociations qu'on peut parvenir à convaincre l'ancien propriétaire que son droit est en effet prescrit, lorsque le nouveau propriétaire pourra lui prouver qu'il est vis-à-vis de lui dans une situation analogue à celle que les lois civiles ont supposée exister de citoyen à citoyen, au bout de trente ans ou de tout autre terme qu'elles auront fixé. Mais, encore une fois, il n'est nullement question ni du droit, ni du fait, mais seulement de l'époque à laquelle l'un et l'autre ont commencé d'avoir lieu. »   Ch. V.]

§ 71. — De la Prescription, d'après le Droit des gens positif.

Dans la pratique des peuples de l'Europe, les puissances, à la vérité, provoquent souvent dans leurs écrits à la prescription ; elles semblent aussi en redouter les effets, en

ayant recours à des protestations pour conserver leurs
droits; et tandis qu'elles-mêmes se croient en devoir d'empêcher, par des déclarations faites à temps, que les pré-
somptions qu'elles ont fait naître n'induisent d'autres
nations dans une erreur préjudiciable (§ 66), elles paraissent avouer par là l'obligation de rompre le silence à
l'égard des droits qu'elles ne veulent pas abandonner.

Cependant la manière dont les puissances s'expliquent
dans leurs écrits au sujet de la prescription est si variable (a), souvent même si contradictoire, que ce n'est pas
sur ces assertions, dictées par les circonstances, qu'on
peut asseoir une opinion fixe; souvent aussi, dans les actes
publics, le terme de prescription est improprement employé pour désigner *la perte de droits auxquels on aurait
renoncé par des actes positifs qui font preuve de consentement.* Les protestations sont quelquefois nécessaires pour
empêcher que des actes qu'on prévoit ne pouvoir éviter ne
soient interprétés comme faisant preuve de consentement;
dans d'autres cas même le choix de la voie la plus sûre des
protestations ne prouve pas que les puissances croiraient
perdre leurs droits en ne protestant pas. Enfin, le devoir
de rompre le silence pour ne pas induire d'autres en erreur
au sujet de la présomption qu'on a fait naître, quoique
reconnu en Europe, ne l'est pas comme une obligation
parfaite.

Et tandis que d'ailleurs aucune convention, soit géné-

(a) *V.* des exemples de différents genres dans MOSER, *Versuch*, t. V,
p. 4; *Beytrâge*, t. I, p. 12; t. V, p 2. GUNTHER, *E. V R.*, t. II, p 126
*Mémoires des commissaires de S. M. T. C et de ceux de S. M. Britan-
nique, sur les possessions, etc., des deux couronnes en Amérique*,
4 vol. in-4; 1755, 3 vol. in-8.

rale soit particulière, aucun usage même n'a fixé l'espace
de temps requis entre les nations pour prescrire, la prescription proprement dite ne peut pas non plus être considérée comme introduite entre les puissances souveraines
de l'Europe; et l'on ne gagnerait rien en soutenant le
contraire.

Il n'en est pas de même de ces États non entièrement souverains, qui reconnaissent encore au-dessus d'eux un législateur commun qui a pu introduire la prescription et la
régler par des lois. Dans le rapport mutuel de ceux-ci, la
prescription peut donc sans doute sortir son effet (b); mais
dans leurs relations avec des puissances étrangères il n'en
peut être question que dans les cas qui sont du ressort des
tribunaux du souverain de ces premiers, et qui doivent se
juger d'après les lois du pays.

(b) PUTTER, *Beytrage zu dem teutschen Staatsrecht*, t I, p. 297. La
dissolution de l'Empire germanique n'a pas entraîné l'abolition de toutes
les lois de l'empire non relatives a son ancienne constitution. L'acte de
la Confédération du Rhin de 1806, art. 11, prononçait cette abolition;
mais cet acte même, qui d'ailleurs n'embrassait pas l'Allemagne entière,
ayant été aboli déjà en vertu des traités de 1813, il semble que, nonobstant la souveraineté des membres de la Confédération germanique, la
prescription doit encore être considérée comme règle de décision dans les
affaires de ces États entre eux.

LIVRE III.

DES DROITS RÉCIPROQUES DES ÉTATS, RELATIVEMENT
A LEUR CONSTITUTION ET A LEUR GOUVERNEMENT
INTÉRIEUR.

CHAPITRE PREMIER.

DES DROITS DE CHAQUE NATION SUR SON TERRITOIRE.

§ 72. — Droit de Propriété sur son Territoire.

Lorsqu'une nation a dûment occupé un territoire (§ 35),
le droit de propriété qu'elle acquiert par là sur toutes les
parties de ce territoire l'autorise a s'en servir à l'exclusion
des étrangers, et a en disposer de toutes les manières qui ne
blessent pas les droits parfaits d'un tiers. C'est à elle-même
à s'arranger sur le partage des propriétés particulières
qu'obtiendront les individus. Ce qui n'a pas été assigné en
partage à quelqu'un de ses membres, ou ce qui cesserait
dans la suite d'avoir un propriétaire particulier, reste ou re-
devient la propriété commune de la nation, soit qu'elle l'ad-
ministre sur le pied d'une propriété particulière, soit
qu'elle en abandonne l'usage à tous ses membres, soit même

qu'elle n'en fasse encore aucun usage (a); un étranger, au
moins, n'a rien à y prétendre.

Ces mêmes principes ont lieu lorsque ce n'est pas par occupation, mais par cession, que la nation a acquis la propriété de son territoire, en vertu d'un traité entièrement
libre, ou du moins valide. Ceci peut influer sur le partage
des biens entre les anciens et les nouveaux habitants; mais
le droit d'exclure les étrangers est le même. Toutefois une
nation ne pouvant céder que ce qu'elle possède encore,
les aliénations antérieurement faites par elle, et les servitudes de droit public qu'elle a validement constituées,
doivent être respectées (b) par la nation qui se fait céder le
territoire.

———

[Le droit exclusif de chaque Etat indépendant sur son territoire,
que ce droit dérive de l'occupation, de la conquête ou de la cession confirmée par un long laps de temps ou par des traités, comprend en même temps les biens publics composant le domaine de
l'Etat et les biens appartenant à des particuliers, et incorporés
dans le territoire de l'Etat; mais avec cette distinction: les droits
de l'Etat sur les biens composant son domaine sont absolus et
exclusifs à la fois de ceux des nations étrangères et de ceux de
ses propres sujets, tandis que, à l'égard des biens appartenant
aux particuliers ou aux universalités, ce droit se réduit au
domaine éminent, c'est-à-dire au droit d'exiger le sacrifice des
intérêts privés et des propriétés particulières dans le cas seulement d'absolue nécessité. On ne peut supposer que celui ou ceux
qui sont revêtus d'un gouvernement de protection aient le droit
de confisquer des biens des particuliers, de s'en attribuer la jouissance ou d'en disposer arbitrairement: ce serait, dit PROUDHON,
du Domaine public, t. I, p. 2, mettre l'autorité suprême en con-

(a) GUNTHER, *E. V. R.*, t. II, p. 216, note *b*.
(b) *Historisch politisches Magazin*, band

tradiction avec la loi de sa propre nature ; car, du moment que
cette autorité n'a été établie que pour protéger les droits de tous,
celui ou ceux qui en sont revêtus ne pourraient, sans se livrer à
la plus odieuse fortaiture, faire servir à l'envahissement des propriétés la force dont ils furent armés pour la défendre. (*V.* VATTEL,
le Droit des gens, édit. Guillaumin, liv. I, ch. xx, § 235 à 244
HEFFTER, *le Droit international*, traduction de M. Bergson, § 64,
69 et 70.)

Les publicistes ne sont pas d'accord sur l'étendue des droits qui
résultent pour l'Etat du *domaine éminent*. Cette distinction a
trouvé des contradicteurs. Certaines doctrines socialistes aboutis-
sent à considérer l'État comme investi d'un droit de propriété
préexistant, comme propriétaire primitif de tous les biens dont il
confère à son gré l'investiture aux particuliers. Celui qui détient
n'est alors que *possesseur* en vertu de l'investiture que l'Etat lui a
consentie.

La doctrine, qui donne pour base à la propriété la distribution
des terres par l'Etat, c'est-à-dire l'investiture par le souverain
n'est pas nouvelle. Elle est, comme le disait M. Paillard de Ville-
neuve, *Gazette des Tribunaux* du 24 mars 1855, fille de la conquête et mère de la féodalité. En effet, et nous analysons ses
observations, après l'invasion, les chefs des Francs firent le partage des terres conquises Ce fut là l'origine des fiefs. Pour les
vainqueurs, le principe de la propriété ce fut la conquête, et
bientôt on n'en connut plus d'autre en France. Le roi, représentant de la nation, avait donné la terre ; il en avait détaché le
domaine utile, mais il s'était réservé le domaine éminent. Alors
le droit de souveraineté et le droit de propriété se trouvaient confondus dans les mêmes mains. Ce fut là le principe féodal. A
cette époque, le seigneur avait en lui une double qualité · il était
souverain, car il exerçait les droits régaliens ; il était aussi suzerain, parce qu'il avait donné des fiefs à ses vassaux, moyennant
l'obligation du service militaire et l'hommage lige. Comme suzerain, au moment de la concession du fief, il avait retenu le
domaine éminent ; à chaque mutation, le fief tombait en commise, et le seigneur ne permettait aux héritiers de le relever que
moyennant un droit de relief qui est l'origine de notre droit de
mutation. Mais comme le droit de souveraineté et le droit de
suzeraineté étaient réunis dans la même personne, on les con-

fondit l'un et l'autre, et l'on crut que c'était à la souveraineté
qu'était attaché le domaine éminent. L'origine de cette confusion
est indiquée par M. GUIZOT, *Cours sur l'histoire de la civilisation
en France*, t. III, 3ᵉ leçon. Il en résulta une erreur qui n'est pas
encore complétement dissipée. On proclama que le roi, et le roi
c'était l'Etat, avait été le propriétaire exclusif de toutes les terres,
et qu'il en avait conservé le domaine éminent. Cela eût été vrai,
si, en effet, toutes les terres eussent été possédées en vertu de
concessions féodales, qui d'anneaux en anneaux eussent remonté
jusqu'au roi. Mais à côté des terres féodales, à côté des fiefs, il y
avait les alleux qui étaient terres franches et libres, qui étaient
possédées en vertu du droit naturel et ne relevaient que du droit
individuel. Aussi, même sous l'empire de la féodalité, il n'était
pas exact de dire que le droit de propriété n'était qu'une délégation du souverain, et que le souverain avait le domaine direct
de toutes les terres. La consécration du droit individuel que
l'homme imprime sur la chose qu'il crée ou qu'il féconde par son
travail et son intelligence, se retrouve même à une époque où
dominaient les effets de la conquête.

C'est également pour consacrer la véritable base de la propriété dans l'appropriation par le travail que M. TROPLONG, *Traité
de la propriété d'après le Code civil*, chap. VI, p. 33 et 34, dit au
sujet de la théorie préconisée de nos jours que l'Etat a été le
propriétaire primitif de toutes choses : « Si la communauté,
l'Etat, la société, ont occupé le sol, planté des bornes et récolté
animo domini ; s'ils ont fait tout cela en tant qu'unité collective,
ils seront propriétaires comme le serait un particulier qui en
aurait fait autant. Mais s'ils n'ont pas exercé les actes primitifs
d'appropriation, si ce sont des particuliers qui s'y sont livrés
pour leur propre compte, les choses ne sortent de leur état d'in-
occupation originaire que pour entrer dans le domaine individuel. C'est ce qu'avait parfaitement décidé la sagesse des
lois romaines ; toutes les choses non créées par l'homme sont, à
leurs yeux, *res nullius*, tant que l'activité humaine ne s'en est
pas saisie. *Quod ante nullius est, id naturali ratione occupanti
conceditur* (Inst., *de rer. div.*, § 12.) Je le répète donc, la communauté, l'Etat, la société, grande ou petite, n'ont rien à prétendre
originairement sur les choses inoccupées. Ces choses ne sont à
personne; l'Etat, collection de tous les individus, ne saurait

avoir ici un droit que la raison refuse à chaque individu. Si
ce n'est pas lui qui a créé la matière, si, sans l'avoir créée, ce
n'est pas lui qui l'a occupée et se l'est assimilée par un fait
émané de lui, on ne voit pas d'où lui viendrait un droit pri-
maire et éminent de propriété,..... » et plus loin, ch. xvi,
p. 97 et 98 : « L'Etat n'est pas le propriétaire suprême, ainsi
que le veulent certaines écoles, ainsi que l'a pratiqué l'Orient,
ainsi que l'ont décrété toutes les constitutions infectées, même
à leur insu, du principe oriental. Le droit individuel est le seul
vrai, le seul légitime, le seul rationnel. L'Etat n'a sur la propriété
que les droits attachés au commandement politique. Comme souverain, il a droit à l'impôt; comme administrateur suprême, il
fait des lois pour régler, dans un sens favorable à l'intérêt général,
l'usage des propriétés privées. Mais ces lois ne sont que des lois
de protection et de garantie : le législateur n'intervient pas comme
maître de la chose; il agit comme arbitre et régulateur, pour le
maintien du bon ordre et de la police. »   Ch. V.]

§ 73. — Empire.

Lorsqu'un peuple, devenu maître d'un territoire, se
donne une constitution, le pouvoir souverain qu'il établit
s'étend sur tous les biens, soit privés, soit publics, qui se
trouvent dans ce territoire, et sur toutes les personnes qui
l'habitent ou qui y entrent.

Le choix de la constitution dépend du vœu de la nation
même, et, dans la règle, aucun étranger n'a le droit de
s'en mêler.

———

[V. les observations précédentes sur le § 72.]

CHAPITRE II.

§ 74. — Principe général.

Comme la diversité des constitutions repose sur le partage ou la réunion des trois pouvoirs, et sur le choix de
celui ou de ceux qui seront les dépositaires de ces pouvoirs
appartenant primitivement à la nation (§ 23) tout arrangement à cet égard est à considérer comme une affaire intérieure de la société, qu'elle peut régler a l'exclusion de tous
les étrangers : de sorte que, en se formant en premier lieu
en État, il dépend d'elle de se donner une constitution quelconque, soit monarchique, aristocratique ou démocratique,
et de choisir, entre les diverses nuances dont ces trois constitutions sont susceptibles, celle qu'elle juge lui convenir
le mieux, sans qu'aucune nation étrangère soit autorisée à
la déclarer vicieuse ; le choix d'un chef dans les monarchies, soit temporaire, a vie ou héréditaire, et de même
celui des membres des conseils dans les républiques,
dépend d'elle et non des étrangers ; enfin ce ne sont pas

les *étrangers* qui ont le droit de l'empêcher de changer sa constitution, lorsqu'elle-même a sanctionné ce changement.

Toutefois, en supposant même que sur ces différents points la nation soit d'accord avec elle-même, on doit admettre qu'il existe des cas où des nations étrangères pourraient s'opposer à de tels changements, soit comme contraires à des droits qui leur auraient été accordés à titre particulier, soit comme incompatibles avec leur propre sûreté et leur conservation. Si, comme il ne manque guère d'arriver, la nation elle-même est partagée d'opinion et de volonté, on ne peut refuser à telle nation étrangère le droit, 1° d'offrir ses bons offices ou sa médiation pour terminer à l'amiable les disputes élevées, et de les interposer lorsqu'on les accepte; 2° de prêter toute sorte de secours à celui des deux partis qui est autorisé à le provoquer, et qui l'a réclamé effectivement; 3° de s'immiscer, même de son chef, dans une telle dispute, lorsqu'un droit acquis à titre particulier, ou le soin de sa propre conservation, l'y autorise.

Or, comme, par une suite naturelle de l'indépendance des États, chaque nation se conduit d'après ses propres lumières, il est peu surprenant que les exceptions, qu'on ne peut rejeter en théorie, soient tellement étendues dans la pratique, qu'elles semblent emporter la règle ; de sorte qu'il n'est guère de contestation importante relative à la constitution intérieure d'un État à laquelle des puissances étrangères ne trouvent le prétexte de prendre part, lorsquelles le jugent à propos, sans croire s'écarter par là du droit des gens et du principe reconnu de l'indépendance et du libre vœu des nations; d'autant plus que cette

question, si telle résolution peut être considérée comme
le vœu libre de la nation, est souvent des plus douteuses (a).

Toutefois, il importe de distinguer encore la diversité
des cas qui se présentent, comme lorsqu'il s'agit, 1º de la
succession dans les États monarchiques; 2º des changements partiels de la constitution ; 3º d'une révolution tendant à un changement, soit de la personne du monarque,
soit de toute la forme du gouvernement.

———————

[Les questions d'intervention ont toujours été des plus délicates. Il est évident et incontestable que d'après les principes du
droit des gens, tout État souverain, république ou monarchie,
faible ou fort, a la pleine et entière jouissance de tous les attri-
buts de la souveraineté intérieure, que par suite, il est affranchi
de toute pression extérieure ; mais cette jouissance trouve sa
limite dans cette autre loi, à savoir qu'il ne faut pas porter atteinte
à la jouissance de la même souveraineté chez les autres États.
Ainsi, par exemple, une nation a le droit de changer complète-
ment sa constitution et sa forme de gouvernement, de modifier
les rapports et les attributions des différentes branches du pouvoir, de changer même la personne du souverain sans autoriser
par là d'autres peuples à intervenir dans ces changements ou à
les critiquer, ou à en tirer un motif de guerre. On s'accorde cependant à reconnaître le droit d'intervention dans tous les cas suivants : 1º lorsque les modifications apportées à la forme du
gouvernement ou le changement dans la personne du prince
s'accomplissent sous l'action de principes inquiétants pour le

(a) Sans doute que le vœu libre de la nation ne se manifeste pas à
l'aspect des baïonnettes, et que ce qui reste lorsqu'on a expulsé les gens
de bien ne forme pas la nation ; mais il y a d'autres cas pour lesquels il
se présente des questions vraiment douteuses, et à l'égard desquelles les
nations ne se gouverneront jamais d'après les principes d'une théorie
abstraite et subtile.

repos, la sûreté ou l'indépendance des autres nations, pour la conquête, par exemple, ou pour la propagande; 2° lorsque la nation au milieu de laquelle ces changements s'opèrent fait appel aux secours d'une autre nation; 3° enfin lorsqu'une puissance étrangère s'est engagée par des traités de garantie ou par des pactes de famille à maintenir la constitution et les pouvoirs publics d'une nation, à moins que le changement ne s'opère entre le prince et le peuple d'un commun accord, auquel cas l'intervention n'a plus de raison d'être. Notre auteur admet l'intervention de la part d'une puissance tierce, lors même que le souverain et son peuple agiraient d'accord pour changer la constitution si elle s'est fait attribuer ce droit ou si elle a lieu de craindre pour elle les suites d'un tel changement. Dans le cas de guerre civile, Martens admet encore le droit pour une puissance tierce d'offrir ses bons services ou sa médiation, et de leur donner effet s'ils sont agréés, de venir au secours du parti qui lui paraît avoir le bon droit pour lui, d'intervenir directement et sans aucune demande, si elle croit ses intérêts menacés. Du reste, s'il est facile de déterminer en principe les limites du droit des États souverains et le point où commence pour eux celui d'intervenir dans les affaires intérieures d'un autre État, l'appréciation des faits n'est que trop souvent remise à la mobilité des intérêts, et depuis un demi-siècle, au milieu des cinq ou six interventions qui ont été pratiquées, le monde a vu la force seule, à défaut de la justice, prononcer en souveraine. Il est juste de dire que l'Angleterre, comme le faisait observer M. Labiche à la fin de 1856, dans le journal la *Presse*, professe le principe presque absolu de la non-intervention dans les affaires intérieures des États. Elle n'admet d'exception à ce principe que dans le cas où la *sécurité* et les *intérêts essentiels* d'un État sont menacés d'une *manière sérieuse et immédiate* par les événements intérieurs d'un autre État. Et, même dans ce cas, elle ne considère l'exercice du droit d'intervention que comme ne pouvant être justifié que *par la plus urgente nécessité*, par une nécessité *absolue*. Quels seront ces cas? Les documents anglais s'abstiennent de le dire, et laissent par conséquent à l'arbitraire de la force le soin de les spécifier. Il y a une règle cependant, et cette règle sort clairement de la doctrine anglaise de la non-intervention qui est la vraie, qui est la seule garantie des États faibles contre les abus de la force.

L'intervention, cette atteinte aux droits souverains d'un Etat, ne peut être justifiée que par la nécessité de sauvegarder les droits également souverains de l'intervenant, et n'est légitime que quand ces droits sont sérieusement menacés. L'intervention, en d'autres termes, c'est la guerre, et toutes les circonstances qui donnent à un Etat une cause légitime de guerre, lui donnent en même temps un juste sujet d'intervention.

Kant, dans son ouvrage *de la Paix perpétuelle,* professe cette opinion qu'aucun Etat ne doit s'immiscer de force dans la constitution et le gouvernement d'un autre Etat. Il demande par quoi il y serait autorisé. Par le scandale qu'un souverain donnerait à ses propres sujets? Mais le scandale serait plutôt une leçon, et en tout cas, le scandale n'engendre aucune lésion. Kant reconnaît cependant que si, par l'effet d'une discorde intérieure, un Etat venait à se fractionner en deux parties, dont chacune formât un Etat particulier, le secours porté à l'une d'elles ne constituerait pas l'immixtion dans la constitution d'un autre Etat, puisqu'il y aurait alors anarchie. Excepté ce cas, il n'appartient pas à des puissances étrangères d'intervenir dans les affaires d'un autre peuple indépendant L'intervention serait une violation de ses droits, un scandale et un danger pour l'autonomie de tous les Etats. On peut même ajouter que l'intervention dans les affaires intérieures et extérieures d'un État, qu'on ferait dériver uniquement de la nécessité de maintenir l'équilibre des puissances, serait, dans la plupart des cas, une atteinte aux principes généraux de l'indépendance des nations. *V.* Théodore Ortolan, *Règles internationales et diplomatie de la mer,* t. I, p. 103. *V.* aussi les notes de M. Pradier-Fodéré sur les § 50, 58, liv. III, ch. IV, de Vattel, *le Droit des gens,* édit. de Guillaumin; Dalloz, *Jurisprud. gén.,* v° *Droit des gens,* n. 86 et suiv.)

Un publiciste éminent, longtemps ministre des Etats-Unis à Berlin, Henry Wheaton, *Eléments du droit international,* t. I, p. 77, nous semble, dans ses doctrines sur l'intervention, céder trop facilement à l'entraînement de la politique américaine, dont il a été l'habile représentant auprès de plusieurs cabinets européens. « Le droit de chaque Etat indépendant, dit-il, d'augmenter son territoire national, sa population, ses richesses et sa puissance par tous les moyens innocents et légitimes, tels que l'acquisition pacifique de nouveaux domaines, la découverte et la colonisation de pays inconnus, l'extension de la navigation et de la pêche, l'accroissement de ses revenus, l'amélioration de son commerce et de son agriculture, l'augmentation de ses forces navales et militaires, est un droit de souveraineté incontestable et généralement reconnu par l'usage et l'opinion des nations. L'exercice de ce droit ne peut être limité que par le droit correspondant et égal des autres Etats, droit qui dérive du droit primitif de sa propre conservation. Quand l'exercice de ce droit porte atteinte à la sécurité des autres Etats, ou lorsqu'il se trouve en opposition directe avec l'exercice des droits souverains de ces Etats, il n'est pas difficile de lui assigner des limites précises. Mais dans les cas où il suppose seulement un danger éventuel pour la sûreté des autres, des questions de la plus grande difficulté peuvent s'élever ; mais ces questions appartiennent plutôt à la science de la politique qu'à celle du droit public.

» Les occasions où le droit d'intervention peut s'exercer pour empêcher l'agrandissement d'un Etat quelconque par des moyens innocents et légitimes, tels que ceux que nous venons d'indiquer, sont rares et ne peuvent se justifier, excepté dans le cas où l'augmentation des forces militaires et navales d'une puissance aura pu inspirer de justes craintes aux autres puissances. Le développement intérieur des ressources d'un pays, ou l'acquisition de colonies et de pays loin de l'Europe, n'ont jamais été considérés comme des motifs suffisants pour justifier une intervention. On semblerait même avoir généralement pensé que des colonies, loin de contribuer à augmenter la puissance du pays métropolitain, contribuent plutôt à l'affaiblir. L'augmentation des richesses et de la population d'un pays, qui est sans contredit un des moyens les plus efficaces pour augmenter sa puissance, se fait trop insensiblement pour pouvoir inspirer à d'autres pays de justes motifs d'alarme. Croire que les nations ont le droit d'intervenir par la force pour empêcher le développement de la civilisation et pour détruire la prospérité des nations voisines, est une supposition dont l'injustice est si manifeste, qu'il n'est pas besoin de la réfuter. L'intervention pour maintenir l'équilibre des puissances a ordinairement pour objet d'empêcher un souverain déjà puissant d'incorporer des provinces conquises dans son territoire, ou d'augmenter ses Etats par mariage ou par succession, ou d'exercer une influence dictatoriale sur la politique d'autres Etats indépendants..... » *V.* encore, sur la question d'intervention, une brochure récente de M. HAUTEFEUILLE, intitulée : *Le principe de non-intervention et ses applications.*   Ch. V.]

§ 75. — De la succession dans les Monarchies héréditaires.

D'abord, quant au choix d'un chef dans les États monarchiques, sans doute que, dans la théorie, la nation seule a le droit, 1° de conférer à une famille le droit héréditaire de gouverner, et de régler entre les membres de celle-ci et le *droit* et l'*ordre* de succession ; 2° de choisir, après l'extinction de la souche habile à succéder, un nouveau chef, en lui accordant un droit personnel ou héréditaire de gouverner ; 3° en cas de dispute entre plusieurs prétendants, de reconnaître pour chef celui dont elle juge le droit le mieux fondé (*a*), ou sinon de choisir à son gré entre ces prétendants (*b*).

Cependant, dans la pratique, 1° un prétendant étranger se croit autorisé à poursuivre le droit qu'il s'attribue, même en mettant les armes à la main, et en sollicitant le secours de ses alliés ; 2° de tierces puissances allèguent tantôt leur amitié et le bon voisinage, tantôt leurs traités avec tel des prétendants, tantôt le soin du maintien de l'équilibre,

(*a*) Ce droit a aussi été réservé à la nation dans les lois de plusieurs pays. *V.*, sur le Portugal, les lois de la diète de Lamego, dans SCHMAUSS, *Corp. Jur gent.*, p. 4, et le manifeste des États de 1641, dans DUMONT, *Corps dipl.*, t VI, part. I, p. 202 ; sur l'Angleterre, l'acte du parlement, de 1707, 6 ann., cap. VII, dans mon *Recueil Sammlung der Reichsgrundgesetze*, t. I, p. 941. Il a été exercé entre autres en France, en 1317 ; en Aragon, en 1410 ; à Neufchâtel, en 1707.

(*b*) Conférez J.-H BOHMER, *Principia juris publici universalis*, lib. III. cap. IV, § 20 ; et, d'un autre côté, BARBEYRAC, dans ses notes sur PUFFENDORF, *Droit de la nature et des gens*, liv VII, chap. VII, § 15, et dans ses notes sur GROTIUS, *Droit de la nature et des gens*, liv. II, chap. VII, § 27, note 4.

tantôt un droit qu'elles auraient acquis à titre particulier, pour s'immiscer dans ces affaires domestiques, soit en se bornant à offrir et à interposer leurs bons offices ou leur médiation, soit même en ayant recours à la force des armes.

Et c'est ainsi que depuis des siècles, surtout depuis l'introduction du système de l'équilibre, la plupart des disputes de succession dans les grands États de l'Europe ont été terminées (c) plutôt au gré des nations étrangères, et par des traités conclus avec celles-ci, que par le libre vœu de la nation du sort de laquelle il s'agissait, et dont assez souvent le suffrage n'a pas même été consulté. Toutefois cette influence, tantôt médiate, tantôt immédiate, que s'arrogeaient autrefois les papes sur la disposition des couronnes (d) a été affaiblie depuis que même les puissances catholiques ne leur permettent plus de se mêler des affaires temporelles.

§ 76. — Du Choix dans les Monarchies électives.

De même, dans les monarchies électives, c'est à la nation, ou à ceux qui ont le droit de la représenter à cet égard (§ 26), de faire le libre choix du nouveau chef, et les nations étrangères n'ont pas plus le droit de gêner ce choix, soit positivement, soit négativement (a), que de soumettre à leur examen la légalité d'une élection que la nation reconnaît pour valide.

(c) 1713, 1714, 1718, 1735, 1748, 1779
(d) VATTEL, liv. 1, chap v, § 67.
(a) VAN JUSTI, ob die Protestationen der auswärtigen Monarchen wider eine auf die Wahl gebrachte Person zu Beherrschung eines Wahlreichs in dem Natur-und Volkerrecht einigen Grund haben, dans ses Historisch und juristische Schriften, t. I, p. 165.

Cependant, premièrement, on ne peut refuser à une nation étrangère la liberté de recommander tel candidat
pour être élu, ou de dissuader, à l'amiable, du choix de
tel autre ; secondement, il se peut qu'un droit conventionnel ou coutumier autorise telle nation à donner une exclusive ; troisièmement, la propre sûreté et le soin de maintenir l'équilibre peuvent quelquefois justifier l'opposition
formée contre le choix d'un chef déjà trop puissant ; qua-
trièmement, enfin, tant que l'opinion de la nation sur la
validité de telle élection est partagée, et particulièrement
lorsque chacun des deux partis a élu un chef, on ne peut,
dans la généralité, disconvenir du droit des nations étrangères de se ranger du côté de celui des deux partis dont le
droit leur paraît le mieux fondé, et même de venir à son
appui lorsqu'elles sont appelées au secours.

Il n'est donc pas étonnant que presque chaque élection
des grands princes électifs en Europe, tel que le pape (*b*),
le ci-devant empereur romain (*c*), et le roi de Pologne (*d*),
ait été influencée par des États étrangers, se fondant en
partie sur quelque droit particulier.

(*b*) W. OTTO, *de Jure imperatoris circa electionem pontificis romani*,
cap. 1. Sur le droit des puissances de donner l'exclusive lors de l'élection
d'un pape, *V.* HAEBERLIN, *Römisches Conclave*, p. 151, 153 ; G.-L.
BÖHMER, *Principia Juris canonici*, § 496 ; MOSER, *Staatsrecht*, t. III,
p. 559 Sur l'influence médiate qui résulte de leur droit de présenter
pour le chapeau de cardinal, *V.* BÖHMER, *loc. cit.*, § 128 ; MOSER,
Staatsrecht, t. IV, p. 7 ; HAEBERLIN. *loc. cit* , p 125 ; conférez ROUSSET,
Supplém., t. V ; *Cérémonial diplom.*, t. II, p. 4.

(*c*) BUDER, *de Legatis principum externorum ad electionem Imperatoris*, dans ses *Observationes Juris*, n. 1, p. 23.

(*d*) Sur les droits des trois cours à l'égard de l'élection d'un roi de
Pologne. *V.*, quant à la Russie, mon *Recueil a*, t. IV, p 139, 144, 587,
596 ; *b*, t. II, p. 129 ; quant à l'Autriche, mon *Recueil a*, t. IV, p. 120.

§ 77. — De la Reconnaissance du nouveau Monarque.

Il est d'usage (a) que les monarques, tant héréditaires qu'electifs, notifient leur avénement au gouvernement à tous les États avec lesquels ils sont en liaison ; ils s'exposeraient même sans cela à n'être pas reconnus. C'est un motif de plus pour observer cet usage, même entre les puissances belligérantes (b). On y répond par des compliments de félicitation. L'une et l'autre notification se fait par écrit, par courrier, ou par des ministres ordinaires ou extraordinaires ; quelquefois même par des missions d'éclat (c). L'usage particulier de cour à cour doit décider de la forme. Entre égaux, on a coutume d'observer l'égalité sur ce point. On a quelquefois refusé d'agréer le compliment de notification ou de félicitation (d) si l'on se croyait autorisé à le demander d'une manière plus distinguée.

[Il est évident, d'après ce que nous avons dit précédemment, que la souveraineté intérieure n'a pas besoin de la reconnaissance des

b, t. II, p. 109; quant à la Prusse, mon *Recueil a*, t. I, p. 494; b, t. II, p. 149.

(a) Les papes se croyaient en droit d'exiger des ambassades d'obédience, ensuite appelées de *révérence*. (Buder, *de Legationibus obedientiæ Romam missis*.)

(b) C'est ainsi, par exemple, que la reine Ulrique-Éléonore de Suède notifia à Pierre I⁰ʳ son avénement au trône, et que celui-ci, quoique en guerre avec la Suède, y répondit par un compliment de félicitation.

(c) Exemples de la Hollande, dans les *Mémoires* du comte d'Avaux, t. IV, p. 284 ; de Venise, dans Moser, *Versuch*, t. III, p. 101 ; *Beytrage zum Europäischen Gesandschaftsrecht*, p 36.

(d) Disputes entre la Sardaigne et Venise, en 1774, dans Moser, *Versuch*, t. II, p. 71 ; *Beytrage zum europäischen Gesandschaftsrecht*, p. 36 et suiv.

autres puissances; elle résulte suffisamment de la conformité de son acquisition avec le droit public intérieur de l'Etat sur lequel elle s'exerce. Néanmoins, l'usage s'est établi de faire connaître aux autres Etats ou à leurs représentants les changements qui surviennent dans la personne du chef de l'Etat. C'est un moyen d'assurer la permanence des bons rapports. S'il arrivait que le droit du nouveau monarque héréditaire ou électif fût contesté, et que la reconnaissance des autres puissances fût refusée, il pourrait en résulter une interruption des relations internationales. *V.* Heffter, *le Droit international,* traduction de M. Bergson. Ch. V.]

§ 78. — Des changements partiels de la Constitution.

Libre dans le choix de son chef, une nation souveraine n'a point non plus de lois à recevoir des *étrangers* lorsqu'elle *s'accorde* à faire des changements partiels à sa constitution actuelle, soit pour étendre, soit pour restreindre le pouvoir de celui ou de ceux entre les mains desquels elle avait disposé des parties du pouvoir souverain. Ni la garantie de la constitution précédente (*a*), ni la crainte que ce changement intérieur ne pût donner à l'État plus d'énergie (*b*), n'offrent aux étrangers des raisons justificatives pour s'y opposer.

Il est des cas où des contestations survenues dans l'intérieur sur de tels points de la constitution peuvent autoriser des étrangers à prendre une part quelconque à ces affaires domestiques, soit pour offrir, de leur chef, leurs bons offices, soit pour satisfaire à une garantie dont ils se sont chargés (*c*), et qu'on réclame légitimement, soit qu'ils

(*a*) *V.* sur la Pologne, les actes cités § 76, note *b*, p. 208, pour la garantie de la constitution polonaise de 1773-1775.

(*b*) Adelung, *Staatshistorie,* t. VII, p. 46, 51.

(*c*) 1648, 1781.

se fondent sur un droit acquis à titre particulier (*d*), ou
qu'ils soient guidés par le soin du maintien de leur sûreté,
compromise par les troubles du voisin.

Mais jamais le droit des gens ne justifiera les efforts
d'une nation étrangère pour exciter des troubles politiques
dans un autre État, pour y ressusciter d'anciennes contestations entre le chef et les membres (*e*), ou pour y semer le
germe d'une révolution totale (*f*). Le prétexte d'y propager
ce que, d'après ses lumières, elle juge être la meilleure
des constitutions, ne saurait la justifier. Le fanatisme politique est tout aussi condamnable que le fanatisme religieux; hypocrite comme lui, il est, s'il se peut, encore plus
à redouter.

———

[Pinheiro-Ferreira présente sur l'alinéa 2 de ce paragraphe les
observations suivantes :

« C'est une erreur consacrée parmi les jurisconsultes de l'*é-
cole positive*, que de croire, ainsi que M. de Martens le fait ici,
que toute convention passée entre deux gouvernements est obligatoire, quelles que puissent en être les stipulations.

» ..... Cette assertion est fausse à l'égard des conventions unilatérales ; elle ne l'est pas moins à l'égard de celles qui concernent des affaires étrangères à l'une des parties contractantes. Il
n'y a que la force ou la ruse, ou une complaisance coupable, qui

(*d*) Tels que ceux qu'une nation conserve à l'égard des provinces cédées sous des conditions réservées; *V.* par exemple, les traités entre
l'Empire et la France, de 1648, 1679, 1697, 1714; entre la Suède et la
Russie, de 1721, 1743; entre le Danemark et la Suède, de 1814, dans
mon *Nouveau Recueil*, t. I, p 666.

(*e*) *Hist. pol. Magazin*, b. IV, V, VI.

(*f*) Décret monstrueux de la Convention nationale de France, promettant secours à tous les peuples qui voudront lever l'étendard de la révolte, du 19 novembre 1791, dans mon *Recueil*, t. VI, p. 741; *Hist. Pol.
Magazin*, b. XIII, p. 170, 171, 183, 226.

aient pu faire consentir un gouvernement à contracter, au nom
de la nation qu'il représente, l'obligation d'attendre le consentement d'une puissance étrangère pour savoir à qui accorder
la couronne, ou si l'on doit faire tel ou tel changement à la
constitution de l'Etat, si l'on doit élever des fortifications sur tel
ou tel point de ses frontières, etc., etc. De pareilles stipulations,
toutes les fois qu'elles ont eu lieu, n'ont pu servir qu'à prouver
la faiblesse de l'une et l'insolence de l'autre des deux parties
contractantes. Or, jamais des contrats ainsi arrachés par la force
n'ont pu être allégués comme des titres sur lesquels il fût permis
de fonder le bon droit.

» Lorsque les habitants de deux territoires différents ont vécu
quelque temps sous un même gouvernement, et que ceux de l'un
contestent à ceux de l'autre le droit de se constituer en nation
indépendante et de rompre les liens qui existaient auparavant
entre eux, il est sans doute libre à toute nation de prendre ou de
ne pas prendre connaissance de leur différend. Si en en prenant
connaissance elle se décidait à assister de ses moyens celle des
deux parties qu'elle croirait dans son droit, la morale universelle
ne pourrait qu'applaudir à sa résolution.

» Mais il ne faut pas confondre, ainsi que le font ordinairement
les publicistes, le cas dont nous venons de parler avec celui cité
par M. de Martens, de deux partis qui, dans une nation, se font
mutuellement la guerre au sujet du système de gouvernement à
adopter dans le pays, ou du chef qui doit les commander tous les
deux. Un peuple peut avoir bon droit, aussi bien qu'il peut ne pas
l'avoir, à prétendre qu'un autre ne rompe pas les liens sociaux
que peut-être depuis des siècles ils avaient cimentés entre eux
pour leur bonheur commun. Mais jamais un parti ni un gouvernement ne peuvent avoir le droit d'imposer leur autorité à un
peuple, quelque petit qu'il puisse être, et quels que soient les
articles du pacte social dont ce parti ou ce gouvernement voudrait
se prévaloir afin de faire respecter leurs prétentions. La raison en
est que les gouvernements n'existent que par les peuples et n'ont
été créés que pour les peuples ; mais les peuples existaient avant
les gouvernements, et ne sont pas là par les gouvernements ni
pour les gouvernements. »   CH. V.]

§ 79 — Des Révolutions.

Enfin, supposé le cas extrême qu'une nation refuse toute obéissance à la personne de son chef, en le déclarant déchu du droit de la gouverner (a), ou qu'une province sujette d'un autre État se déclare indépendante et souveraine (b), ou bien que, par une révolution totale, un État renverse sa constitution actuelle pour lui en substituer une autre (c), il y a deux points essentiels a distinguer lorsqu'il s'agit de juger de la conduite que le droit des gens permet ou prescrit aux nations étrangères de tenir; savoir : 1° la reconnaissance de l'ancien ou du nouvel ordre de choses; 2° l'appui à prêter à l'un ou à l'autre des partis opposés, dont l'un adopte, l'autre rejette le nouvel ordre de choses, et dont l'existence est moralement démontrée, du moins dans les premiers temps de telles révolutions.

§ 80. — De la Reconnaissance politique.

Quant à la simple reconnaissance, quoique le fait de la possession d'indépendance acquise par celui des deux partis qui s'est écarté de l'ordre de choses, jusqu'alors reçu, ne décide pas de sa légitimité, il semble qu'une nation étrangère, n'étant pas obligée de juger de cette légitimité, peut, toutes les fois que celle-ci est douteuse, se permettre de s'at-

(a) Exemples de l'histoire ancienne, dans C.-G. HEYNE, Progr. *Reges a suis fugati externá ope in regnum reducti*, Gottingæ, 1791 ; exemples plus récents des Pays Bas, en 1581 ; de l'Angleterre, en 1688, lors de l'exclusion de Jacques II, et de ses descendants et agnats catholiques.

(b) Le Portugal, en 1641 ; plusieurs colonies anglaises de l'Amérique septentrionale, en 1776 ; les Provinces belgiques, en 1790.

(c) Venise, en 1298 ; l'Angleterre, en 1649 ; la France, en 1792.

tacher au seul *fait de possession*, et traiter comme indépendant de son ancien gouvernement l'État ou la province qui
jouit dans le fait de l'indépendance, et, de même, traiter
comme monarque celui qui dans le fait tient les rênes du
gouvernement, sans blesser par là les devoirs d'une rigoureuse neutralité.

Il n'en serait pas de même si l'injustice de la révolte était
manifeste; et, tandis que le parti opposé ne manque guère
de la considérer comme telle, il n'est pas surprenant que,
premièrement, même la simple reconnaissance, lorsqu'elle
précède la renonciation de la partie intéressée (a), soit souvent interprétée de sa part comme une preuve du défaut
d'amitié et même de neutralité; secondement, que les puissances intéressées à ne manquer à aucun des deux partis,
tâchent d'éviter prudemment les actes trop marqués de reconnaissance.

Toutefois, vu l'indépendance des nations, ce n'est pas
à de tierces puissances qu'un État a un compte à rendre de
la conduite qu'il tient à cet égard (b), quoique le désir de
conserver avec elles ses liens d'amitié et de correspondance puisse être un motif de plus pour lui d'user de
modération.

Au reste, la reconnaissance d'un monarque ou d'une
constitution de la part d'États étrangers, quel que soit leur
nombre ou leur pouvoir, ne saurait porter préjudice aux

(a) ACHENWALL, *de Jure in æmulum regni, vulgo prætendentem,* Mar-
burgi, 1747, in 4. *V.* STECK, *von Erkennung der Unabhängigkeit einer
Nation,* dans ses *Versuche,* 1783, n. 8, p. 49 et suiv.; GUNTHER, *E. V. R.,*
t. I, p. 78.

(b) *V.* les actes entre les puissances coalisées et le Danemarck, en 1793,
dans mes *Erzählungen merkwürdiger Rechtsfälle,* t. I, p. 315.

droits de ceux qui seraient autorisés à contredire la légitimité de cet avénement ou de cette constitution.

(« De tous les cas d'intervention mentionnés ici par M. de Martens, dit Pinheiro-Ferreira, il n'y en a pas un seul qui ne soit
contraire au premier de tous les droits des nations, leur indépendance.

» Envers qui la tierce puissance peut-elle s'être engagée à garantir la constitution d'un Etat? Envers le monarque ou l'aristocratie contre la nation ? Il est inutile de nous arrêter à démontrer l'absurdité de cette supposition. Envers une autre puissance
également étrangère ? Mais ce serait une pétition de principe ;
car c'est précisément là ce qu'il s'agit de savoir, de quel droit
une puissance étrangère prétend intervenir dans les affaires intérieures d'un pays.

» En quoi peut consister ce titre particulier d'intervention, si
ce n'est en un traité ou une convention ? car, hors cela, il ne
saurait s'appuyer que sur la force : mais alors revient la même
question, de savoir avec qui un pareil contrat a été stipulé ?

» Il n'y a que les mauvais gouvernements qui se permettent
d'invoquer l'argument que M. de Martens cite en troisième lieu,
que la sécurité de leurs États les force d'intervenir dans les dissensions intestines des Etats limitrophes; je veux dire dans ces luttes
qui de temps en temps s'élèvent entre les gouvernements et leurs
peuples. Jamais un gouvernement juste et sage n'a vu s'allumer
chez lui le flambeau d'une véritable révolte: et dès lors les peuples, témoins des malheurs qui ne manquent jamais d'accompagner ces commotions politiques, ne peuvent que bénir le ciel de
leur avoir accordé un gouvernement dont la sage administration
les garantit de pareils désastres.

» Aussi l'histoire est là pour nous apprendre qu'en effet jamais la contagion de la révolte n'a franchi les frontières des nations libres et heureuses; tandis que des peuples gémissant, à de
très-grandes distances les uns des autres, sous les chaînes du despotisme, se sont réciproquement encouragés par l'exemple pour
secouer le joug qui les opprimait. Ce n'est donc pas le voisinage,
mais la ressemblance des malheurs qui entraîne les peuples à

imiter le courage de ceux qui les premiers ont osé briser les
chaînes dont la tyrannie les avait chargés. Aussi, toutes les fois
que les gouvernements, cédant aux inspirations d'une fausse politique, ont adopté les principes que M. de Martens proclame ici, ils
n'ont fait qu'accélérer l'affranchissement de ces mêmes peuples
dont ils se proposaient de river les fers ; et loin d'éviter que la
contagion de la liberté ne pénétrât dans leurs États, ils ont été
surpris en rentrant chez eux de trouver des citoyens là où ils
n'avaient laissé que des esclaves.

» M. de Martens, comme s'il se repentait des principes un peu
libéraux qu'il avait hasardés au commencement de l'alinéa, se
hâte d'y apporter un correctif, en exceptant le cas où *la révolte
serait d'une injustice manifeste ;* mais il ne nous dit pas quels
sont les caractères auxquels on peut reconnaître cette injustice,
et encore moins de quel droit une tierce puissance peut se permettre de prononcer à cet égard, sans porter atteinte à cette indépendance des nations, dont l'auteur est forcé de convenir, que, *vu
l'indépendance des nations, ce n'est pas à de tierces puissances que
l'État a un compte à rendre de la conduite qu'il tient à cet égard.*

» M. de Martens nous dit bien que *la nation étrangère, n'étant
pas obligée de juger de la légitimité de l'insurrection, peut se permettre de s'attacher au seul fait de possession, et traiter comme
monarque celui qui dans le fait tient les rênes du gouvernement,
sans blesser par là les devoirs d'une rigoureuse neutralité ;* mais
il ajoute, *que les puissances intéressées à ne manquer à aucun des
deux partis, tâchent d'éviter prudemment les actes trop marqués
de reconnaissance.*

» Toutes ces doctrines appartiennent à ce *code de sagesse* que
l'école positive appelle la *haute diplomatie,* c'est-à-dire des
phrases sans signification, pour sacrifier les peuples aux velléités
des gouvernements.

» La *légitimité* des gouvernements ne dérive que de la *libre
obéissance* des peuples. Dès que ce dernier fait est mis hors de
doute, ce serait agir inconséquemment que de refuser de reconnaître comme *légitime* le gouvernement de la nation qui s'est
constituée indépendante. Par le fait de cette libre obéissance il
est devenu ce qu'on appelle un *gouvernement de droit.*

» C'est sans doute en faisant allusion à cette expression, que
M. de Martens nous dit qu'il est permis aux tierces puissances de

reconnaître le gouvernement du pays insurgé comme un *gouvernement de fait*, parce que, ajoute-t-il, ce n'est que par le *fait* de la possession qu'il est gouvernement vis-à-vis des tierces puissances, qui ne sont pas obligées de juger de sa légitimité.

» Cette opposition entre le *fait* et le *droit*, empruntée à la loi civile, est absolument fausse lorsqu'il s'agit de la légitimité d'un gouvernement considéré relativement à un autre gouvernement.

» Un gouvernement, avons-nous dit ci-dessus, ne l'est *de droit* que parce qu'il est librement obéi par le peuple auquel il commande.

» Il n'y a donc de *gouvernement de fait*, par opposition à *gouvernement de droit*, que celui qui n'est obéi que par la force, c'est-à-dire les despotes et les conquérants.

» Ce n'est donc pas relativement à l'ancien gouvernement que celui du peuple insurgé peut être nommé gouvernement de *fait* ou de *droit*.

» Quoi qu'il en soit des prétentions du gouvernement dépossédé, si le peuple insurgé obéit librement à son nouveau gouvernement, on ne saurait refuser à celui-ci le titre de légitime ; c'est un *gouvernement de droit*.

» Il peut y avoir sans doute un intervalle pendant lequel on ignore si en effet tout le peuple obéit librement au nouveau gouvernement. En pareil cas, sans nier ni affirmer qu'il y ait cette obéissance générale, on reconnaît le *fait* d'une obéissance partielle ; et voilà le sens dans lequel on emploie l'expression de *gouvernement de fait*, par opposition à celle de *gouvernement de droit*.

» Or, dès que le *droit* ne se rapporte qu'au peuple sur lequel le gouvernement exerce son pouvoir, et nullement au gouvernement dépossédé, sous quel rapport peut-on manquer à celui-ci en traitant avec celui-là ?

» Certes, toutes les fois que de pareilles insurrections ont eu lieu, les gouvernements dépossédés ont toujours prétendu que les autres gouvernements devaient s'abstenir de tout rapport avec ces peuples insurgés : mais toujours cette prétention a été regardée comme non fondée. En effet, le gouvernement étranger, par ses rapports avec les parties dissidentes, ne vise pas à s'immiscer dans les querelles qui les divisent. S'il traite avec le gouvernement

du peuple insurgé, ce n'est pas qu'il songe à décider de quel côté
est le bon droit : il ne fait que traiter, dans les intérêts de sa nation, avec celui qui peut seul, dans le moment actuel, faire
observer ce dont on sera convenu. Le gouvernement dépossédé ne
peut donc exiger, sans extravagance, que les autres nations sup-
portent les pertes et dommages qui peuvent leur advenir de l'interruption de leurs rapports avec le peuple insurgé pendant tout
le temps que son impéritie ou sa faiblesse l'empêchera d'y rétablir
l'autorité qu'il n'a pas su y conserver.

» Les ménagements auxquels M. de Martens fait allusion, et
qu'il veut qu'on observe en traitant avec le peuple insurgé, par
égard pour le gouvernement dépossédé, ne sauraient jamais
partir d'un pareil principe de complaisance de gouvernement à
gouvernement, lorsqu'il s'agit des intérêts les plus graves des
nations.

» La puissance qui voudrait traiter avec le gouvernement encore non assuré ne peut se dissimuler que la condition essentielle
de la légitimité, l'obéissance de la nation, ou n'existe pas encore,
ou est pour le moins douteuse : dès lors elle ne saurait reconnaître ni le droit du gouvernement à commander ou à contracter,
ni le devoir de la nation d'obéir ou d'exécuter le traité.

» Il y a cependant des conventions dont l'objet est borné, soit
quant à la nature des conditions, soit quant au temps pendant
lequel les conditions peuvent laisser l'espoir qu'elles seront accomplies par le gouvernement contractant, et par cette partie de
la nation dont l'obéissance actuelle lui a conféré le droit de contracter en son nom.

» De telles conventions, sans engager toute la nation, puisque,
par supposition, elle est partagée en deux partis, n'en obligent
pas moins et le gouvernement qui a contracté et ceux qui, par
le fait de leur obéissance, lui en avaient conféré le pouvoir. »
V. encore, sur ces divers points, ce que nous avons dit *suprà*,
§ 74, *du Droit d'intervention*.   Ch. V.]

§ 81. — Secours effectifs.

S'agit-il d'une part effective a prendre en faveur de l'un
des deux partis, d'abord, ces révolutions mêmes étant des
affaires domestiques, ce n'est pas dans la règle. mais dans

les cas ci-dessus indiqués, et formant l'exception, que les
nations étrangères sont autorisées à s'en mêler en prêtant
secours ou protection à l'un des deux partis, et en s'écar-
tant par là des bornes de la neutralité. Or, la morale autorise à secourir l'opprimé, et défend d'appuyer l'usurpateur :
c'est donc la justice ou l'injustice de la cause qu'ils épou-
sent qui les justifie ou les condamne devant leur conscience;
cependant le parti contre lequel ils agissent, opinant contrairement sur la justice de la cause, interprète ce secours
comme une lésion du droit des gens, et les circonstances
seules décident jusqu'à quel point il en poussera son
ressentiment.

§ 82. — De l'Accommodement entre les deux partis.

Enfin, lorsque le parti opposé renonce à ses prétentions,
soit que les révoltés rentrent sous l'obéissance envers leur
ancien gouvernement, soit que le prétendant ou le possesseur renonce librement au trône (a) auquel il aspirait, ou
qu'il possédait, ou l'État aux droits qu'il avait sur d'anciennes provinces (b), les nations étrangères ne sauraient
plus se refuser de reconnaître l'ordre de choses qui résulte
de la, et il est peu nécessaire (c) d'obtenir d'elles une reconnaissance formelle.

(a) Stanislas Leczinsky, en 1735; Stanislas-Auguste, en 1795; Napoléon, en 1814 et 1815.

(b) Par exemple, l'Empire, en reconnaissant l'indépendance de la
Suisse et celle des Pays-Bas, en 1648 et en 1654, l'Espagne, en reconnaissant l'indépendance des Provinces-Unies des Pays-Bas, en 1649, du
Portugal, en 1668; la Grande-Bretagne, en reconnaissant l'indépendance
des États-Unis d'Amérique; la France, en renonçant par le traité de
Paris, du 20 novembre 1815, à la plupart des pays réunis à la France
depuis 1790.

(c) VAN STECK, von Erkennung der Unabhängigkeit einer Nation, dans
ses Versuche, 1783, n. 8, p. 49 et suiv.

CHAPITRE III.

DES DIFFÉRENTES BRANCHES DE LA CONSTITUTION ET DU
GOUVERNEMENT INTÉRIEUR, ET DES DROITS QUI PEU-
VENT APPARTENIR A CET ÉGARD AUX PUISSANCES ÉTRAN-
GÈRES ET A LEURS SUJETS.

§ 83. — Considération générale.

Quoique la constitution ait pour but général la sûreté et
le bien-être des membres, et que tous les actes du gouvernement dussent tendre vers ce même but, il est nécessaire
de distinguer les différents moyens par lesquels on peut atteindre ce but, et rien n'empêche de considérer ces différents moyens comme autant de droits (a) faisant partie du
pouvoir législatif, judiciaire, ou exécutif; ou bien de distinguer en général ceux qui concernent les affaires intérieures
de ceux qui touchent les relations étrangères, les droits essentiels et accidentels, généraux et particuliers, ecclésiastiques ou séculiers, etc.

Quelle que soit la division que l'on adopte à cet égard, il

(a) Si J.-J. Rousseau, *Contrat social*, chap. II, regarde comme un
charlatanisme la division des diverses parties du pouvoir souverain, ceci
semble ne revenir qu'à un jeu de mots.

est constant que, relativement aux puissances étrangères,
d'un côté, chaque nation jouit exclusivement de ces droits,
et qu'ils s'étendent et peuvent être exercés librement par
elle sur tous les sujets, soit naturels du pays, soit étrangers, et sur tous les biens qui se trouvent dans l'enceinte
du territoire; mais que, d'un autre côté, ils ne sauraient,
dans la règle, s'étendre au delà des limites de ce territoire;
de sorte que non-seulement un État n'est pas autorisé à les
exercer sur un territoire étranger, mais aussi, à la rigueur, les actes, qu'en vertu de ces droits il aurait exercés
chez lui, ne sortiraient point d'effet nécessaire chez
l'étranger.

Cependant, en ayant égard aux usages et même aux
traités qui subsistent entre les puissances de l'Europe, et
qui forment leur droit des gens positif, on rencontre de fréquents exemples, 1° que des nations étrangères sont autorisées à demander en faveur de leurs sujets qui entrent ou
habitent dans tel pays étranger, ou qui seulement font chez
eux le commerce avec les sujets de celui-ci, qu'à leur
égard on fasse, omette ou tolère ce à quoi, d'après la rigueur de la loi naturelle, cet État n'était pas tenu; 2° que
souvent les actes que tel État a entrepris chez lui sortissent
chez l'étranger des effets auxquels, à la rigueur, on n'a-
vait pas le droit de prétendre.

Il résulte de là des droits réciproques d'État à État, ap-
prochant assez de ce qu'on appelle *servitudes de droit public ou des gens;* et rien n'empêche même d'employer ce
terme (b), pourvu qu'on ne confonde pas ces droits réci-

(b) J.-H. Felz, *de Servitutibus Juris publici, seu de Jure in alieno*

proques, et reposant en partie sur un simple usage, avec
ces servitudes de droit public particulières et unilatérales,
en vertu desquelles tel État individuel est parfaitement
obligé à faire, à souffrir, ou à omettre quelque chose chez
lui en faveur d'un État étranger, sans être autorisé à en
exiger la réciprocité.

[Les principes exposés dans ce paragraphe par notre auteur
manquent de clarté. S'il a simplement voulu constater à nouveau
et l'indépendance des Etats comme un principe essentiel du droit
des gens et l'existence d'usages ou de conventions qui dans beaucoup de cas et sous plusieurs rapports assimilent les étrangers
aux nationaux, rien de mieux ; mais une fois engagé dans cette
voie, il devait montrer comment les progrès de la civilisation, le
développement du commerce, les sentiments de conciliation qui
animent de plus en plus la grande famille humaine, améliorent
partout la situation de l'étranger, sous quels rapports cette
amélioration profite à sa personne et à ses biens, quelles charges
et quels devoirs sont généralement imposés à l'étranger qui
touche au territoire d'une nation étrangère à titre de simple
voyageur ou qui y fonde des établissements permanents. Ces différents points sur lesquels on peut consulter HEFFTER, Le Droit
international, traduction de M. Bergson, § 60 et suiv., ne sont
pas suffisamment précisés dans les paragraphes qui suivent.

Ajoutons qu'il est nécessaire de protester contre l'expression
de servitudes de droit public ou des gens, employée pour désigner
les rapports des étrangers avec la puissance sur le territoire de
laquelle agit leur personnalité et se développent leurs intérêts.
Cette expression est inexacte en elle-même, et son emploi aurait
en tout cas, à raison de l'existence des servitudes de droit public
particulières et unilatérales, l'inconvénient de prêter à une confusion contraire à la vérité des faits et des situations.   CH. V.]

---

territorio, Argentor., 1701, 1737. C.-J. ENGELBRECHT, de Servitutibus
Juris publici, Helmstad., 1715; Lips., 1749, in-4.

§ 84. — De l'Entrée, du Passage et du Séjour des Étrangers

Le droit exclusif de chaque nation sur son territoire l'autoriserait à en fermer aux étrangers l'entrée, tant par terre que par mer ; par conséquent aussi à n'accorder l'entrée, le passage, le séjour, qu'à ceux qui en auraient obtenu la permission spéciale. S'il est inique de leur refuser le passage innocent, c'est à elle à juger si le passage qu'on demande est tel (a), et à se conduire en conséquence.

L'étranger doit respecter cette sanction. Il est cependant des cas exceptés où sa propre conservation l'autoriserait à entrer sans permission, et même à forcer l'entrée et le passage en cas de refus : tels sont ceux des dangers de la mer, ou la crainte de l'ennemi ; telle peut encore être la suite de sa position géographique par rapport à son voisin (b) Mais dans aucun cas l'étranger ne peut avoir le droit de s'établir dans un autre État ou d'y acheter des biens-fonds (c) contre le gré de celui-ci.

Cependant, depuis des siècles, un traitement plus humain a succédé en Europe à l'ancienne rigueur contre les étrangers, qu'on n'a conservée que par rapport aux colonies des

(a) G.-L. Böhmer, de Jure principis libertatem commerciorum restringendi, § 16, dans ses Electa Juris civilis, t. III, exerc. 19.

(b) Hertius, de Servitute naturaliter constitutâ cum inter diversos populos, tum inter ejusdem reipublicæ cives, dans ses Opuscula, part. II, t. III, p 130, 154. On ne peut déterminer jusqu'où peut s'étendre ce droit de nécessité. Il est évident que s'il pouvait être permis aux États qui entourent un petit État enclavé, de refuser aux habitants de celui-ci le passage, ce serait les exclure de tout commerce avec le reste de l'univers. Si l'Espagne fermait le passage aux habitants du Portugal, il les exclurait de toute communication continentale avec le reste du monde. Les droits de propriété peuvent-ils s'étendre jusque-là ?

(c) Moser, Versuch, t VI, p. 37 ; Gunther, t. II, p. 216.

Européens dans d'autres parties du globe. Relativement à
leurs possessions européennes, toutes les puissances s'en-
tr'accordent aujourd'hui généralement, en temps de paix, la
liberté de l'entrée, du passage et du séjour, tant par terre
que par mer, et sur des rivières bordées par plusieurs
Etats. Cette liberté est confirmée dans une multitude de
traités de paix, de limites et de commerce; mais, même à
défaut de traités, elle repose sur un usage généralement
reconnu, et dans quelques États, sur leurs propres lois
fondamentales (d). Dans bien des Etats on permet même
aujourd'hui aux étrangers d'acheter des biens-fonds, soit
en vertu des lois, soit en conformité des traités (e).

Toutefois cette liberté, généralement accordée aux étrangers, étant subordonnée au bien de l'État, elle ne déroge
aucunement au droit de chaque puissance, 1° de s'informer
du nom (f) et des qualités de l'étranger qui entre, et d'en
exiger la preuve, s'il y a lieu : c'est à quoi servent les passe-
ports (g), auxquels on ajoute préalablement foi lorsqu'il
conste qu'ils ont été dressés par ceux qui en ont l'autorité,

(d) Sur l'Allemagne, *V.* Paix d'Osnabruck, art. 9, § 2, et le pacte
fédéral de 1815, art. 18; sur l'Angleterre, *Magna Charta*, § 30; mon
Sammlung von Reichsgrundgesetzen, t. I, p. 723. Mais la liberté de l'entrée et du passage n'emporte pas encore le droit de naviguer et de faire
le commerce sur les rivières bordées par le même territoire; les dispositions que renferme à cet égard le reglement ajouté à l'acte du congrès de
Vienne de 1815 ne concernent que les États riverains, et non les nations
étrangères.

(e) Traité entre la Russie et l'Autriche, de 1785, art. 24; entre la
Russie et le Portugal, de 1787, art. 36; et nombre d'autres traités.

(f) Sur le droit de voyager incognito, *V.* Moser, *Versuch*, t. VI, p. 41;
Gunther, t. II, p. 219, note *f*.

(g) J.-C. Langius (J.-W. Textor), *de Litteris commeatus*, Heidelb,
1679, in-4; J.-W. Engelbrecht, *de Jure peregrinantium*, Helmst., 1711,
in-4, Fredersdorf, *Anweisung für Justizbeamte*, t. I, p. 177 et suiv.

tels que les souverains étrangers, les départements civils ou militaires, les ministres, etc.; 2º de défendre l'entrée à ceux qui sont suspects, ou de les faire sortir; 3º d'exempter des classes déterminées d'étrangers (h) de cette liberté générale, soit en leur défendant pour toujours, ou pour le présent, l'entrée sans permission spéciale, soit en ne leur accordant qu'un séjour limité. D'ailleurs, cette liberté ne s'entend que d'un petit nombre d'individus non armés; l'entrée et le passage d'un nombre de gens armés, ainsi que de tout convoi militaire quelconque, suppose toujours une réquisition et une permission préalables (i); et, par le même principe, en permettant l'entrée de navires marchands, on n'accorde pas de même sans permission spéciale celle des vaisseaux de guerre, excepté les cas de nécessité, et ceux de traités (j) dans lesquels on aurait fixé le nombre de vaisseaux de guerre qui pourront entrer dans les ports, ou passer sous les canons sans réquisition préalable.

———————

[Pinheiro-Ferreira fait sur ce paragraphe les critiques suivantes :

(h) MOSER, *Versuch*, t. VI, p. 43; GUNTHER, t. II, p. 220; *Polit. Journal*, 1791, p. 409.

(i) Souvent ce point a été expressément réglé par traités : par exemple, entre l'Espagne et les Provinces-Unies, en 1609, art 10; entre l'Angleterre et les Provinces-Unies, en 1661, art. 3 et 4; entre le Portugal et l'Espagne, en 1715, art. 19, etc. (*V.* KLUIT, *Hist. fœderum*, t. II, p 150.) En Allemagne surtout, une multitude de traités récents ont fixé le mode d'après lequel des criminels ou des vagabonds pourront être convoyés par le territoire, ou livrés aux autorités.

(j) *V.* surtout les traités avec le Danemarck, le Portugal, et plusieurs États de l'Italie. Le nombre des vaisseaux est différemment fixé à 1, 3, 6, et même à 8, quelquefois avec distinction entre les différents ports du même État.

« L'auteur, dit-il, suivant sa méthode, accumule dans un seul alinéa une foule de doctrines dont chacune devrait faire l'objet d'un long chapitre. Mais comme il se borne pour l'ordinaire à dire ce qu'on fait, ou tout au plus à affirmer ce qu'on peut ou ce qu'on doit faire, sans se mettre en peine d'en alléguer les raisons, on conçoit les motifs de cette concision. Nous ne saurions approuver cette méthode, pas plus que nous n'adoptons les doctrines antisociales de ce dernier alinéa.

» M. de Martens, sans trop s'occuper des véritables motifs des différents usages dont il fait mention ici, cherche à les justifier par la crainte des suites fâcheuses qui, selon lui, sont à appréhender si on accordait de trop grandes facilités à l'entrée des étrangers.

» Il faut qu'un gouvernement soit bien convaincu de sa nullité ou de sa faiblesse, pour appréhender qu'un malheureux réfugié puisse se soustraire à sa surveillance jusqu'au point d'ourdir impunément dans le secret des plans de conspiration contre l'État.

» Il est vrai qu'on en a vu des exemples ; mais quand même il serait permis d'ériger en règles générales ce qu'on ne doit regarder que comme de très-rares exceptions, il faudrait remarquer que jamais particulier ne saurait se soustraire à la rigueur des lois, si les lois pouvaient conserver quelque force sous un gouvernement énervé et corrompu.

» C'est donc à la corruption des gouvernements, et à cette coupable indolence qui les jette dans les voies commodes de ce qu'ils appellent police préventive, et non pas à de véritables dangers de la chose publique, qu'il faut attribuer cette foule de mesures vexatoires, aussi contraires à la liberté naturelle du citoyen qu'aux devoirs de l'hospitalité envers l'étranger.

» S'il y a une vérité évidente, c'est sans doute ce principe de droit universel, que personne n'est en droit de s'opposer aux volontés d'autrui, à moins qu'elles ne portent atteinte à sa sûreté, à sa liberté ou à sa propriété.

» Lors donc qu'un étranger arrive chez nous, ce n'est qu'au cas où son séjour pourrait blesser nos intérêts qu'il nous serait permis de lui défendre l'entrée dans le pays, et de lui refuser une hospitalité qu'à sa place nous trouverions injuste qu'on nous refusât; car, l'étranger est-il un homme industrieux ? nous ne pouvons que gagner à entretenir des relations avec lui, soit qu'il s'établisse au milieu de nous, soit qu'il ne fasse qu'y séjourner en passant. N'est-ce qu'un vagabond ? vous n'avez qu'à lui appliquer les dispositions des lois que vous avez ou que vous devez avoir, non-seulement pour arrêter le vagabondage, mais pour faire des vagabonds des membres utiles à la société. Est-ce un voleur, un assassin de profession ? ou vous en êtes informé, ou vous l'ignorez : dans le premier cas, vous avez le droit de mettre à l'hospitalité que vous lui accordez des conditions qui lui donnent la conviction du sort auquel il doit immanquablement s'attendre s'il persiste chez vous dans les voies du crime ; si vous l'ignorez, il ne peut pas être coupable à vos yeux, et rien ne vous autorise à exercer envers lui d'autres mesures que celles de la surveillance que l'on doit exercer généralement envers tout individu dans un pays bien administré.

» Aussi voyons-nous qu'aux Etats-Unis de l'Amérique septentrionale, ce pays classique de la liberté civile, personne ne se croit en droit de demander à l'étranger s'il a obtenu de son gouvernement la permission d'émigrer ou de voyager ; personne ne s'enquiert, dans les intérêts de l'État, de ce qu'il peut avoir fait ailleurs Il ne commence à exister pour ses nouveaux concitoyens que du jour où il aborde le sol de l'Union ; et cependant, loin que cette facilité dont l'étranger y jouit ait jamais exposé le pays aux suites que nos publicistes affectent d'en appréhender, il est de fait que nulle part au monde on ne connaît moins de crimes, nulle part on ne connaît moins ce que c'est que le vagabondage.

» Nous ne nous arrêterons pas ici à faire sur le transit des troupes les observations que l'importance de la matière semblerait exiger ; car cette note doit se borner au point de vue sous lequel l'auteur a considéré cet objet. »   Ch. V.]

.

§ 85. — Du Pouvoir législatif.

L'étranger admis dans l'Etat est sous la protection des lois et du gouvernement ; il leur doit obéissance.

Le pouvoir législatif s'étendant sur toutes les personnes et sur tous les biens qui se trouvent dans l'État, l'étranger y est soumis dès son entrée. Les lois civiles générales lui sont

applicables (*a*), à l'égal du citoyen, en tant que les lois
mêmes, ou les traités, ne font point d'exceptions, soit en sa
faveur, soit à son désavantage (*b*).

———

[Le principe rappelé par notre auteur est incontestable ; tout
État indépendant est investi d'un pouvoir exclusif de législation
pour ce qui concerne les droits personnels de ses nationaux et
pour les biens mobiliers et immobiliers dépendant de son territoire, et appartenant soit à ses nationaux, soit à des étrangers ;
la loi du pays doit être obéie par tous ceux qui sont placés ou qui
viennnent se ranger sous sa tutelle. L'art. 3 du Code Napoléon le
consacre d'une manière positive en déclarant que les lois de
police et de sûreté obligent tous ceux qui habitent le territoire.
Mais que faut-il entendre par *lois de police et de sûreté?* Cette
expression générique comprend, en dehors de son acception
usuelle et limitative, les différents actes, ordonnances, règlements, etc., des fonctionnaires publics agissant dans le cercle de
leurs attributions ; et il ne s'agit pas seulement des personnes
étrangères *habitant* le territoire, mais également de celles qui ne
font qu'y passer ou voyager.　　　　　　　　　　　Cn. V.]

§ 86. — De l'effet des Lois dans les Pays étrangers.

Dans la règle, la loi ne sort d'effet que dans l'État pour
lequel elle a été donnée, et ne s'étend point sur d'autres
États ni sur leurs sujets Cependant, 1° le demandeur étran-

———

(*a*) Puffendorf, *de Jure nat et gentium*, lib. III, cap. v, § 4. J.-P.
Waldeck, *Institutiones Juris civilis*, § 83, 84 (ed. 1794); *Entwurf
einer allgemeinen Gesetzgebung fur die preussischen Staaten*, Einleitung, § 32.

(*b*) Anciennement on avait introduit de fréquentes inégalités de lois
au désavantage des étrangers. (*V.*, par exemple, Gutschmidt, *Merca-
turæ legum auxilio juvandæ ratio*, § 12; Frank, *Institut. Juris cambialis*, lib. II, sect. V, tit III, § 4; mantiss. ed., § 4; Runde, *Grundsätze
des teutschen Privatrechts*, § 314) Aujourd'hui l'expérience ou la crainte
de la rétorsion en a diminué le nombre. Il en reste cependant encore.
V. Bourgoing, *Tableau de l'Espagne*, t. II, p. 32.)

ger, quoique absent, doit se laisser juger d'après les lois du pays où il plaide; 2° la validité d'un acte doit partout être jugée d'après les lois du pays où il a eu lieu (a); 3° il est des cas où des particuliers se sont validement assujettis aux dispositions d'une loi étrangère; 4° d'autres, où telle loi étrangère a obtenu la force de droit subsidiaire (b); 5° mais en outre, souvent des priviléges, des traités, ou même l'usage, permettent à certains étrangers, ou à tous ceux de leur nation, d'être jugés d'après leurs propres lois (c); 6° comme aussi, enfin, un usage général étend l'effet des lois fixant le rang, la dignité, et autres prérogatives des membres de l'État, même sur des pays étrangers où ceux-ci pourraient se présenter.

Ces cas exceptés, les puissances étrangères ne sauraient être obligées par les lois et les ordonnances d'un autre

(a) FRANK, *de Conflictu Jurium cambialium diversorum*, in mantissa *Juris cambialis*, tit. II, III; HERTIUS, *de Collisione legum*, dans ses *Opuscula*, t. I, part. I, p. 169; H. COCCEJI, *de Fundatâ in territorio et plurium locorum concurrente Potestate*, dans ses *Exercitationes curiosæ*, t. I, n. 54.

(b) C'est ainsi que, dans le moyen âge, les statuts de la ville de Lubeck avaient obtenu force de loi subsidiaire dans divers États de l'Allemagne, et les statuts de la ville de Magdebourg même dans plusieurs villes polonaises. Ces cas sont rares aujourd'hui; cependant il en existe encore dans la jurisprudence féodale et dans celle des lettres de change.

(c) *V.*, par exemple, le contrat de la ville de Hambourg avec les marchands anglais, de 1671, dans MARQUARD, *de Jure mercatorum*, App., p. 194. Souvent les traités de commerce accordent aux consuls, surtout dans le Levant, de juger les causes entre leurs compatriotes d'après les lois de leur patrie. (VAN STECK, *Handlung's-Vertrage*, 1782; le même, *Essai sur les consuls*, 1796, in-8.) — Il est généralement reçu qu'un vaisseau de guerre peut, même dans un parage étranger, exercer sa juridiction d'après les lois de son souverain. (*V.* VATTEL, *Droit des gens*, liv. I, ch. XIX, § 216.)

État; elles ne sont pas non plus tenues de les publier, ou
d'en permettre la publication chez elles, quoique, à la réquisition d'une puissance amie, ces publications ne se refusent que lorsque la teneur de l'ordonnance empêche d'y
consentir (d).

[Il y a dans cette matière deux principes en présence dont la
conciliation n'est pas toujours sans difficulté malgré leur corré-
lation intime. On vient de voir au paragraphe précédent qu'à
raison même de son indépendance chaque nation possède et
exerce seule et exclusivement le pouvoir législatif et la juridiction dans toute l'étendue de son territoire ; mais en même temps
son pouvoir ne va pas au delà de ses frontières ; elle ne peut,
ainsi que le fait observer FŒLIX, *Traité de droit international
privé*, 3ᵉ édit., t. I, n. 10, affecter directement par ses lois, lier
ou régler des objets qui se trouvent hors de son territoire, ou
affecter et obliger les personnes qui n'y résident pas, qu'elles lui
soient ou non soumises par le fait de leur naissance. S'il en était
autrement, si chaque nation pouvait réglementer les personnes
ou les choses se trouvant hors de son territoire, l'on verrait disparaître l'égalité des droits qui doit régner entre les nations et la
souveraineté qui appartient à chacune d'elles. Comment alors
déterminer les effets que les lois étrangères produiront sur le territoire d'une nation ? Suivant M. Fœlix, *loc. cit.*, nᵒ 11, ces effets
dépendent absolument du consentement exprès ou tacite de cette
nation qui peut, sans aucun doute, se refuser à l'application des
lois étrangères dans son territoire. Cette prohibition peut être
absolue ou partielle ; et quand l'Etat a formulé des dispositions
positives sur l'une ou l'autre de ces hypothèses, les tribunaux
sont tenus de s'y conformer. Ce n'est qu'à défaut de ces dispositions que les tribunaux peuvent, dans chacune des espèces qui
leur sont soumises, rechercher jusqu'à quel point il y a lieu
d'appliquer les dispositions des lois étrangères. Quant au consentement d'une nation à l'application de lois étrangères dans

(d) MOSER, *Versuch*, t. VIII, p. 51

son territoire, il est exprès ou tacite : il est exprès lorsqu'il résulte soit de lois, soit de traités conclus avec une nation étrangère ; il est tacite quand on en trouve la révélation dans les décisions des tribunaux ou dans les actes de l'autorité administrative. On comprend que l'utilité réciproque des Etats ait inspiré chaque gouvernement lorsqu'il accorde aux lois étrangères certains effets, et lorsqu'il reconnaît la validité d'actes passés en pays étrangers. Toutefois, ainsi que le constate M. Fœlix, *loc. cit.*, la convention tacite qui s'est formée entre les nations sur l'application des lois étrangères n'est pas la même partout. Quelques Etats ont adopté le principe de la *réciprocité complète*, en traitant les étrangers de la même manière que leurs sujets sont traités dans la patrie de ces étrangers. C'est le cas en Autriche, en Prusse et en Bavière. D'autres États, l'Angleterre et la France notamment et à plusieurs égards, regardent certains droits comme inhérents absolument à la qualité de citoyen, de manière à en exclure les étrangers ; ou bien ils attachent une telle importance à quelques-unes de leurs institutions, qu'ils refusent l'application de toute loi étrangère incompatible avec l'esprit de ces mêmes institutions. Mais ce qu'il y a de certain, c'est qu'aujourd'hui toutes les nations ont adopté, *en principe,* l'application, dans leur territoire, des lois étrangères, sauf les restrictions exigées par le droit de souveraineté et l'intérêt de leurs propres sujets. Ainsi, sous ce premier rapport, aucune nation ne saurait renoncer aux principes fondamentaux de son gouvernement, ni adhérer à des principes de morale ou de politique dangereux pour sa sécurité, inconciliables avec son bien-être et contraires aux inspirations de ses devoirs et de la justice. Ainsi, une nation chrétienne ne pourrait tolérer sur son territoire la polygamie ou l'inceste, l'exécution de conventions ou de dispositions contraires à la morale, l'emploi de châtiments et de cruautés tolérés chez des peuples arriérés en civilisation, l'esclavage, par exemple, avec ses conséquences. Fœlix, *loc. cit.*, n° 15, *in fine*. — *V.* encore Heffter, *Le Droit international,* traduction de M. Bergson, § 60 et suiv.

Bien que le principe de l'application des lois étrangères sur le territoire d'une nation appartienne essentiellement au droit des gens, il rentre aussi dans le domaine du droit privé, puisqu'il s'agit d'en appliquer les dispositions, à la suite d'une convention, ou pour régler les droits des étrangers sur des objets situés dans le territoire, ou pour la répression de faits illicites. C'est donc aussi aux ouvrages sur le droit civil qu'il convient de recourir pour l'appréciation des hypothèses variées qui peuvent se présenter. *V.* notamment DALLOZ, *Jurisprudence générale,* v° *Droits civils,* et ZACHARIÆ, *le Droit civil français,* édit. Massé et Ch. Vergé, § 49 et suiv.   **Ch. V.]**

§ 87 — De l'effet des Priviléges par rapport aux Étrangers.

On peut considérer comme une annexe du pouvoir législatif, le droit d'accorder des priviléges en faveur de certaines personnes, physiques ou morales, ou de certaines choses. Tout privilége de ce genre renferme un droit accordé au privilégié, et une obligation imposée à d'autres de le respecter. Cette obligation ne pouvant être imposée qu'à ceux qui sont soumis à nos lois, il en résulte que, bien que nous puissions accorder des priviléges à des étrangers, en tant qu'il s'agit de les faire valoir contre nos sujets (a), et bien que des priviléges accordés à nos sujets puissent quelquefois s'opposer à des étrangers lorsqu'ils plaident dans nos tribunaux, qui les respectent, ou qu'ils voudraient entreprendre chez nous quelque acte contraire au privilége, aucun État ne peut accorder des priviléges qu'un autre État serait en devoir de faire observer chez lui; et si le moyen âge offre nombre d'exemples de priviléges de ce genre accordés par les papes et par les empereurs (b), les droits même du pape sont aujourd'hui assez généralement restreints dans les mêmes bornes apportées à son pouvoir législatif.

(a) J.-H. BOHMER, *Principia Juris publici universalis,* p. sp., lib. II, cap. v, § 58 ; MOSER, *Versuch,* t VII, p 275.

(b) MOSER, *Staatsrecht,* t. I, p 327.

[« Il est question, dit Pinheiro-Ferreira, dans cet alinéa, de savoir jusqu'à quel point l'étranger doit se soumettre aux priviléges qui existent dans un pays ; et là-dessus M. de Martens a raison de dire, en général, que puisque les nationaux se soumettent à ces priviléges, ce n'est pas à l'étranger de vouloir en être exempté.

» Il y a cependant des exceptions à cette règle générale. Je n'en citerai qu'un seul exemple, celui de la poste aux lettres. Les principes sur lesquels reposent mes observations à cet égard peuvent être aisément appliqués à tous les autres cas.

» Aussi longtemps que ce monopole ne compromet que les intérêts du pays où il est en usage, l'étranger n'est pas en droit d'y opposer la moindre réclamation. Dès que la loi du pays, c'est-à-dire le consentement de ses habitants, y autorise le gouvernement, celui-ci est dans son droit lorsqu'il exerce ce monopole envers ceux qui le lui ont permis.

» Mais de quel droit peut-il se saisir de la propriété étrangère, du moment où elle touche ses frontières, l'arracher du pouvoir de ceux à la garde de qui elle avait été confiée, et cela sans offrir aux personnes intéressées la moindre garantie contre les abus que ses agents pourront commettre dans une aussi délicate commission ? Car, je vous demande, quels sont les moyens que l'habitant de la Suède a d'exiger réparation de l'atteinte portée à sa correspondance dans l'un, peut-être dans tous les différents Etats qu'elle a à traverser pour arriver en Espagne, puisqu'elle a été enlevée de force par l'établissement des postes à la personne qu'il en avait chargée ?

» Ainsi ce monopole, qui est une des plus lourdes impositions dans tous les pays, et une infraction du pacte social par rapport au citoyen, est, par rapport aux étrangers, une violation du droit des nations. »

Les règles établies par notre auteur relativement à l'effet des priviléges par rapport aux étrangers et aux nationaux, ont de nos jours moins d'importance que dans les temps anciens. L'égalité devient le droit commun des nations, et en France, du moins, il n'y a plus comme autrefois de privilége pour le paiement des impôts, ou pour le choix des juridictions. Dans ses observations, Pinheiro-Ferreira nous semble bien à tort ranger le monopole de la poste aux lettres au nombre des priviléges que notre auteur

I.   16

aurait eus en vue. La justice et l'utilité des monopoles attribués à
l'Etat dans un intérêt d'ordre public ou dans des vues de fiscalité,
peuvent être discutées au point de vue de l'économie politique et
du droit public intérieur ; mais dès qu'un monopole, celui de la
poste notamment, est accepté par un Etat, il serait assez singulier
de consacrer au profit d'un étranger, sans caractère officiel, une
immunité comme celle réclamée par le publiciste portugais.
Quelle que soit la-faveur qui s'attache à la qualité d'étranger, elle
ne peut aller jusqu'à faire prononcer en sa faveur une exception
au droit commun, et lui assurer un traitement meilleur que celui
des nationaux.   Ch. V.]

§ 88. — Des Droits relatifs aux biens des Étrangers.

I. — Des impôts.

Les frais qu'exige le gouvernement doivent être suppor-
tés par ceux qui profitent des avantages de son établissement. A défaut de domaines suffisants à cette fin, il faut
avoir recours aux impôts. On peut lever des impôts, même
sur des étrangers qui font un séjour chez nous, en considérant, 1° qu'ils jouissent de la protection de l'État ; 2° qu'on
peut imposer cette condition à leur admission. Ceci a lieu,
à plus forte raison, à l'égard des étrangers qui s'établissent
chez nous pour y gagner leur vie. Le droit des gens rigoureux ne défend pas même d'imposer plus fortement les
étrangers que les citoyens.

Dans la pratique, les impôts personnels ne se lèvent
guère sur des étrangers, qu'en tant qu'ils prolongent leur
séjour, ou s'établissent dans le pays (a). Les impôts réels
qui affectent les biens, soit meubles, soit immeubles, se

(a) C'est à chaque pays à faire des règlements à cet égard. (V., par
exemple, sur le Hanovre, WILLICH, Auszug aus den Braunschweig-
Lüneburgischen Landesordnungen, p. 766).

perçoivent indistinctement sur ceux qui les possèdent, soit
étrangers (b), soit naturels du pays, en tant qu'ils ne jouissent pas d'une immunité particulière. Souvent les traités
de commerce portent qu'on n'imposera pas plus fortement
les sujets réciproques que les naturels du pays.

Il est moins douteux encore que ces péages, qui ne sont
qu'une contribution proportionnée aux frais qu'exigent les
établissements tendant à la sûreté et à la commodité des
routes, tels que les ponts, les chaussées, les fanaux, les ba
lises, etc., peuvent être levés sans distinction sur tous ceux
qui profitent des avantages de ces établissements.

———————

[C'est bien à tort que notre auteur semble reconnaître que le
droit des gens n'interdit pas d'imposer plus fortement les étrangers que les citoyens. Cela ne serait conforme ni aux inspirations
de l'équité ni aux saines doctrines de l'économie politique. L'intérêt des Etats doit leur faire repousser toutes les mesures qui
auraient pour effet d'éloigner les étrangers dont l'industrie et la
fortune sont les utiles auxiliaires de la prospérité générale. Les
biens immeubles des étrangers sont soumis aux mêmes impôts
que les immeubles des nationaux, et quant aux contributions qui
pèsent sur la personne ou sur les meubles, il est d'usage de ne
les exiger des étrangers que lorsque leur présence prend les caractères d'un établissement permanent. V. VATTEL, le Droit des gens,
édit. Guillaumin, liv. II, ch. VIII, § 106, et la note de M. Pradier-
Fodéré.   CH. V.]

§ 89.

II. — Des Douanes, du Droit d'Etape, etc.

Les douanes sont des droits payés pour la liberté de
l'importation, de l'exportation, ou du transit des marchan-

(b) Sur l'immunité des étrangers introduite autrefois dans quelques
États de l'Allemagne, mais aujourd'hui presque partout abolie, V.
MYNSINGER, Observationum Centuria V, obs. XXII, éd. de 1615.

dises. Nul doute que, d'après le droit des gens, chaque nation souveraine ne soit en droit de les établir, de les hausser lorsqu'elle le juge à propos, et d'introduire à cet égard
telle inégalité entre les naturels et les étrangers, ou entre
les étrangers de différents pays, qu'elle le juge convenable
à ses intérêts. La liberté de commerce vaguement accordée
aux étrangers ne les met pas à couvert des douanes et de
leurs changements Il faut donc avoir recours aux traités
pour s'assurer d'un traitement égal ou plus favorable (a).

Il est peu naturel d'établir des douanes entre les provinces d'un même État; cependant l'Allemagne n'est pas le
seul État qui en ait offert l'exemple. Dans l'état actuel de
l'Allemagne, la souveraineté des membres qui la composent les autorise sans doute à lever des douanes même sur
les sujets d'autres Etats de la Confédération. Cependant les
graves inconvénients qui en résultent font désirer qu'à
l'exemple des principes adoptés par l'acte du congrès de
Vienne pour faciliter le commerce et la navigation sur les
rivières (b), on puisse convenir aussi au moins de la modération des douanes dans l'intérieur de l'Allemagne, même
sur terre.

Si le droit d'étape, de crone, et autres droits qu'inventa
le moyen âge, en haine du commerce et des étrangers,
peuvent se justifier par la rigueur du principe qui permet
d'assujettir chez nous le commerce étranger à toutes
sortes de conditions, ils n'en sont pas moins onéreux et

(a) V. STECK, *Abhandlung vom Sund-Zolle*, dans ses *Versuche*,
p. 39; DE MARILY, *Tableau des droits et usages du Sund*, Copenhague,
1778, in-8.
(b) Règlements sur la libre navigation des rivières, annexés à l'acte
du congrès de Vienne, dans mon *Nouveau Recueil*, t. II, p. 434.

vexatoires pour le commerce des étrangers, surtout des voisins (c).

[Il y aurait beaucoup de choses à dire, au point de vue de l'économie politique, sur le régime des douanes, sur les causes qui ont présidé à leur établissement, sur l'esprit qui doit inspirer le régime douanier des grandes puissances de l'Europe, sur la tendance qui doit les porter vers des mesures de nature à faciliter les échanges de peuple à peuple, et en général toutes les relations internationales ; mais tout cela ne rentre que bien indirectement dans le domaine du droit des gens. *V.* le *Dictionnaire de l'économie politique*, v° *Douanes*.

Quant au régime intérieur de l'Allemagne, assez analogue, au temps où écrivait notre auteur, à celui de la France avant 1789, il a subi de profondes modifications toutes conçues dans un esprit d'unité auquel on ne saurait qu'applaudir.

Les États de la Confédération germanique, quoique réduits par des médiatisations successives du nombre de plus de trois cents, avant la dissolution de l'Empire, à celui de trente-huit, après le congrès de Vienne, étaient hérissés de toutes parts d'une multiplicité infinie de lignes de douanes, et les regrets exprimés par notre auteur n'étaient que trop justifiés. Chaque État avait les siennes. De là, pour le commerce, des entraves et des difficultés intolérables, et, pour les gouvernements, une très-forte dépense annuelle qu'il était possible de diminuer considérablement, en ramenant la ligne de frontières qu'il s'agissait de surveiller dans l'intérêt des douanes, à 600 milles d'Allemagne, au lieu de près de 3 000 milles, que l'on comptait alors, non compris la frontière vers l'étranger. La Bavière et le Wurtemberg s'entendirent les premiers, en 1828, pour réaliser entre eux une association doua-

---

(c) L'abolition des droits d'étape en Allemagne a été également stipulée comme règle dans les susdits règlements, et c'est aux commissions chargées aujourd'hui de l'exécution de ces dispositions, surtout à l'égard de la navigation du Rhin et de l'Elbe, à aviser aux moyens d'en réaliser la promesse. *V.* Nau, *Beytrage zur Kenntniss und Beförderung des Handels und der Schiffarth*, Maynz, 1818, 2 vol. in-4; se continue encore.

nière et commerciale, en vertu de laquelle les douanes furent
supprimées sur leurs confins. La même année la Prusse conclut
de son côté avec le grand-duché de Hesse et les duchés d'Anhalt,
un traité fondé sur les mêmes principes, et vit cet exemple suivi
par le royaume et les duchés de Saxe, le Hanovre, l'électorat de
Hesse, Brunswick et Nassau, Francfort et Brême, qui formèrent
entre eux une troisième ligue commerciale dite de l'Allemagne
centrale.

Cette troisième ligue, par sa position intermédiaire, gênait les
deux autres, qui se mirent chacune de son côté en travail pour
en opérer la dissolution. Les duchés et principautés de la Thuringe, la Hesse électorale et la Saxe s'en détachèrent et accédè-
rent à l'Union prussienne, qui finit par s'entendre également
avec la Ligue du midi. Le Zollverein, l'Association douanière
allemande, dont la Prusse est le centre et la puissance diri-
geante, était ainsi constituée en 1833. Bade et Nassau finirent
également par s'y rallier en 1836. Le Hanovre, le Brunswick et
Oldenbourg, restèrent en dehors, comme membres d'une association distincte connue sous le nom de *Steuerverein* (Union des
droits).

Les renouvellements du pacte d'association marquent trois périodes dans l'histoire du Zollverein. La première avait duré huit
ans (de 1834 à 1841), la seconde douze (de 1842 à 1853). La troisième qui s'ouvre en 1854, doit, aux termes du traité du 4 avril
1853 qui reconstitua le Zollverein, avoir la même durée que la
précédente.

Deux faits considérables, ainsi que deux crises violentes, ont
signalé le début de cette troisième période. Le premier est l'accession du Hanovre et de ses alliés du Steuerverein à l'Union
prussienne ; le second, la conclusion d'un traité de commerce
avec l'Autriche, traité dans lequel de larges concessions réciproques ont été stipulées entre les parties contractantes, comme un
acheminement vers une fusion ultérieure de leurs systèmes
douaniers.

L'Autriche avait émis, dès la fin de 1849, son plan d'union
austro-allemande. Il rencontra une forte opposition chez le gouvernement prussien. La crise arriva à son comble par la coalition
de Darmstadt, qui mit la désunion entre la Prusse et les principaux Etats du midi de l'Allemagne, favorables aux vues de

l'Autriche et mécontents des avantages particuliers offerts par
le gouvernement prussien au Hanovre, qu'il lui importait de
gagner pour ouvrir à son commerce le libre chemin du littoral
de la mer du Nord. Le Zollverein était menacé de dissolution ;
cependant la considération des grands intérêts financiers et commerciaux qui s'attachaient au maintien de l'Union, l'emporta à la
fin. M. de Bruck se rendit à Berlin pour ménager un accommo-
dement entre les deux grandes puissances allemandes, et ses
habiles négociations aboutirent à la conclusion du traité de commerce du 19 février 1853, qui règle leurs rapports actuels. Les
difficultés avec les petits États ne pouvaient dès lors tarder à
s'aplanir également, et le traité du 4 avril de la même année,
déjà mentionné plus haut, reconstitua le Zollverein, accru d'un
marché de plus de 2 millions d'âmes par l'incorporation du
Hanovre et de ses alliés.

Aujourd'hui le Zollverein comprend presque toute l'Allemagne [1], si l'on excepte l'Autriche, le Mecklembourg sur la Baltique, les duchés allemands qui relèvent du Danemark, et les
trois villes libres anséatiques de Lubeck, de Hambourg et de
Brême, et offre, sur un territoire à peu près égal à celui de la
France, une population de 32,772,000 âmes, chiffre officiellement adopté pour base de la répartition proportionnelle du produit des douanes, jusqu'à l'époque du prochain recensement. Les

---

[1] [Les États compris dans l'union ou association commerciale de l'Allemagne — *Zollverein*, — sont les suivants : le royaume de Prusse, le
royaume de Bavière, le royaume de Saxe, le royaume de Wurtemberg,
l'électorat de Hesse-Cassel, le grand-duché de Luxembourg, le grand-duché de Bade, le grand-duché de Hesse-Darmstadt, la principauté de Lippe,
le duché de Brunswick, le duché de Nassau, le grand bailliage de Hombourg, la ville libre de Francfort, les territoires formant le rayon douanier de la Thuringe, savoir : le grand-duché de Saxe-Weimar-Eisenach,
les duchés de Saxe-Meiningen, Saxe-Altenbourg, Saxe-Cobourg et Gotha,
les principautés de Schwarzbourg-Sondershausen et Schwarzbourg-Rudolstadt, les principautés de Reuss-Schleitz, Reuss-Greiz et Reuss-Gera,
enfin les trois duchés d'Anhalt, les principautés de Waldeck et Pyrmont,
les deux principautés de Hohenzollern, et quelques enclaves du Hanovre,
du Mecklembourg-Schwerin et de l'Oldenbourg ; et depuis, le traité conclu
en 1851, les États compris dans le *Steuerverein*, c'est-à-dire le Hanovre,
le Brunswick, le duché d'Oldenbourg.   (CH V.]

recettes des douanes s'y sont bornées, en 1854, année très-mauvaise, à 23,157,000 thalers (86,839,000 francs), dont 1,930,000 thalers provenant de celles du royaume de Hanovre et du duché d'Oldenbourg. L'année suivante a donné un produit plus élevé.

Le tarif du Zollverein, si on le compare au régime commercial de la plupart des autres pays, est très-libéral; la modicité des droits qu'il établit et l'absence de toute prohibition absolue lui donnent ce caractère. Cependant, le principe d'une protection modérée du travail national s'y est maintenu. Ainsi, tout en dégrevant beaucoup de matières premières, l'association a élevé les droits d'entrée sur certains produits, comme les tissus légers, les cotons filés et les fers, très-faiblement imposés dans l'origine.

Le tarif autrichien, au contraire, a conservé longtemps un caractère essentiellement prohibitif, dont le gouvernement impérial ne s'est appliqué que dans les dernières années à tempérer la rigueur excessive. Le nouveau tarif du 6 décembre 1853 est fondé sur les bases suivantes : rapprochement du régime de l'Association allemande autant que possible, adoption de droits spécifiques à l'exclusion des droits *ad valorem*, levée des prohibitions, protection efficace du travail du pays, graduation des droits d'après la quantité de travail employée, dégrèvement des matières premières et des denrées alimentaires de première nécessité; à la sortie, droits de balance et simplification des formalités. L'un des éléments les plus actifs de la fusion projetée des intérêts commerciaux, devra être l'uniformité du système des monnaies, poids et mesures.

L'Autriche a englobé par des traités dans son réseau de douanes, la petite principauté de Lichtenstein en Allemagne, et les duchés de Parme et de Modène en Italie jusqu'aux événements qui ont détruit la prépondérance de son influence dans la péninsule italique. Elle ne considère son régime actuel que comme un régime de transition, et tend visiblement à préparer les voies d'une union complète avec le Zollverein, pour l'époque où son traité de commerce avec ce dernier touchera à son terme. Comme elle embrasse un territoire supérieur en étendue à celui de l'Union prussienne, et peuplé de près de 40 millions d'âmes, cette combinaison, si elle se réalise, aura pour effet de créer dans l'Europe centrale un marché deux fois étendu comme la France avec 70 millions de consommateurs, lequel n'embrassera pas seulement l'Allemagne, mais encore les vastes dépendances hongroises et slavonnes de l'empire, et une partie de l'Italie septentrionale. L'Autriche parviendra-t-elle à son but? Dans tous les cas, elle rencontrera de vives résistances dans l'opposition de la part de la Prusse, et pour défendre son influence, et aussi à raison de la difficulté de régler d'une manière équitable la répartition du produit des douanes et d'organiser l'administration collective et le contrôle de celles-ci sur une aussi vaste étendue de frontières dans des pays offrant l'assemblage des éléments les plus hétérogènes.

La ville de Brême a consenti, sans préjudice de sa franchise locale, à l'établissement, sur son territoire, d'un bureau et d'un entrepôt de douane (*Zollinsel*, île douanière) du Zollverein, pour la simplification des acquittements de droits et des autres opérations de douane concernant les marchandises qui forment l'objet de son trafic avec l'intérieur du Zollverein. L'existence du Zollverein a été menacée dans ces derniers temps, d'un côté, par le refus de plusieurs Etats dépendant de la Confédération germanique d'accéder au traité de commerce conclu le 29 mars 1862, entre la France et la Prusse, d'un autre côté par la répugnance de cette dernière puissance à laisser entrer l'Autriche dans le Zollverein. *V.* HEFFTER, *le Droit international*, traduction de M. Bergson, § 243, et RICHELOT, *l'Association douanière allemande ou le Zollverein.* CH. V.]

§ 90.

III. — *Du Droit d'aubaine, du Droit de détraction, de la gabelle d'Emigration.*

C'est encore du droit d'exclure du territoire les étrangers, ou de ne les admettre qu'à des conditions inégales, qu'on a fait descendre le droit d'*aubaine* (a), ou le droit

_____

(a) Sur l'étymologie du mot *aubaine*, *V.* DU CANGE, *Étymol. Vocab ling. gall.*, et MÉNAGE, *Dictionnaire étymologique*, au mot *Aubaine.* Sur l'origine de ce droit, *V.* MONTESQUIEU, *Esprit des lois*, liv. XXI, chap. XVII; J.-F. BONHOFER, *de Jure detractûs*, cap. II, sect. I, § 4: SCHUBACK, *de Saxonum Transportatione sub Carolo Magno*, cap IV, § 5.

d'exclure les héritiers étrangers de la succession des biens de celui qui meurt chez nous, en les attribuant au fisc de l'État ou du lieu où il est décédé. Depuis que ce droit inique, le plus généralement exercé en France, et contre elle, après avoir été aboli dans une multitude de traités, ou restreint par plusieurs États au seul cas de la rétorsion, a été totalement aboli en France en 1790 (b), il ne reste plus en Europe qu'un très-petit nombre de relations dans lesquelles il pourrait en être encore question.

D'autres motifs de droit et de politique peuvent justifier, à la rigueur, le droit de *détraction*, perçu sur les héritages quelconques transmis aux étrangers, et surtout la *gabelle d'émigration* qu'on lève sur les biens meubles et immeubles de ceux qui quittent entièrement l'État où ils sont nés, ou dans lequel ils ont été établis pendant longtemps. Nombre d'États ont aboli ou limité l'usage de ces droits odieux, soit par traités particuliers, soit par des lois ou des déclarations générales; cependant ils subsistent encore aujourd'hui dans quelques relations (c).

Dans des temps plus récents, plusieurs États, nommément la Prusse et l'Autriche, se sont montrés très-faciles à abolir ce droit onéreux dans le rapport avec tous les États qui étaient prêts à la réciprocité. L'acte fédéral de la Confédération germanique a prononcé, art 18, l'abolition de ce droit en Allemagne, et le décret de la diète germanique du 23 juin 1817 (dans mon *Nouveau Recueil*, t. III, p. 130), en se fondant sur cet article, a pourvu à son ex-

---

(b) Mon *Cours diplomatique*, liv. I, chap. 1, § 18.

(c) J.-F. Bonhofer, *Diss. quâ Jus detractûs superioritati territoriali vindicatur*, Gott., 1773, in-4.

plication. Et, bien que ces dispositions n'affectent que les États de la Confédération, la Prusse et l'Autriche se sont prêtées avec facilité à étendre cette abolition même à celles de leurs provinces qui ne sont pas membres de la Confédération (d).

———

[Le droit d'aubaine, *jus albinagii*, consistait pour l'Etat ou pour le souverain à recueillir la succession de l'étranger non naturalisé, mort sur son territoire sans héritiers regnicoles; tandis que par le droit de détraction ils retenaient seulement à leur profit une certaine partie de la succession qu'ils permettaient à l'étranger de recueillir.

Le droit d'aubaine ne fut pas inconnu à l'antiquité, comme on l'a soutenu à tort (*V.* Carette, *Lois annotées*, t. I, p. 40, note 2); le caractère de l'étranger, en Grèce et à Rome, semblait au contraire effacer et absorber le caractère de l'homme. A Lacédémone, l'étranger était exclu non-seulement de la vie politique ou sociale, mais encore il n'avait aucune participation à l'existence civile. A Rome, on eût difficilement compris l'immixtion de l'étranger, sa participation aux actes de pur droit privé; il était un ennemi contre lequel devait s'élever éternellement la barrière des lois : « *Adversus hostem æterna auctoritas esto.* » Ses biens n'étaient pas plus respectés que sa personne. Cicéron, *de Orat.*, dit . « *Mortuo peregrino, bona aut tanquam vacantia in peregrinum cogebantur, aut privato adquirebantur, si peregrinus se ad aliquem veluti patronum adplicuisset, eique clientelam dedisset; tunc enim, illo mortuo, patronus, jure applicationis, in istius peregrini bona succedebat.* » Bodin, *Traité de la rép.*, liv I, ch. vi, ajoutait avec raison : « L'aubaine n'est pas un droit nouveau en France, comme les Italiens se plaignent... Anciennement, en Athènes, le fisc prenait la sixième partie de la succession de l'étranger, et tous les enfants de ses esclaves; et, en Rome, la rigueur était bien plus grande, quoique die Diodore,

———

(d) *V.* plusieurs conventions qui ont eu lieu à cet égard, dans mon *Nouveau Recueil*, t. IV, p. 39 et suiv que les Egyptiens et Romains souffraient les héritiers des étrangers appréhender la succession ; et en parle comme étranger qui n'y a pas pris garde : car il est bien certain qu'il n'était aucunement permis à l'étranger de disposer de ses biens, et ne pouvait rien avoir du testament d'un bourgeois romain, mais le fisc emportait sa succession... »

A Justinien revient l'honneur d'avoir confondu le droit civil et le droit des gens, et d'avoir assimilé, à presque tous les égards, l'étranger au citoyen romain.

Par quelles causes et dans quelles conditions le droit d'aubaine fut-il rétabli dans la suite ? Les opinions varient sans permettre d'arriver à une conclusion certaine. Les uns ont vu dans son rétablissement un retour aux idées romaines ; d'autres l'ont fait sortir du système des associations germaniques, d'autres, et MONTESQUIEU, *Esprit des lois*, est du nombre, de la position même des étrangers dans un monde barbare où dominait la force brutale et où le faible tombait inévitablement sous l'oppression du puissant, d'autres enfin, du régime féodal. Sous ce régime, l'étranger doit avoir son seigneur ; les comtes exigent de lui un cens, et le réduisent à l'asservissement. L'aubain n'est pas seulement l'homme d'une autre nationalité ; il devient tel par le changement de diocèse. Sous l'influence du clergé et par l'intervention des papes et des conciles, on permit aux aubains de s'établir en France, mais sans leur accorder le bénéfice d'aucun des droits civils appartenant aux regnicoles. Avec le progrès des temps et l'adoucissement des mœurs, ils purent acquérir et posséder, mais non transmettre et acquérir par voie de succession ou par testament. Leurs biens, à leur mort, étaient dévolus au roi ; mais peu à peu, de nombreuses exceptions furent accordées pour favoriser les progrès du commerce et aider au développement des relations internationales. Des catégories de personnes, des villes et des provinces étaient placées en dehors de l'application du droit d'aubaine ; des lettres de naturalité ou de déclaration accordaient individuellement cette faveur.

C'est surtout dans la seconde moitié du dix-huitième siècle que furent conclus des traités abolitifs du droit d'aubaine. La France en conclut successivement avec la Sardaigne et avec l'Espagne en 1760, avec le royaume des Deux-Siciles la même année, avec l'Autriche en 1766, avec la Toscane en 1768,

avec la Suisse en 1772, avec le Danemark la même année, avec
les Pays-Bas en 1773, avec la Pologne en 1777, avec le Portugal
en 1778, avec les Etats-Unis de l'Amérique du Nord la même
année, avec la Russie en 1787. Le droit d'aubaine a été aboli en
France, par un décret de l'Assemblée constituante des 6-18 août
1790, sans exception de nations et sans réciprocité. Rétabli par le
Code de Napoléon, sur le principe de la réciprocité, art. 726, il a
disparu de nouveau par l'effet de la loi du 14 juillet 1819, qui
reconnaît aux étrangers le droit de succéder de la même manière
que les Français, dans toute l'étendue du royaume. *V.* sur cette
matière MERLIN, *Rép.* v° Aubain ; VATTEL, *le Droit des gens,* édit.
Guillaumin, liv. II, ch. VIII, § 112 à 114 et les notes de M. Pradier-Fodéré ; KLUBER, *Droit des gens,* édit. Guillaumin, § 32 ;
WHEATON, *Eléments du droit intern.,* t. 1, p. 107 ; LAFERRIÈRE,
Hist. du Dr., t. II, p. 145 ; E. JAY, *de la Jouissance des droits
civils au profit des étrangers.*

Pinheiro-Ferreira présente sur ce paragraphe, les observations
suivantes : « L'habitude où sont les écrivains de l'école positive d'employer le mot *droit* tantôt dans le sens de *juste* et *honnête,* tantôt
dans celui de *loi positive* de tel ou tel pays, les rend insensibles
à la choquante combinaison de l'expression *droit inique,* dont
M. de Martens stigmatise ici le *droit d'aubaine;* en quoi l'auteur
est en contradiction avec ses propres principes, puisqu'il reconnaît aux gouvernements le droit, non-seulement de mettre telles
conditions qu'ils voudront à l'admission des étrangers, mais
encore de les exclure absolument de leurs Etats.

» Il n'est pas moins inconséquent lorsque, après avoir repoussé
comme *inique* le *droit d'aubaine,* il soutient qu'on peut justifier
à la rigueur les motifs de droit et de politique sur lesquels sont
fondés les *droits de détraction* et de *gabelle d'émigration,* que
cependant un moment après il qualifie de *droits odieux.*

» Toutes ces incongruités d'expressions décèlent le manque de
principes fixes des jurisconsultes de l'école à laquelle M de Martens appartenait. Pour ces doctes jurisconsultes, tout ce qui a été
une fois ordonné par des gouvernements assez forts pour en
assurer l'exécution, peut ne pas être *absolument juste ;* mais on ne
saurait lui contester le respect dû à la *légitimité ;* cela devient
par cela seul un des articles du code des nations.

» Plus tard, les progrès de la civilisation et des lumières ont-ils forcé les gouvernements à abolir quelques-uns de ces restes de l'antique barbarie, nos jurisconsultes ne manquent pas de reconnaître que c'était effectivement un *droit inique*. Mais les cris de la raison n'ont-ils pas été assez forts pour contraindre les gouvernements à abolir d'autres lois tout aussi injustes, ces écrivains, toujours prêts à flatter le pouvoir, lors même qu'ils sont forcés d'avouer que la loi est odieuse, ne rougissent point d'assurer qu'elle peut être justifiée par des motifs de *droit* et de *politique;* comme s'il pouvait y avoir de droit contre le droit, et de la politique basée sur des lois odieuses !

» Non, le citoyen n'est pas un serf attaché à la glèbe; son droit de propriété ne lui a pas été acquis à titre de vol ni de don gratuit, et réversible au gré de la société : c'est le fruit de son travail ou du travail de celui qui avait le droit de le lui céder. Personne ne saurait donc être en droit de le lui ravir, ou, ce qui revient au même, on doit respecter la possession où il en est, s'il s'avise d'en faire un autre usage que celui qu'il plaira à la société de lui prescrire, lorsque cependant il ne le tourne en aucune façon au préjudice de cette même société.   Ch. V.]

§ 91. — Du Droit d'émigrer.

L'étranger, tant qu'il conserve cette qualité, et qu'il n'a point commis de crimes, ni contracté de dettes par lui-même, conserve aussi le droit de quitter librement l'État dans lequel il a fait quelque séjour. S'il est des cas où il serait permis de le retenir quelque temps malgré lui, ces exceptions sont rares, et ne touchent guère que le cas de représailles ou de rupture. Aussi cette liberté a-t-elle été non-seulement reconnue dans une multitude de traités, mais le plus souvent même elle a été étendue aux cas de représailles et de rupture.

Mais lorsque l'étranger a été *naturalisé* (*a*), soit expressé-

(a) Moser, *Versuch*, t. VI, p. 8.

ment, soit par un séjour prolongé auquel les lois attribuent cet effet, il n'a pas plus le droit d'émigrer que ne l'ont les naturels du pays, a moins que cette liberté ne lui ait été réservée, ou que les conditions de la naturalisation n'aient été enfreintes (b).

De même, les sujets des provinces cédées par traité sont, dès leur cession, considérés comme les sujets naturels du pays qui fait l'acquisition ; mais on stipule ordinairement un terme pendant lequel il leur sera libre d'émigrer et d'emporter avec eux leurs biens (c).

C'est au droit public universel et positif à déterminer jusqu'à quel point l'État est autorisé à restreindre ou à empêcher l'émigration des naturels du pays. Quoique le lien qui attache un tel sujet à l'État qui l'a vu naître, ou qui l'a reçu comme citoyen, ne soit pas indissoluble, tout Etat est en droit d'être informé préalablement du dessein qu'a un de ses sujets de s'expatrier, et d'examiner si, pour cause de crime, de dettes ou d'engagements non encore remplis envers l'État, il est autorisé à le retenir encore ; ces cas exceptés, il n'est pas plus autorisé à lui défendre l'émigration, qu'il le serait à l'égard des étrangers sujets temporaires Ces principes ont toujours été suivis en Allemagne (d); ils ont été de nouveau sanctionnés par le pacte fédéral de la Confédération germanique, en ce qui concerne l'émigration des Etats d'un des membres de la Confédéra-

---

(b) *V.* sur les protestants en France après la révocation de l'édit de Nantes, *Mémoires* de d'Avaux, t. V, p. 169, 172 ; t. VI, p. 14.

(c) Gunther, *E. V. R.*, t. II, p. 308, note *d*.

(d) J.-J Moser, *Landeshoheit in Polizey-Sachen*, cap. vi, § 5 ; J.-A.-L. Seidensticker, *de Jure emigrandi ex mor Germanorum*, Gottingæ, 1788, in-4 ; E. Leth, *de Jure emigrandi*, Gott., 1788, in-4.

tion vers ceux d'un autre membre (e) Si l'État a consenti
à l'émigration perpétuelle, et de même, s'il a renoncé par
traité à sa souverainete sur telle province et ses habitants,
l'ancien lien entre ces individus et leur patrie est totalement rompu, et l'on ne saurait plus invoquer contre eux
la prétendue *indélébilité* du caractère du sujet né de
l'État (f).

Il est contraire au droit des gens d'engager les sujets d'un
autre Etat à émigrer (g), et celui-ci est autorisé à punir
rigoureusement les embaucheurs, mais quant à ceux qui ont
émigré de leur chef, il est permis à chaque Etat de les recevoir chez lui (h), tant qu'il n'a pas promis le contraire,
et tant qu'il se borne à leur égard aux simples devoirs de
l'hospitalité.

[Il y a lieu de distinguer, comme le fait notre auteur, relativement au droit d'émigrer, entre les étrangers et les nationaux.
Quant aux étrangers non naturalisés, on ne saurait leur refuser
le droit de quitter librement l'Etat dans lequel ils ont séjourné,
s'ils n'y ont commis aucun crime et s'ils n'y laissent aucune dette
en souffrance. La naturalisation et même une résidence prolongée

(e) *V.* l'acte fédéral de la Confédération germanique, du 8 juin 1815,
art. 18.

(f) GUNTHER, *E. V. R.*, t. II, p. 256; mon *Erzählungen merkwürdiger
Fälle*, p. 21, 295. Sous ces points de vue, il serait impossible d'allier
avec les principes du droit des gens nombre de dispositions du décret de
l'empereur Napoléon, du 25 août 1811, sur la condition des Français à
l'étranger. (*V* mon *Nouveau Recueil*, t. I, p. 409.)

(g) MOSER, *Versuch*, t. VI, p. 118; GUNTHER, *E. V. R.*, t. II, p. 301,
303.

(h) S'ils ont l'intention de s'établir chez lui, il peut paraître utile de
les obliger à produire le consentement de leur patrie naturelle, pour ne
pas s'exposer à les voir réclamés. Cette permission demandée et obtenue,
l'ancien lien semble rompu

ont pour effet d'assimiler les étrangers aux nationaux, et, dans
ce cas, ils sont traités comme les sujets de l'État sur le territoire
duquel ils se sont établis. *V.* sur cette assimilation et sur les
représailles qui peuvent être exercées, WHEATON, *Éléments du
droit international*, t. I, p. 386 et suiv.

Quant aux nationaux, et cette question rentre dans le droit
public intérieur, le droit d'émigration en lui-même ne paraît plus
aujourd'hui susceptible de discussion Il est difficile d'admettre
qu'un État puisse s'opposer à l'émigration de ses sujets lorsqu'ils
ont rempli toutes leurs obligations sociales, et notamment celle
du service militaire. HEFFTER, *le Droit international public*, traduction par M Bergson, § 59, croit cependant que l'État peut
exiger du citoyen qui a l'intention d'émigrer la notification préalable de cette intention pour le mettre à même de constater s'il a
rempli ses obligations. Il peut même attacher une clause pénale
à l'omission de cette déclaration. Dès le siècle dernier, BEC-
CARIA, *des Délits et des peines*, § 35, édition Guillaumin, écrivait les lignes suivantes : « Une loi qui tenterait d'ôter aux
citoyens la liberté de quitter leur pays, serait une loi vaine ;
car, à moins que des rochers inaccessibles ou des murs imprati-
cables ne séparent ce pays de tous les autres, comment garder tous les points de sa circonférence? comment garder les
gardes eux-mêmes?

» L'émigrant qui emporte tout ce qu'il possède, ne laisse rien
sur quoi les lois puissent faire tomber la peine dont elles le menacent. Son délit ne peut plus se punir, aussitôt qu'il est commis ;
et lui infliger un châtiment avant qu'il soit consommé, c'est punir
l'intention, et non le fait, c'est exercer un pouvoir tyrannique
sur la pensée, toujours libre et toujours indépendante des lois
humaines.

» Essaierait-on de punir le fugitif par la confiscation des biens
qu'il laisse? Mais la collusion, que l'on ne peut empêcher, pour
peu que l'on respecte les contrats des citoyens entre eux, rendrait
ce moyen illusoire. D'ailleurs, une pareille loi détruirait tout
commerce entre les nations; et si l'on punissait l'émigré en cas
qu'il rentrât dans son pays, ce serait l'empêcher de réparer le
dommage qu'il a fait à la société, et bannir pour jamais celui qui
se serait une fois éloigné de sa patrie.

» Enfin, la défense de sortir d'un pays ne fait qu'augmenter, dans celui qui l'habite, le désir de le quitter, tandis qu'elle détourne les étrangers de s'y établir. Que doit-on penser d'un gouvernement qui n'a d'autre moyen que la crainte pour retenir les hommes dans leur patrie, à laquelle ils sont naturellement attachés par les premières impressions de l'enfance..... »

Kant, *Eléments metaphysiques de la doctrine du droit*, traduction de Jules Barni, p. 102 et 208, n'hésite pas à accorder aux citoyens le droit d'émigrer, mais il leur refuse l'autorisation de vendre le sol qu'ils possédaient sur la terre natale pour en emporter l'argent avec eux. Cette défense n'existe plus que dans quelques Etats de l'Allemagne et en Russie.

Les Etats-Unis de l'Amérique du Nord ont profité plus que tout autre pays du courant d'émigration qui s'est établi entre l'ancien et le nouveau monde. D'après les pièces officielles consultées par M. William Bromwell, membre du cabinet américain, et mises à profit par lui dans son *Histoire de l'émigration*, on voit que de 1819 jusqu'en 1856, c'est-à-dire en trente-sept ans, 4,212,624 émigrants se sont portés vers les contrées de l'Amérique du Nord. Le mouvement ne commença guère à se faire sentir que vers 1784, ne donnant, pour la première période décennale (1784-1793) qu'une moyenne annuelle d'environ 4,000 émigrants. En 1794, le courant s'accéléra tout à coup et porta vers les États-Unis 10,000 passagers. Mais les guerres du continent, le blocus des ports, la lutte maritime de l'Angleterre et de ses anciennes colonies d'Amérique eurent pour effet d'entraver jusqu'en 1815 la marche de l'émigration. Dès 1817, elle reprend son essor, et le chiffre des émigrants atteint cette même année 22,240.

En 1819, la législature américaine, en vue d'encourager un mouvement qui apportait à l'Union un précieux surcroît de bras, de forces et de lumières pour dompter ses déserts et fonder ses industries, adopta diverses lois ayant pour objet de réglementer l'immigration, et principalement de prévenir les abus excessifs résultant de l'encombrement des passagers à bord des navires. Aussi le courant va-t-il toujours en augmentant.

De 1819 à 1829 (11 ans).....	128,502 émigrants.
De 1830 à 1839 (10 ans).... .	538,381
De 1840 à 1849 (10 ans).....	1,427,337
De 1850 à 1855 (6 ans)...	2,118,404
Total.....	4,212,624 émigrants

L'année 1854 est celle qui a fourni à l'immigration le chiffre le plus élevé : 427,833, dont 206,000 Allemands.

En 1855, une réaction se fait sentir, le chiffre s'abaisse à 230,746, mais en 1856 il semble se relever.

Sur ce total de 4,212,624 étrangers accourus de tous les points du globe vers la terre d'Amérique, les documents officiels attribuent un chiffre de 2,485,080 au sexe masculin, contre 1,679,136 appartenant au sexe féminin. 48,408 individus demeurent sans sexe désigné. L'âge prédominant est de vingt à vingt-cinq ans, puis de vingt-cinq à trente; mais comme beaucoup de départs se font par groupes de familles, les émigrants au-dessus de quarante-cinq ans sont relativement nombreux; de même des enfants de dix ans, de cinq ans et même au-dessous : en 1854, on en comptait 36,481 de cette dernière catégorie sur un total de 460,000 individus.

Le principal port d'arrivée est New-York; viennent ensuite New-Orleans, Charleston, Boston, Baltimore, Philadelphie, Galveston et seize à dix-huit autres ports qui sont en général la route des États de l'Ouest et du Sud. Parmi ces derniers figure depuis 1850 San-Francisco, qui a reçu, par arrivages directs de mer, 62,852 émigrants.

Étudiée au point de vue des nationalités, l'émigration emprunte à l'Irlande son principal élément. 1,747,930 individus en sont sortis, dont moitié environ entre les huit ou neuf années de 1846 à 1854, c'est-à-dire durant une période marquée par la famine et la décimation des populations irlandaises. En 1857 l'émigration d'Irlande est tombée à 49,627 personnes, c'est-à-dire à moins du tiers de ce qu'elle était en 1853. Le Royaume-Uni, pris dans son ensemble, a donné à l'émigration, durant la période des trente-sept années, 2,343,445 émigrants, ou plus de la moitié du nombre total. — Viennent ensuite :

L'Allemagne, pour.	1,242,082
La Hollande, la Belgique et la Suisse.	55,645
Le Danemark, la Suède et la Norwége. . . .	32,500
La Pologne et la Russie.	2,256
L'Amérique anglaise (Canada).	94,699
La Chine et les Indes orientales.	16,988
La France.	188,725
L'Espagne, le Portugal et les îles.	19,091
Les États d'Italie et dépendances.	8,354
La Turquie et la Grèce.	231
L'Amérique espagnole et les îles.	57,366

Les tristes événements qui s'accomplissent en Amérique ont contribué à ralentir le mouvement d'émigration signalé en Angleterre notamment, et qui, en 1861, ne s'élevait plus qu'à 91,770, tandis que, de 1852 à 1854, il avait atteint le chiffre de 368,764 (1852), de 329,937 (1853), de 323,399. Il convient de faire observer que sur les émigrants qui s'embarquent en Angleterre, une certaine proportion du dixième au* vingtième appartient aux pays étrangers.

Toutes les questions relatives à l'émigration ont pris de nos jours une importance extrême; on peut consulter sur cette matière le *Dictionnaire de l'économie politique,* v° *Émigration,* deux articles de M. Horace Say, publiés dans le compte-rendu de l'Académie des sciences morales et politiques, t. XXX, p. 435, et t. XXXI, p. 79; un ouvrage de M. LEGOYT, intitulé : *l'Émigration européenne et ses conséquences politiques, morales et économiques;* enfin un autre ouvrage plus récent de M. Jules DUVAL, intitulé : *Histoire de l'émigration européenne, asiatique et africaine, au XIX° siècle, ses causes, ses caractères, ses effets;* enfin *l'Annuaire encyclopédique.*

Pinheiro-Ferreira ajoute sur ce paragraphe les observations suivantes :

« Nous ne saurions, dit-il, adopter les principes sur lesquels M. de Martens prétend établir le droit des passe-ports ; car c'est à quoi se réduit le compte que, selon lui, tout habitant doit rendre au gouvernement du dessein qu'il a de sortir du pays, soit pour aller s'établir ailleurs, soit simplement pour voyager.

» L'Etat a incontestablement le droit de réprimer l'abus que les habitants feront de leurs droits, tant civils que politiques ; mais aussi longtemps qu'on ne peut m'accuser de porter atteinte aux droits d'autrui, toute gêne qu'on se permettra d'apporter à l'usage de ceux qui m'appartiennent est une provocation, un véritable attentat, surtout de la part du gouvernement, qui est chargé de protéger les droits de chaque citoyen.

» L'idée d'interdire à un citoyen probe et honnête le libre usage de ses droits, non parce qu'il en ait jamais abusé, mais parce que des hommes, dont les mœurs et le caractère sont tout à fait l'opposé du sien, en ont abusé, est la conception la plus inique dont l'esprit humain, dans ses délires, ait jamais été capable. Telle est cependant la base de cette police préventive, le plus grand fléau des sociétés modernes; ce sont ces principes que M. de Martens invoque ici à l'appui de l'usage inutilement vexatoire des passe-ports.

» Nous avons remarqué, en parlant des passe-ports, que sur de pareils prétextes on exige partout en Europe des étrangers qui arrivent dans un pays, qu'aux États-Unis de l'Amérique septentrionale, où l'on a eu le bon esprit d'abolir cet usage, aucune des fâcheuses suites qui effrayent si gratuitement les gouvernements de l'Europe ne s'est fait apercevoir.

» On peut en dire autant de celles que M. de Martens nous donne ici comme raison pour exiger des passe-ports tant des nationaux que des étrangers qui voudront sortir du pays, ou même pour voyager dans l'intérieur, car la peur de nos gouvernements est allée même jusqu'à ce point. Un citoyen des État-Unis se croirait blessé dans tout ce qu'il a de plus cher au monde, sa liberté individuelle, si, pour traverser, dans sa propre patrie, dans quelque sens que cela pût lui convenir, le sol commun, les autorités s'avisaient d'exiger qu'il leur en demandât la permission; ou si, comme un serf attaché à la glèbe, on l'empêchait d'en sortir sans se munir au préalable d'une autorisation quelconque; car on ne conçoit pas la nécessité de demander ce qu'on ne saurait vous refuser. Et cependant on se tromperait très-fort, si l'on croyait que de cette liberté de voyager dans le pays, ou d'en sortir, il résulte plus de crimes ou une plus grande impunité que dans les États où le système des passe-ports est rigoureusement observé.

» Qui est-ce qui ignore que ce n'est pas la difficulté d'obtenir des passe-ports qui retient dans le pays les criminels? Qui ne sait pas que c'est le manque de moyens pécuniaires, la crainte de l'isolement où l'on va se trouver dans un pays étranger, dont on ignore le plus souvent la langue et les usages, et enfin que c'est l'espoir d'une protection qu'il ne peut se flatter de trouver dans un pays étranger, qui empêchent le criminel de se soustraire aux poursuites de la justice en quittant le sol natal? Lorsqu'on n'est pas retenu par de telles considérations, on trouve presque toujours, soit par la corruption, soit par la fraude, les moyens de se procurer, avant ou après avoir commis le crime, le passe-port qui doit en assurer l'impunité : ou bien on essaie, et le plus souvent

on réussit à s'échapper sans passe-port ; car celui qui est décidé
à braver toutes les lois divines et humaines se met fort peu en
peine de se conformer aux ordonnances de police, qui, insuffi-
santes pour contenir le criminel, en pèsent plus sur le citoyen
honnête, pour qui elles n'auraient pas dû être faites.

» M. de Martens, en remarquant que la séparation qui a lieu
quelquefois, d'un peuple en deux nations, fait cesser les devoirs qui liaient jusqu'alors les citoyens de toutes deux à une
commune patrie, ajoute que *des lors on ne saurait invoquer à
leur égard la prétendue indélébilité du caractère de sujet né de
l'Etat.*

» Cette dernière remarque a besoin d'explication. Personne
ne met aujourd'hui en doute que tout individu a le droit de quitter le pays qu'il considérait jusqu'alors comme sa patrie, pour
aller s'établir dans un pays qui lui offre de plus grands avantages ; mais ce serait une erreur d'en conclure que par là ses
rapports avec son ancienne patrie soient tout à fait rompus. La
protection dont il y a joui depuis le premier jour de sa naissance,
les emplois, les distinctions et les honneurs que lui et les siens y
ont obtenus, constituent une dette immense, que même les services les plus éclatants ne peuvent avoir acquittés. Plus ces services auront été grands, plus votre dette sera grande ; car, pour
rendre de grands services, il faut avoir de grands moyens ; et ces
moyens, on ne les acquiert que par une éducation distinguée et
par une longue expérience dans la carrière où ces services auront
été rendus. Or, cette éducation, cette expérience, sans lesquelles
vous n'auriez pas pu rendre ces services éclatants, à qui les devez-
vous, si ce n'est à vos parents, à vos amis, à vos concitoyens, en
un mot, à votre patrie?

» Quelques individus, peut-être un grand nombre, ou le gouvernement même, et plusieurs gouvernements de suite, peuvent
avoir été injustes envers vous ; mais peut-on regarder la nation
comme complice d'un fait qu'elle ignore le plus souvent, que
rarement il lui est donné de redresser au moment même, et dont
elle finit presque toujours par faire justice devant le tribunal de
l'opinion publique?

» Celui-là sera toujours regardé comme un traître, qui, dans
une guerre survenue entre les deux pays, prendra une part active
contre l'une ou contre l'autre des deux nations belligérantes.

Il est même de l'intérêt de celle dont il fait actuellement partie
de ne pas souffrir qu'il y prenne part, par égard pour la morale
publique, sans laquelle la politique ne peut être qu'un système
de déception et de crime; car on ne saurait avoir de la confiance
en celui qui, foulant aux pieds la reconnaissance qu'il doit à sa
patrie, à ses concitoyens, à ses parents, à ses bienfaiteurs, à ses
amis, donne la mesure de ce que peuvent en attendre ceux qui,
dans sa nouvelle patrie, auraient de pareils droits à sa loyauté et
à sa reconnaissance.

» Ce que je viens de dire relativement à la part active que
l'émigré voudrait prendre à une guerre entre les deux pays, doit
aussi s'entendre, proportion gardée, des emplois civils dans lesquels il aurait à intervenir, soit comme négociateur, soit comme
juge, dans les différends entre les deux nations.

» On voit, d'après ces considérations, que l'*indélébilité* des
rapports qui lient un citoyen à sa patrie n'est pas une idée aussi
dénuée de fondement que M. de Martens prétend l'insinuer.

» Il est vrai que, dans le cas par lui figuré, de la séparation
des deux peuples, qui jusqu'alors ne faisaient qu'une seule nation,
chacun se doit de préférence à celui des deux partis auquel
il a choisi de s'attacher. Mais, hormis les cas de collision d'intérêts entre les deux peuples, et toutes les fois qu'il s'agira d'une
contestation entre celui dont il s'est séparé et une tierce nation
quelconque, ses devoirs envers ceux qui ont été naguère ses
concitoyens reprennent leur vigueur, ainsi que nous le disions
ci-dessus, puisque toutes les raisons que nous avons déduites
en faveur de la patrie, considérée dans son ensemble, ont lieu
par rapport à chacune de ses parties. »   Ch. V.]

§ 91 b. — Du Renvoi des sujets naturels dans leur patrie.

D'un autre côté, chaque État étant obligé de prendre soin
de ses propres sujets, et en cas de besoin de subvenir à la
subsistance de ceux d'entre eux qui sont incapables de se
nourrir, ou d'aviser au moyen d'utiliser leur travail, il ne
peut se refuser à recevoir ceux qu'un État étranger lui renvoie parce qu'ils n'ont pas encore été naturalisés expressé-

ment ou tacitement par celui-ci, ou cédés à lui par leur patrie (a).

Ceci a donné lieu à plusieurs conventions, surtout entre les membres de la Confédération germanique, pour fixer aussi le mode d'après lequel se fera le transport de ces vagants par les États intermédiaires ; et il est fort à désirer que ces mesures puissent se généraliser, étant le seul moyen pour parer aux inconvénients que le simple renvoi sur les frontières fait naître réciproquement (b).

§ 92. — Du Pouvoir judiciaire.

Dans la règle, le pouvoir judiciaire s'étend sur la personne et sur les biens de l'étranger comme sur ceux des naturels du pays ; et c'est à l'État seul à l'exercer. Cette règle souffre cependant des exceptions, 1° quant à ceux qui, en vertu de l'*exterritorialité* dont ils jouissent, sont exempts de la juridiction du pays, tels que les souverains étrangers et leurs ministres, avec leur suite et leurs biens (*V.* plus bas, liv. V et VII); 2° quant aux sujets des nations auxquelles on accorde le privilége de les laisser juger par leurs propres juges soit consuls, juges conservateurs, *court-master*, ou autres.

(a) Cette obligation est fondée sur les principes du droit public et du droit des gens universel; mais il semble essentiel de mieux fixer, par convention, les cas dans lesquels le lien entre l'ancien souverain et le sujet est censé tellement rompu, que l'obligation de le reprendre cesse ; car, aussi à cet égard, le caractère de né sujet de l'État n'est pas indélébile en sens de droit.

(b) *V.* la proposition faite à cet égard par les maisons grand-ducale et ducale de Saxe à la diète, et plusieurs déclarations qui l'ont suivie de la part d'autres États; Protocoles des séances de la diète germanique, 1819, t. XXI, XXVIII, XXXII, XXXIII, ainsi que les exemples de conventions déjà formées entre plusieurs États annexés auxdites déclarations.

§ 93. — De la Juridiction civile sur les Étrangers.

Non-seulement les étrangers vivant dans le pays doivent, dans la règle, s'assujettir aux tribunaux de l'État; tous les étrangers, quoique absents, s'ils ont des prétentions à former contre le sujet d'un autre État, doivent le poursuivre en justice devant le juge compétent du défendeur, en s'abstenant de voies de fait, dont l'usage, même entre les sujets de deux nations indépendantes, ne s'abandonne plus à l'arbitraire des particuliers, depuis que les lois et les tribunaux ont succédé aux horreurs du droit manuaire et à ces représailles privées, qui dans le cours du moyen âge, troublaient si souvent le repos des États (a).

D'un autre côté, tout État est strictement obligé d'administrer aux étrangers une justice aussi prompte et aussi impartiale qu'aux naturels du pays. Cependant, dans la règle, les étrangers n'ont aucun droit de demander qu'on établisse en leur faveur des tribunaux particuliers (b) ou des commissions (c) particulières, ou que leurs causes soient jugées les premières (d); ils doivent se contenter d'être traités à l'égal des sujets naturels.

§ 94. — De l'effet des Sentences civiles prononcées dans les pays étrangers.

Lors donc que, 1° le tribunal était compétent, soit d'a-

(a) V. mon *Essai concernant les armateurs, les prises et les reprises*, chap. I.

(b) Sur les anciens tribunaux établis dans divers endroits pour juger les causes des étrangers, V. WILLENBERG, *Exercitationes Sabbatinæ*, part. II, n. 62, *de Judicio peregrinantis*.

(c) Traité de commerce entre la France et Hambourg, de 1769, art 9, renouvelé en 1789.

(d) R I. N, § 156.

près la nature de la chose, soit en conformité des conventions expresses ou tacites; 2° lorsque l'étranger y a été écouté dans les formes du pays, et qu'à l'égal du sujet on lui a ouvert les voies d'appel dans les cas où il est permis de s'adresser à un juge supérieur; 3° lorsque le cas devait se juger *d'après les lois du pays*, et que le fond de la cause a été jugé définitivement et en dernier ressort, la sentence doit être censée faire irrévocablement droit entre les parties (a) : de sorte que l'étranger contre lequel elle a été prononcée est aussi peu en droit de s'adresser à son souverain pour la faire réformer, que celui-ci est en droit de l'écouter à cette fin, en évoquant à son examen la justesse de l'application des lois du pays au fait sur lequel on a prononcé.

Par une suite naturelle de ce principe, il ne peut point appartenir à une puissance étrangère d'admettre chez elle un second procès sur la même cause (b), et celui qui l'intenterait peut, dans tous les pays, être repoussé par l'*exceptio rei judicatæ*, que la sentence ait porté contre un sujet né dans le pays ou contre un domicilié (c).

De plus, avant même que la cause ait été définitivement

(a) J.-At.-Ferd. HAAS, *Diss. de effectu exceptionis rei judicatæ in territorio alieno*, Gottingæ, 1791, in-4; VATTEL, liv. II, chap. VII, § 84.

(b) *V.* des exemples du contraire dans PUTTER, *Rechtsfälle*, b. III, t. I, p. 248. Comparez MOSER, *Zusätze zu seinem neuen Staatsrecht*, t. II, p 553; G.-L. BÖHMER, *Rechtsfälle*, b. I, abs. I, n. XIII, p. 102; un autre cas dans MOSER, *Staatsrecht*, t. XXII, p. 261; PUTTER, *Nähere Erläuterung des Processes der höchsten Reichsgerichte*, p 214 221; *Deductions-Bibliothek*, t. II, p. 42, 86; REUSS, *Teutsche Staatscanzeley*, t. XIV, p. 50.

(c) *V.* cependant, sur les principes adoptés en France EMÉRIGON, *Traité des assurances*, t. I. p. 123; HAAS, *loc. cit.*, § 20.

jugée, le juge dont une fois la juridiction a été reconnue
par les deux parties est en droit de la maintenir, en punis-
sant celui qui, au mépris d'elle, voudrait s'adresser encore
à un juge étranger; et celui-ci même devrait renvoyer la
partie qui s'adresserait à lui (d). On devrait accorder au
moins autant de force au choix une fois fait, quoique nécessaire, d'un juge ordinaire, qu'on en accorde partout à
celui d'un juge compromissaire; cependant la pratique
n'est pas uniforme à cet égard.

§ 95 — De l'Exécution des Sentences.

Toutefois le juge ne pouvant disposer des personnes et
des biens qu'en tant qu'ils sont sujets à sa juridiction, un
souverain étranger n'est pas tenu d'*exécuter* une sentence
prononcée dans un pays étranger, sur les personnes ou sur
les biens qui se trouvent dans l'enceinte de sa juridiction.
Et, bien qu'il existe plusieurs traités entre des États souverains, amis ou confédérés, etc., portant promesse de telles
exécutions (a), et que d'ailleurs on les accorde quelquefois
dans des cas particuliers, par des motifs d'amitié, de voisinage ou de convenance réciproque, moyennant des *reversales* de rendre la pareille (b), il s'en faut de beaucoup
qu'on puisse considérer ces exécutions comme généralement usitées en Europe.

(d) *V.* cependant HAAS, *loc. cit.*, § 12 et suiv.

(a) *V.* par exemple, le traité entre la France et l'évêque de Bâle,
de 1780, dans mon *Recueil a*, t. II, p. 93; *b*, t. III, p. 325; SIMLERI, *de
Republ. Helvet.*, lib. II, § 15, 17.

(b) VATTEL, *Droit des gens*, liv. IV, chap. II; BÖBMFR, *Jus publ.
univ.*, psp., liv. I, chap. IV, § 6.

[L'exécution d'un jugement étant un acte de l'autorité publique, le principe de l'indépendance des États exige qu'aucun acte de cette nature ne puisse être fait par un pouvoir étranger sans son assentiment. Mais, ainsi que le fait observer FŒLIX, *Traité du droit international privé*, 3ᵉ édit., nᵒˢ 319 et suiv., les relations de bonne amitié, et des considérations d'utilité et de convenance réciproque ont fait admettre des exceptions au principe que les jugements ne peuvent recevoir leur exécution dans un Etat étranger. Les exceptions ont été établies tantôt par des traités de nation à nation, tantôt par des lois d'un État qui consacrent le principe de la réciprocité, tantôt par le simple usage. — Toutefois, ces exceptions ne s'étendent pas au point d'autoriser purement et simplement l'exercice d'un pouvoir souverain étranger dans l'Etat où l'exécution a lieu. Aucun État n'a consenti à souffrir que dans son territoire l'exécution du jugement étranger se fasse en vertu de la seule autorité du juge qui l'a rendu : partout l'Etat a réservé à ses propres juges le pouvoir d'ordonner cette exécution... Les législations diffèrent seulement sur la question de savoir si le juge du lieu de l'exécution accordera son autorisation, *exequatur*, sur simple requête ou commission rogatoire, ou bien s'il ne la donnera qu'après révision du fond de la contestation.

Le premier devoir du tribunal auquel on s'adresse pour obtenir l'exécution d'un jugement rendu à l'étranger est d'examiner si ce jugement renferme ou non une disposition contraire soit à la souveraineté de la nation dans le territoire de laquelle l'exécution devra avoir lieu, soit aux intérêts de cette nation, soit au droit public de cet Etat; et ce n'est qu'en cas de réponse négative sur tous ces points que le tribunal ordonnera l'exécution [1], « même, ajoute Fœlix, lorsque le jugement a été rendu dans un pays dont les jugements reçoivent, en général, leur exécution dans l'État dont il s'agit. » Aux numéros 322 et suivants, Fœlix énumère les

---

[1] [Ainsi, suivant Fœlix, nᵒ 321, on ne devra pas exécuter le jugement qui, au mépris des lois de compétence en vigueur dans le même État, aura distrait un regnicole de la juridiction de son souverain, même dans le cas où le regnicole défendeur aurait volontairement plaidé devant les tribunaux étrangers; de même on ne devra pas exécuter un jugement autorisant l'arrestation d'un esclave ou l'infliction de châtiments corporels, un jugement consacrant la polygamie, l'inceste, des infractions aux douanes, aux lois sur les loteries, etc. Cɴ. V.]

exceptions au principe qui refuse l'exécution des jugements rendus en pays étrangers et indique l'étendue de chacune de ces exceptions. *V.* Vattel, *le Droit des gens,* édit. Guillaumin, liv. II, ch. vii, § 84 et 85 et les notes de M. Pradier-Fodéré.

« La doctrine contenue dans ce paragraphe, dit Pinheiro-Ferreira, qu'on n'est pas tenu d'exécuter les arrêts des tribunaux étrangers, est aussi fausse par la généralité dans laquelle M de Martens l'a conçue, que par le principe sur lequel il l'établit.

» L'arrêt dont on demande l'exécution peut avoir été porté en matière civile ou criminelle ; et, dès lors, tandis qu'on ne saurait trouver de raison qui justifie le refus d'exécuter le premier, ce serait une grave erreur de croire qu'il soit loisible aux autorités exécutives ou judiciaires de l'autre pays d'exécuter ou de ne pas exécuter l'arrêt en matière criminelle Nous allons démontrer la raison de différence ; mais il faut éclaircir auparavant l'équivoque du mot juridiction, sur laquelle M. de Martens fonde ses conclusions.

» Pour que l'arrêt ait été prononcé par le tribunal étranger, il faut qu'une plaidoirie ait eu lieu par devant lui entre le plaignant et le défendeur, ou son fondé de pouvoirs ; par conséquent aucun doute ne peut être élevé sur la compétence du tribunal, que les deux parties ont reconnue. Si donc cet arrêt est passé en force de chose jugée, il a, par le consentement même du plaignant, acquis pour le moins la qualité de loi de contrat ; et partout où il ira le devoir de l'accomplir le suit, car on ne saurait dire qu'en changeant de pays sa dette envers son créancier se soit éteinte.

» Arrivé dans le pays où il veut ou s'établir ou se réfugier, il déclare par ce seul fait qu'il entend se soumettre aux lois et aux autorités de ce pays. Son créancier l'y suit ; et celui-là aussi contracte envers le pays qui l'accueille pareil engagement.

» En présence l'un de l'autre, et, comme auparavant, l'un débiteur et l'autre créancier, comment celui-ci peut-il faire valoir ses droits? Par la force? non ; car les lois le lui défendent : mais elles ne sauraient prendre sous leur protection le coupable pour opprimer l'offensé ; et ce ne peut être qu'en offrant à celui-ci un moyen à la fois plus commode et plus efficace de réaliser ses droits par l'intervention des magistrats, qu'elles lui interdisent d'avoir recours à des voies de fait pour se rendre lui-même justice par ses propres mains.

» Les autorités du pays sont donc non-seulement autorisées, mais tenues de faire exécuter les arrêts prononcés par les tribunaux étrangers en matière civile, lorsque les deux parties se sont soumises à la juridiction de ces tribunaux, et qu'après avoir suivi les formes de la procédure voulues par la loi, l'arrêt a acquis la force de chose jugée.

» Mais en matière criminelle le cas est tout à fait différent. Le défendeur n'a pas consenti à être jugé par le tribunal qui l'a condamné; ou, s'il y a consenti, il proteste contre l'iniquité des juges ou la forme même de la procédure. Peut-être a-t-il tort; peut-être a-t-il raison. Qui peut en être le juge? Personne dans le pays où il s'est réfugié. De tels arrêts ne sauraient donc y avoir d'exécution.

» Cependant, dans les intérêts de l'humanité tout entière, le crime ne doit jamais rester impuni. Nous verrons dans les notes suivantes comment les publicistes et les gouvernements ont tâché de sortir de cette grave difficulté. »   Cu. V.]

§ 96. — Du Déni de justice.

Mais dans les cas d'un déni ou d'une *protraction* inconstitutionnelle de justice, ainsi que dans ceux d'une perversité évidente ou constatée du juge, et dont on n'aurait aucun redressement à espérer par la voie ordinaire de la justice, les étrangers seraient autorisés à s'adresser à leur propre souverain pour obtenir de sa protection le redressement de leurs griefs (a), soit par des représentations, soit en leur accordant ou en décernant des lettres de marque ou de représailles dont la plupart des traités modernes bornent l'usage, en temps de paix, à ces seuls cas (b).

§ 97. — Des cas à juger d'après les principes du Droit des gens.

Le principe qui veut qu'une nation acquiesce à la sentence prononcée, par un tribunal étranger et compétent,

(a) V. mon *Erzählungen merkwürdiger Fälle*, p. 26.
(b) V. mon *Essai concernant les armateurs*, chap. i, § 4.

souffre une exception particulière à l'égard des cas dont la décision doit être puisée, non dans les lois particulières de tel État, mais dans les principes du droit des gens universel ou positif.

Chaque nation ayant un droit égal de suivre ses propres lumières quant à ses principes, et aucune ne pouvant obliger l'autre d'acquiescer à l'interprétation qu'elle fait de ses traités, il semble que, lors même que dans de tels cas la compétence du tribunal de l'une d'entre elles a été reconnue dans la généralité, soit par les traités, soit par l'usage, et qu'on ne prétend point révoquer en doute l'intégrité du juge, l'autre cependant n'est pas tenue d'acquiescer à une sentence qui a pour base des principes qu'elle rejette; que par conséquent celle-ci, après avoir examiné les plaintes de ses sujets, sans par là vouloir s'ériger en juge supérieur, peut épouser leur cause, et, à défaut de succès de représentations à l'amiable, avoir recours à tous les moyens qui ont lieu dans les affaires survenant immédiatement de nation à nation (a), dont alors cette cause, quoique privée dans son origine, adopte la nature.

§ 98. — De la Juridiction volontaire.

Les mêmes principes qui ont été exposés par rapport à la juridiction civile *contentieuse* en général, sont aussi applicables à celles qu'on lui oppose sous les noms de *volon-*

(a) *V.* les déductions dans la célèbre dispute survenue en 1752 à cet égard, entre la Grande-Bretagne et la Prusse,, au sujet des prises faites par les Anglais après 1745, dans mon *Erzählungen merkwurdiger Fälle*, t. I, p. 236-284. Comparez aussi *an impartial foreigner s Remarks upon the present dispute between England and Prussia;* et sur l'issue, le traité de 1753, dans WENCK, *Codex Juris gentium*, t. III, p. 87.

taire et de *mixte;* savoir : que tous les actes des ces deux dernières branches ne peuvent s'exercer, dans la règle, que sur les personnes et les biens qui se trouvent dans le ressort du juge (*a*), de sorte que, par exemple, les constitutions de curateurs, les lettres d'émancipation, etc., n'affectent point les biens que le mineur possède dans un autre pays, à moins que les traités n'en disposent autrement (*b*). Mais la *validité* d'actes entrepris par le juge compétent, et celle des actes de juridiction purement volontaire qui ne supposent que la qualité, non la compétence du juge devant lequel il conste qu'ils ont été passés, doit être reconnue dans tous les pays où il s'agit d'en faire usage (*c*).

[Fœlix, *Traité du droit international privé,* n. 454, constate l'accord qui s'est établi entre les nations civilisées d'admettre réciproquement l'autorité des actes de juridiction volontaire. « Une nécessité, dit-il, plus impérieuse que celle qui a fait admettre, dans divers Etats, l'autorité réciproque de la chose jugée en juridiction contentieuse, commande l'admission de l'autorité des actes de juridiction volontaire ; en effet, les actes de juridiction volontaire sont d'une application bien plus fréquente dans les relations entre les nations que ne le sont les décisions rendues

(*a*) Hannesen, *de Jurisdictione*, t. III, p. 40 et suiv. Reinhart, *de Judice jurisdictionem voluntariam extra territorium perperam exercente*, Erfordiæ, 1745, in-4

(*b*) Traité de commerce entre la France et les Provinces-Unies des Pays-Bas, de 1739, art. 37. Wenck, *Codex Juris gent.*, t I, p. 414.

(*c*) Tel est, par exemple, le cas d'un testament judiciaire, d'un plein pouvoir, etc. Sur la question, jusqu'à quel point ceci peut avoir lieu quant aux hypothèques constituées devant un juge étranger, *V.* C. Schweder, *de Auctoritate publicâ ad pignoris, seu hypothecæ constitutionem necessariâ,* Tubingæ, 1710, dans ses *Dissertations*, t. II, p. 311 ; Puffendorf, *Observationes*, t. III, obs. LIII ; Strubén, *Rechtliche Bedenken,* t. I, n. 58, p. 49

par la juridiction contentieuse. Très-souvent les actes de la vie civile, passés entre des citoyens des divers Etats, deviendraient complétement impossibles, si l'on refusait en pays étranger toute autorité aux actes de juridiction volontaire; même les regniroles éprouveraient fréquemment un préjudice notable par le refus général d'admettre l'autorité des actes de juridiction volontaire passés en pays étranger et qui les concernent. »

Pinheiro-Ferreira croit qu'on a tort de se contenter de légaliser l'authenticité des actes émanés des autorités exerçant une juridiction contentieuse ou volontaire;... « en présence de cette législation, dit-il, les parties intéressées se croient suffisamment autorisées à exiger que dans les pays étrangers on considère de pareils actes comme légaux et valables quant à leur mérite intrinsèque. Cependant, en supposant même que les moyens de légalisation convenus soient suffisants pour constater l'authenticité de l'acte, on ne saurait en conclure que par là on en ait avéré la validité. Au reste, il s'en faut de beaucoup que les moyens adoptés la plupart du temps pour légaliser les actes venant de l'étranger les mettent au-dessus de toute exception, même pour ce qui concerne leur authenticité.

» Ce sont donc deux articles de la plus haute importance, dont les gouvernements devraient convenir entre eux, afin qu'à la présentation des actes émanés d'une autorité quelconque de l'un des deux pays par devant les autorités de l'autre, celles-ci puissent aisément décider par les seules formes dont ils seront revêtus, non-seulement s'ils dérivent de l'autorite qui s'y trouve nommée, mais encore si cette autorité était la compétente pour les délivrer, et s'ils se trouvent d'accord, pour le fond et pour la forme, avec les dispositions de la loi dans les pays d'où ils dérivent. »   Cu. V.]

§ 99. — Du Pouvoir criminel.

Dans le sens le plus étendu, le pouvoir criminel renferme le droit de défendre par des lois pénales les actes contraires au but de la société, d'enquérir contre ceux qui se sont rendus suspects de crimes, de les juger, et d'exécuter contre eux la sentence. Dans un sens plus limité, on l'entend

de la juridiction criminelle comme d'une partie du *pouvoir
judiciaire*. Dans l'une et dans l'autre acception du terme le
pouvoir criminel s'étend sur tous ceux qui se trouvent dans
l'État, soit naturels, soit étrangers. Si les souverains étrangers et leurs ministres n'y sont pas assujettis à l'égal des
autres étrangers, au moins l'État est autorisé à employer,
en cas de besoin, contre eux tous les moyens que peut
exiger sa sûreté, ainsi qu'il sera dit en son lieu (§ 172, 215
et suiv.).

? 100. — Du Droit et de l'Obligation de punir

Nul doute qu'on ne soit en droit de punir tout particulier étranger qui, en commettant quelque crime chez nous,
a violé les lois qu'il était de son devoir de respecter. Il est
même des cas où l'on est autorisé à punir un étranger
qui, après avoir commis un crime dans un autre pays,
vient se retirer chez nous (a) : on le peut de son chef, et
à plus forte raison, à la réquisition de l'État dans lequel
il a commis le crime, ou qui d'ailleurs serait autorisé à
l'en punir.

Mais, quoique en vertu de la protection qu'on doit à tous
les sujets, même temporaires, on soit obligé de rechercher
et de punir les crimes commis chez nous, par qui que ce
soit, *contre un étranger*, avec la même sévérité que s'ils
étaient commis contre un naturel du pays, quoique déjà,
d'après la rigueur de la loi naturelle et plus encore d'après
le droit des gens moderne (b), on soit tenu de punir confor-

(a) G.-L. BÖHMER, *de Delictis extra territorium commissis*, Elect.,
t. III, exerc. xx. MEISTER, *Vollständige Einleitung zur peinlichen
Rechtsgelehrsamkeit*, th. III, s. i, cap. x, § 14.

(b) *Merc. hist. et polit.*, 1748, t. II, p. 157 ; MOSER, *Versuch*, t. VIII,
p. 38 ; ADELUNG, *Staatshistorie*, b. III, t. I, p 236.

mément aux lois et à la constitution du pays (c) les crimes commis chez nous contre la sûreté, l'honneur, etc., d'un monarque étranger ou de ses sujets, il n'y a point d'obligation *parfaite* de punir, même à la sollicitation d'une puissance étrangère, celui qui, après s'être rendu suspect ou coupable d'un crime contre elle, se réfugie chez nous, pourvu qu'on se contente de le tolérer, ou qu'on l'éloigne. Cependant, entre les nations civilisées et amies, on ne se refuserait guère directement à poursuivre, arrêter et punir ceux qu'un Etat étranger accuserait de crimes d'État, ou autres attaquant directement (d), soit l'honneur des souverains étrangers ou de leurs ministres, soit en général la sûreté des personnes ou celle des biens, lorsque la réquisition en aurait été *dûment* faite (e). Il n'en est pas de même des crimes de *désertion* et de *contrebande,* qu'on ne recherche et ne punit guère (f) chez l'étranger qu'en vertu de conventions particulières (g).

(c) MOSER, *Versuch,* t. I, p. 292; t. VI, p. 80; *Beyträge,* t. IV, p. 284; *Nouv extraord.,* 1794, n. 27, 31, 47, 52 et 53.

(d) D'AVAUX, *Mémoires,* t V, p 19.

(e) *Hist. pol. Magazin,* b XV, p 645; b. XVI, p. 160, 203, 264, 384; *Nouv. extraordinaires,* 1794, n. 23, 27, Suppl et suiv. Discussion récemment élevée entre les journalistes français sur la question : Jusqu'où s'étend *l'hospitalité qu'un étranger réfugié en France peut réclamer.* V. Journal de Francfort, 1819, n. 336.

(f) *Mercure hist. et polit ,* t. CXLII, p. 125.

(g) Exemples de punition de la contrebande stipulée par traités, *V.* le traité entre la Suède et la Sicile, de 1742, art. 7; entre le Danemark et la Sicile, de 1748, art. 7 Le crime de désertion n'est jamais puni chez l'étranger; mais l'extradition d'un déserteur, et des biens mobiliers qu'il a emportés avec lui, est souvent réglée par des cartels Nombre de conventions de ce genre ont été signées dans des temps récents, surtout par la Prusse. (*V* mon *Nouveau Recueil,* t. IV, p. 293-320.)

[Indépendamment de l'extradition dont il sera question au paragraphe suivant, ou lorsque cette mesure n'est pas réclamée par un gouvernement étranger, un gouvernement peut contraindre un étranger à sortir de ses Etats en le faisant conduire jusqu'aux frontières. C'est ce qui en France est décidé formellement par la loi du 3 déc. 1849. Des dispositions analogues se rencontrent dans le Code de brum. an IV, art. 13 et dans la loi du 21 avril 1832, art 1.

Pinheiro-Ferreira critique toutes les distinctions adoptées par les publicistes, et en partie mentionnées ici par Martens; il les trouve destituées de tout fondement... « Ce n'est pas, suivant lui, l'espèce du crime, ce n'est pas encore moins la qualité des personnes dont la dignité ou les intérêts ont été violés, qui font un devoir aux autorités du pays où le criminel s'est réfugié, de se saisir de l'affaire, et de rendre justice à qui de droit

» Le seul fait de la présence du plaignant ou de son fondé de pouvoirs et du défendeur, sur notre territoire, constitue nos magistrats dans le devoir de leur administrer justice dès qu'ils en seront requis. Ce n'est donc pas une affaire de complaisance, et moins encore une faveur dépendant de conventions spéciales ou sujettes à des exceptions, que la poursuite des crimes commis en pays étranger, du moment que le criminel se trouve établi ou est venu se réfugier chez nous, et où son accusateur, quel qu'il puisse être, un individu particulier, ou un gouvernement par son fondé de pouvoir, s'adresse à nos tribunaux pour demander que le coupable soit jugé d'après les lois dont il est venu chercher la protection, et dont par conséquent il doit subir la rigueur. »

Cʜ. V.]

§ 101. — De l'Extradition d'un criminel.

Mais, dans aucun des cas dont il vient d'être parlé, un État libre n'est rigoureusement obligé de consentir à l'extradition d'un criminel ou prévenu de crimes, à la réquisition d'une puissance étrangère, que cet individu soit sujet de l'État auquel on adresse la réquisition, ou sujet, et même attaché au service de la puissance requérante, ou sujet d'une tierce puissance (a), lors même que le jugement serait déjà prononcé.

Il est des États qui, comme la *France*, la *Russie* et la *Grande-Bretagne*, se refusent constamment à de telles réquisitions, le seul cas des traités excepté (b).

L'extradition de propres sujets qui auraient commis un crime dans l'étranger ne s'accorde presque jamais, le cas des traités excepté (c).

Celle d'étrangers qui ont commis un crime *chez nous* se refuse aussi presque généralement.

Mais l'extradition d'un étranger sujet de l'État qui la réclame pour un crime commis chez lui, ou même contre lui, quoique non fondée dans la rigueur de la loi naturelle, s'accorde plus fréquemment, soit en vertu de traités, soit même par une simple déférence, ou moyennant des reversales, surtout lorsque l'individu se trouve au service de cet État.

La *Suisse* accorde assez facilement de telles déférences (d). En Allemagne, les États du ci-devant Empire entre eux

---

(a) GUTJAHR, *de Exhibitione delinquentium, secundùm principia Juris publici universalis gentium, Romani atque Saxonici*, Lipsiæ, 1795, in-4; E. BUSCHLER, *Commentatio de principiis Juris civilis publici et gentium, circa comprehensionem, punitionem vel remissionem peregrinorum, præsertim ad requisitionem externæ gentis*, Gottingæ, 1800, in-4.

(b) C'est ainsi que, dans le traité d'Amiens de 1801, entre la France et ses alliés et la Grande-Bretagne, l'extradition fut stipulée, art. 20, dans le cas de crimes de meurtre, de falsification ou de banqueroute frauduleuse. (*V.* mon *Recueil, Supplém.*, t. II, p. 563.)

(c) Elle est même expressément défendue par les lois de plusieurs États, par exemple, de la Prusse et de la Bavière. (*V.* KLÜBER, *Droit des gens*, § 66, note *b*.)

(d) VATTEL, *Droit des gens*, liv. II, chap. VI, § 76; MOSER, *Versuch*. t. IV, p 123; t. VI, p. 428.

n'avaient aucune obligation générale de consentir aux extraditions, mais s'y prêtaient souvent, soit par traités, soit par l'effet d'une bienveillance mutuelle (e).

Il n'existe pas non plus d'obligation générale entre les membres de la *Confédération germanique* (f) : cependant de telles extraditions d'étrangers pouvant être accordées sans préjudicier à la propre souveraineté de l'État et tendant à l'avantage mutuel des puissances amies, il est peu surprenant que le refus ouvert ou pallié de satisfaire à une telle réquisition soit interprété comme une marque de mauvaise volonté, surtout entre des États confédérés.

L'extradition d'un sujet d'une tierce puissance s'accorde plus difficilement à la réquisition d'une puissance étrangère, même chez laquelle le crime a été commis, afin d'éviter de se compromettre.

————————

[La question de savoir si l'extradition, c'est-à-dire l'acte par lequel un gouvernement livre à un autre gouvernement, qui le réclame pour le juger, un individu prévenu de crime, de délit, est, d'après les principes du droit des gens, obligatoire en dehors de toute convention spéciale, partage les auteurs. Grotius, *de Jure belli ac pacis*, lib. II, cap. xi, § 3 à 5; Burlamaqui, *Droit naturel*, t. II, part. iv, ch. iii, § 23 à 29; Vattel, *le Droit des gens*, édit. Guillaumin, lib. II, ch. vi, § 76 et 77, et Kent, *Commentaries on american law*, t. I, p. 36 et 37 consi-

————————

(e) Reuss Mohl, *de Juribus et Obligationibus specialium rerum publicarum Germaniæ inter se in exercendâ jurisdictione criminali obviis*, Stuttgard, 1787, in-4, Moser, *Nachbarliches Staatsrecht*, lib. IV, cap. iii, § 21; Wahl, *de Foro arresti privilegiato*, § 25.

(f) Sur l'établissement passager d'une commission centrale à Mayence, et les droits qui lui ont été accordés de requérir l'extradition de prévenus de menées révolutionnaires dans les différents États de la Confédération, V. le protocole de la 35ᵉ séance de la diète germanique de 1819.

dèrent l'extradition comme absolument obligatoire; d'autres, et Martens est du nombre, soutiennent qu'il faut une convention spéciale pour qu'un Etat soit tenu de consentir à l'extradition qui lui est demandée par un autre Etat C'est aussi l'opinion de Puffendorf, *Elementa*, lib. VIII, cap. iii, § 23 et 24; de Voet, *de Stat.*, § 11, ch. i, n° 6; de Kluber, *Droit des gens*, édit. Guillaumin, § 66; de Kluit, *de Deditione profugorum*, § 1, p. 7; de Saalfeld, *Handbuch des positiven Völkerrecht*, § 40; de Schmaltz, *Europäisches Völkerrecht*, p 160; de Wheaton, *Éléments du droit international*, t. I, p. 139; de Mittermaier, *das Deutsche Strafverfahren*, th. I, § 59, p. 314-319; de de Cussy, *Phases et causes célèbres du droit maritime des nations*, t. II, p. 434; mais l'existence même des traités relatifs à cette matière ne prouve-t-elle pas suffisamment qu'il n'y a pas d'usage général parmi les nations, à ce sujet, constituant une obligation parfaite et ayant force de droit international proprement dit? Il y a plus, et ce fait est signalé par Wheaton, *loc. cit.*, dans les systèmes d'Etats confédérés, tels que la Confédération germanique et l'Union de l'Amérique du Nord, l'obligation de consentir à l'extradition est limitée aux conditions qui ont été stipulées dans les pactes fédéraux

En France, l'Assemblée constituante avait voulu préparer une loi sur cette matière; mais le principe de l'extradition n'a jamais été réglé que par des conventions diplomatiques. Un décret du 23 octobre 1811 admet même en qu'un Etat libre n'est jamais rigoureusement obligé de consentir à l'extradition réclamée par une puissance étrangère d'un criminel ou d'un prévenu, que cet individu soit sujet de l'Etat auquel cette réquisition est adressée, ou sujet et même attaché au service de la puissance requérante, ou sujet d'une tierce puissance, lors même qu'un jugement de condamnation serait déjà prononcé.

En général, dans les traités relatifs à l'extradition de personnes poursuivies ou condamnées pour crimes ou délits, on observe certaines règles; ainsi il est accepté qu'un Etat ne doit pas accorder l'extradition de ses nationaux, ni celle des personnes condamnées ou poursuivies, soit pour crimes politiques ou purement locaux, soit pour des délits légers, à moins, en ce qui concerne les réfugiés, qu'il ne s'agisse de condamnations ou de poursuites pour crimes graves et de droit commun. *V.* Wheaton, *loc. cit.* Foelix, *Traité du droit international privé*, 3° édit., n° 612, présente le tableau des traités conclus par la France au sujet de l'extradition. Le plus ancien de tous est celui conclu entre la France et l'Espagne le 29 septembre 1765. Dans la même année, vient celui avec le duc de Wurtemberg, les 3-6 décembre, stipulant l'extradition réciproque des brigands, malfaiteurs, voleurs, incendiaires, meurtriers, assassins, vagabonds. Le traité conclu entre l'Espagne et le Portugal, le 1er mars 1778, et auquel la France a donné son adhésion le 5 juillet 1783, stipule, par son article 6, l'engagement réciproque des puissances contractantes d'opérer l'extradition des individus originaires de l'autre État et accusés de fabrication de fausse monnaie ou de contrebande relativement à l'entrée ou à la sortie des marchandises et deniers prohibés dans les royaumes respectifs, enfin des déserteurs. Par les traités intervenus entre la France et la Suisse, le 2 fructidor an VI (19 août 1798), 27 septembre 1803 et 18 juillet 1828 les deux États se garantissent l'extradition réciproque des individus poursuivis ou condamnés pour assassinat, empoisonnement, incendie, faux en écriture publique et en écriture de commerce, fabrication de fausse monnaie, vol avec violence ou effraction, vol de grand chemin, banqueroute frauduleuse, soustraction de fonds appartenant à l'État.

Par le traité de paix d'Amiens, du 6 germinal an X, 27 mars 1802, entre la Grande-Bretagne, la France, l'Espagne et la République batave, les parties contractantes conviennent de livrer à la justice les personnes accusées des crimes de meurtre, de falsification ou de banqueroute frauduleuse. Les conventions conclues entre la France et la Grande-Bretagne, le 31 août 1787 et le 7 mars 1815, contiennent, articles 8 et 9, l'engagement réciproque des deux puissances de se livrer tous les individus poursuivis en justice pour offenses commises dans leurs possessions aux Indes orientales.

Le 22 novembre 1834, un traité, complété par la convention additionnelle du 22 septembre 1856, a été conclu entre la France et la Belgique. Par ce traité, les deux gouvernements se promettent réciproquement l'extradition des individus non regnicoles mis en accusation ou condamnés, pour l'un des crimes ci-après énumérés, par les tribunaux de celui des deux pays où le crime aura été commis, savoir : « 1° assassinat, empoisonne-» ment, parricide, infanticide, meurtre, viol ; 2° incendie ; 3° faux

» en écriture authentique ou de commerce, et en écriture privée,
» y compris la contrefaçon des billets de banque et effets publics,
» mais non compris les faux certificats, faux passe-ports et autres
» faux qui, d'après le Code pénal, ne sont point punis de peines
» afflictives et infamantes ; 4° fabrication et émission de fausse
» monnaie; 5° faux témoignage ; 6° vol, lorsqu'il a été accompa-
» gné de circonstances qui lui impriment le caractère de crime ;
» 7° soustractions commises par les dépositaires publics, mais
» seulement dans le cas où elles sont punies de peines afflictives
» et infamantes; 8° banqueroute frauduleuse. » Aux termes de
l'article 3, chacun des deux gouvernements se réserve cependant
le droit de ne pas consentir l'extradition dans quelques cas spéciaux extraordinaires.

Le 23 mai 1838, il est intervenu entre la France et la Sardaigne, une convention relative à l'extradition réciproque des individus mis en accusation ou condamnés dans leur pays respectif,
pour les crimes énumérés dans le traité avec la Belgique : cette
convention est limitée aux Français qui se trouvent dans le
royaume de Sardaigne, et aux sujets sardes qui se trouvent en
France ou en Corse : elle ne contient pas la réserve stipulée avec
la Belgique.

D'autres traités d'extradition ont été conclus, savoir : avec
l'Angleterre, le 13 février 1843; avec le duché de Lucques, le 10
novembre 1843; avec les Etats-Unis, le 9 novembre 1843, pro-
mulgué le 30 avril 1844; avec le grand-duché de Bade, le 27 juin
1844 ; avec le Luxembourg, le 26 septembre 1844, et le 24 février
1845 ; avec la Bavière, le 23 mars 1846; avec les Pays-Bas, le 7
novembre 1844; avec le royaume des Deux-Siciles, le 14 juin
1845; avec la Prusse, le 21 juin 1845; avec la Saxe, le 28 avril
1850; avec l'Espagne, le 26 août 1850; avec la république de la
Nouvelle-Grenade, le 9 avril 1850; avec le Wurtemberg, le 25
janvier 1853; avec la Bavière, le 20 juin 1854; avec le Portugal,
le 13 juillet 1854; avec le Hanovre, le 13 mars 1855; avec l'Autriche, le 13 novembre 1855; avec la république de Venezuela, en
1856; enfin un traité, destiné à remplacer la convention incom-
plète du 13 février 1843, a été conclu avec l'Angleterre, le 28
mai 1852.

Il existe des traités particuliers concernant l'extradition des
déserteurs. Cette extradition a été stipulée avec le Wurtemberg

par le traité du 3-9 décembre 1765 déjà cité, et avec les États-
Unis par l'art. 9 du traité du 14 novembre 1788 et le 23 juin
1823 ; elle l'a été avec la Sardaigne, le 16 juin 1782 et le 9 août
1820 ; avec les Pays-Bas, le 20 octobre 1821 ; avec la Bavière,
le 9 mai 1827 ; avec la Prusse, le 25 juillet 1828 ; et avec l'Angleterre, le 23 juin 1834, relativement à l'extradition réciproque
des marins déserteurs de la marine marchande des deux pays.
V. pour tout ce qui est relatif aux marins déserteurs, DE CUSSY,
Phases et causes célèbres du droit maritime des nations, t. I,
p. 89.

Une circulaire du garde des sceaux ministre de la justice, du
5 avril 1841, donne les diverses solutions suivantes, qui offrent
le résumé des principes de la matière, du moins en ce qui concerne la France :

« 1° L'extradition ne s'applique pas aux nationaux réfugiés
sur le territoire de leur patrie ; en conséquence, la France ne
peut demander que l'extradition d'un Français ou d'un étranger,
réfugié dans un pays autre que celui auquel il appartient.

» 2° L'extradition ne peut avoir lieu qu'à l'égard du prévenu
d'un fait passible d'une peine afflictive et infamante, c'est-à-dire
d'un crime autre qu'un crime politique, et non d'un délit... Par
suite, si l'extradition d'un individu accusé à la fois d'un crime et
d'un délit a été obtenue, il ne doit pas être jugé sur le délit. Par
suite encore, si l'extradition a été obtenue, à l'égard d'un individu prévenu d'un crime ordinaire et d'un crime politique, il ne
doit être jugé que pour le premier, et, après acquittement ou
après l'expiration de la peine, il doit sortir de France sur l'ordre
du gouvernement et dans le délai fixé.

» 3° L'extradition énonce le fait qui y donne lieu, et ce fait
seul doit être recherché ; de là il suit que si, pendant le procès
sur le crime qui a motivé l'extradition, il surgit des preuves d'un
nouveau crime, une nouvelle demande d'extradition doit être
formée.

» 4° Le gouvernement est exclusivement compétent pour fixer
la portée d'une extradition et en interpréter les termes ; les tribunaux doivent surseoir jusqu'à sa décision.

» 5° Le gouvernement seul a qualité pour demander à l'étranger l'extradition ; les procureurs généraux peuvent seulement

correspondre avec les magistrats des pays voisins, afin d'obtenir des renseignements.

» 6° Le procureur général doit transmettre à la chancellerie, avec lettre explicative, la requête d'extradition, accompagnée du mandat d'arrêt, ou de l'arrêt de la chambre des mises en accusation, ou d'un arrêt de condamnation contradictoire ou par contumace, suivant l'état de la procédure. . — Les gouvernements belge et espagnol sont dans l'usage de n'accorder l'extradition que sur la production de l'arrêt de la chambre d'accusation.

» 7° Si, durant la demande d'extradition, le fait qui l'a provoquée à perdu le caractère de crime pour prendre celui de délit, ou s'il est intervenu un arrêt de non-lieu, le ministre doit en être averti sans délai, pour que la demande soit retirée, ou que le prévenu soit rendu à la liberté et conduit hors des frontières.

» 8° Lorsque le prévenu est livré, il est d'abord remis à l'autorité administrative, puis reçu par le procureur général, qui prend des mesures pour la translation au lieu où l'accusation doit être opérée.

» 9° Le gouvernement a exclusivement le droit de statuer sur les demandes d'extradition formées par les gouvernements étrangers, bien que les magistrats de ces pays adressent parfois directement aux magistrats près les tribunaux français des mandats, ordres d'arrestation, ou jugements de condamnation ; ces pièces doivent aussitôt être transmises à la chancellerie.

» 10° C'est à l'autorité administrative qu'est confiée en France l'exécution de l'ordonnance royale qui accorde l'extradition.

» 11° Si l'étranger, dont l'extradition est accordée, est sous le coup d'une prévention ou d'une condamnation, les poursuites commencées, ou la condamnation prononcée, doivent être mises à fin avant l'exécution de l'ordonnance d'extradition, . . sans toutefois que l'extradition puisse être retardée pour une autre cause que la vindicte publique, par exemple, parce que l'étranger serait retenu pour dettes.

» 12° Les commissions rogatoires ne doivent être transmises aux tribunaux étrangers, ou reçues d'eux, que par l'intermédiaire du gouvernement... La formule de réquisition que ces commissions contiennent par erreur doit être remplacée par celle d'invitation ou de prière, excepté à l'égard des commissions adressées dans les Etats sardes ; conformément à l'art. 22 du traité avec la Sardaigne, du 24 mars 1760, les demandes d'extradition doivent, dans les deux Etats, émaner des cours royales (sénats). »

Le gouvernement consent à ce que des commissions rogatoires émanées des tribunaux étrangers soient exécutées en France; mais il les examine avant d'en autoriser l'exécution, pour s'assurer qu'elles ne contiennent rien de contraire aux lois françaises. Le magistrat auquel une commission rogatoire est transmise directement de l'étranger doit donc l'envoyer immédiatement au garde des sceaux.

L'extradition peut-elle avoir lieu à raison de faits commis antérieurement au traité qui l'autorise? FOELIX, *Traité du dr. intern. priv.*, n° 614, se prononce pour l'affirmative, d'après ce motif que le traité ne fait que régler les droits préexistants.

Dans le cas d'extradition accordée par un gouvernement étranger pour le jugement d'un crime déterminé, on ne peut juger l'accusé à raison d'un autre fait, et cela quelque connexité qui puisse exister entre les deux faits. *Circ. du garde des sc.*, 5 avril 1841; LEGRAVEREND, t. 1, ch. I, sect. VIII, p. 112; BOURGUIGNON sur l'art. 5 C. *instr. crim.*; MANGIN, *Action publ.*, t. I, n° 76; LE SELLYER, *Traité du dr. crim.*, t. V, n. 1954 et 1955; FOELIX, *Traité du dr. intern. priv.*, n. 570, p. 580; Faustin HÉLIE, *Instr. crim.*, t II, p. 719; MORIN, *Rép. du dr. crim.*, v° *Extradition*, n. 20.

CH. V.]

§ 102. — Des Réclamations faites par diverses puissances

Il se peut que l'extradition soit sollicitée à la fois par deux différentes nations, dont l'une réclame l'individu pour le punir des crimes qu'il a commis contre ou chez elle, l'autre, en faisant valoir sur lui les droits que la naissance ou le service lui accorde sur sa personne (a). Dans de tels

(a) Sur l'affaire du comte de la Salle, à Dantzick, en 1748, *V.* mon *Erzählungen merkwürdiger Rechtsfälle*, t. I, p. 21. Sur l'arrestation de Napper-Tandy, etc., à Hambourg, en 1798, *V.* le *Moniteur*, an VIII, n. 27, n. 100, *Nouv. polit.*, 1800, n. 3, 4, mes *Erzählungen merkwürdiger Fälle*, t. II, n. 13.

cas, si l'État est informé d'avance de cette collision, et que
toutefois il ne préfère pas de refuser à toutes les deux
l'arrestation ou l'extradition sollicitée, il semble qu'il
doive donner avant tout la préférence à la puissance au
service de laquelle cet individu est attaché; mais que s'il
ne l'est pas, la réclamation de la nation contre laquelle, et
surtout chez laquelle le crime a été commis, doit être pré-
férée à celle de la puissance dont l'individu n'est que le
simple sujet.

Mais lorsque, en ignorant cette collision, l'État a une fois
accordé l'arrestation à la réclamation de l'une de ces puissances, c'est à celle-ci à répondre des effets de cette démarche qu'elle a provoquée, et ce n'est que de son aveu
qu'un État qui veut ne pas s'écarter des bornes de l'impartialité pourrait se permettre la relaxation ou l'extradition
en faveur de la réclamation de l'autre.

―――――――

[« Avant de passer outre, dit Pinheiro-Ferreira, et d'examiner
les doctrines que M. de Martens soutient dans ces § 101 et 102,
sur l'extradition des coupables, ainsi que celles dont il fait mention, écartons deux objections que les publicistes font généralement contre la doctrine que nous adoptons ici.

» Les tribunaux du pays, disent-ils, sont incompétents pour
connaître de ce qui s'est passé entre des étrangers en pays étranger, non-seulement faute de juridiction, mais encore par l'impossibilité où ils seront la plupart du temps de se procurer les
renseignements nécessaires pour pouvoir prononcer sur le différend, et de connaître les lois sous l'empire desquelles l'affaire en
question, civile ou criminelle, a eu lieu entre les deux parties.

» Nous avons déjà prévenu la première de ces deux objections,
en montrant que la collation de juridiction n'a pas besoin d'avoir
lieu avant le fait; mais que, par la seule alternative de devoir se
faire justice lui-même en violant les lois du pays, ou de se la

faire rendre en leur conformité par les magistrats chargés de l'y
administrer, le plaignant, en arrivant sur les lieux, lui ou son
fondé de pouvoirs, a acquis le droit d'exiger que justice lui soit
faite par ceux dont le défendeur ne saurait récuser l'autorité pour
le punir, puisqu'il est le premier à l'invoquer pour le défendre.

» Quant à l'incompétence des juges faute d'information, nos
jurisconsultes n'ont pas réfléchi qu'ils confondent ici ce qui appartient aux parties avec ce qui concerne les juges. La juridiction
de ceux-ci n'a rien de commun avec la possibilité ou l'impossibilité où les parties se trouvent de prouver leurs droits.

» La raison alléguée en troisième lieu, savoir, que les juges
d'un pays ne peuvent connaître la législation de tous les pays
d'où l'on pourrait, d'après notre système, amener chaque jour
des causes devant eux, est tout aussi futile; car c'est au plaignant
qu'il appartient de citer les lois dont les dispositions ont servi de
base au contrat qui fait l'objet du différend : si le défendeur est
d'accord quant au sens de ces lois, le juge n'a pas besoin d'en
avoir eu connaissance au préalable; et si les deux parties ne sont
pas d'accord sur l'intelligence de la loi, c'est à elles de fournir
au juge les moyens de porter là-dessus un jugement avec connaissance de cause. Le juge n'a besoin de connaître que les allégations de l'un et de l'autre côté. Ces allégations sont-elles claires
et positives, il décide en faveur de l'un ou de l'autre; ne le sont-
elles pas, il renvoie les parties, faute de preuves; *non liquet.*

» Enfin, pour finir de démontrer que, dans l'opinion même des
publicistes qui font ces objections, elle n'ont aucune force, il suffira de remarquer qu'ils s'accordent tous à dire que lorsque c'est
un national et un étranger qui plaident sur des affaires qui ont eu
lieu entre eux en pays étranger, les tribunaux du pays peuvent et
doivent leur administrer justice. Or, parce que l'une des deux
parties est naturelle du pays, il ne devient pas plus facile au juge
de se procurer les renseignements nécessaires pour porter un jugement avec connaissance de cause; et s'il n'a pas besoin dans ce cas
de connaître les lois du pays où l'affaire entre le national et l'étranger a eu lieu, d'où vient cette nécessité lorsque les deux parties
sont des étrangers?

» Ainsi, dès que l'étranger qui est venu s'établir dans le pays,
ou qui est venu y chercher un asile, peut y être appelé devant les
tribunaux par les personnes qui se croient autorisées à l'appeler

en justice, soit au civil, soit au criminel, il ne reste aucun prétexte sur lequel on puisse fonder le droit d'extradition.

» Il y a cependant un cas d'exception que nous ne devons pas passer sous silence, d'autant plus que c'est la seule qu'on puisse citer, et que par cela même elle confirme la règle que nous venons d'établir en général.

» En effet, chacun étant le maître de disposer de sa personne entièrement à son gré, aussi longtemps que par là on n'offense point les droits d'autrui, s'il arrive que quelqu'un se soit engagé à prêter personnellement quelque service à un autre, et que pour se soustraire à cette obligation il se réfugie dans un pays différent de celui où le contrat a eu lieu, les tribunaux du pays, appelés à prononcer entre les deux parties, ne sauraient se refuser à contraindre celui qui a contracté l'obligation de rendre le service personnel, à dédommager l'autre partie des préjudices qu'elle prouvera devoir lui résulter de la résiliation du contrat, ou faute de vouloir ou de pouvoir lui donner ce dédommagement, aller accomplir les conditions de son engagement. Tel est le cas des déserteurs du service militaire librement consenti, ou conformément à des lois qui ne présentent rien de contraire à la loi naturelle de l'homme et du citoyen, ou bien celui des matelots, qui, s'étant engagés pour le voyage de l'aller et du retour, abandonnent le vaisseau au service duquel ils s'étaient engagés. »   Ch. V.]

§ 103. — Des Actes de juridiction criminelle sur un territoire étranger.

Chaque État ayant exclusivement le pouvoir criminel dans l'enceinte de son territoire, tout acte de juridiction criminelle exercé dans un territoire étranger est à considérer, dans la règle, comme une grave violation du droit des gens. La poursuite armée d'un criminel (a), et à plus forte raison son arrestation et son enlèvement sur un territoire étranger,

(a) V. cependant QUISTORP, *Einleitung in die peinliche Rechtsgelehrsamkeit*, t. II, § 824; MOSER, *Versuch*, t. IX, p. 463. Conférez *Hamb. Correspondent*, 1783, n. 184.

de même que sa *transportation armée par le territoire* (*b*),
ne peuvent donc se justifier qu'en vertu d'une permission
spéciale, d'une convention, ou d'une servitude de droit public. Aussi toutes les puissances de l'Europe s'accordent-
elles à considérer comme une grave injure (*c*) tout acte
de ce genre qui, hormis ces cas, aurait été commis ou
attenté.

Les États de l'Empire suivaient ces mêmes principes, tant
envers les puissances étrangères qu'entre eux, si ce n'est
que, dans ce dernier rapport, les lois de l'Empire (*d*) accordaient la poursuite armée dans quelques cas, sur l'extension
desquels on n'était pas entièrement d'accord.

Aujourd'hui les États membres de la Confédération germanique se conduisent à cet égard, tant entre eux qu'envers des États étrangers, sur le pied des autres nations
libres.

§ 104. — De l'effet des Sentences criminelles.

Par une suite de ces mêmes principes, l'effet d'une sentence criminelle ne s'étend pas, hors des limites du terri-

(*b*) C'est pourquoi le transport armé de déserteurs, de criminels ou
de vagabonds, suppose une convention, ou du moins une réquisition
amiable. Nombre de conventions de ce genre ont été récemment conclues;
on en trouve plusieurs dans mon *Nouveau Recueil*, t. II et IV.

(*c*) Exemples : *Allgemeine Geschichte der vereinigten Niederlande*,
t. VI, p. 377 ; PUFFENDORF, *Res gestæ Frid. Wilhelmi*, lib. XI, § 103;
MOSER, *Versuch*, t. VI, p. 385, 467. Conférez aussi une brochure ayant
pour titre : L'empereur a-t-il pu légitimement faire arrêter dans la
Valteline les agents de la Convention nationale? in-8, qu'on trouve en
allemand dans *Historisch polit. Magazin*, t. XV, st. I, n. 3. Atroce
saisie et enlèvement du duc d'Enghien sur le territoire badois, par ordre
de Napoléon, en 1804 (*V.* SCHOELL, *Histoire abrégée*, t. VII, p. 270)

(*d*) Recès d'Empire, de 1559, § 22, 26. Conf. PUTTER, *Institutiones
juris publici*, § 470, 5ᵉ éd.

toire, sur la personne ou sur les biens de celui qui a été condamné; tellement que celui qui a été déclaré infâme chez nous n'encourt chez l'étranger qu'une infamie *de fait*, non *de droit* (a); que le bannissement décrété dans un pays n'empêche aucun autre pays de tolérer le banni (b), et que la confiscation des biens prononcée dans un pays n'emporte pas celle des biens situés dans un autre : ce serait donc punir de nouveau le coupable, que de le priver dans un autre pays de son honneur (c) ou de ses biens, ou de le bannir après lui avoir accordé le séjour; ce qui toutefois exigerait une nouvelle procédure.

§ 105. — Du Droit de faire grâce, ou d'intervenir.

De même, quoique chaque État ait le droit chez lui de faire remise de la peine, en matière criminelle, ou de faire grâce au coupable, ceci ne saurait empêcher un État étranger de le punir.

Dans la règle, la détermination de la peine dépend de l'État qui l'inflige, et l'étranger n'a pas le droit de se mêler de cette affaire domestique. Cependant, 1º il se peut que les traités aient fixé, même pour l'avenir (a), la mitigation

(a) ENGELBRECHT, *de Servitutibus Juris publici*, p. 98 et suiv.

(b) V. cependant, sur les anciennes lois de la Ligue helvétique, SIMLER, *Respublica Helvetiorum*, t. II, § 17; sur la ci-devant république des Provinces-Unies des Pays-Bas, BYNKERSHOECK; *Quæstiones Juris publici*, p. 299; et les arrangements pris en 1815 avec la France, à l'égard du séjour à accorder aux individus compris dans la liste de bannissement promulguée par la France le 24 juillet 1815, limités à quelques États seulement.

(c) Il est sous-entendu que celui qui a été privé *par le juge compétent*, de sa noblesse, de ses titres, de ses ordres, etc., n'a plus le droit de s'en servir dans les pays étrangers; mais ceci ne fait pas exception à la règle énoncée.

(a) Convention entre le Danemark et l'Espagne, de 1767, art. 4,

de la peine de tels sujets criminels; 2° il est permis à une
nation étrangère d'intervenir à l'amiable pour obtenir
grâce ou mitigation de peine en faveur d'un de ses sujets,
ou même d'un étranger (b); 3° il est même des cas où
l'incompétence manifeste du tribunal, ou l'injustice palpable du procédé, autoriserait une autre puissance à
épouser, même les armes à la main, la cause de l'innocent
qui était en droit de réclamer sa protection (V. plus bas,
livre V.)

§ 106. — De la Police.

Soumis aux lois et aux tribunaux de l'État, l'étranger
l'est de même à tous les actes que le gouvernement juge
nécessaires pour prévenir ce qui, dans la généralité, pourrait nuire à la sûreté et au bien-être intérieur de l'État;
c'est ce dont s'occupe particulièrement la police. Il est
sous-entendu qu'à cet égard le particulier étranger n'a
aucune distinction à prétendre sur les naturels du pays,
qu'il s'agisse de règlements, de défenses, de perquisitions,
ou d'autres mesures. Il sera observé plus bas (liv. VII)
jusqu'à quel point ceux mêmes qui jouissent de l'*exterritorialité* sont tenus de se conformer aux règlements de
police.

C'est à chaque État à déterminer s'il veut permettre à
ses sujets de s'intéresser à des établissements formés par
des nations étrangères, tels que des loteries, des compa-

---

dans mon *Recueil a*, t. VI, p. 59; *b*, t. I, p. 457; entre l'Espagne
et les Provinces-Unies des Pays-Bas, de 1791, dans mon *Recueil*, t V,
p. 1.

(b) *V.* mon *Erzahlungen merkwürdiger Fälle*, t. I, 304; *V.* aussi
Moser, *Versuch*, t IV, p. 354.

gnies de commerce, etc., et par conséquent aussi à permettre ou à défendre chez lui des collectes ou souscriptions étrangères. D'autres nations n'ont aucun droit de se plaindre de telles défenses ou restrictions; et si les moyens et petits États usent de plus de ménagements (a) à cet égard, c'est par des motifs de politique, et non par ceux tirés du droit des gens (b).

[Évidemment, comme le fait remarquer Pinheiro-Ferreira, il y a des choses que les gouvernements *peuvent*, mais ne *doivent* pas faire. Ainsi ils ne doivent pas exclure les étrangers de contribuer de leurs talents et de leurs capitaux aux progrès de l'agriculture, du commerce et de l'industrie nationale. De pareilles défenses seraient évidemment impolitiques, et de plus, presque toujours illusoires.   Ch. V.]

§ 107. — De la Distribution des Charges.

Tout État, quelle que soit la forme de sa constitution, a besoin de fonctionnaires publics chargés de quelques parties de l'administration. C'est à lui à les choisir et à les destituer, sans qu'il en ait compte à rendre aux étrangers. Et s'il y a des exemples où des puissances étrangères ont fait des représentations à cet égard (a), et d'autres où l'État les a in-

---

(a) Exemples de défenses de s'intéresser dans les compagnies des Indes étrangères : *Ordonn. des etats généraux des Provinces-Unies*, du 6 août 1698; *Ordonn. de la France*, du 20 juin 1720.

(b) Exemples : au sujet de la Compagnie du Sud, dans LANGENBECK, *Schiff-und Seerecht*, Suppl., beyl. a, p. 424; au sujet des loteries étrangères, dans MOSER, *Versuch*, t. VIII, p 45.

(a) Exemples où la reine Élisabeth demanda à l'Écosse l'éloignement du comte de Lenox, et la Russie, à la Suède, celui du comte de Tessin. *V.* MOSER, *Kleine Schriften*, t. VI, p. 315 Exemple de l'Espagne, qui demanda au roi de Naples l'éloignement du ministre Acton (*V. Nouv. extraord.*, 1786, n. 3, 10, 18, 31, Suppl.)

formées, de son chef, des changements qui ont eu lieu, surtout dans le ministère (*b*), on ne saurait fonder un principe de droit des gens positif sur des démarches que la politique seule a suggérées. Il est rare (*c*) de trouver des traités qui touchent ces points.

De même, il dépend de chaque nation d'admettre des étrangers aux charges de l'État, de les en exclure, ou de fixer les conditions de leur admission; mais aussi, d'un autre côté, chaque nation peut défendre à ses sujets ou citoyens, tant qu'ils veulent conserver cette qualité, d'accepter une charge, une dignité, ou une pension quelconque d'un étranger (*d*); elle peut même se refuser généralement à admettre des citoyens ou des sujets mixtes (*e*) en obligeant ceux qui sont possessionnés dans plusieurs États, ou de s'expatrier, ou de se défaire de leurs biens-fonds étrangers.

Cependant peu d'États ont pris jusqu'ici d'aussi sévères mesures, et il est rare qu'en temps de paix on défende, dans la généralité, aux sujets d'entrer au service, soit militaire (*f*), soit civil, de puissances étrangères; sauf le droit de pouvoir, en cas de rupture, rappeler et détourner du service ennemi ceux qui ont encore conservé vis-à-vis de

---

(*b*) MOSER, *Versuch*, t. VI, p 22.

(*c*) La question, si la province de Hollande pouvait promettre, en 1654, à l'Angleterre, l'éloignement des princes d'Orange du stathoudérat, n'était qu'une question de droit public. (V. *Allg. Gesch.* dans *V. Niederlande*, t. V, p. 376)

(*d*) Constitutions françaises de 1791, 1795, 1799.

(*e*) Traités de 1795 et de 1797, entre la Prusse, la Russie et l'Autriche, sur le partage de la Pologne

(*f*) Ordonnance de la Russie, de 1762, dans MOSER, *Versuch*, t. VI, p 25

leur patrie la qualité de sujet, qui s'éteint par une expa-
triation plénière.

[« Il ne suffit pas, dit Pinheiro-Ferreira, que l'objet de cet
ouvrage soit l'histoire de ce que les différents gouvernements ont
pratiqué dans leurs relations internationales, pour qu'il soit permis à l'auteur d'ériger en principe de droit des gens ce que ces
gouvernements ont pratiqué.

» Certes la jalousie, que personne ne comptera au nombre des
vertus des nations, pas plus que des individus, a fait recevoir
presque partout l'usage de considérer comme choses incompatibles, d'être citoyen d'un pays et d'avoir avec un autre des rapports tels que celui d'y être possessionné, d'en avoir reçu, à quelque titre que ce puisse être, des témoignages de considération
ou de reconnaissance, tels que des décorations, des titres ou des
pensions.

» On ne saurait mettre en doute que ces faveurs peuvent être
des moyens de corruption aussi bien que de récompenses de services rendus à l'étranger au détriment de son propre pays ; mais
ce qui n'est pas moins incontestable, c'est que le plus souvent ces
témoignages ont été donnés par les gouvernements à des citoyens
probes et vertueux, qui s'étaient signalés par leur zèle et leur
intégrité au service de leur souverain et de leur pays.

» Ainsi, du moment que ces faveurs d'un souverain étranger
peuvent ne pas être une preuve de méfaits contre son pays, de
quel droit le législateur frappe-t-il d'une peine ce qui n'est pas
un crime ?

» De quel droit le gouvernement du pays s'enquiert-il des
motifs qui m'ont attiré l'estime ou la reconnaissance d'un gouvernement étranger ? Si on ne peut rien me reprocher dans ma conduite, il n'a rien à me demander ; je n'ai rien à lui répondre. Si
ces faveurs excitent ses soupçons, c'est son devoir de surveiller
mes pas : la loi lui a accordé toute l'autorité nécessaire pour me
punir si je faillis ; mais aussi elle lui ordonne de respecter ma
liberté aussi longtemps que je ne forfais pas à mes devoirs. »

Ch. V.]

§ 108. — De la Reconnaissance des Titres, Dignités, etc.

Il est assez naturel de distinguer les fonctionnaires publics, plus ou moins importants pour l'État, par des titres, dignités et honneurs attachés à leur grade, et de ne pas en borner les effets aux seuls moments où ils sont en fonction. Ces titres, ces honneurs, etc., peuvent même être accordés à ceux qui ne sont pas effectivement fonctionnaires, en considérant ceci comme des moyens pour récompenser ou pour exciter le mérite. Aucun de ces titres, dignités, honneurs, etc., n'est héréditaire par sa nature; mais il n'est ni choquant ni contraire aux droits de l'homme de le rendre tel (a) : ce sont donc les lois et les usages de chaque État qui doivent décider à cet égard, et ce n'est pas aux étrangers à les censurer.

Toutefois, à la rigueur, ces dispositions domestiques ne sortiraient d'effets que dans le pays où elles auraient été faites, et non pour les États étrangers. Cependant, depuis des siècles, il est de droit des gens positif et coutumier en Europe (b), 1º que, pour le militaire, où d'ailleurs les grades se ressemblent dans la plupart des États (c), on ne se refuse

(a) L'histoire de la noblesse, dans la plupart des États où elle u été introduite, et il y en a peu où elle ne l'ait été, quoique sous des formes différentes, fait voir que les membres de ce qu'on appelle la haute noblesse étaient, dans leur origine, des fonctionnaires publics, tels que les ducs, margraves, comtes, etc. ; que ces charges devinrent insensiblement héréditaires, et que, depuis, la charge étant venue à cesser, la dignité seule et les prérogatives qui y étaient attachées restaient héréditaires; et, depuis, ces titres de la haute noblesse, ainsi que ceux de la noblesse inférieure, furent souvent accordés par privilége a ceux auxquels la naissance ne les avait pas procurés.

(b) PFEFFINGER, *Vitriarius illustratus*, t III, p. 112; J.-S. PUTTER, *Erröterungen des teutschen Staats-und Fürstenrechts*, heft 1, p. 10.

(c) Sur les changements faits a cet égard en France pendant la révo

nulle part à accorder à un officier le titre, le rang, et
même d'autres distinctions honorifiques considérées comme
attachées au grade dont il est revêtu dans son pays; de
sorte que, même *à cet égard*, le rang plus ou moins relevé
du souverain au service duquel il se trouve ne décide en
rien, même entre des officiers du même grade, parmi lesquels l'ancienneté de service règle seule la préséance;
2° qu'on suit les mêmes principes quant aux charges civiles de tout genre, telles que celles de cour, d'État, de
justice, etc.; et aussi quant aux simples dignités, titres, etc.,
dont un individu a été revêtu dans un autre État (*d*), même
par rapport à la préséance, en tant qu'il est possible d'assigner exactement à un tel individu dans des pays étrangers
la place qui répond à celle qu'il occupe chez lui; ce qui
est plus aisé dans les États où le rang du civil est fixé
d'après les grades du militaire, que dans d'autres où il a
une classification différente.

Il est à peine nécessaire d'observer que ce n'est pas le
titre seul qui décide de l'égalité du rang, ni même toujours la distance à laquelle on se trouve du souverain (*e*),

lution, et sur le rapport des grades avec ceux des autres nations, on peut
consulter le cartel entre la France et l'Angleterre, du 13 septembre 1798,
dans mon *Recueil*, t. VII, p. 292.

(*d*) Cependant on ne doit pas confondre la reconnaissance d'une telle
dignité, évidemment accordée par une puissance étrangère, avec la reconnaissance d'une dignité dont tel État a simplement donné l'exemple.
Dans ce dernier cas, rien n'empêche d'autres nations de demander des
preuves ultérieures des titres qu'on s'attribue. Moins encore la reconnaissance d'une tierce puissance peut-elle suffire pour prouver les droits de
succession de tel prétendant (*V.* HOLZSCHUER, *Deductions-Bibliothek,*
th. II, n. 286; REUSS, *Teutsche Staatscanzeley*, t. XIV, p. 50.)

(*e*) *V* en général, J.-C.-J. HELLBACH, *Meditationes juris prœdrie*

et que d'ailleurs il ne s'agit que de la reconnaissance des
titres et dignités dans les pays étrangers, et non de l'exercice effectif des fonctions de la charge; ce qui exige, ou la
réception de lettres de créance, comme pour les ministres
étrangers, ou la confirmation des lettres de provision,
tel que l'*exequatur* pour les consuls, ou la nomination et
l'autorisation de l'État même, comme pour toutes les
autres fonctions d'une charge à exercer dans l'État
même (*f*).

———

[L'étranger, suivant Pinheiro-Ferreira, ne doit pas régler les
honneurs qui sont dus à la qualité qu'il déploie dans un autre
pays d'après ceux auxquels il aurait droit dans le sien. Ce qui lui
est dû, ni plus ni moins, c'est ce qu'on accorde là où il se trouve
aux autres étrangers revêtus de pareille qualité, soit civile ou
diplomatique, soit militaire. La raison en est, suivant le même
auteur, que tout autre système, eu égard à l'immense diversité
des usages qui ont lieu dans les différents pays, ne pourrait que
conduire à la confusion et à l'absurde. Ajoutons que les principes énoncés dans le présent paragraphe ne doivent pas se confondre avec ceux relatifs aux titres des princes souverains et des
États. Chaque prince souverain ou chaque État peuvent prendre
tel titre qu'ils jugent convenable et mesurer à ce titre les honneurs qui leur sont dus par leurs propres sujets; mais la recon-

moderni, Lipsiæ, 1742, in-4; J.-W. de NEUMANN, *Jus privatum principum*, t. I, l. II. tit. IX, p. 168.

(*f*) Il était fort extraordinaire de voir, dans le moyen âge, non seulement les notaires du pape, mais même ceux de l'empereur, exercer les
fonctions de leur charge dans des pays étrangers (*V*. DU FRESNE, *Glossar.
medii ævi*, v° *Notarius;* MASCARDUS, *de Probationibus*, vol. II, concl.
926, n. 19 En Angleterre, on remédia à cet abus en 1320. (*V*. RYMER,
Fœdera, t. III, p. 829); en Écosse, en 1469 (*V*. PÜTTER, *Specim Jur
publ. medii ævi*, cap XI, § 113); en France, en 1190 (*V*. DU FRESNE,
loc. cit.). Les fonctions des notaires apostoliques ont aussi été mieux
limitées dans les temps plus récents. (*V*. STOEBER, *de Notariis inventaria
conficientibus*, Argentorati, 1778, p. 16.)

naissance de ces titres par d'autres puissances n'est pas obligatoire, surtout quand le titre nouveau pris par une puissance est plus élevé que celui dont ils étaient revêtus.　　Cʜ. V.]

§ 109. — Des Dignités conférées aux étrangers.

•Ce qui a été observé plus haut à l'égard des charges ne laisse aucun doute que, de même, chaque État ne puisse défendre à ses sujets ou citoyens, et surtout à ceux qui sont entrés au service, de chercher ou d'accepter des titres de charge ou de noblesse (a), etc., de la part des Etats étrangers. Et quoique peu (b) d'États se servent de ce droit dans toute son étendue, il faut partout l'agrément du souverain pour en obtenir la jouissance publique. Les États de l'Empire se conduisaient sur ce point comme les États souverains, et bien ne contestât pas à l'empereur le droit de conférer les différents grades de noblesse, il fallait aux sujets d'un État de l'empire l'agrément de celui-ci pour faire usage de cette faveur (c).

———

[Il ne faut pas confondre la nomination à des emplois, avec celle à de simples honneurs ou à des pensions. Les emplois peuvent entraîner des devoirs incompatibles avec ceux qu'on avait déjà contractés envers son propre pays. Mais, ajoute Pinheiro-Ferreira, s'il ne s'agit que de titres, et même de charges, où il n'y a rien d'incompatible avec ce qu'on doit à sa patrie, personne n'est en droit de s'en enquérir, et encore moins de s'arroger l'autorité d'accorder ou de refuser la permission de les accepter.

(a) Mᴏsᴇʀ, *Auswärtiges Staatsrecht*, p. 321.
(b) Sur la ci-devant République de Venise, *V.* Lᴇ Bʀᴇᴛ, *Vorlesungen uber die Statistik*, t I, p. 220; sur la ci-devant Pologne, Tᴏɪᴢᴇɴ, *Staatsverfassung*, t. II, p 342; sur la France, pendant la révolution, Constitution de 1799, art. 9.
(c) Mᴏsᴇʀ, *Staatsrecht*, t. V, p. 402.

Disons cependant que suivant les règles du droit public français
actuel, le port extérieur de décorations étrangères ne peut avoir
lieu qu'avec l'autorisation du gouvernement. V. le décret du
2 juillet 1853 relatif au port de décorations ou ordres étrangers
sans autorisation du gouvernement.   Ch. V.]

§ 110. — Des Monnaies ; des Dettes d'État.

C'est peu que le gouvernement s'occupe à prévenir les
maux dont l'intérieur de l'État pourrait être menacé ; le but
de l'État exige encore des établissements tendant au bien-
être et à la commodité des sujets. Entre un nombre infini
de ces établissements, plusieurs, en concernant particulièrement le commerce, intéressent également les notions
étrangères. De ce genre sont surtout les monnaies et les
postes.

Chaque État peut fixer le taux des monnaies et régler
leur valeur relative. Tant qu'à cet égard il ne se permet
point d'abus manifestes, l'étranger non privilégié (a) doit
se contenter de ce que, par rapport aux payements à faire
ou à recevoir, on le traite à l'égal des propres citoyens ou
sujets.

On ne peut même refuser à l'État le droit d'avoir recours, en cas de nécessité extraordinaire, à des signes de
monnaie, papiers-monnaies, etc., sauf l'obligation d'en
restituer la véritable valeur quand le moment d'urgence
est passé ; et l'étranger ne peut pas se plaindre tant qu'il
souffre à l'égal du naturel du pays.

Cependant, lorsque l'État a recours à de violentes opérations de finances tendant à le soustraire à l'obligation

(a) Traité entre l'Angleterre et la Russie, de 1766, art. 5.

naturelle de satisfaire à ses engagements (b), la violation du droit de propriété qui en résulte peut autoriser les nations étrangères à épouser à cet égard la cause de leurs sujets, et à employer, pour les protéger, tous les moyens qu'accorde le droit des gens dans le cas de lésion de nation à nation, si elles ne redoutent pas qu'on use de rétorsion contre elles.

De même, quant aux dettes pécuniaires que l'État contracte envers des particuliers, l'étranger, quoique autorisé à demander d'être assimilé aux créanciers (c) naturels du pays, ne l'est pas à demander de leur être préféré ; cependant, outre qu'une nation étrangère peut assurer les droits de ses sujets par traité (d), il est des cas où des opérations de finances seraient si évidemment contraires aux règles de la justice, qu'une nation étrangère serait autorisée d'écouter les plaintes de ses sujets, et d'avoir recours à la rétorsion et aux représailles, pour mettre ses sujets à couvert de telles mesures vexatoires (e).

Nulle puissance n'est obligée d'admettre chez elle les monnaies et les papiers-monnaies d'un État étranger ; elle peut donc en défendre le cours, ou, après avoir examiné le titre de ces monnaies, les réduire à leur véritable va-

---

(b) Sur l'opération qui eut lieu en Suède après la mort de Charles XII, et en France, sous le duc régent, en 1719, V. Busch, *Welthandel*, p. 229 et 276. — Projet d'Échasseriaux, 1795, en France.

(c) Bourgoing, *Tableau de l'Espagne*, t. II, p. 32.

(d) Paix de 1763, entre la Prusse et la Saxe, art. 7, et art. sép. 2, dans mon *Recueil a*, t. I, p. 75, 77 ; b, t. I, p. 146. Paix de Lunéville, en 1801, art. 9, dans mon *Recueil*, t. VII, p. 538. Paix de Vienne, en 1809, art. 9, dans mon *Nouveau Recueil*, t. I, p. 210.

(e) 1798, 1800.

leur (*f*), comme elle peut continuer à laisser un libre cours aux monnaies qu'un autre État a proscrites. Sur ces points, si importants pour la propriété des individus, on ne s'écarte point en Europe de la rigueur du droit qu'accorde la loi naturelle.

Difficilement on peut attribuer, dans la théorie, à une nation le droit de frapper de la monnaie au coin d'une autre nation amie, sans l'aveu de celle-ci, quoique la pratique offre assez d'exemples d'un tel procédé.

Les États du ci-devant Empire, quoique moins libres alors, d'après la constitution d'Allemague, quant à l'usage de faire chez eux de la régale des monnaies (*g*), se conduisaient, tant envers leurs co-Etats qu'envers les nations étrangères, sur le même pied que les puissances souveraines entre elles.

Aujourd'hui les membres de la Confédération usent librement du droit de monnaie, tant chez eux que vis-à-vis des étrangers; et des arrangements communs, quoique fort désirables, n'ont pas encore eu lieu sur ce point.

―――――――――

[Pinheiro-Ferreira dit au sujet des principes exposés par notre auteur au second alinéa du présent paragraphe :

« C'est un faux principe que celui invoqué ici par M. de Martens : *L'étranger n'a pas le droit de se plaindre dès qu'il est traité comme les nationaux.*

» Si le gouvernement agit injustement envers tous les deux, l'injustice endurée par le national n'ôte pas à l'étranger le droit de réclamer. Ensuite la nation, si elle permet à son gouvernement d'en agir de la sorte, peut ne pas avoir le droit de s'en

(*f*) Rousset, *Recueil*, t. X, p. 56; Moser, *Versuch*, t. VIII, p 15-45.
(*g*) Putter, *Institutiones Juris publici germanici*, l. VIII, cap. II.

plaindre; car c'est son propre fait; mais l'étranger, qui n'y est pour rien, ne saurait être placé sur la même ligne.

» On voit que nous parlons ici des injustices pratiquées envers l'étranger au préjudice de ses droits naturels ou acquis, et nullement de ce qui n'est qu'une conséquence des contrats de bonne foi, de côté et d'autre, entre lui et le gouvernement.

» Ainsi, lorsque celui-ci, au moment de rembourser l'étranger, lui fait ses paiements dans une monnaie dont la valeur est au-dessous de celle qui était sous-entendue dans les contrats passés entre eux, le gouvernement ne saurait le satisfaire en lui faisant observer qu'il le traite à l'égal de ses propres sujets. Si ceux-ci se laissent paisiblement dépouiller de leur propriété, ce n'est pas une raison pour que l'étranger doive y consentir dans ce qui le concerne.

» Mais lorsque, dans la liquidation, le gouvernement agit d'après les lois de finances adoptées dans le pays, et que le traitant étranger pouvait et devait connaître au moment de prendre ses engagements, force lui est de se soumettre à subir les conditions de la loi commune, quelque dures et onéreuses, injustes même, qu'elles puissent être. Il est censé l'avoir connu; et dès lors la présomption est qu'il a fait entrer cet élément dans ses calculs : il doit en retrouver la compensation dans ses bénéfices, ou bien il porte la punition de son imprudence. »

Les observations de Pinheiro-Ferreira peuvent encore trouver aujourd'hui leur application. Il se rencontrait naguères des gouvernements qui ne craignaient pas, dans un intérêt étroit de fiscalité, de prendre, au détriment du commerce étranger, les mesures les plus vexatoires au sujet des monnaies et des matières d'or et d'argent qui arrivent du dehors et qui circulent dans leurs Etats. C'est ainsi que, avant les derniers événements d'Italie, dans le royaume de Naples, des décisions royales, pour faire affluer à l'hôtel des Monnaies et favoriser la perception d'un droit de monnayage de 9 pour 100, avaient progressivement affaibli la valeur des monnaies étrangères et des métaux servant à les fabriquer et les dépréciaient comparativement aux monnaies napolitaines. Intrinsèquement la piastre napolitaine ne vaut que 5 fr. 20 c., et cependant, la monnaie française n'était admise qu'à raison de 6 fr. contre une piastre, ce qui constituait pour ses détenteurs une perte de 13 pour 100. Ces tarifs arbitraires, qui altèrent la proportion naturelle entre la valeur de la monnaie du pays et celle des monnaies étrangères et qui frappent d'une dépréciation arbitraire et dans un but de fiscalité évidente les monnaies étrangères ne sont pas seulement contraires aux lois de l'économie politique, aux règles de liberté et d'égalité qui doivent présider aux relations de peuple à peuple ; elles blessent encore les notions les plus élémentaires de la morale, et on ne saurait admettre qu'un gouvernement soit en droit de fixer à son gré la valeur et le cours de l'argent d'origine étrangère dans ses Etats. Au point de vue même de son intérêt, il faut être, comme le fait observer Pinheiro-Ferreira, prodigieusement arriéré en principes d'économie politique pour ne pas savoir qu'il ne peut résulter que de l'avantage pour le commerce, aussi bien que pour les finances mêmes du pays, de la libre entrée et sortie des monnaies nationales ou étrangères, au prix et au cours que le commerce trouve qu'il lui convient d'y attacher.

Notre auteur s'occupe dans le présent paragraphe des dettes pécuniaires contractées par un Etat vis-à-vis de l'étranger. Il s'agit dans ce cas d'affaires privées, et à moins de circonstances particulières ou de stipulations précises, elles ne peuvent motiver l'intervention du gouvernement de l'étranger créancier. Il est seulement à observer qu'un changement dans la forme du gouvernement débiteur ou dans la dynastie régnante ou dans la personne du souverain n'altère en rien l'obligation du service des emprunts contractés au nom de cet Etat par des représentants dûment autorisés. Le changement dans la constitution intérieure de l'Etat ne saurait affranchir la nation de la responsabilité de ses dettes, et le gouvernement nouveau, devenant propriétaire du domaine public de l'État, demeure tenu des engagements contractés par le gouvernement qui l'a précédé. *V.* GROTIUS, *de Jure belli ac pacis*, lib. II, cap. IX, § 8, n. 1 à 3 ; PUFFENDORF, *de Jure nat. et gent.*, lib. VIII, c XII, § 1, 2 et 3 ; VATTEL, *le Droit des gens*, édit. Guillaumin, liv. I, ch. x, § 108 et la note de M. Pradier-Fodéré ; WHEATON, *Éléments du dr. intern.*, t. I, p. 39 ; HEFFTER, *le Droit international*, traduction de M. Bergson, § 24.

M. de Martens demande si l'on peut attribuer à une nation le droit de frapper de la monnaie, au coin d'une nation amie, sans son aveu. Le doute ne nous semble pas permis, et, bien que Pinheiro-Ferreira demande pourquoi on refuserait en théorie à la

France le droit de payer l'Angleterre en monnaie frappée au même coin et aloi que les souverains avec lesquels l'Angleterre a payé la France, il nous semble impossible de consacrer au nom des principes les faits qui se sont trop fréquemment produits dans les guerres de la révolution et de l'empire. La monnaie a cours et valeur non-seulement à raison du métal qu'elle contient, mais par l'empreinte qu'elle a reçue.

Le vœu de M. de Martens au sujet de l'union monétaire de l'Allemagne s'est en partie réalisé. L'ensemble du système monétaire de l'Allemagne a été remanié à Vienne. Un traité y a été signé le 24 janvier 1857 entre l'Autriche et les autres États de l'Allemagne. Ce traité mis en vigueur le 1er mai suivant, doit expirer à la fin de 1878.

La livre du Zollverein de 5,000 grammes forme la base des monnaies d'or et d'argent. D'une livre d'argent on frappe :

> 30 thalers de Prusse,
> ou 45 florins d'Autriche,
> ou 52 florins 1/2 de l'Allemagne du Sud.

Il se frappe sous le nom de Thalers de l'Union deux monnaies d'argent principales :

1° Le thaler de l'Union à 1/30 de la livre d'argent fin, valant 1 thaler dans l'Allemagne du Nord, 1 1/2 florin en Autriche, et 1 3/4 florin dans l'Allemagne du Sud;

2° Le double thaler de l'Union à 1 1/15 de la livre d'argent fin.

Ces monnaies de l'Union sont valables dans tous les États allemands et doivent être acceptées partout en payement. Leur alliage est de 1/10 de cuivre sur 9/10 d'argent. Leur titre ou leur poids ne pourra être diminué sous aucun prétexte.

On devait frapper jusqu'au mois de décembre 1862 au moins 24 thalers de l'Union par 100 âmes de la population, et, après 1862, au moins 16 thalers par 100 âmes, par chaque période de quatre années. La convention avait réglé également l'émission de la monnaie de billon. La circulation de cette monnaie ne devait pas dépasser 5/6 de thaler par chaque tête de la population. Des caisses publiques devaient être désignées pour l'échange de la petite monnaie.

Enfin, pour faciliter les transactions, on devait frapper une monnaie commerciale de l'Union en or, sous la dénomination de couronne et demi-couronne. La couronne pèsera 1/50 et la demi-

couronne 1/100 de la livre douanière. Leur alliage sera de 1/10 de
cuivre sur 9 10 d'or. Mais la valeur des monnaies d'or sera uniquement déterminée par le rapport existant entre l'offre et la
demande. Les monnaies d'or ne doivent pas, par conséquent, être
considérées comme moyen de payement remplaçant les monnaies
d'argent, et personne ne sera tenu à les accepter en cette qualité.
Toutefois, les divers Etats de l'Allemagne auront la faculté de
permettre le payement en monnaies d'or de l'Union à un cours
fixé d'avance pour la durée de six mois au plus. En outre, ce
cours ne devra pas dépasser la valeur du cours moyen établi
dans les cotes officielles de la bourse.

On voit par ce qui précède que les nouvelles pièces ressortent
à très-peu de chose près : le thaler à 3 fr. 75 c. son cours actuel ;
le florin d'Autriche à 2 lr. 50 c. au lieu de 2 fr. 61 ; le florin du
Rhin à 2 fr. 14 c. son cours actuel. Deux florins d'Autriche équivalent à 5 francs.

Le papier-monnaie ou les bank-notes d'un Etat ne seront reçus
à leur valeur nominale dans les autres États de l'Union qu'à la
condition d'être immédiatement échangeables contre espèces dans
les caisses du gouvernement ou de la banque qui les aura émis.
La banque de Vienne n'ayant pu cependant jusqu'à présent satisfaire à cette clause, l'effet en demeure suspendu.   Cu. V.]

§ 111. — Du Droit des Postes.

Vu l'égalité des droits des nations, celui d'établir des
postes ne peut appartenir à chaque État que jusqu'aux
frontières, à moins de supposer les cas de servitudes de
droit public constituées à cet égard dans un État étranger,
dont on trouve aujourd'hui peu d'exemples (a). Chaque
État pourrait donc avoir des postes sans qu'il existât de
communication générale. Mais, depuis qu'après l'exemple
donné par la France au quinzième siècle, les postes ont été
successivement établies dans les différents États de l'Eu-

(a) Traité d'Elbing, du 13 octobre 1807, entre la France, la Prusse et
la Saxe, dans mon *Recueil*, Suppl., t. IV, p. 474.

rope (b), il n'y avait qu'un pas à faire pour convenir entre les États voisins de l'échange des lettres, paquets, etc., aux frontières, afin de faire servir cet établissement salutaire à une voie de communication générale, même entre les contrées les plus éloignées, pour favoriser les arts, les sciences et le commerce.

Des États de moindre étendue ont pu se déterminer à accorder l'exercice de ce droit chez eux, soit à un État voisin, soit à un entrepreneur (c).

Partout les postes sont sous la protection spéciale du droit des gens (d), et les principes les plus simples de la

(b) V. BEUST, vom Postregal, t. I, p. 67; t. II, p. 34; REICHARD, Manuel des voyageurs, Leipsick, 1797, 2 vol in-8; C.-A. PERPONCHER SEDLNITZKY, Diss. de cursu publico, Leyde, 1756, in-4. Sur la Hollande en particulier, V. KLUIT, Hist. fed., t. II, p. 467.

(c) Plusieurs moyens et petits États de l'Allemagne avaient accordé au prince de la Tour et Taxis, par convention, le droit exclusif ou simultané d'établir des postes chez eux, ou de les conduire par leur territoire. La conservation de ces droits, d'après l'état de possession fixé par le recès de députation de 1803, ou par des conventions postérieures, a été stipulée pour la maison de Taxis par l'article 17 de l'acte fédéral de la Confédération germanique, sauf à lui fournir des indemnités en cas de changements faits ou à faire. Nombre d'arrangements ont eu lieu postérieurement à cet égard, en vertu desquels le droit des postes a été accordé à la maison de Taxis par le renouvellement d'anciennes ou par la concession de nouvelles inféodations, dans divers États de l'Allemagne; dans d'autres, on est convenu d'une indemnité s'il y avait lieu

(d) Nombre de traités de commerce font mention des postes; mais, le plus souvent, ce n'est que dans des termes généraux V., par exemple, traité entre la Suède et la Hollande, de 1675, art. 15, entre la France et la Savoie, de 1696, art. 6, entre l'Angleterre et la Hollande, de 1715, art. 14. Entre les États voisins, on entre quelquefois dans un détail plus particulier. V., par exemple, le traité entre le Danemark et la Suède, de 1735, renouvelé depuis, en 1751. V. aussi le traité de 1809, dans mon Nouveau Recueil, t. 1, p 225. Exemples d'autres traités des États de l'Allemagne; V. MOSER, Versuch, t. VIII, p. 47 et suiv.; KLÜBER, Offentl. Recht des t. Bundes, § 350 et suiv.; Droit des gens, § 74, note a.

loi naturelle suffisent pour établir l'obligation de l'État,
non-seulement de répondre aux étrangers comme aux propres sujets de la fidélité de ses employés, mais aussi surtout de s'abstenir, dans la règle, de toute disposition
des lettres, dépêches, paquets, etc., confiés à sa discrétion.
Il est cependant des cas où le danger de l'État peut justifier des exceptions; et tandis que, sur l'existence de tels
cas, chaque État suit son propre jugement (e), il en est résulté en Europe la pénible nécessité d'écrire en *chiffres* les
correspondances d'État.

La guerre suspendant souvent le libre cours des postes,
soit en tout, soit en partie, il peut être nécessaire de le
rétablir expressément par un article du traité de paix (f).

[Il serait tout à fait superflu de présenter ici l'historique de
l'établissement des postes en Europe et spécialement en France.
Disons seulement avec Pinheiro-Ferreira, que « les motifs invoqués par notre auteur pour justifier la doctrine de la violation du
secret des lettres, ont été bien des fois victorieusement repoussés.
Il est faux qu'en violant le secret des lettres on parvienne à des
découvertes dont l'utilité puisse compenser les graves inconvénients attachés à ce honteux abus de confiance. Dès que personne n'ignore la liberté que les gouvernements se permettent
de lire toutes les correspondances, quel est l'homme un peu
sensé qui confiera à la poste, si ce n'est pour induire les autorités
en erreur, le secret d'un complot, le projet d'une campagne, ou
le plan d'une opération ? Le gouvernement n'aura donc à recueillir comme récompense d'un crime qu'il punit dans les particuliers, que les indiscrétions méprisables plutôt que dangereuses
de quelque écervelé; et pour cela il livrera à la connaissance

(e) WICQUEFORT, *le Parfait Ambassadeur*, t. I, sect. XXVII, p. 409:
MOSER, *Versuch*, t IV, p. 145.

(f) Traités entre l'Autriche et la Porte, de 1787 et de 1739, art 21.

d'hommes assez vils pour se prêter à un tel métier les secrets du
commerce, l'honneur des familles, et souvent même la vie des
citoyens; car qui ignore qu'un grand nombre de victimes innocentes ont été par ce moyen immolées par la trahison et la
calomnie? » En France les lettres confiées à la poste sont pour
elle et pour tous ses agents un dépôt dont il n'est pas permis de
violer le secret; l'art. 187 du Code pénal porte des peines contre
tout fonctionnaire ou agent du gouvernement ou de l'administration des postes coupable de suppression ou d'ouverture des lettres confiées à la poste.

Quant au transit des lettres, « il est, dit Pinheiro-Ferreira, de
droit naturel des sociétés. On peut l'interrompre par la force ; et
même souvent on peut y être forcé par la nécessité, en temps de
guerre, par occasion de peste, etc. Mais dès que ces raisons ont
cessé, la marche des affaires reprend son cours; et il n'est pas
plus nécessaire de stipuler ce retour à la marche ordinaire des
correspondances, qu'à celle du commerce qui en est une dépendance.

« Les conventions dont M. de Martens entend parler ne peuvent
donc concerner que les arrangements à prendre entre les gouvernements, sur la manière dont ils se proposent de continuer à
exploiter ce monopole à leur profit commun; l'intérêt des peuples n'y est pour rien, ou du moins, il n'y est jamais compté que
comme un objet fort secondaire. »

En Allemagne, le prince de la Tour et Taxis, maître général
des postes du Saint-Empire, est encore aujourd'hui investi du
service des postes dans les petits États du centre de la Confédération. Le siége principal de son administration est à Francfort.
Mais l'Autriche, la Prusse, le Hanovre, la Bavière, la Saxe, le
grand-duché de Bade, le Wurtemberg et d'autres États ont
renoncé depuis longtemps à son entremise.

Le développement du réseau des chemins de fer a naturellement aussi beaucoup influé sur les postes. L'union postale et
l'union télégraphique, plus avancées que l'union douanière, embrassent à peu près maintenant toute la Confédération, y compris
l'Autriche avec les possesions hongroises, slaves et italiennes.
Il en est résulté de grands progrès dans l'uniformité des marques
et du tarif des lettres. Le traité conclu le 6 avril 1850 entre
l'Autriche et la Prusse a formé la base première de l'union

postale, à laquelle presque toute l'Allemagne a depuis adhéré.

Les rapports avec les puissances étrangères et les besoins chaque jour plus impérieux des relations internationales, donnent lieu à des conventions postales.   Cн. V.]

§ 112. — Des Droits des nations relativement à la religion.

En distinguant le droit du pouvoir civil sur ce qui concerne la religion dans l'État (*jus circa sacra*), de ceux qui appartiennent à l'Église considérée comme société religieuse (*jus sacrorum*), le premier renferme, 1° le droit de fixer le degré de tolérance qui sera accordé aux diverses religions (*jus reformandi*) ; 2° le droit de protection à l'égard des religions dont le culte est déclaré licite (*jus advocatiæ*) , 3° le droit d'inspection suprême, ou celui de veiller à prévenir que, sous le prétexte de la religion, il ne se glisse des abus contraires au bien de l'État (*jus supremæ inspectionis*). Les droits appartenant à l'Eglise considérée comme société, tendent à l'emploi des moyens nécessaires pour en avancer le but et pour écarter ce qui s'y oppose ; donc ils renferment le droit de convenir des règles religieuses, de conférer des emplois ecclésiastiques, et de corriger d'une manière convenable ou d'exclure des membres qui manquent aux préceptes de la société.

Dans chaque État, ceux qui professent une même religion peuvent se considérer comme société (église) particulière, séparée de celles établies dans d'autres États, et surtout exempte de tout pouvoir étranger. Mais rien n'empêche que les églises, dans plusieurs États, ne puissent s'unir en une société plus générale pour l'exercice commun du *jus sacrorum*. Telle était, dans les premiers siècles, l'idée des conciles œcuméniques, jusqu'à ce que les papes eussent réussi à changer cette société, égale dans son origine, en une société inégale dont ils se déclarèrent les chefs, étendant leur autorité indistinctement sur tous les membres de la société, soit rois, soit sujets, et outre-passant souvent les bornes du droit social de l'Église pour empiéter sur les droits temporels des souverains.

Aujourd'hui, dans chacun des États qui se sont séparés de l'Église romaine, les membres qui professent une même religion forment une société particulière, qui, après être rentrée dans la libre jouissance de son *jus sacrorum*, l'exerce par elle-même, ou en a confié l'exercice aux mains de celui ou de ceux qui exercent le pouvoir civil.

Ceux des États qui sont restés dans le sein de l'Église romaine ont conservé le principe de l'unité de l'Église catholique, mais en accordant plus ou moins de droits au pape, d'après la diversité des systèmes et des concordats; tous, au moins, s'accordent aujourd'hui à borner l'autorité du pape au spirituel. Mieux éclairés sur les vrais principes du droit public et du droit des gens, ils ne lui reconnaissent plus ni le droit de se mêler de leurs affaires temporelles, en s'arrogeant des décisions non provoquées, ni celui de disposer des couronnes; et depuis longtemps les armes usées du Vatican ont cessé de décider du sort de nations entières.

[*V*. les observations qui suivent le § 114.]

§ 113. — Continuation du même sujet.

Chaque État ayant le droit de se déterminer sur le degré de tolérance qu'il veut accorder à d'autres religions que celle du pays, les puissances étrangères qui professent une religion différente n'ont aucun droit parfait de demander pour leurs sujets la liberté du culte religieux, à moins qu'ils n'aient des traités à réclamer (a). Cependant la *dévotion domestique simple*, fondée sur la liberté naturelle, doit être censée accordée tacitement à tous ceux auxquels on accorde le séjour.

En vertu du même principe, aucune puissance ne peut, sans violer le droit des gens, se permettre de vouloir introduire sa religion dans un autre État contre le gré de celui-ci, ni par la force, moyen d'ailleurs peu convenable à un tel but, ni par la voie furtive de missionnaires clandestins. La persuasion la plus vive de ce que sa religion est préférable aux autres, ou même qu'elle serait la seule qui conduit au salut de l'âme, ne peut pas l'autoriser à violer les droits des autres nations pour y semer ce que, d'après ses lumières, elle prend pour vérité. L'égalité des droits des nations s'étend jusqu'aux égards dus à leurs opinions.

En Allemagne, le traité de Westphalie avait établi l'égalité des droits entre les religions catholique romaine et protestante, en parlant de l'Allemagne en général (b). Mais dans les États particuliers dont elle se compose, la liberté du culte ou le degré de tolérance à accorder à chacune de ces religions chrétiennes, fut arrêtée d'après l'État de possession aux époques déterminées comme normales (c).

(a) Presque tous les traités de commerce entre les nations d'une religion différente renferment un article qui se rapporte au degré de tolérance réciproque.

(b) J. P. O., art. 5, § 1.

(c) PUTTER, *Institutiones Juris publici*, 5ᵉ édit., § 35 et suiv.

L'acte de la Confédération germanique de 1815 a établi le principe que la différence des confessions chrétiennes dans les pays et territoires de la Confédération allemande n'en entraînera aucune dans la jouissance des droits civils et politiques (d).

[V. les observations qui suivent le § 114.]

§ 114. — Du secours à porter dans les disputes de religion.

Supposé que, dans un État, il s'élève des disputes sur les droits des sujets de diverses religions, les puissances étrangères n'ont, dans la règle, aucun droit de plus à se mêler de ce différend que de celui résultant d'autres affaires domestiques : elles doivent donc se borner à de simples représentations à l'amiable (a), tant qu'elles n'ont point été légitimement appelées au secours, ou que les traités (b) ou autres droits acquis à titre particulier ne les autorisent pas à prendre part à ces différends. Cependant, indépendamment de ce qui peut être inféré de ces exceptions, les puissances de l'Europe se croient parfaitement en droit de venir à l'appui de ceux qui, professant une même religion avec elles, se voient opprimés chez eux dans la jouissance de leurs droits, et même de mettre les armes à la main

(d) Acte de la Conféd. germ , art. 16.

(a) Comme firent les Anglais et les Pays Bas en faveur des Vaudois en Savoie ; la Suède, en 1707, en faveur des protestants en Pologne ; comme le firent la Russie, la Prusse et l'Autriche d'abord, après 1764, en faveur des dissidents en Pologne.

(b) Paix de Breslaw, en 1742, art. 6, entre la Prusse et l'Autriche, paix d'Abo, en 1743, art. 8, entre la Suède et la Russie ; traité entre la Prusse et la Pologne, de 1773, art. 8 ; traité entre la Sardaigne et Genève, de 1754, art. 12, etc

pour les secourir. Mais la question de savoir si un tel appui
sera effectivement prêté dépend des circonstances politiques. Toutes les guerres auxquelles la religion a servi de
motif ou de prétexte ont fait voir, 1º que jamais la religi-
gion n'a été le seul motif pour lequel les puissances étrangères sont entrées en guerre ; 2º que lorsque la politique
s'accorde avec les intérêts de leur religion, elles ont effectivement soutenu la cause de celle-ci ; 3º mais que toujours
le zèle religieux a cédé aux motifs de politique; 4º et que
plus d'une fois même celle-ci a entraîné à des démarches
directement opposées aux intérêts de leur religion (c).

[Le principe de la liberté religieuse semble aujourd'hui admis
par la doctrine, si ce n'est en fait. On a enfin compris que le
domaine de la souveraineté, quelque étendu qu'il fût, ne pouvait
s'étendre sur la conscience et imposer les dogmes de la foi. Que
l'État, pour régler l'exercice extérieur du culte public, ait des
reglements : cette matière touche à la police et intéresse l'ordre
public ; mais on ne saurait comprendre qu'il exerçât un pouvoir
quelconque sur les croyances religieuses ou sur la liturgie intérieure du culte ; et on n'a eu que trop fréquemment à déplorer
l'erreur de ceux qui voulaient que l'État eût sa religion comme
dans l'antiquité et au moyen âge, ou qui essayaient à tout propos
de mettre les lois civiles à la disposition des vérités dogmatiques
de la religion. « Il faut, dit M. Jules Barni, *Éléments métaphysiques de la doctrine du droit*, introduction, p. xc, bien distinguer
l'Église de la religion : celle-ci, en tant que sentiment intérieur,
est tout à fait en dehors de l'action de la puissance civile ; mais
il n'en est pas de même de la première, qui organise le culte extérieur et public, au nom de la suprême et invisible puissance dont
ses ministres se déclarent les représentants. Répondant à un
véritable besoin du peuple, qui est de rendre publiquement hom-

(c) D. Strube, *von den Religionskriegen*, dans ses *Nebenstunden*,
II, n. 7.

mage à une puissance invisible et suprême, l'Eglise a droit à la
protection de l'Etat. Mais d'un autre côté, comme il se peut
qu'elle exerce sur les âmes une influence préjudiciable au repos
public, l'Etat a le droit d'intervenir pour écarter ou prévenir un
mal d'autant plus dangereux que ceux qui le suscitent prétendent
représenter Dieu sur la terre. Est-ce à dire qu'il puisse à son gré
imposer à l'Eglise la constitution et les lois intér'eures qui lui
semblent avantageuses, ou prescrire au peuple la croyance et les
formes religieuses qu'il voudrait lui faire suivre, et lui interdire
toute réforme? Cela serait non-seulement au-dessous de la dignité
du souverain pouvoir, lequel n'a aucune autorité particulière
pour s'immiscer dans les questions religieuses, mais en dehors
de son droit, car il porterait ainsi atteinte à la liberté humaine...
Il ne doit donc point y avoir de religion d'État, et il est souve-
rainement injuste d'exclure les citoyens des services publics
et des avantages qui y sont attachés parce qu'ils professent un
culte différent de celui de la cour. Mais si l'Etat n'a le droit de
rien décider en matière religieuse, il a du moins celui de veiller
à ce que l'influence ecclésiastique ne puisse compromettre l'ordre
public; ainsi il ne permettra pas que la concorde civile soit mise
en péril, soit par des querelles intestines dans le sein d'une église,
soit par la lutte des différentes églises entre elles; et, en agissant
ainsi, il ne fera qu'exercer un droit de police. »

V. ce qui a été dit *suprà* au § 30 à 33. Il est, du reste, à remarquer qu'en présence des progrès de la liberté religieuse dans le
monde, les prévisions de notre auteur ont bien perdu de leur importance. La religion a longtemps servi et peut encore, de nos jours,
servir de prétexte ou de masque à l'ambition des princes ou des
peuples; mais elle ne saurait plus, au dix-neuvième siècle, éga-
rer l'opinion publique. L'histoire contemporaine le démontre
avec évidence.   Ch. V.]

§ 115. — Des Servitudes de droit public particulières.

Outre les droits réciproques que les traités ou les usages
ont établis entre les nations sur des objets relatifs à leur
gouvernement intérieur, il est des cas où une nation acquiert unilatéralement un droit parfait sur le territoire de

l'autre, en vertu duquel celle-ci est obligée de faire, de
souffrir ou d'omettre à son avantage ce à quoi elle ne serait naturellement pas tenue, et dont elle ne peut demander la réciprocité : c'est ce qu'on entend par *servitudes de
droit public (des gens) particulières*. Il est peu de branches
du gouvernement à l'égard desquelles de telles servitudes
ne puissent être ou n'aient été introduites (*a*) ; et tant
qu'elles n'ont pas pour objet un droit essentiel du gouvernement, ou que du moins elles ne s'étendent que sur des
endroits ou districts particuliers (*b*), sans affecter le territoire entier, elles sont encore compatibles avec la souveraineté et l'indépendance de l'Etat qui s'y assujettit. Mais
dès qu'elles tendent à remettre un droit essentiel du gouvernement entre les mains d'un État étranger, ou du moins
à en soumettre l'exercice au gré de sa volonté, un Etat
affecté d'une telle servitude ne peut plus se considérer
comme vraiment indépendant (*c*), quand même on le flat-
terait encore du nom spécieux de la souveraineté.

(*a*) En Allemagne, le nombre assez considérable de servitudes de ce
genre a beaucoup diminué, tant par la diminution du nombre des États,
que par les soins qu'on a pris dans les temps plus récents a purifier autant que possible par traités les territoires, en faisant disparaître les enclaves qui en fournissaient souvent l'occasion. La Confédération du Rhin
de 1806 y avait déjà contribué.

(*b*) C'est ainsi, par exemple, que le droit de garnison accordé par
l'Autriche, en vertu du traité de barrière de 1715, aux Provinces-Unies
des Pays-Bas dans quelques-unes des forteresses de la Belgique, était
aussi peu contraire aux droits de souveraineté de l'Autriche, que l'était
à la souveraineté de la France la promesse souvent donnée à l'Angleterre
de ne pas rebâtir la forteresse de Dunkerque. C'est ainsi que nombre
d'États de l'Allemagne pouvaient céder le droit des postes à un autre
État sans porter par là atteinte à leur souveraineté.

(*c*) Depuis que les Carthaginois furent forcés, après la seconde guerre
punique, de promettre aux Romains de ne plus faire la guerre sans leur

Comme cependant un État peut validement disposer de sa propriété et de ses droits, et renoncer à des avantages que la nature lui destinait, de telles servitudes, pour être onéreuses à l'État, ne peuvent pas être considérées comme contraires au droit naturel et comme non valides (*d*); lors donc que, d'ailleurs, le traité sur lequel elles se fondent a les réquisites nécessaires pour le rendre valide et obligatoire, on ne peut s'en écarter unilatéralement que dans les cas qui autorisent en général à se dédire d'un traité.

consentement, l'indépendance des Carthaginois fut détruite. De même, la Pologne cessa d'être vraiment souveraine après avoir conclu avec la Russie le traité d'alliance de 1793, dans mon *Recueil*, t V, p. 222. De même, la République cisalpine cessa d'être vraiment souveraine après son traité de 1798 avec la France, dans mon *Recueil*, t. VII, p. 243

(*d*) Traité de Munster, de 1648, entre l'Espagne et les Provinces-Unies des Pays-Bas, art. 14, sur la clôture de l'Escaut; disputes à cet égard (*V. Nouvelles extraordinaires*, 1784, n 101-104; Suppl. à mes *Erzählungen*, t. 1, p. 50-139.)

LIVRE IV.

DES DROITS DES NATIONS RELATIFS AUX AFFAIRES ÉTRANGERES.

CHAPITRE PREMIER.

DES DROITS DES NATIONS RELATIFS AU MAINTIEN DE LEUR SURETÉ ET DE LEUR INDÉPENDANCE.

§ 116. — Observation générale.

Libre dans le choix de sa constitution et des moyens d'assurer la sûreté et la prospérité intérieure de ses membres, tout Etat l'est de même dans le choix des moyens qui tendent à avancer sa *sûreté* et sa *prospérité extérieure*, dans ses relations avec les étrangers; de sorte que, tant qu'il ne porte point par là atteinte à l'indépendance des autres, aucune nation étrangère ne peut être en droit de lui prescrire ce qu'à cet égard il doit faire ou ne pas faire, ni de lui demander compte de sa conduite. Ces principes souffrent cependant quelquefois des modifications fondées sur les traités ou sur les relations politiques des peuples de l'Europe.

§ 117. — Du droit d'armer pour sa défense.

C'est ainsi que tout État souverain est en droit de faire chez lui tous les préparatifs que sa sûreté extérieure peut

exiger, soit pour se défendre contre l'agresseur, soit pour
prévenir le coup dont il est menacé ; par conséquent, de
construire ou de rétablir autant de forteresses qu'il le juge
à propos, soit dans l'intérieur du pays, soit sur les frontières ; d'augmenter à son gré le nombre de ses troupes, de
ses vaisseaux de guerre, etc.; de conclure autant de traités
d'alliance ou de subsides qu'il le juge convenable, sans en
rendre compte à personne, tant que sur ces points il ne s'est
pas lié par des traités (a).

[Le *droit de conservation de soi-même*, et par suite le droit de
défense ou le droit de repousser la force par la force, est le premier de tous les droits absolus, celui qui sert de base à tous les
autres; on comprend donc que toute personne morale, sociétés
humaines ou États souverains, exercent, comme pourrait le faire
une personne individuelle, le droit de pourvoir à la conservation
de son existence dès que cette existence est menacée. *V.* Théodore
ORTOLAN, *Regles internationales et diplomatie de la mer*, t. I,
p. 55, et Rossi, *Droit pénal*, t. I, p. 147, édit. Guillaumin.

                                                    CH. V.]

§ 118. — Des Explications à l'amiable.

Cependant de tels armements extraordinaires pouvant
donner de justes alarmes à d'autres États, surtout aux voisins, et les engager même à prévenir le danger dont ils se
croient menacés, il importe à l'État même qui entreprend
ces armements de rassurer les puissances avec lesquelles
il n'a pas le dessein de rompre ; c'est pourquoi la politique

----

(a) Exemples : Traité de Bade entre l'Empire et la France, de 1713,
art. 23-27; traité entre la France et la Grande-Bretagne au sujet de Dunkerque, de 1713, 1718, 1763, annulé sur ce point en 1783, traité de
Gênes avec la France, de 1685, art. 4; traité de Lunéville, de 1801,
art. 6.

a introduit l'usage de demander à cet égard des explications, et de ne pas refuser les informations désirées, lorsque les circonstances permettent d'en donner de satisfaisantes (a), quelquefois même de les donner de son chef (b) : ce n'est que lorsque les circonstances empêchent de telles assurances, qu'on a recours à des réponses vagues ou ambiguës (c), ou qu'on provoque à l'indépendance des nations, qui les dispense de rendre compte de leurs démarches (d).

Cet usage est un motif de plus pour établir le principe, qu'avant d'en venir à des hostilités on doit demander des explications à l'amiable (e). Il est cependant des cas où toute explication pourrait paraître inutile (f), et ne servirait qu'à faire perdre un temps précieux.

———

[« Rien de plus naturel ni de plus juste, dit Pinheiro-Ferreira, que de demander à une nation qui fait des armements, que l'on est fondé à croire destinés à nous attaquer, des explications qui nous tranquillisent à cet égard.

» Une pareille demande ne porte aucune atteinte à son indépendance, ni ne gêne en rien l'exécution de ses projets. .

» Nous donne-t-elle une réponse propre à nous inspirer de la sécurité, nous la laissons prendre les mesures qu'elle croira adaptées à ses fins.

(a) F.-C van Moser, von dem Recht eines Souverains den andern zur Rede zu stellen, dans ses Kleine Schriften, t VI, p. 287 ; J.-J. Moser, t. VI, p. 409, Gunther, E. V. R., t. I, p. 293-319.

(b) Gunther, loc. cit., p 303.

(c) Moser, Versuch, t. VI, p. 413 ; Beytrage zu der neuesten Staats und Kriegsgeschichte, t. I, p. 170.

(d) Exemple de la Russie envers la France. (Merc. hist. et polit., 1748, t. I, p. 194.)

(e) Mémoires de Montgon, t. II, App., n. 4, 5.

(f) Exemple du Danemark contre le duc de Holstein, en 1699, dans Busch, Welthändel, p. 230.

» Mais si, par des réponses évasives, ou se refusant de manière
à écarter tout soupçon, elle nous force de nous mettre en mesure
de défense, elle se constitue, par sa mauvaise foi ou par son manque de franchise, responsable envers nous des frais dans lesquels son silence ou ses réponses équivoques auront pu nous
entraîner. »]

§ 119. — De la liberté de conclure des Traités.

De même, il dépend du libre arbitre d'une nation de
cimenter ou non des traités quelconques avec une autre,
sans qu'une tierce puissance soit autorisée à l'en empêcher,
tant que ces traités ne blessent pas ses droits, et sans que
surtout elle soit autorisée à la forcer de conclure un traité,
ou d'y accéder contre son gré.

Cependant, bien qu'on reconnaisse ces principes en Europe, dans la théorie, la pratique offre nombre d'exceptions, 1° de puissances qui se sont lié les mains à cet égard,
médiatement (a) ou immédiatement (b), par traités, ou
d'États mi-souverains dont la liberté de contracter des
alliances peut être limitée par les lois (c) qu'ils doivent respecter, ou d'États confédérés qui ont consenti à des limitations (d); 2° des exemples de moyens et petits États qui,
quelque souverains qu'ils puissent être, dans la théorie,
sont gênés dans leur liberté de contracter par les égards
envers des puissances qui, sous les dehors d'une indépendance formelle, les tiennent sous une dépendance très-

---

(a) Traité de Vienne, de 1731, entre l'Autriche et les puissances maritimes, par lequel l'Autriche renonça au commerce de la Belgique avec
les Indes.

(b) Traité entre la Russie et la Pologne, de 1793, art. 55, dans mon
Recueil, t. V, p. 222.

(c) Paix de Munster, art. 8, § 2; capitulation impériale, art 6, § 5.

(d) Acte de la Confédération germanique, art. 2.

réelle ; 3° l'histoire même des derniers siècles offre plus
d'un exemple de puissances qu'on a forcées contre leur gré
d'accéder à un traité, et que, même avant de les avoir
consultées, on a mises au rang des puissances contractantes (e).

[« Des assertions de ce paragraphe, dit Pinheiro-Ferreira, les
unes sont confusément exprimées, les autres sont absolument
fausses.

» M. de Martens aurait dû dire que chaque puissance est libre
de contracter avec une autre, selon quelle le croira convenable,
pourvu que des conventions antérieures, librement et dûment
contractées avec un tiers, ne s'y opposent pas; mais, énoncé de
cette manière, le principe devenait non-seulement trivial, mais
inutile.

» Nous avons dit librement et dûment contractées, pour faire
sentir que l'auteur n'aurait pas dû mettre au nombre des conventions valables et licites celles qu'un gouvernement, dans l'oubli
de sa dignité et de ses devoirs, pourrait signer au détriment des
intérêts et de l'honneur de sa propre nation.

» M. de Martens semble avoir oublié que les gouvernements,
lorsqu'ils font entre eux des conventions, ne font qu'exercer le
mandat dont les peuples qu'ils représentent les ont chargés ; et
que, par conséquent, si par une honteuse collusion ils s'accordaient à forfaire à leurs devoirs envers leurs commettants, l'un
acceptant comme valable ce que l'autre n'était évidemment pas
autorisé à lui accorder, leurs conventions seraient, par ce simple
fait, aussi nulles qu'illicites. Telle est, en effet, le cas de toutes les
conventions par lesquelles des gouvernements ont renoncé, au
nom de leurs nations, à des droits dont la jouissance est insépa-

---

(e) MOSER, *Versuch*, t. VIII, p. 307; DE STECK, *von der Einschlies-
sung einer dritten Macht in einen Tractat*, *und von dem Beytritt
eines dritten Staats zu einem geschlossenen Bundnisse*, dans ses *Ausführungen politischer und rechtlicher Materien*, 1776, n. 8, p 48. Exemples : Traités de partage de la monarchie espagnole, de 1700; de la quadruple alliance, de 1718; paix d'Aix-la-Chapelle, de 1748, et nombre
d'autres.

rable de leur indépendance, et auxquels par conséquent on ne
saurait renoncer, sans renoncer en même temps à sa liberté, à
sa sûreté, à son existence. Peut-on concevoir que ces gouvernements aient eu pareille autorisation dans leurs mandats! Et s'ils
ne l'avaient pas, d'où prétend-on faire dériver la validité de leurs
déshonorantes conventions?

» Quant à l'autre abus, que les puissances se sont souvent permis,
en comprenant au nombre des parties contractantes des gouvernements qui n'y avaient pas concouru, et qu'on a même quelquefois
forcés d'y accéder, il ne faut pas citer de pareils actes comme
des exemples de conventions valables, à moins de vouloir ériger
en principe de droit tout ce qui aura été extorqué par la force. »

Ajoutons qu'on ne voit plus aujourd'hui des associations privées indépendantes de l'État participer au droit des gens, comme
cela avait lieu fréquemment au moyen âge pour les associations
commerciales de certaines villes, et avec grand profit pour le
développement du droit maritime international. La plus célèbre
association de ce genre fut la Hanse allemande, qui devint une
véritable corporation politique. *V.* PARDESSUS, *Droit maritime,*
t. II, p. 90 et 453. t. III, p. 130; HEFFTER, *le Droit international,*
traduction de M. Bergson, § 13 ; E. WORMS, *Histoire de la ligue
hanséatique.*   CH. V.]

§ 120. — Du Droit des États de s'agrandir.

Tout État ayant naturellement le droit de travailler à sa
perfection, est aussi autorisé à employer tous les moyens
licites par eux-mêmes pour s'agrandir et pour accroître ses
forces pécuniaires, militaires et fédératives. Il est donc autorisé à agrandir son territoire et sa population, soit par
occupation de terres encore non occupées, pour les cultiver, soit par des traités de cession ou d'échange volon-
taires, ou cimentés à la fin d'une guerre légitime, soit en
vertu de successions dévolues ou promises à son chef à la
suite de mariages ou de dispositions testamentaires, ou à
lui dévolues à titre d'élection; il est de même autorisé à

cimenter des alliances pour augmenter sa puissance fédérative. Généralement parlant, un État étranger n'est pas
en droit de s'opposer à tous ces agrandissements, lorsqu'ils
ne se font pas à son préjudice.

[Le droit que notre auteur reconnaît aux États est incontestable,
mais son exercice est subordonné au respect de la foi donnée et
à l'observation des contrats régulièrement formés; car ils ne
doivent pas plus que les individus rechercher des agrandissements territoriaux par des moyens d'une légitimité contestable.
Ils ont, du reste, un sujet plus digne de leur sollicitude et de
leur ambition dans le développement moral et dans l'amélioration
matérielle de leurs populations. La puissance des empires ne se
mesure pas à l'étendue des territoires; la richesse financière,
industrielle et commerciale, jointe au bien-être physique et au
ressort moral des individus, sont de nos jours bien autrement
importants et efficaces et présentent des garanties bien plus
durables de sécurité et de prospérité.   Ch. V.]

§ 121. — Du Système du maintien de l'Équilibre, en général

Mais entre des puissances voisines, ou du moins habitant
une même partie du globe, il est des cas où les forces dis-
proportionnées que l'une d'entre elles voudrait acquérir ne
seraient plus compatibles avec la vraie indépendance des
autres, et les menaceraient d'une sujétion formelle ou
réelle (a) par l'abus de la supériorité des forces, auquel il
ne serait plus temps de remédier un jour en recourant au
moyen incertain d'une ligue de plusieurs États, dont aucun
ne suffirait seul pour servir de contre-poids. C'est pourquoi
il est des cas où la loi naturelle ne peut défendre à de tels

(a) GUNTHER, E. V. R., t. I, p. 322; SCHMAUSS, Finleitung in die
Staatswissenschaften, t. I, Anhang.

États de veiller au maintien d'un équilibre entre eux, et de
s'opposer de bonne heure, fut-ce même les armes à la
main, soit seuls, soit réunis, tant à l'agrandissement disproportionné de tel État, indépendamment de sa légitimité,
qu'à l'affaiblissement de tel autre qui pouvait lui servir de
contre-poids.

De tels cas pouvant se présenter plus fréquemment entre
les peuples de l'Europe, qui forment ensemble une espèce
de société, qu'entre les peuples épars dans d'autres parties
du globe, le système du maintien de l'équilibre est plus
nécessaire pour l'Europe entière, et même pour plusieurs
de ses parties, que pour le reste des peuples de l'univers :
système auquel provoquent la plupart des puissances européennes, et qui, malgré ses imperfections et ses abus, ne
peut être taxé de chimère ou de charlatanerie politique, ni
rejeté comme superflu, condamné comme illégitime, ou
rayé du droit des gens (b).

(b) S'il est des cas ou des puissances de l'Europe se sont déclarées
contre ce système, c'est lorsqu'on le fit valoir contre elles, encore souvent n'était-ce pas le principe, mais l'application qu'on attaquait. Les
auteurs ont beaucoup disputé sur la nécessité, la légitimité, l'utilité et
l'existence d'un tel système Le baron DELL' ISOLA, dans son *Boucher
d'État et de justice*, 1667, in 12, est le premier auteur qui l'établit ; LEH-
MANN, *Trutina Europæ*, Jena, 1710, in-8, et L.-M KAHLE, *de Trutinâ
Europæ, quæ vulgo appellatur die* Balance, *præcipua belli et paris
norma*, Gottingæ, 1744, le défendent , de même D.-G. STRUBE, dans ses
Nebenstenden, t. II, p. 8 et suiv., en fait voir la nécessité, et critique
les réflexions touchant l'équilibre qui s'y opposent. J.-H. G. DE JUSTI le
taxe de chimérique dans un écrit ayant pour titre : *Chimære des Gleichgewichts von Europa*, Altona, 1758, in-4. Feu M. le comte de HERTZ-
BERG, dans sa *Dissertation sur la véritable richesse des États, la Balance du commerce et celle du pouvoir*, Berlin, 1786, justifia un système
favori que lui-même avait cherché a maintenir ; depuis, le comte de
SCHMETTOW, dans *Patriotische Gedanken eines Dänen uber stehende*

[Que faut-il entendre, demande Pinheiro-Ferreira, par le principe de l'*Équilibre européen?* Principe qui non-seulement a servi de prétexte par le passé à de longues guerres qui ont mis en combustion le monde entier, mais que tous les jours on entend

Heere, poussa son patriotisme au point de taxer, dans la généralité, ce système de charlatanerie politique. KLÜBER, *Droit des gens,* § 42, ne le regarde comme fondé dans le droit des gens qu'en tant qu'il est établi par des conventions publiques. Les bornes étroites d'un Précis du Droit des gens sont peu propres pour épuiser une question d'autant plus difficile à traiter, qu'on ne s'entend pas toujours sur le sens du mot équilibre, souvent différemment interprété, quoique sans doute personne n'ait en vue d'établir par là une *loi agraire* entre les nations. M. Kluber admet « comme incontestable que chaque puissance » est fondée en droit à s'opposer à toute démarche *injuste* d'une autre » puissance dont le but est de s'arroger de la *domination,* de *l'agran-* » *dissement,* de la *prépondérance,* ou la *monarchie universelle.* » Et, comme on ne peut refuser à une nation le droit de suivre ses propres lumières sur la question de la *justice* ou de l'*injustice* du procédé d'une autre, il est difficile de croire qu'une puissance qui se verrait intéressée, par le soin du maintien de l'équilibre, à s'opposer à tel agrandissement, ne se persuaderait pas aisément de l'injustice de la démarche de la puissance à laquelle elle croit devoir s'opposer. Sous ce point de vue, l'opinion de M. Kluber diffère donc de la mienne, plutôt dans la théorie que dans la pratique.

D'ailleurs, ce serait trop rétrécir les notions du système que de le borner à la seule opposition contre un nouvel agrandissement d'une puissance déjà redoutable. Il embrasse également le soin d'empêcher le rabaissement d'une puissance qui pouvait servir de contre-poids. Il pouvait, par exemple, être aussi essentiel pour la sûreté d'autres nations, de s'opposer au démembrement de l'Autriche après la mort de l'empereur Charles VI, en 1740, que de s'opposer, en 1700, à la réunion des deux couronnes de France et d'Espagne sur une même tête.

Ce que nous avons vu arriver de nos jours semble plus que jamais prouver combien la vraie indépendance des nations peut être exposée par l'agrandissement démesuré d'une puissance, comme par l'affaiblissement de celles dont le contre-poids pouvait servir de frein à son ambition. S'il n'y eut eu rien à reprocher aux moyens par lesquels Napoléon est parvenu au pouvoir démesuré dont il jouissait en 1812, son joug aurait-il par là moins pesé sur les nations dont *nominalement* la souveraineté était encore conservée ? Peut-on exiger des nations qu'elles attendent patiemment le moment où elles auront éprouvé des suites fâcheuses

citer comme raison justificative de l'intervention que certaines
puissances prétendent s'arroger dans les affaires soit internes,
soit externes des autres nations... « Jusqu'à quel point peuvent
être fondés ceux qui défendent ce système, et en quel sens peuvent, d'un autre côté, avoir raison ceux qui ne le considèrent
que comme un prétexte inventé par de certaines puissances, afin
de pouvoir justifier par des motifs plausibles et fondés sur le
maintien de l'indépendance générale, la jalousie qui les pous-
sait à s'opposer à la prospérité de toute nation rivale.

» Ce n'est pas parce que chacun entend le mot *équilibre* dans
un sens différent, que la question, après avoir été si souvent
debattue, est restée jusqu'à présent indécise : c'est plutôt parce
que chaque écrivain, ayant en vue une des différentes manières
dont l'agrandisement des Etats peut s'opérer, la question roule
sur le moyen de s'agrandir, et non pas sur l'agrandissement en
général.

» Ainsi personne ne s'est jamais avisé de soutenir qu'il soit
permis de déclarer la guerre à un Etat qui, faisant de rapides
progrès dans les arts et le commerce, devient tous les jours plus
puissant.

» Mais lorsque le gouvernement d'une nation s'arroge le droit
d'étendre sa domination sur une autre nation, sans que celle-ci
en ait exprimé le vœu, rien de plus naturel que de voir toutes les

aisées à prévoir, et où leur résistance ne sera devenue que plus difficile,
sinon impossible? Les traités seuls peuvent-ils les autoriser à agir en
conséquence?

Au reste, comme les puissances alliées, depuis 1813, ont travaillé et
réussi à rétablir un équilibre plus juste de puissances, ce n'est que du
maintien de cet équilibre, et de l'état de possession qui est résulté des
traités de 1814-1819, que peut dépendre le repos de l'Europe; et,
comme la plupart des puissances de cette partie du globe ont eu part à
ces traités, et que, de ce chef, elles seraient autorisées à s'opposer aux
changements qu'on tenterait de faire à cet état de possession; comme
aussi tout État au préjudice duquel un changement devrait avoir lieu serait en droit de réclamer cette garantie que ces traités ont établie, il
peut y avoir moins d'intérêt qu'autrefois à décider la question de savoir
si le système de l'équilibre est fondé dans les principes de la loi naturelle, ou s'il ne l'est qu'en tant qu'il est établi par des conventions pu
bliques.

autres nations témoigner leur appréhension contre un pareil
esprit d'envahissement.

» Mais que penser de cette autre manière d'agrandissement par
succession, qui, sans être une violation du droit des gens, ne
laisse pas de produire le même effet, et d'inspirer les mêmes
craintes que l'agrandissement par conquête ?

» Certes, la succession du souverain d'une nation à la couronne d'une autre nation n'a rien de contraire au droit des gens,
parce que l'effet opéré par cette succession est la réunion des
deux peuples dans un seul corps de nation ; fusion qui peut avoir
lieu sans qu'il y ait offense des droits ni de l'une ni de l'autre des
deux nations, et encore moins de toute autre nation étrangère ;
mais c'est lorsque cette réunion, et par conséquent la succession
du prince à la couronne vacante, a lieu en vertu d'un commun
accord des deux nations, qui, faisant usage du droit qui leur
appartient de se choisir un gouvernement et des concitoyens
à leur gré, conviennent de ne former dorénavant qu'un seul
peuple.

» Mais lorsque, sans consulter la volonté ni de l'une ni de
l'autre des deux nations, on opère cette fusion sous prétexte que
telle est la loi constitutionnelle du peuple chez qui le trône est
devenu vacant, il y a sans doute dans ce mode d'incorporation
moins de barbarie que dans la conquête, mais, à coup sûr, il n'en
a pas plus de droit en sa faveur.

» Ce n'est donc pas à la réunion des deux peuples qu'une
tierce puissance a le droit de s'opposer, mais à la manière injuste
dont cette réunion aura eu lieu ; car il est fort indifférent, quant
au bon droit, que celui-ci soit attaqué par les armes du conquérant, ou par l'abus que le législateur constituant a fait de son
mandat, en établissant un ordre de succession pour lequel la
volonté des nations n'a pas été consultée, et que l'on consultera
encore moins chaque fois que dans la vacance du trône il faudra
se hâter d'y faire monter le plus tôt possible un successeur.

» Quelle que soit donc celle de ces deux manières dont l'agrandissement ait ou se dispose à avoir lieu, toutes les nations sont
intéressées à y mettre opposition, dussent-elles avoir recours aux
armes pour en empêcher l'exécution. Mais voilà les seuls cas où
elles puissent justifier leur intervention.

» L'idée de maintien de l'équilibre de pouvoir entre les nations

n'entre pour rien dans toutes ces diverses considérations, mais
seulement le maintien de la souveraineté et de l'indépendance de
chaque nation envers et contre toute autre nation ou individu qui,
malgré elle, s'arrogerait l'autorité de lui commander. » F. Heff-
tlr, *le Droit international*, traduction de M. Bergson, § 6.]

§ 122. — Histoire du Système de l'Équilibre en Europe

De tout temps les peuples habitant une même partie du
globe ont considéré d'un œil jaloux l'accroissement disproportionné de l'un d'entre eux. L'histoire ancienne offre
plus d'un exemple de tentatives, et même d'alliances particulières, ayant pour but de s'opposer à l'ambition et aux
agrandissements de telle puissance prépondérante (a) Cependant aucun de ces peuples de l'antiquité ne semble
avoir formé du maintien de l'équilibre un système suivi de
sa politique ; aucun ne semble avoir connu d'autre crainte
que celle d'être entièrement subjugué. L'accroissement démesuré de l'empire romain, le phénomène singulier de la
migration des peuples, l'indifférence d'autres peuples lors
de la réunion de tant d'États sous l'empire de Charlemagne, plus tard même leur silence apathique lorsque Henri V
d'Angleterre fut désigné comme successeur au trône de
France, semblent prouver que ce n'est que plus tard que
les peuples de l'Europe se sont occupés constamment à
prévenir de loin des dangers de ce genre. Aussi, tant que
le droit manuaire troublait sans cesse le repos intérieur
des États, on pouvait moins s'occuper des affaires étrangères ; on avait même moins lieu de redouter des agran-

(a) Le comte DE HERTZBERG, Dissertation sur la véritable richesse
des États, p. 8; C. G. HEYNE, Progr. *de Fœderum ad Romanorum
opes imminuendas initorum eventis eorumque causis*, Gottingæ, 1785,
in-fol.

dissements souvent éphémères. Mais, lorsqu'au commencement du seizième siècle le pouvoir de la maison d'Autriche,
depuis Charles V, s'était tellement accru qu'il ne pouvait
qu'à peine être balancé par celui des rois de France, qui
avaient dompté leurs puissants vassaux, et que ces deux
puissances prépondérantes aspiraient tour à tour à la monarchie universelle, c'est alors qu'on vit se former en Europe un système d'équilibre, système qui, s'il avait d'a-
bord pour but principal de balancer ces deux pouvoirs (b),
bientôt plus étendu, plus compliqué, changea souvent de
forme, mais sans jamais être entièrement perdu de vue (c).
Et si, dans plus d'un cas, et même de nos jours, telle puissance, séduite par les intérêts du moment, s'est écartée
dans sa conduite de ce que ce système semblait devoir lui
conseiller; et si peut-être de toutes les puissances aucune
ne s'est plus sérieusement et plus constamment occupée à
maintenir ou à rétablir cet équilibre, que la Grande-Bretagne depuis la fin du dix-septième siècle, et plus tard la
Prusse, au moins la plupart des puissances européennes

(b) Sur l'idée plus juste qu'on doit se former aujourd'hui de ce qu'on
appelle la balance, V. le comte DE HERTZBERG, loc. cit., p. 9. On peut
aisément convenir, avec M. Kluber, que le mot d'*équilibre* ou de *balance*, qui semble devoir son origine à des circonstances qui ont changé
depuis, n'est pas le plus propre pour exprimer ce qu'on a aujourd'hui en
vue, mais, avant de le rayer du droit des gens et de la politique, il faudrait lui en substituer un autre plus adapté aux circonstances, et moins
vague, pour désigner le droit des nations de faire leurs efforts et de les
réunir pour s'opposer à temps à des changements qui pourraient mettre
leur véritable indépendance en danger; et il serait sans doute difficile
d'exprimer tout cela par un seul mot.

(c) Sur l'histoire de l'équilibre en Europe, V. SCHMALSS, *Einleitung
in die Staatswissenschaft*, t. I, mais surtout le comte DE HERTZBERG,
loc. cit., § 8, *Historischer Versuch uber das Gleichgewicht der Macht
bey den alten und neueren Staaten*, 1796, in-8.

croient encore aujourd'hui pouvoir prétendre au droit de
veiller au maintien de l'équilibre comme à un principe du
droit des nations (d).

— —

[Rien de plus simple en effet que l'idée première qui sert de
point de départ au système de l'équilibre des Etats. Au moyen
âge, chacun d'eux était faible, obscur et isolé ; les difficultés de
communications les maintenaient dans l'ignorance d'eux-mêmes.
« Et, se fussent-ils connus, ajoute ANCILLON, *Tableau des révolutions du système politique de l'Europe*, t. I, p. 28, leur impuissance réciproque était telle qu'ils n'avaient pas lieu de se craindre l'un l'autre, et de prendre les mesures et les précautions que
la crainte dicte en cas pareil à la prudence Aussi ne les voit-on
pas se jalouser réciproquement, agir de concert, faire la guerre et
la paix, former des alliances ou les rompre d'après des principes
fixes. Chaque état existait pour soi : le prince et les sujets étaient
également pauvres. On redoutait momentanément ses voisins,
quand ils étaient actifs, entreprenants, ambitieux ; mais les
projets manquaient d'ensemble, et les opérations militaires de
tenue et de suite. On se brouillait facilement, on se réconciliait
de même ; on ne savait pas faire des plans, et, l'eût-on su, on ne
savait pas les exécuter : les moyens de puissance étaient généralement aussi faibles que les moyens de combinaison. » Mais lorsqu'au milieu du quinzième siècle et à la suite de la rénovation
produite par des découvertes étonnantes et des événements sin-
guliers, il se forma en Europe plusieurs masses de puissances,
soit par l'étendue de territoire qui leur appartenait, soit par leurs
forces militaire, industrielle, commerciale et financière, soit par
leur population, les unes disposées à attaquer avec vigueur et
audace, les autres à se défendre avec persévérance, on vit se former des associations d'abord passagères, plus tard permanentes,
de plusieurs Etats contre un autre Etat devenu dangereux :
« Si l'on suppose, dit Eugène ORTOLAN, *des Moyens d'acquérir
le domaine international*, n. 206, que cette idée d'association

_____

(d) GUNTHER, *Europ. Völkerrecht*, t. I, p. 316 et suiv., ADELUNG,
Staatsgeschichte, t. I, p. 137 et suiv.

prenne plus d'étendue, plus de consistance et plus de durée : plus
d'étendue, en ce qu'au lieu d'être une ligue de certains Etats
contre un autre, elle réunisse tous ces divers Etats dans une
entente commune; plus de consistance et plus de durée, en ce
qu'au lieu d'être passagère, elle reçoive un caractère et un esprit
permanents; qu'au lieu de n'avoir en vue qu'un péril actuel, elle
porte ses prévisions sur l'avenir, et qu'elle tende, non pas seulement à défendre les Etats ainsi réunis en un système commun contre l'ambition d'un seul, mais à établir et à garantir entre eux tous
une telle distribution, un tel balancement de forces et de possession, qu'ils se trouvent maintenus en repos : on aura une seconde
forme de la même idée, beaucoup plus avancée que la première,
dans laquelle on aperçoit déjà clairement la théorie de l'équilibre. »

En fait comme en théorie, ce sont les progrès d'une puissance
et les dangers résultant pour les autres de ce développement qui
hâtent l'établissement de la politique d'équilibre, c'est-à-dire d'accord, d'association générale, permanente, pour la constitution et
la garantie en commun d'un certain état de possession territoriale
conventionnellement réglé. L'histoire moderne en offre de notables exemples, et c'est avec raison que notre auteur rappelle la
suprématie de la maison d'Autriche sous Charles-Quint amenant
la paix de Westphalie en 1648, celle de la maison de Bourbon,
sous Louis XIV, amenant la paix d'Utrecht en 1713, celle de Napoléon au temps de la république et de l'empire aboutissant aux
traités de 1815.

Quelle idée peut-on se former aujourd'hui de l'équilibre politique dans son ensemble et dans ses développements historiques?
L'équilibre politique, suivant Eugène ORTOLAN, *des Moyens d'acquérir le domaine international*, n. 263, consiste à organiser entre
les nations faisant partie d'un même système une telle distribution et une telle opposition de forces, qu'aucun Etat ne s'y trouve
en mesure, seul ou réuni à d'autres, d'y imposer sa volonté, ni
d'y opprimer l'indépendance d'aucun autre Etat, et s'il est exact
de dire que l'équilibre de forces diverses s'obtient par la combinaison de ces deux données : l'intensité et la direction, on recon-
naîtra qu'entre nations l'intensité se compose de tous les éléments
quelconques, matériels ou immatériels, qui sont de nature à
constituer la puissance, le moyen efficace d'action; quant à la

direction, elle se détermine par l'intérêt. Il faut donc combiner
la distribution des divers éléments de puissance et les rapprochements ou les oppositions d'intérêts pour créer dans un groupe de
nations, à un moment donné, un état d'équilibre, en ne perdant
pas de vue l'extrême mobilité des éléments de puissance et surtout des intérêts. Chaque jour ils peuvent se modifier et l'équilibre courra le risque de s'altérer par ce qui augmentera ou dimi-
nuera les uns et viendra unir ou diviser les autres... Il est inutile
d'insister plus longtemps sur des considérations qui se rattachent
plutôt à l'histoire générale politique des nations, qu'au droit des
gens, et l'on peut consulter pour l'étude des phases par lesquelles
a passé la théorie de l'équilibre, Eugène ORTOLAN, *des Moyens
d'acquérir le domaine international*, n. 267 et suiv. V. encore
sur la question en général de l'équilibre des Etats. JUSTI, *Chimaire des Gleichgewichts von Europa*, 1758, in-4°; GUNTHER,
Europ. Volkerrecht, 1793, t. I, p. 321 et suiv.; *le Droit international*, traduction de M. Bergson, § 6; SCHMALZ, *Droit des gens
europ.*, liv. V, ch. IV, édit. all.; KLUBER, *Dr. des gens mod. de
l'Eur.*, édit. Guillaumin, § 6 et 42; WHEATON, *Eléments du dr.
intern.*, t. I, p. 77 et suiv.; VATTEL, *le Droit des gens*, édit. Guillaumin, liv. III, ch. III, § 49 et une dissertion de M. Pradier-Fodéré
sur ce §.   CH. V.]

§ 123. — De l'Équilibre particulier.

Ce qui vient d'être dit par rapport à l'équilibre général
en Europe a aussi lieu par rapport à l'équilibre particulier
dans quelques parties de l'Europe, comme entre les États de
de l'est, de l'ouest, du sud ou du nord (*a*), entre les États de
l'Italie (*b*) ou ceux de l'Allemagne (*c*); il a, de même, été

(*a*) SCHMAUSS, *Einleitung in die Staatswissenschaften*, t. II.

(*b*) MOSER, *Versuch*, t. II, p. 73; GUNTHER, *E. V. R.*, t. I, p. 375.

(*c*) GUNTHER, *E. V. R.*, t. I, p. 376. Sur l'association des princes de
l'Empire, de 1785. V C. W. DOHM, *Ueber den Deutschen Fürstenbund*,
1785, in-8; *Prüfung der Ursachen einer Association*, Polit. Journal,
1785, p. 1113; *Beantwortung der zu Wien herausgekommenen Prüfung*, etc., Polit. Journal, 1785, p. 1244 V. aussi REUSS, *Teutsche*

quelquefois question d'un système d'équilibre pour les colonies en Amérique, etc. (*d*), comme aussi d'un équilibre maritime (*e*), quoique à l'égard de ce dernier point on semble ne pas toujours s'entendre sur l'idée qu'on y attache, et sur les moyens qu'on pourrait employer pour le faire valoir.

[L'application de l'équilibre politique a commencé par les petits groupes et par régions différentes. On a eu d'abord l'équilibre entre les États d'Italie, l'équilibre entre les Etats d'Allemagne, l'équilibre du Nord, l'équilibre de l'Europe, l'équilibre en Amérique, l'équilibre du monde; plus tard, il s'est étendu partout où se sont rencontrées des forces voisines en contact les unes avec les autres, et s'est constitué en un système unique dans lequel l'équilibre général résultait de l'équilibre particulier. C'est ce qu'indique d'HAUTERIVE, *de l'État de la France a la fin de l'an VIII*: « Il y a, dit-il, en Europe, ou du moins il devrait exister, un équilibre général; il y a ensuite, dans quelques parties de l'Europe, des équilibres partiels qui se forment de la correspondance des rapports de plusieurs Etats placés dans des relations presque immédiates les uns avec les autres. L'équilibre général devrait se former de la correspondance de tous les équilibres partiels; les équilibres de cette dernière espèce sont faciles à former, et une fois établis ils sont susceptibles de plus de durée. Tels sont l'équilibre politique du Nord, l'équilibre politique de l'Alle-

---

Staatscanzeley, t. XII, p. 193, VAN DOHM, *Denkwurdigkeiten meiner Zeit*, t. II.

(*d*) MOSER, *Nordamerica nach den Friedensschlüssen von* 1783, t. III, p. 316.

(*e*) Par exemple, Déclaration du min. de France à Pétersbourg, de 1752. MOSER, *Beyträge*, t. I, p. 72. La *Voix libre du citoyen d'Amsterdam, ou Réflexions sur les affaires présentes*, 1755. V. JUSTI, *Chimaire des Gleichgewichts der Handlung und der Schiffahrt*, Altona, 1759, in-4; *Observations sur le Mémoire justificatif de la cour de Londres*, 1779.

magne, celui de l'Italie et celui du Sud de l'Europe... » V. aussi
Eugène ORTOLAN, *des Moyens d'acquérir le domaine international,*
n° 210.

Mais l'équilibre continental serait insuffisant et illusoire, si
l'équilibre maritime n'existait pas en même temps. On peut même
affirmer sans témérité que l'équilibre maritime, bien que se pro-
duisant d'une manière plus tardive, est plus important que l'équilibre continental, « parce que, comme le fait observer HAUTE-
FEUILLE, *des Droits et des devoirs des nations neutres,* t. I, p. 80,
c'est sur mer surtout, c'est-à-dire sur un lieu commun à tous,
toujours ouvert à tous, où tous se rencontrent forcément, que la
tyrannie, résultant d'une force prépondérante, peut se faire sentir;
parce que la nation la plus puissante sur mer peut asservir non-
seulement ses plus proches voisins, mais frapper à tout instant
sur toutes les côtes de l'Océan, et par conséquent opprimer tous
les peuples faibles, accroître sa force au delà de toutes les limites. » Et cependant on ne voit, dans le cours du dix-septième
siècle, aucune guerre entreprise, aucune coalition formée, aucun
traité conclu aucune tentative faite pour arriver à l'établissement
de l'équilibre maritime. C'est seulement au dix-huitième siècle
que les traités de 1780, renouvelés en 1800, en constituant la
neutralité armée, opposent un obstacle à la politique et aux enva-
hissements de l'Angleterre. V. sur ce point, de FLASSAN, *Histoire
de la diplomatie française,* t. VII, p. 267 et suiv.; SCHOELL, *Histoire des traités,* t. IV; WHEATON, *Histoire des progrès du droit
des gens,* t. I, p. 358 et suiv.

La reconnaissance des droits des neutres, par la France et l'Angleterre, les 28 et 29 mars 1854, et la déclaration du 16 avril
1856, sont un pas fait vers l'établissement de l'équilibre maritime.

CH. V.]

§ 124 — Des moyens de maintenir l'Équilibre.

C'est à la politique à juger du danger qui menace l'équilibre, et des moyens propres à le conserver. Il est constant,
1° que ce danger ne résulte pas de toute acquisition qu'un
État puissant pourrait faire, même d'un vaste territoire, et
acquis sans compensation pour les autres ; 2° qu'un échange,

quoique égal en apparence, qu'une acquisition de peu
d'étendue, peut exposer l'équilibre ; 3° qu'il ne faut pas
toujours une acquisition formelle pour produire cet effet,
qu'il peut résulter de la supériorité qu'un État exerce sur
des voisins, indépendants en apparence (a) ; 4° que même
les alliances entre de puissants États peuvent compromettre
l'équilibre ; 5° que l'affaiblissement d'une puissance qui
servait de contre-poids peut être aussi dangereux que l'a-
grandissement positif de telle autre.

Quant aux moyens (b) à mettre en usage, on ne saurait
les borner aux seules représentations à l'amiable faites séparément ou en commun (c) ; les alliances, soit avec l'État
immédiatement menacé, soit entre d'autres États, et en conséquence, même la voie des armes, peuvent devenir nécessaires et légitimes ; mais le système copartageant, en tant
qu'il vise à procurer a plusieurs Etats un agrandissement
formé au préjudice d'un tiers innocent, semble n'avoir
pas été puisé à la source du droit des gens (d).

(a) Exemples de l'influence de Napoléon sur la Confédération du
Rhin, sur la Suisse, sur les républiques de l'Italie, même avant leur réunion, etc.

(b) Guntner, E. V R , t. I, p. 362.

(c) Négociations de la Grande-Bretagne et de la Prusse avec la Russie
en 1790, dans mon Recueil, t. V, p 53.

(d) Le système que, depuis le seizième siècle, on désignait sous le nom
de maintien de l'équilibre, faisait la sécurité des moyens et petits États,
moralement surs de trouver un appui contre de grandes puissances voisines si elles les convoitaient. Le système copartageant qui présidait au
premier partage de la Pologne, en 1773, est, au contraire, destructif pour
la sureté des moyens et petits États, continuellement exposés à être sa-
crifiés à des complaisances mutuelles. Il a fait le malheur de l'Europe,
et a confirmé, par une triste expérience, « que la morale une fois sous-
» traite des rapports politiques entre les nations, rien ne tient, tout bal-

On ne peut condamner des alliances tendant à s'opposer à force commune aux abus que se permettrait une puissance maritime prédominante, mais c'est veiller moins au maintien d'un équilibre qu'à la protection actuelle des droits qu'on croit pouvoir réclamer (e) ; et jamais, au moins, la prépondérance seule de la marine d'une puissance ne saurait autoriser à la forcer de la diminuer.

» lotte dans la grande fédération sociale, et il faut sans cesse y porter la » main. » (Manuscrits de M. Necker, par sa fille, p 151.)

(e) Système de la neutralité armée, en 1780, dans mon *Recueil a*, t. II, p. 74, *b*, t III, p 138 et suiv., traité entre le Danemark et la Suède, du 27 mars 1794, dans mon *Recueil*, t, V, p. 174, système de la neutralité armée renouvelé en 1800, dans mon Supplém., t. II, p. 389 et suiv.

CHAPITRE II.

●

DE L'ÉGALITÉ DES DROITS DES NATIONS; DES DIGNITÉS ET DE LA PRÉSÉANCE.

§ 125. — Principes du Droit naturel.

Entre les nations comme entre les individus il y a une égalité parfaite de droits naturels et absolus ; c'est-à-dire qu'indépendamment de la diversité du territoire, de la population, des forces, de la religion, de la constitution, de l'ancienneté du gouvernement établi, tous ont un même droit d'entreprendre ce qui est compatible avec l'indépendance des autres, et que, dans l'état absolu, aucun n'est en droit de les forcer à un acte positif quelconque en sa faveur.

Sous ce dernier point de vue, une nation, quelque puissante qu'elle puisse être, n'est pas en droit d'exiger de l'autre des démonstrations positives d'honneur, moins encore des préférences, quoique toutes soient autorisées à considérer comme lésion des démonstrations positives de mépris, et des actes contraires à leur honneur.

Donc, bien que chaque nation soit en droit d'accorder

à son chef tels titres et autres distinctions honorifiques qu'elle juge être convenables, ceci ne suffit pas, d'après la loi naturelle, pour obliger les nations étrangères à les lui accorder de même ; elles peuvent les admettre, les rejeter, ou les accorder conditionnellement.

Cependant, le désir de conserver ou d'établir des liens d'amitié avec telle nation, et le vœu d'obtenir d'elle les mêmes complaisances, peuvent devenir des motifs urgents pour ne pas se refuser à l'observation de ces points de cérémonial.

La nation la plus puissante même n'a non plus aucun droit de préséance sur la plus faible : mais bien des motifs peuvent déterminer celle-ci à ne pas lui refuser une place d'honneur que d'ailleurs elle ne pourrait pas empêcher de tierces nations de lui accorder.

De même, en général, le désir de conserver la bonne harmonie et de resserrer les liens entre les Etats a pu donner lieu à nombre d'autres démonstrations d'égards, d'amitié ou de bienveillance.

§ 126. — Cérémonial étranger.

Toutes ces causes ont contribué à introduire en Europe une multitude de points relatifs à la dignité, au rang et à d'autres marques honorifiques des États, de leurs chefs et de leurs représentants dont l'ensemble se désigne sous le nom de *cérémonial étranger (a)* ; et, bien que la plupart de ces

(a) LETI, *Ceremoniale historico-politico*, Amsterdam, 1685, 6 vol. in-12 ; Agostino PARADISI, *Teatro de Uom nobile*, Venet, 1731, 2 vol. in-fol., J.-C. LUNIG, *Theatrum ceremoniale historico-politicum ; oder historisch-politischer Schauplatz*, Leipsick, 1719-1720, 2 vol. in-fol. ; ROUSSET, *Cérémonial diplomatique des cours de l'Europe*, Amst et

points ne reposent que sur un simple usage, les nations
civilisées les observent souvent plus scrupuleusement qu'elles
n'ont quelquefois observé les traités les plus solennels. On
ne peut donc se dispenser d'en parler en s'occupant du
droit des gens positif. Cependent on touchera plus bas ce
qui concerne en particulier le cérémonial *personnel* des
souverains, le cérémonial *diplomatique, maritime , d'am-
bassade* et de *guerre,* se contentant de rapporter ici les
points plus généraux qui regardent les *dignités* et la *préséance.*

§ 127. — Dignité impériale et royale.

La circonstance accidentelle, qu'à l'époque où notre
cérémonial commençait à se former, les États les plus puissants de l'Europe avaient pour chefs, des rois ou un empereur, jointe peut-être à l'importance que la religion attachait
au sacre des rois, semble avoir le plus contribué à faire
considérer la dignité impériale et royale comme la plus
éminente des dignités séculières, et à faire attribuer aux
empereurs et aux rois, indépendamment même de la prodigieuse diversité de leur puissance et de leurs richesses, des
prérogatives d'honneur sur les autres États, qu'on s'est
accoutumé à désigner sous le nom collectif d'*honneurs
royaux.*

De même, la prépondérance des anciens empereurs romains, qui comptaient même des rois parmi leurs sujets,
semble avoir contribué à faire envisager la dignité impériale comme la plus éminente de toutes, et, en considérant

La Haye, 1739, 2 vol. in-fol. (Suppléments au Corps diplomatique,
5 vol.)

les empereurs romains, depuis Charlemagne, comme les
successeurs des anciens maîtres du monde, et comme chefs
temporels de la chrétienté (a), à leur attribuer des prérogatives qui, sans même se borner au rang seul, tendaient à
une autorité et à une indépendance (b) plus marquées Cependant, depuis, en reconnaissant l'erreur de cette dernière
hypothèse, les rois ne conviennent plus que le titre d'*empereur*, considéré en lui-même, infère nécessairement des
prérogatives supérieures à celui de *roi*.

———

[Les titres désignant les dignités sont variés. Au premier rang
figurent ceux d'*empereur* et de *roi*. Après les titres d'empereur et
de roi, viennent ceux d'*électeur*, de *grand-duc*, de *duc*, de *landgrave*, et de *margrave* qui ne sont plus portés comme titre unique
de souveraineté, celui de *prince*. Longtemps, comme le fait
observer le baron Charles de MARTENS, *Guide diplomatique*, t. II,
p. 12, le pouvoir prédominant des anciens empereurs de Rome et
de Byzance, qui comptaient même des rois parmi leurs sujets,
a contribué à faire considérer le titre d'*empereur* comme étant le
plus élevé pour les souverains. Ce titre seul leur conférait des

(a) STRUVE, *Grundmässige Untersuchungen von dem kaiserlichen Titel und Würde*, MOSER, *Nebenstunden*, p. 285.

(b) C'est pourquoi, dans le moyen âge, plusieurs rois, sans prendre le
titre d'empereur, soutenaient que leur couronne était *impériale* et leur
royaume un *empire*, pour marquer leur indépendance. Sur l'Angleterre,
où, dans les actes publics, on a employé jusqu'à ce jour le mot *imperial
crown*, V BLACKSTONE, *Commentaris*, t I, p. 235; RYMER, *Fœdera*,
t VIII, part. II, p. 72, 125 Sur l'Espagne, V. DU CANGE, t. III, p. 636,
1336, VAYRAC, *État présent de l'Espagne*, t II, p, 98; DE REAL, *Science
du gouvernement*, t. V, p. 837. Sur la France, V *Gelehrte Beytrige zu
den Meklenb., Schwerin, Nachrichten*, 1773, n. 43 45. Sur l'usage du
titre d'empereur de France, dans les traités avec les Turcs et les Afri-
cains, V DE STECK, *Échantillons*, etc., p. 3; LAUGIER, *Hist. de la paix
de Belgrade*, t I, p. 65, n 1.

droits d'hommage et des prérogatives que plusieurs princes leur contestèrent dès la fin du Bas-Empire. Le titre d'empereur n'a plus depuis longtemps, et cela est incontestable, aucune supériorité réelle sur celui de roi. A côté des empereurs d'Allemagne on a vu les souverains de Russie, en 1721, de France, en 1804 et 1852, d'Autriche, en 1805, du Brésil, en 1822, s'attribuer successivement la dignité impériale. Le sultan prend également le titre d'empereur comme correspondant à celui de *padischah*. Les rois d'Angleterre se sont aussi attribué le titre d'empereur dans les actes publics relatifs aux affaires intérieures de leur royaume, et les rois de France, dans leurs négociations avec la Porte et les Etats barbaresques.

WHEATON, *Eléments du droit international*, t. I, p. 154, ajoute : « Tout prince souverain ou tout Etat peut prendre tel titre qu'il lui plaît et exiger de ses propres sujets tels honneurs qu'il veut. Mais la reconnaissance de ces titres par d'autres ne s'ensuit pas du tout, surtout dans le cas où un souverain ou un Etat prend des titres plus élevés que ceux qu'il possédait déjà. C'est ainsi, ajoute-t-il, d'après WARD, *History of the law of nations*, t. II, p. 245, et FLASSAN, *Histoire de la diplomatie française* t. VII, p. 329, que le titre de roi de Prusse, que prit Frédéric Ier en 1701, ne fut d'abord reconnu que par l'empereur d'Allemagne, et seulement plus tard par les autres princes de l'Europe. Ce ne fut qu'en 1786, sous le règne de Frédéric-Guillaume II, que le pape reconnut ce titre, et qu'en 1792 que l'ordre Teutonique renonça à ses prétendus droits au duché de Prusse. C'est ainsi également que le titre d'empereur de toutes les Russies, qui fut pris par Pierre le Grand en 1701, fut successivement reconnu par la Prusse, les Provinces-Unies et la Suède en 1723, par le Danemark en 1732, par la Turquie en 1739, par l'empereur d'Allemagne en 1745, par la Confédération germanique en 1746, par la France en 1745, par l'Espagne en 1759, et par la république de Pologne en 1764. Dans la reconnaissance que fit la France de ce titre, il fut expressément stipulé que ce changement de titre n'aurait aucun effet sur les relations de cérémonial entre les deux cours... » *V*. encore VATTEL, *le Droit des gens*, édit. Guillaumin, liv. II, ch. III, § 37 et suiv.   CH. V.]

§ 128. — De la Reconnaissance des Titres et Dignités.

Depuis longtemps on n'accorde plus aux papes (a) ou aux empereurs romains le droit de disposer de la dignité royale au point d'obliger par là d'autres nations à la reconnaître ou à en refuser la reconnaissance. Aujourd'hui toutes les puissances de l'Europe ont adopté ce principe : que si tout État peut attribuer à son chef tel titre qu'il le juge à propos, il dépend des puissances étrangères de le reconnaître (b),

(a) *V.* des exemples où tantôt les papes, tantôt les empereurs, ont exercé ce droit, dans les *Hannoverische gelehrte Anzeigen*, 1750, p. 173 ; J.-P. DE LUDWIG, *de Jure reges appelandi*, cap. II, § 7, dans ses *Opuscula*, t. I, p. 62 ; DE RÉAL, *Science du gouvernement*, t V, p. 837, 842.

(b) Frédéric, premier roi de Prusse, prit lui-même le titre royal, quoique après avoir négocié d'abord avec l'empereur le traité de 1700, ROUSSET, *Supplém.*, t. II, part I, p. 461. Le pape protesta en vain pour en empêcher la reconnaissance, LAMBERTY, t I, p 383, J.-P DE LUDWIG, *Nœniæ pontificis*, Halæ, 1702, in 4. Il en obtint successivement la reconnaissance, en 1701, par l'Angleterre, les Provinces-Unies des Pays-Bas, la Suisse, *Allgem Geschichte der vereinigten Niederlande*, t. VIII, p. 256 ; LAMBERTY, *Mémoires*, t. I, p. 710 ; par le Danemark LUNIG, *T. Reichscanzeley*, t. V, p 316, et par le Portugal, plus tard, par la France et l'Espagne, *V.* le traité de 1713, ensuite, en 1723, par la Suède, MOSER, *Versuch*, t. I, p. 147 ; et en 1764, par la Pologne, le comte DE HERTZBERG, *Recueil des déductions*, t. I, p. 310, dans mon *Recueil a*, t. I, p 955 ; *b*, t I, p. 234 Enfin le pape lui-même le reconnut en 1786, et formellement en 1787. *V.* le comte DE HERTZBERG, *Historiche Nachrichten von dem ehemals bestrittenen nunmehro aber anerkannten preussischen Königstitel*; *Berliner Monatsschrift*, 1786, august, n. 1, 2. Comparez 1787, mars, p. 290, et *Storia dell' anno* 1787, p. 287 ; J.-E. KUSTER, *Beytrage zur preussischen Staatskunde*, 1806, p. 1-24.

De même le titre impérial que prit le czar Pierre 1ᵉʳ fut reconnu en 1723 par la Prusse, les Provinces-Unies des Pays-Bas et la Suède ; en 1732, par le Danemark, MOSER, *Versuch*, t. I p 261 ; par la Grande-Bretagne, en 1732, et formellement en 1742, WENCK, *Codex Jur. gent.*, t. I, p. 670 ; ensuite, en 1739, par la Porte, WENCK *loc. cit.*, t. I,

de le refuser, et par conséquent de l'accorder conditionnel·
lement (c).

§ 129. — Honneurs royaux.

Quoique la qualification d'*honneurs royaux* indique déjà
qu'on considérait primitivement les prérogatives d'honneurs
comme annexées à la dignité royale (et impériale), cependant rien n'empêche que ces honneurs ne puissent être

p. 383 , en 1742, par la reine de Hongrie; en 1744, par l'empereur romain, *Merc. hist. et polit* , 1744, p. 199; et en 1747, par l'Empire en
corps, FABER, *N. E. Staatscanzeley*, t. XCII : ADELUNG, *Staatsgeschichte*, t. VI, p. 35 , en 1745, par la France; en 1759, par l'Espagne; en
1764, par la Pologne, dans mon *Recueil a*, t. IV, p 42 ; *b*, t. I, p. 237.
V., en général, E. OTTO, *de Titulo Imp. Russorum*, Ultraj., 1722,
Halæ, 1724, in-4 ; et les écrits cités dans DE OMPTEDA, *Litteratur d. V.
R* , t. II, p. 508 Le titre d'empereur des Français, adopté par Napoléon,
en 1804, fut reconnu par l'Europe entière, la Grande-Bretagne seule exceptée. Après la dissolution de l'Empire germanique, en 1806, le titre
d'empereur d'Autriche fut universellement reconnu. Les titres qu'à la
suite de la Confédération du Rhin plusieurs de ses membres adoptèrent,
tels que les anciens électeurs de Bavière, de Saxe, de Wurtemberg, celui
de roi, l'ancien électeur de Bade et le landgrave de Hesse-Darmstadt,
celui de grand-duc. le prince de Nassau. celui de duc, furent reconnus
d'abord par la plupart des puissances de l'Europe ; ils le furent généralement par les puissances qui ont signe le traité de Paris de 1814 et l'acte
du congrès de Vienne de 1815, ou qui y ont accédé
Les titres adoptés par plusieurs princes à l'époque du congrès de Vienne,
tels que celui de roi par l'ancien électeur d'Hanovre, celui de grand-duc
par les ducs de Mecklembourg et le duc de Weimar, le furent de même,
soit après notification, soit par l'acte du congrès. La titre de grand-duc
a été reconnu d'avance par l'art. 54 du congrès de Vienne pour le duché
d'Oldenbourg, bien que le prince régnant actuel ne l'ait pas encore publiquement adopté. *V.* plusieurs actes relatifs à l'adoption de ces titres,
dans mon *Recueil*, Supplém., t. IV, p. 333-340 ; et quant à ceux de 1814,
1815, *V.* KLÜBER, *Acten des Wiener Congresses*, t. I, p. 64; t. II, p. 198-
200; t. VI, p. 46.
(c) Sur les reversales d'abord obtenues par la France et l'Espagne, et
exigées par elles en 1763, *V.* FABER, *Europ. Staatscanzeley*, t. X, p. l,
et mon *Recueil a*, t. I, p. 30; *b*, p. 134.

accordés ou conservés à des États qui n'ont point eu de roi pour chef, ou qui cessent de l'avoir. Et, tandis que déjà antérieurement à la révolution française plusieurs États de ce genre possédaient ces honneurs royaux ou y prétendaient, tels que la ci-devant république de Venise, qui jadis possédait deux royaumes, les Provinces-Unies des Pays-Bas, la ligue Helvétique, et les Électeurs (a) ; telle que l'Angleterre pendant le protectorat de Cromwell, il n'est pas surprenant que la république française ait prétendu au moins au même degré d'honneurs dont la France jouissait sous ses rois

§ 130. — De la Préséance.

Le droit de *préséance (a)* est le droit d'occuper, entre plusieurs places, celle qui est censée la plus honorable. De tout temps les nations de l'Europe ont attaché un grand prix à maintenir le rang qu'elles croyaient leur être dû, soit dans les *entrevues personnelles* des souverains, ou des ministres qui les représentent, dans des occasions de cérémonie, comme dans les visites solennelles, les cercles, les processions, etc., soit dans les *actes publics* de tout genre, surtout dans le corps et dans la signature des traités.

(a) L'électeur de Hesse en conservant, en 1813, le titre d'électeur, était donc déjà par là autorisé à prendre le titre d'altesse royale, qui s'accorde aussi aujourd'hui aux grands-ducs.

(a) GOTHOFREDUS, *de Jure præcedentiæ*, Genev., 1664, in-4 ; A. PARADISI, *Teatro de Uom nobile*, Venet., 1731, t. I, cap. IV, V ; ZWANTIG, *Theatrum præcedentiæ*, Francof., 1709, in-fol ; ROUSSET, *sur le Rang et la préséance entre les souverains*, Amst , 1746, in-4. Consultez surtout GUNTHER, *E. V. R.*, t. I, cap. III, p. 198-279, et en général les écrits cités dans VAN OMPTEDA, *Litteratur*, t. II, § 490 et suiv., KAMPTZ, § 124 et suiv.

Quant à cette question, laquelle de plusieurs places est la place d'honneur, on peut considérer comme règle que, dans la ligne droite, c'est la première ; dans la ligne transversale, celle de la droite ; qu'entre trois places dans l'un et l'autre de ces cas, la place d'honneur est au milieu, la seconde à la droite dans le premier cas, ou devant dans le second, et la troisième à gauche ou derrière ; que de même, dans les séances, le rang se règle d'après la distance du chef, président, etc., et alterne de la droite à la gauche.

Cependant ces règles souffrent des exceptions particulières (b), et surtout dans les assemblées ou processions nombreuses, dans les cercles, etc., à la cour, où quelquefois un ordre particulier (c) ou une division en plusieurs corps se trouvent établis.

Quant aux actes publics, particulièrement aux traités, dans le corps de l'acte le rang suit l'ordre dans lequel les puissances sont nommées ; pour la signature, la place d'honneur est à la gauche (c'est-à-dire la droite dans les règles du blason), la seconde place est en parallèle avec celle-ci, sur une seconde colonne ; cette place est un peu plus honorable (d) que la seconde sur la première colonne.

Dans ce qu'on appelle généralement disputes de préséance,

(b) On prétend qu'anciennement la gauche a été la place d'honneur dans les cérémonies religieuses (V. LE BRET, *Vorlesungen*, t. II, p 96). Busbeq fait la même observation pour les Turcs. (V. GOTHOFREDUS, *loc. cit*, p. 96.) Nombre d'exemples font voir que ce n'est pas toujours la droite qui décide ; par exemple, dans les gondoles à Venise, sur les trottoirs à Londres, au Voorhout à la Haye, etc.

(c) PITTER, *Instit. Jur. publ.*, § 89, note b, 5ᵉ édit.

(d) Il semble qu'aujourd'hui on attache moins de prix à cette distinction, qui a fait naître au dix-septième siècle de longues disputes entre la France et les Provinces-Unies des Pays-Bas il y a deux distinctions à faire : la première, lorsqu'une puissance demande positivement le rang et la préséance sur une autre puissance ; la seconde, lorsque, se contentant de demander l'égalité, elle refuse de reconnaître la préséance que celle-ci exige.

[*V*. sur le présent paragraphe et sur les suivants, le baron Charles de MARTENS, *Guide diplomatique*, § 65, *de la Préséance et du rang respectif des souverains*; WHEATON, *Éléments du droit international*, t. 1, p. 150, et ESCHBACH, *Introduction générale à l'étude du droit*, § 51. Les prétentions de préséance, autrefois très-fréquentes dans les conciles. s'élèvent aujourd'hui à l'occasion des cérémonies publiques, des réunions solennelles, des assemblées politiques ou congrès et de la signature des traités. On voit que, pour les appuyer, les puissances intéressées invoquèrent tantôt la date de leur indépendance, l'ancienneté de la famille régnante, la forme du gouvernement, le nombre ou l'éclat des couronnes réunies sur une seule tête, tantôt, et pour se concilier la faveur des papes, alors distributeurs des empires, elles faisaient appel à l'importance et à l'illustration des services rendus à la chrétienté. D'après une bulle de 1504, Jules II réglait ainsi l'ordre des puissances en Europe : l'empereur d'Allemagne, le roi des Romains, héritier désigné de l'Empire, les rois de France, d'Espagne, d'Aragon, de Portugal, d'Angleterre, de Sicile, d'Écosse, de Hongrie, de Navarre, de Chypre, de Bohême, de Pologne, de Danemark et de Suède : après les couronnes, venaient la république de Venise, la Confédération helvétique, le duc de Bretagne, le duc de Bourgogne, l'électeur Palatin, l'électeur de Saxe, l'électeur de Brandebourg, l'archiduc d'Autriche, le duc de Savoie, le grand-duc de Florence, le duc de Milan, le duc de Bavière, le duc de Lorraine. La Russie ne comptait pas alors parmi les puissances de l'Europe.

A différentes époques, la question de préséance entre les souverains a été l'objet de conventions particulières entre différents Etats. *V*., pour l'indication de ces conventions, le baron Charles de MARTENS, *loc. cit.*; mais il n'est jamais intervenu de conventions générales à cet égard, et les questions sur le rang des souverains et des Etats entre eux se décident d'après l'usage et le consentement général des nations. On essaya au congrès de Vienne, mais inutilement de classer les divers Etats de l'Europe pour déterminer leur rang. La classification de toutes les puissances en trois classes, proposée par la commission, nommée le 10 décembre 1814 par les plénipotentiaires des huit puissances signataires du traité de Paris, ne fut pas agrée; la question fut ajournée, et on se borna à déterminer le rang respectif des agents diplomatiques des têtes couronnées KLÜBER, *Acten des Wiener Congresses*, t. VIII, p. 98 et suiv.

On admet en général aujourd'hui l'égalité de rang entre les têtes couronnées. — Les souverains qui jouissent des honneurs royaux sans compter parmi les têtes couronnées, tel l'électeur de Hesse, cèdent le pas aux empereurs et aux rois. — Les souverains qui n'ont pas droit aux honneurs royaux ne viennent qu'après les empereurs et les rois; — l'Etat souverain a la préséance sur l'Etat mi-souverain ou dépendant; — le pape a la préséance sur les Etats catholiques, mais non sur la Russie et sur les Etats protestants de l'Europe; — enfin il va sans dire (*V.* WHEATON, *loc. cit.,*) que les Etats mi-souverains et ceux qui se trouvent sous la protection ou la souveraineté d'un Etat souverain, cèdent toujours le pas à l'Etat dont ils relèvent. Mais dans le cas où un tiers est intéressé, leurs rapports doivent être réglés par d'autres considérations, et ils peuvent même, comme cela est arrivé pour les électeurs, sous l'ancienne constitution germanique, prendre le pas sur d'autres Etats qui ne jouissent pas des honneurs royaux *V.* aussi HEFFTER, *le Droit international*, traduction de M. Bergson, § 28.

Dans les temps modernes, la diplomatie, pour éviter le retour des discussions de préséance, notamment dans la signature des traités, a adopté divers moyens. Ainsi, au congrès de Vienne, on est convenu que le tirage au sort réglerait l'ordre à suivre dans l'apposition des signatures. Quelquefois on a recours à l'*alternat*, dont l'effet est de changer le rang et la place des diverses puissances, soit dans un ordre régulier, soit par la voie du sort. Certaines puissances ont l'usage, dans la rédaction des traités, de faire en sorte que chacune d'elles soit nommée la première dans un des exemplaires du traité. Enfin on a aussi adopté, pour

régler cet ordre. l'alphabet français en assignant aux puissances
contractantes l'ordre que cet alphabet assigne à leur nom. *V.*
KLÜBER, *Uebersicht der diplomatischen Verhandlungen des Wiener
Congresses,* § 164, et les dispositions du recès général du congrès
de Vienne de 1815; *V.* encore le paragraphe suivant.   Сн. V.]

§ 131. — Des arguments pour prétendre la Préséance.

Autrefois les conciles surtout, où tant de souverains pa-
raissaient en personne ou par leurs représentants, offraient
un vaste champ aux disputes sur le rang, et fournissaient
aux papes le prétexte de s'en mêler, et de donner des règlements de préséance entre lesquels celui de Jules II, de
l'an 1504 (*a*), est le plus mémorable. Pour appuyer des
prétentions de préséance, on se fondait tantôt sur l'ancienneté de l'indépendance de tel État, sur l'ancienneté de la
famille régnante, ou de l'introduction de la religion chrétienne, tantôt sur la forme du gouvernement, sur le nombre
des couronnes réunies sur une même tête, sur la dignité,
les titres, les faits ou services signalés (*b*), sur la possession, etc. ; et les papes se servirent tantôt de l'un, tantôt de
l'autre de ces arguments pour voiler la partialité de leurs
décisions, dictées par les circonstances.

(*a*) Ce règlement établit l'ordre suivant : 1. l'empereur des Romains ;
2. le roi des Romains; 3. le roi de France; 4. le roi d'Espagne; 5. le roi
d'Aragon; 6. le roi de Portugal; 7. le roi d'Angleterre; 8. le roi de Sicile; 9. le roi d'Écosse; 10. le roi de Hongrie, 11. le roi de Navarre;
12. le roi de Chypre, 13. le roi de Bohême, 14. le roi de Pologne ; ensuite, 15. le roi de Danemark, 16. la République de Venise; 17 le duc
de Bretagne; 18 le duc de Bourgogne ; 19. l'électeur Palatin ; 20. l'électeur de Saxe, 21 l'électeur de Brandebourg, 22. l'archiduc d'Autriche;
23. le duc de Savoie ; 24. le grand-duc de Florence ; 25. le duc de Milan,
26. le duc de Bavière ; 27. le duc de Lorraine, etc. (*V* GUNTHER, *E. V. R*
t. I, p. 219.)

(*b*) Sur l'insuffisance de ces arguments, *V.* GUNTHER, *loc. cit.*, p. 203-
214 ; MOSER, *Beyträge* t. I, p. 45

Cependant jamais ces puissances contre lesquelles de
semblables décisions furent prises n'en ont reconnu l'obligation hors des conciles. Et, tandis qu'aucune puissance
n'accorde plus aujourd'hui au pape un droit de décider le
point de la préséance, on ne considère plus guère, entre
des puissances d'une dignité égale, que la *possession*, et dans
quelques cas l'*ancienneté* de la dignité (c) ; mais ce dernier
point n'étant pas généralement reconnu, et la possession
étant souvent contestée, il résulte de là une multitude de
disputes de préséance (d). Toutefois quelques points ont été
réglés par convention ; d'autres se fondent sur un usage
jusqu'ici reconnu, soit généralement, soit dans nombre de
relations particulières.

§ 132. — Du Rang du Pape et de l'Empereur.

Premièrement, toutes les puissances catholiques, et
même l'empereur d'Autriche, comme autrefois l'empereur

(c) Par exemple, sur la Prusse et la Sardaigne, *V. Merc. hist et polit.*,
1763, t. I, p. 145.

(d) Le congrès de Vienne n'est point parvenu à terminer ces disputes,
et les a sagement écartées pendant les négociations. Une commission
nommée le 10 décembre 1814, par les huit puissances signataires du
traité de Paris, *pour s'occuper des principes à établir pour régler le
rang entre les couronnes, et de tout ce qui en est la conséquence*, présenta à la vérité son travail, dans lequel elle avait établi trois classes de
puissances relativement au rang entre les ministres. Mais les doutes qui
s'élevèrent contre cette classification, dans la discussion du 9 février 1815,
engagèrent à en abandonner le projet, en se bornant à faire un reglement
sur le rang des agents diplomatiques des souverains couronnés ; règlement auquel les cinq puissances réunies aux conférences d'Aix-la-Chapelle en 1818 ont encore ajouté un supplément entre elles. (*V.*, sur le
règlement de Vienne, KLÜBER, *Acten des W. C.*, t. VI, p. 93, 204 ;
t. VIII, p. 92. 102, 108, 116 et suiv ; et le reglement aussi dans mon
Nouveau Recueil, t. II, p. 449 ; le supplément signé le 21 novembre
1818, dans mon *Nouveau Recueil*, t. IV, p. 641. Il sera parlé plus au

romain (a), accordent la préséance au *pape*, considéré
comme vicaire de Jésus-Christ, et comme successeur de
saint Pierre ; mais la Russie et les puissances protestantes
ne voyant en lui que l'évêque de Rome et le souverain temporel des provinces qui composent l'État du saint-siége,
celles d'entre elles qui sont en possession des honneurs
appelés royaux prétendent le rang sur lui.

Secondement, l'*empereur romain* était dans la possession
non contestée de préséance sur tous les rois de l'Europe (*b*) ;
la *France* elle-même, sous l'ancien régime, la reconnut (*c*).
Cependant la. *Russie* ne regarde point cette préséance
comme décidée par rapport à elle (*d*) ; et l'empereur *turc*
prétend à l'égalité parfaite de rang avec l'empereur romain,
et en a obtenu l'aveu par traité (*e*), quoique les autres puissances ne se croient pas obligées par là de traiter d'égal
avec celui-ci.

---

long de ces dispositions en traitant (liv. VII, ch. i) la matière des ambassades.

(a) Rousset, *Mémoire sur le rang*, etc., ch. i. Lorsque le pape vint
voir l'empereur Joseph II à Vienne, en 1782, celui-ci ne lui refusa pas le
pas, mais bien un trône plus élevé. (*V. Polit Journal*, 1782, avril,
p. 383 ; Gunther, *E. V. R.*, t. I, p. 222.)

(b) Himler, *von dem allerhöchsten Range, Titel und Würde der
römischen Kaiser*, Francfort, 1770, in-8.

(c) Nonobstant la singulière adecdote que rapporte Gunther, *loc. cit.*,
p. 221, note c

(d) Ce qui donne lieu à toutes sortes d'expédients dans les traités.
(*V.*, par exemple, sur les traités de 1780 et 1781 avec la Russie, concernant la neutralité armée, *the Secret History of the armed neutrality*,
p. 46, note 4 ; traité de commerce de 1785, entre la Russie et l'Autriche,
en forme de déclaration, dans mon *Recueil a*, t II, p 620, 632 ; *b*, t. IV,
p. 72, 84 ; traité d'alliance de 1792, entre l'Autriche et la Russie, dans
mon *Recueil*, t. VII, p. 497

(e) Traité de Passarowitz, de 1718, art. 17 ; traité de Belgrade, de 1739,

§ 133. — Du rang des Têtes couronnées sur les Républiques.

Longtemps le principe le plus généralement reconnu fut celui de la préséance de toutes les têtes couronnées sur les républiques et autres États ; à peine pouvait-on considérer comme exception à cette règle, que quelquefois le corps germanique fût placé avant quelques rois (a). Cependant, ainsi que sous Cromwell, l'Angleterre, quoique changée en apparence en république, continua de prétendre le même rang qu'elle avait occupé sous ses rois (b). Les différents traités conclus par la république française ont fait voir qu'elle savait conserver le même rang dont la France jouissait sous l'ancien régime (c).

Donc, en tant que le rang des têtes couronnées sur les autres puissances est moins généralement reconnu qu'il ne l'était autrefois, il ne serait pas extraordinaire que la Confédération germanique, reconnue pour être puissance européenne, ne se crût pas tenue de céder, dans des occasions, le pas à une des têtes couronnées, ou même ne se crût autorisée à prétendre le pas sur ceux de ses membres qui ne portent point de couronne dans une autre qualité ; cependant jusqu'à présent il n'y a pas encore eu d'occasion de contester sur ce point.

art. 1, 20, 31 ; Moser, *Staatsrecht*, t. III, p. 106 ; Lünig, *Theatrum ceremoniale*, t. II, p. 1438.

(a) Gunther, *E. V R.*, t. I, p. 209.

(b) Vattel, t. II, chap. III, § 39.

(c) *V.*, par exemple, les traités avec le Prusse, du 5 avril 1795, dans mon *Recueil*, t. VI, p. 495 ; avec l'Espagne, du 12 juillet 1795, *ibid.*, p. 542 ; avec le roi des Deux-Siciles, du 10 octobre 1796, art. 9, *ibid.*, p. 636, avec l'Autriche, du 17 octobre 1797, art. 23, *ibid.*, t. VII, p. 208. On a moins encore contesté à l'empereur français, depuis 1804, le rang anciennement occupé par la France.

[Les grandes républiques ayant droit aux honneurs royaux n'obtenaient cependant, au moyen âge et même à des époques plus rapprochées, qu'un rang inférieur à celui des têtes couronnées de la même classe. C'est ainsi que les Provinces-Unies, Venise et la Suisse accordaient la préséance aux empereurs et aux rois régnants, mais la refusaient à des princes et à des électeurs ayant droit aux honneurs royaux. De pareilles discussions étaient résolues plutôt par l'importance et les forces relatives des puissances que pas des principes généraux tirés de la forme de leur gouvernement. Cromwell en Angleterre, la république en France, surent, aux différentes phases de leur existence, obtenir des autres puissances de l'Europe le maintien du rang, de l'étiquette et du cérémonial observés précédemment sous une forme différente du gouvernement. Le rang attribué au souverain appartient en réalité à la nation qu'il représente, et Rayneval a raison d'ajouter : « Aussi, soit qu'une monarchie devienne république, soit qu'une république devienne monarchie, le rang demeure invariable. » Schoell, *Histoire des traités de paix*, t. I. p. 610, et Wheaton, *Eléments du droit international*, t. I, p. 154.   Ch V.]

§ 134. — Du rang des Têtes couronnées entre elles.

Entre les têtes couronnées, 1° quelques-unes ont prétendu positivement la préséance sur toutes les autres, au moins après le pape et l'empereur romain ; savoir, le roi des Romains (a), les rois de France (b), les rois d'Espagne (c), et, dans des temps plus récents, la Russie (d), cependant en

(a) Nettelblad, *Breweis dass dem römischen König der Rang vor allen auswärtigen regierenden Oberhäuptern zustehe;* dans ses *Erorterungen,* 1773, p 87

(b) Godefroi, *Mémoires concernant la préséance des rois de France,* Paris, 1612, 1618, 1653, in-4.

(c) Waldesu, *Prærogativa Hispaniæ* Sur les disputes de préséance entre la France et l'Espagne, *V.* mon *Cours diplomatique,* Tableau, liv. I, chap. II, § 38.

(d) Sur les disputes de préséance entre la France et la Russie, *V.* mon *Cours diplomatique, Tableau,* liv. I, chap VIII, § 80.

disputant à cet égard, tant entre elles qu'avec la plupart des autres ; 2° d'autres, sans positivement demander la préséance, se refusent à l'accorder, en prétendant à une égalité parfaite de rang, comme les rois de la Grande-Bretagne (e), de Danemark (f) et de Suède (g), dont les deux derniers disputent entre eux sur la préséance que chacun d'eux exige ; 3° d'autres enfin, en cédant à quelques têtes couronnées le pas dans les occasions où l'on ne peut observer l'égalité, prétendent vis-à-vis d'elles l'alternative, surtout dans les actes publics, et l'égalité générale ou la préséance à l'égard d'autres États (h).

§ 135. — Du rang des électeurs et des républiques.

Les électeurs prétendaient le rang immédiatement après les rois *régnants* (a), et la préséance sur les républiques et autres États. Le capitulation impériale (b) la leur accordait à la cour de l'empereur, et plusieurs cours étrangères leur accordaient le rang sur la république des Provinces-Unies (c) et sur la Ligue helvétique (d), et du moins l'égalité avec la ci-devant république de Venise (e). Ces trois républiques,

---

(e) HOWEL, *Discourse concerning the Precedency of King*, London, 1664, in-fol.

(f) ROUSSET, *Mémoire sur le rang*, p. 70.

(g) MOSER, *Beytrüge zu dem E. V. R., in Friedenszeiten*, t. I. p. 41 ; ROUSSET, *Mémoire sur le rang*, p. 59.

(h) MOSER, *Versuch*, t. I, p. 71 ; *Beytrüge*, t. I, p. 43. V., en général, les écrits cités par VAN OMPTEDA, *Litteratur*, t. II, § 194 ; KAMPTZ, § 124 et suiv.

(a) GUNTHER, *E. V. R.*, t. I, p. 256.

(b) Capitulation imp. depuis Léopold Ier, art 5.

(c) Exemples de 1625, 1660, 1670, 1685, 1771.

(d) MOSER, *Auswärtiges Staatsrecht*, p. 236.

(e) GUNTHER, *E. V. R*, t. I, p. 256.

parmi lesquelles la république de Venise prétendait la première place (f) et la Suisse occupait la troisième, ont disputé à la république de Gênes l'égalité, que celle-ci prétendait avec Venise.

§ 136. — Du rang des autres États, surtout de l'Italie et de l'Empire.

Il a subsisté jusqu'ici une infinité de disputes de préséance des États de l'Italie, tant entre eux qu'avec les États de l'Allemagne et autres (a).

Le rang des anciens États de l'Empire entre eux était assez fixé à la diète, et dans d'autres assemblées de l'Empire ; mais cet ordre n'étant pas généralement reconnu par eux hors de ces assemblées, il restait encore une foule innombrable de contestations de préséance des électeurs entre eux ; ensuite des anciens princes séculiers entre eux et avec les princes ecclésiastiques ; des prélats entre eux et avec les comtes de l'Empire protestants ; des comtes de l'Empire entre eux ; des villes impériales entre elles, et même entre celles-ci et les nobles immédiats ; prétentions dont on scruterait, surtout aujourd'hui, inutilement tous les détails (b).

Les changements que l'ancien Empire romain a subis, d'abord à la suite du traité de Lunéville de 1801, et du recès de députation de 1803, ensuite par la dissolution de l'Empire en 1806, par l'acte de la Confédération du Rhin, aujourd'hui annulé, et par les dispositions de l'acte du con-

---

(f) Sur les Provinces-Unies des Pays-Bas, V. AITZEMA, t. IV, p 68, 120 ; KLUIT, *Historia fœderum*, t. II, p. 521 ; PESTEL, *Commentarii de Rep. Batava*, § 436.

(a) ZWANZIG, *Theatrum Præcedentiæ*, lib. I, tit. XLIII, XLIX.

(b) GUNTHER, *L. V. R.*, t. I, p. 254 et suiv. ; MOSER, *Nachbarliches Staatsrecht*, liv. I, p. 11 et suiv.

grès de Vienne, ont fait cesser une multitude de ces disputes de préséance en diminuant considérablement le nombre des États dont l'Allemagne se compose aujourd'hui. L'acte de la Confédération germanique a statué, article 8, quant à l'ordre dans lequel voteront les membres de la Confédération, que tant que la diète sera occupée de la rédaction des lois organiques, il n'y aura aucune règle à cet égard ; qu'après la rédaction des lois organiques la diète délibérera sur la manière de fixer cet objet par une règle permanente, pour laquelle elle s'écartera le moins possible de celles qui ont eu lieu à l'ancienne diète, et notamment d'après le recès de députation de 1803. L'ordre que l'on adoptera n'influera d'ailleurs en rien sur le rang et la préséance des membres de la Confédération hors de leurs rapports avec la diète.

§ 137. — Principes reçus, indépendamment des disputes de préséance.

Nonobstant ces disputes de préséance,

1° Tous les princes d'une égale dignité accordent chez eux le pas à celui d'entre eux qui vient les voir; de sorte que le roi l'accorde au roi (a), l'électeur ou le grand-duc à ceux qui ont l'altesse royale, et même aux anciens princes souverains de l'Allemagne (b), comme ceux-ci le font entre eux; les républiques mêmes observent ce principe lorsqu'il y a lieu (c); mais l'empereur romain n'a jamais accordé à sa cour ce pas, qu'y prétendaient les rois (d).

(a) Mémoires de DE LA TORRE, t. II, p. 168.
(b) MOSER, *Nachbarliches Staatsrecht*, p. 10.
(c) PESTEL, *Commentarii de Republ. Batavâ*, § 352, comparé au § 24.
(d) ROUSSET, *Mémoires sur le rang*, p. 13 ; MOSER, *Auswärtiges Staatsrecht*, p. 17 ; F.-C. VAN MOSER, *Hofrecht*, t. I, p. 26.

2º Dans les congrès de paix on accorde sans difficulté le pas au ministre du médiateur.

§ 138. — Des moyens d'éviter les disputes de préséance.

Tant que la préséance n'est pas décidée, on tâche d'observer l'égalité, soit en alternant de différentes manières, ou en augmentant le nombre des exemplaires (a) dans les actes publics, soit en mettant de l'égalité autant qu'il se peut dans les cérémonies, jusqu'à ce qu'on puisse un jour en convenir autrement. Cependant cet alternat se refuse, on ne s'accorde que moyennant des reversales, lorsqu'un des deux partis regarde sa préséance comme indubitable.

C'est pourquoi la plupart des rois alternent dans les actes publics, en partie même en vertu de traités (b); mais on en conteste le droit à quelques-uns d'entre eux. De même, les autres princes jouissant des honneurs royaux semblent admettre cet alternat, comme le firent autrefois les électeurs

(a) Deux exemples : pour le traité de la quadruple alliance de 1718 il fut fait douze exemplaires; lors de la paix d'Aix-la-Chapelle, le nombre des parties contractantes et les disputes subsistant entre elles forcèrent à multiplier encore bien plus les exemplaires. (V. Adelung, *Staatsgeschichte*, t. VI, p. 328; Moser, *Beytrüge*, t. I, p. 45.) Dans les derniers temps, on a souvent choisi encore un autre mode, *du moins en vue d'éviter en partie les discussions*, savoir, que dans les traités entre plus de deux puissances, chacune signe un instrument séparé avec chacune des autres. Mais on a vu aussi à combien d'exemplaires il faut avoir recours, et combien les archives sont surchargées par là. Au reste, le règlement annexé [n. XVII] à l'acte du congrès de Vienne porte, art. 7, que, dans les actes ou traités entre plusieurs puissances qui admettent l'alternat, le sort décidera entre les ministres de l'ordre qui devra être suivi dans les signatures. (V. mon *Nouveau Recueil*, t. II, p. 450) A Vienne, nombre d'actes ont été signés, sans préjudice, d'après l'ordre alphabétique des puissances ou de leurs ministres.

(b) Par exemple, la France et la Grande-Bretagne, depuis 1546, dans Rousset, *Mém. sur le rang*, p. 66.

hors de la diète (c). Et quoique de tierces puissances (d) puissent régler chez elles le cérémonial comme elles le jugent à
propos, elles ne sauraient obliger les nations étrangères à
s'y soumettre ; et le plus souvent elles préfèrent rester
neutres.

Lorsqu'un État ne peut obtenir la préséance ou l'égalité à
laquelle il prétend, il ne reste guère d'autres voies, pour
éviter au moins ces scènes scandaleuses auxquelles ces disputes ont donné lieu quelquefois (e), que, 1° de venir incognito ; 2° ou d'envoyer un ministre d'un rang différent
de celui avec la cour duquel on conteste ; 3° de ne point
comparaître dans les occasions de cérémonie ; 4° ou de céder, mais en se faisant donner des reversales, ou en protestant.

[« Il est naturel, dit Pinheiro-Ferreira, que le lecteur, après
avoir lu, non sans quelque dégoût, l'histoire des querelles d'étiquette que M. de Martens vient de faire dans ce long chapitre,
s'étonne de ce que ni les gouvernements ni les publicistes n'aient
trouvé aucun moyen de prévenir le retour de dissensions aussi
graves par leurs suites qu'elles sont futiles dans leur origine ; car
les moyens proposés à cet effet, et dont l'auteur fait une énumération assez exacte, sont tous plus ou moins insuffisants, et la plupart mènent même à des conséquences absurdes ou contradictoires avec le but auquel on se proposait de parvenir.

» D'abord, il est évident que la préséance des ministres diplo-

(c) Exemples, 1731, 1779.
(d) On n'accorde plus aucun droit au pape de décider de la préséance
même des princes ecclésiastiques.
(e) Par exemple, entre l'Angleterre et l'Espagne, au concile de Constance ; entre la France et l'Espagne, à la Haye, en 1657 ; à Londres, en
1661. Exemple plus récent, mais moins violent, entre les ministres de
France et de Russie, à Londres.

matiques du même ordre doit se régler d'après ce qu'on aura
établi à cet égard relativement à l'un vis-à-vis de l'autre ; car
l'expédient adopté par les représentants des cinq puissances au
congrès de Vienne, et mentionné ici par M. de Martens à la
page 340, que chaque ministre prenne sa place d'après la date de
la présentation de ses lettres de créance, est sujet au double
reproche dont nous venons de parler : premièrement, parce que,
lors de l'arrivée simultanée de deux ou de plusieurs ministres,
on ne saurait décider, par le principe en question, lequel d'entre
eux doit être le premier à présenter ses lettres de créance ; ensuite,
il y a vraiment inconvenance à ce que le ministre d'une puissance du troisième ordre ait le pas sur ceux des puissances du
second et du premier ordre. Aussi n'est-il pas rare de voir que
ceux-ci, sans doute par dépit, se portent à des actes tendant à
détruire l'effet de cette inconvenance, mais qui très-souvent sont
encore plus inconvenants et pour ceux qui les pratiquent et pour
les cours où on les voit pratiquer.

» En remettant donc les choses sur le pied où elles étaient
auparavant, c'est-à-dire que la préséance des ministres d'un
même ordre doit se régler d'après la préséance de leurs gouvernements, résumons ce que les publicistes disent, afin de pouvoir
mieux apprécier le mérite respectif de ces différents usages. On
peut les réduire tous au nombre de cinq. Nous allons les parcourir rapidement l'un après l'autre.

» 1° L'ancienneté de l'indépendance des États.

» Il suffit de connaître médiocrement l'histoire des différents
pays pour entrevoir la foule de questions interminables auxquelles
conduit un pareil principe, vu qu'il n'y a pas un seul peuple qui
n'ait passé, une et même plusieurs fois, par l'alternative de la
liberté et de l'assujettissement ou de la conquête.

» Ensuite, la remarque que nous venons de faire sur l'inconvenance d'accorder le pas à une puissance d'un ordre très-infé-
rieur reparaît ici dans toute sa force.

» 2° L'ancienneté de la conversion à la religion chrétienne.

» Nous ne nous arrêterons pas à montrer l'impropriété de ce
principe ; ce serait faire une offense à nos lecteurs.

» 3° L'ancienneté de la famille régnante.

» Ce principe ne pourrait s'appliquer tout au plus qu'aux gouvernements absolus ; car, dans les gouvernements représentatifs,

il serait très-inconstitutionnel que le rang des nations dépendît de celui de leurs monarques. Mais qui ne sait pas les disputes auxquelles la plupart des points de généalogie sont sujets ? Ensuite, où classer les républiques ?

» 4° La forme du gouvernement ; c'est-à-dire qu'une monarchie, quelque petit que soit son territoire, devra avoir toujours le pas sur toutes les républiques ; et puisque c'est dans la plus grande extension de pouvoirs qu'on va chercher la raison de la préséance, le monarque absolu devra avoir le pas sur tous les monarques constitutionnels ; et les gouvernements despotiques, dont les pouvoirs sont encore plus illimités, devront avoir la préséance sur les autres gouvernements : conclusions toutes plus absurdes les unes que les autres.

» 5° Le titre du souverain ou chef du gouvernement.

» Ce principe, qui est assez généralement adopté, ne tranche la difficulté que relativement aux souverains portant différents titres ; et encore de grandes questions s'élèvent lorsqu'on sort des deux titres d'empereur et de roi, car pour tous les autres, une foule de circonstances viennent en compliquer la qualification dans chaque pas particulier.

» Mais cet inconvénient n'existerait pas, que le principe serait encore très-vicieux, ne fût-ce que par la liberté qu'a chaque nation de saluer son souverain du titre qu'il lui plaira.

» Mais, dira-t-on peut-être, ce titre ne donne la préséance que du moment où les autres puissances l'ont reconnu.

» Cela ne fait que reculer d'un pas la difficulté ; car nous demanderions alors, pourquoi reconnaîtra-t-on tel souverain, tel titre plutôt que tel autre, vu que les titres ne diffèrent entre eux que par le rang qui est censé y être attaché ? ce qui était précisément la question pour la résolution de laquelle il s'agissait de fixer un principe.

» Ce principe, cependant, n'est pas aussi difficile que cette foule de malheureuses tentatives des publicistes et des gouvernements semble l'indiquer : il gît dans la nature même de l'homme et des sociétés. Il y a, ainsi que tout le monde le sait, deux sortes de supériorité ou de noblesse, l'une individuelle, ou pour parler plus proprement, naturelle ; l'autre, conventionnelle. La première dérive des qualités que celui à qui on l'attribue possède en effet, et qui manquent à ceux à qui on le compare ; tandis que la noblesse conventionnelle ne fait que supposer ces qualités dans l'individu qu'on appelle noble, mais qui en réalité peut ne pas les posséder.

» La civilisation, les richesses, une grande étendue d'un terri- toire avantageusement partagé des dons de la nature, et une population considérable, voilà les qualités qui constituent réelle- ment la supériorité entre les nations. C'est donc là qu'il faut chercher la raison de différence de leur rang.

» Mais comme il s'agit de fixer un principe dont on puisse faire une application facile, et qui lui-même ne soit pas sujet à con- testation, puisqu'il est destiné à résoudre des contestations, on ne saurait prendre en masse tous les éléments dont nous venons de faire mention ; car telle nation qui en surpasserait d'autres relati- vement à l'un de ces éléments, lui serait inférieure relativement à un autre, et peut-être relativement aux trois autres éléments. Ainsi la question se réduit à choisir parmi ces quatre éléments celui qui par sa nature présuppose l'existence de tous les autres. Il n'est pas difficile de voir que cette prérogative n'appartient qu'à la population ; car une grande nation, qui ne saurait exister sans une grande étendue de territoire, ne peut se conserver long- temps si elle n'y trouve pas de quoi satisfaire à de nombreux besoins ; et ceux-ci mènent à un grand développement d'industrie, ou, ce qui revient au même, à l'acquisition d'une grande masse de richesses.

» C'est donc d'après la population des États, chose toujours facile à déterminer avec l'exactitude nécessaire au but dont il s'agit, que le rang des puissances peut et doit être fixé : aussi c'est à cela que le bon sens général de tous les peuples s'est tou- jours arrêté, lorsqu'on a, dans des cas particuliers, établi de com- mun accord quelque chose de fixe à cet égard.

» Ce principe unefois adopté, cessent non-seulement les incon- venantes discussions entre les souverains et les ministres leurs représentants, relativement à l'objet de la préséance, mais encore la distinction, on ne peut plus absurde, de ravaler au-dessous des États monarchiques les plus insignifiants les États républi- cains, quel que fût le degré de force, de prospérité et de grandeur auquel ils pourraient être parvenus.

» Quant aux membres des familles régnantes, il serait assez facile d'établir une règle générale parmi toutes les nations civilisées, en donnant plus d'extension à ce qui est assez généralement pratiqué relativement à d'autres classes. Partout les grades de la force armée, tant de terre que de mer, sont classifiés à peu près de la même manière ; en sorte qu'un officier de terre ou de mer au service d'une nation n'est pas embarrassé de savoir le rang qui lui appartient lorsqu'il lui arrive de concourir avec des officiers d'une autre nation. La Russie, en prenant les grades de l'armée comme base pour la formation de la hiérarchie civile, a donné à tous les peuples un exemple qu'il serait fort avantageux, à plus d'un égard, d'adopter partout. Si cela arrivait, les membres des familles régnantes, ainsi que toutes les personnes ayant un rang déterminé dans la nation à laquelle elles appartiendraient, se trouveraient tout naturellement classés dans tout autre pays où ils pourraient se trouver. »   Ch. V.

CHAPITRE III.

DES DROITS DES NATIONS, RELATIVEMENT AU COMMERCE.

§ 139. — Du Commerce en général.

L'influence du commerce (a) étranger sur le bien-être des citoyens (b), sur la richesse, la considération et le pouvoir de l'État, en fait un des objets les plus importants du droit des nations.

Considéré sous différents points de vue, on le divise, en commerce de *produits*, de *manufactures*, d'*économie*, de *co-*

(a) Sur les diverses définitions données du commerce, *V.* MELON, *l'ssai sur le commerce*, 1755, in-12; HEINECCIUS, *de Jure principis circa libertatem commerciorum tuendam*, Halle, 1738; BACHHOF, *ab* ECHT *de eo quod justum est circa commercia inter gentes*, Jenæ, 1730, in-4; G.-L. BOHMER, *de Jure principis libertatem commerciorum restringendi in utilitatem subditorum*, dans ses *Electa Juris civilis*, t. III, exerc. XIX; BOUCHAUD, *Théorie des traités de commerce*, Paris, 1777, in-8; J.-G. BUSCH, *Kleine Schriften uber Staatswirthschaft und Handlung*, 2 vol. in-8; mon *Grundsätze des Handelsrechts*, liv. I, chap. I, § 8.

(b) *V.* sur ce point, MABLY, *Principes des négociations*, chap. XVII, dans ses OEuvres, t V, p. 197; CANTILLON, *Essai sur la nature du commerce en général*; SMITH, *on the Causes of the wealth of nations*, Bâle, 1793, 4 vol. in-8.

lonie, de *fret*, en commerce *actif* et *passif*, et la balance qui en résulte, en *favorable* ou *défavorable*, *générale* ou *particulière* ; et quoique le détail de ces divisions soit du ressort de l'économie politique, on ne peut les passer sous silence en développant les droits des nations relatifs au commerce.

[L'histoire des vicissitudes du commerce ou, en d'autres termes, l'histoire générale du commerce remonte, comme l'histoire universelle, à l'origine des sociétés. La liaison intime qui existe entre les événements, les conditions et les rapports de leur vie économique et le cours de leurs destinées politiques lui prête un attrait aussi vif que profond. Le commerce est de tous les grands intérêts sociaux le plus palpable, et comme le trait d'union qui détermine la valeur et l'utilité de toutes les autres branches du travail économique, son histoire est donc, sous beaucoup de rapports, l'histoire de la civilisation même. C'est lui, en effet, qui établit des relations pacifiques et mutuellement bienfaisantes entre les nations et les contrées les plus éloignées, et qui, en poussant à l'échange de leurs produits, provoque également l'échange des idées. Chaque découverte, chaque exploration nouvelle sur le domaine de la géographie, agrandit aussi le domaine et la sphère de l'activité commerciale, et de toutes les révolutions politiques et sociales qui ont remué le monde, aucune ne saurait être considérée comme indifférente pour l'histoire du commerce. L'élément du commerce c'est la paix; il a besoin d'ordre et de sécurité. Cependant les guerres ne lui ont pas toujours été funestes ; souvent même elles lui ont frayé les voies et donné une vigoureuse et salutaire impulsion. Témoin les campagnes d'Alexandre couronnées par la fondation d'Alexandrie, les premières conquêtes de l'islamisme, les croisades, et, sans remonter aussi haut, les guerres des Anglais dans l'Inde. On ne saurait, il est vrai, en dire autant des guerres civiles et religieuses, ni des guerres de rivalité continentale qui se suivent presque sans interruption, depuis la fin du moyen âge jusqu'au siècle dernier. En France, les troubles de la Ligue ne firent que retarder le développement de l'agriculture et de l'industrie, comme l'avait fait précédemment la guerre des

deux Roses, en Angleterre, et il n'est pas moins certain que la
guerre de Trente ans ruina pour un siècle l'ancienne prospérité
de l'Allemagne. Un petit État, la Hollande, recueillant les fruits
de la paix intérieure et de la liberté dont il jouit seul, s'élève alors
par son génie mercantile à une fortune jusqu'alors inouie, et que
le contraste fait paraître encore plus extraordinaire.

Entre la marche du commerce et les changements qui s'opèrent dans les croyances, les mœurs, les institutions sociales, le
régime des lois civiles et les formes de l'organisation politique,
il y a des corrélations multiples encore plus directes et plus intimes. Dans l'antiquité, le théâtre des échanges est très-limité ;
on y trouve cependant des peuples essentiellement marchands;
par le fait de leurs habitudes traditionnelles et de leur organisation même, comme les Phéniciens et les Carthaginois; mais
ailleurs, et chez les Romains surtout, avec les facilités de vie que
procure un beau ciel, l'abondance et la similitude des productions d'une contrée à l'autre, et l'usage de se reposer sur des
esclaves de la majeure partie du soin des intérêts matériels, le
commerce, comme profession, rencontre des préjugés qui ne lui
sont pas favorables, et qui, en revêtant d'autres formes et se
nourrissant d'erreurs encore plus grossières, ne s'affaiblissent pas
durant le moyen âge. Cependant, même dans cet âge barbare, le
commerce jette un vif éclat d'opulence et même de puissance
dans certains pays, sur lesquels les yeux se fixent avec plus
d'envie que de dédain. Il donne aux républiques italiennes l'empire de la Méditerranée, à la Ligue Anséatique celui des mers
du Nord, amène les villes de la Souabe et du Rhin à former des
confédérations respectées, et fait des Flandres, avec leurs riches
communes, le joyau des seigneuries de l'époque ; partout, en un
mot, on l'y voit se marier et s'identifier avec les franchises et
les libertés communales, et souvent il réussit à fleurir par elles
en dépit de tous les obstacles. Mais la grande expansion de l'activité commerciale, la mission universelle du commerce ne commence qu'après la découverte du nouveau monde, quand la
vieille Europe se dégage des entraves du régime féodal. Comme
l'horizon de sa sphère est devenu beaucoup plus vaste et que
les obstacles qui l'arrêtaient à chaque pas ont sensiblement diminué avec les progrès de l'art nautique, la propagation des lettres
de change, génératrices du crédit moderne, et les facilités de

communication offertes au commerce intérieur par l'établissement de routes et de postes, il grandit promptement en considération et en importance. L'esprit de monopole et la fiscalité continuent encore, il est vrai, à peser sur lui, mais le cercle qu'ils tracent autour de leurs intérêts collectifs est pourtant moins étroit. L'isolement et le fractionnement extrêmes du moyen âge ont presque partout cessé ; la nationalité ou plutôt l'Etat se substitue au règne de l'individualisme et à l'anarchie, résultat inévitable de conflits d'intérêts perpétuels et sans nombre ; le commerce qui, dans les monarchies féodales, n'apparaissait que comme un intérêt particulier des communes, entièrement abandonné à leurs soins, prend aux yeux des gouvernements, depuis Elisabeth et Louis XIV ou Colbert, la dignité et les proportions d'un intérêt national du premier ordre, et forme désormais l'un des objets les plus importants de la législation intérieure des États comme de leur politique extérieure. Un régime de douane fondé sur des tarifs de droits ayant un caractère généralement beaucoup trop restrictif, mais fixes et régulièrement perçus, a remplacé les péages plus ou moins arbitraires, les exactions de toute sorte et la contrainte des étapes forcées, que les marchandises étaient obligées de faire de ville en ville. La police des routes s'organise contre le brigandage, et celle des mers ne serait pas moins efficace, sans les guerres maritimes qui introduisent les armements en course, non moins désastreux que la piraterie. Aux produits sur lesquels portaient déjà anciennement les échanges, vient s'ajouter cette masse de produits nouveaux compris sous le nom de denrées coloniales. La législation s'améliore, les coutumes barbares du moyen âge s'y effacent ou sont abolies peu à peu, et la science juridique, représentée par d'illustres écrivains, s'attache à raisonner et à fixer les règles d'un droit international, sur lequel les intérêts commerciaux finiront par exercer une influence dominante. C'est en faveur du commerce que les principes du droit maritime, et notamment des droits des neutres, ont reçu une interprétation de plus en plus humaine et libérale, et si les liens d'intérêt privé qui unissent les peuples ne sont pas toujours assez forts pour les préserver entièrement du fléau de la guerre, il faut cependant reconnaître qu'ils ont beaucoup contribué de nos jours à en adoucir les rigueurs.

C'est également de nos jours que le commerce et l'industrie se sont approprié les conquêtes du génie humain sur le domaine des sciences et des arts. Là où, pendant des siècles, il ne s'avançait que lentement et péniblement, la vapeur et l'électricité aujourd'hui lui prêtent leur puissant auxiliaire.

La pensée elle-même, après avoir, au dernier siècle, soumis les intérêts économiques au même examen que la politique et la religion, travaille avec un succès croissant à l'affranchissement du commerce et à la conciliation du régime de liberté auquel il aspire avec les intérêts de la production et de l'industrie. L'Angleterre, depuis les réformes économiques qui ont illustré l'administration d'un grand ministre, est entrée le plus largement dans ces voies libérales ; la prohibition perd de jour en jour du terrain et, quoi que l'on pense de certaines questions délicates en état de controverse entre le régime protecteur du travail national et la doctrine du libre échange, toute concession faite à ce dernier ne peut que tourner à l'avantage du commerce. Ainsi, malgré toute sorte de vicissitudes, les relations internationales tendent à se simplifier à mesure qu'elles se multiplient et se développent. Les unions douanières font tomber les barrières entre les petits États, et des rapprochements entre leurs systèmes de monnaies, poids et mesures, préparent la fusion qui parait devoir être le dernier mot de ce mouvement progressif. Déjà la nécessité reconnue de l'échange continuel des produits de l'Europe contre ceux de l'Amérique, détermine entre ces deux parties du monde une connexité d'intérêts indissolubles ; d'après ce qui sa passe en Chine et en Algérie, on est autorisé à croire que ni l'Asie ni l'Afrique ne resteront condamnées à l'isolement dont l'ignorance et des traditions séculaires leur ont jusqu'ici fait une loi, et quand la civilisation aura forcé la barbarie jusque dans l'intérieur de ces deux continents, le commerce, auquel doit revenir en majeure partie l'accomplissement de cette mission laborieuse et difficile, deviendra véritablement le commerce du monde.

Il appartient à l'historien du commerce de montrer l'enchaînement et les rapports de causalité qui existent entre tous ces faits. De grands écrivains, des auteurs éminents par leur science, entre autres Montesquieu et Raynal en France, Heeren et Boeckh en Allemagne, et Macaulay en Angleterre, ont traité spécialement ou incidemment des parties très-importantes de ce vaste sujet; il restait à l'embrasser dans son ensemble, à exposer ses phases successives depuis les premiers temps historiques jusqu'à nos jours. C'est ce qu'a fait récemment un économiste allemand, H. SCHERER, dans un ouvrage intitulé *Geschichte des Welthandels*. Suivant cet auteur, l'histoire générale du commerce n'admet qu'une grande division en deux périodes de durée très-inégale, mais essentiellement différentes de caractère, comprenant l'une les temps antérieurs, l'autre les temps postérieurs à la découverte de l'Amérique. Dans la première, qui offre deux grandes subdivisions, l'antiquité et le moyen âge, renfermés dans un seul volume, les relations commerciales sont bornées aux limites de l'ancien monde, le commerce de terre prédomine et la navigation n'outre-passe guère les proportions du grand cabotage. Mais avec la seconde période, qui a pour points de départ les découvertes presque simultanées de l'Amérique et de la route maritime de l'Inde, l'activité coloniale et commerciale se déploie sur les deux hémisphères, la navigation transatlantique prend son essor et le commerce des mers se développe dans tous les sens jusqu'à ce qu'il ait embrassé le globe. Ce grand mouvement, qui s'accomplit pendant les trois derniers siècles, forme l'objet du second volume. L'histoire de chaque période commence par un aperçu général qui en présente les grands événements et les révolutions dans leur unité d'ensemble, les caractérise à grands traits et mène aux considérations qui en constituent en quelque sorte la philosophie. Cet aperçu sert d'introduction à l'histoire particulière des vicissitudes du commerce chez les divers peuples qui y ont figuré avec le plus d'éclat et le mieux mérité de son développement, au point de vue général des intérêts de la civilisation et de l'humanité : tels furent les Phéniciens, les Carthaginois, les Grecs, dans l'antiquité; les Arabes, les Italiens, les Flamands, les Anséates, au moyen âge; puis dans les temps modernes, les Portugais et les Espagnols, les Hollandais, les Anglais et les Français, fondateurs à tour de rôle de grandes puissances maritimes et coloniales. Les Indous et les Babyloniens, les Egyptiens, les Romains, l'empire byzantin, en considération de son importance territoriale pour le commerce depuis les croisades, l'Allemagne, les Etats scandinaves et l'empire russe, en raison de la masse et du poids des intérêts qu'ils représentent, ont aussi leurs chapitres distincts dans cet ouvrage. V. du reste la traduction de l'ouvrage de M. Sche-

rer, publiée récemment par MM. H. Richelot et Ch. Vogel, sous
le titre de : *Histoire du commerce de toutes les nations*, 2 vol.
in-8°.   Ch. V.]

§ 140. — De la Liberté naturelle du commerce.

Rarement un État produit tout ce qui peut servir aux besoins, à l'utilité, aux agréments de ses habitants; mais un
État abonde de ce qui manque à l'autre : il doit donc paraître naturel, et souvent réciproquement avantageux pour
deux nations, d'établir un commerce mutuel pour échanger le superflu contre ce qu'on regarde comme nécessaire.
Et la loi naturelle imposant aux nations comme aux individus le devoir d'avancer le bien-être du prochain, on peut
inférer de là une obligation générale, mais vague et imparfaite pour chaque nation, de ne pas se refuser au commerce
des autres, lorsque ce commerce ne lui est pas nuisible.
Mais c'est à elle à en juger, et, le cas de nécessité
excepté (a), elle n'est point rigoureusement obligée de
vendre à telle nation son superflu ; moins encore d'acheter
d'elle ou d'échanger avec elle des productions de la nature
ou de l'art. Chaque nation a donc le droit incontestable
de se refuser au commerce avec telle autre nation, et par
conséquent, en s'y prêtant, d'y attacher telles conditions,
telles restrictions qu'elle juge conformes à ses intérêts (b)
Moins encore une nation peut-elle naturellement prétendre
à un droit de commerce exclusif avec tel autre peuple

(a) Vattel, *Droit des gens*, liv. II, chap. i, § 5.

(b) Sous ce point de vue, la loi naturelle ne s'oppose point à l'établissement des douanes, des droits d'étape, et à ces diverses restrictions dont
plusieurs nations de l'Europe ont offert les exemples dans leurs actes de
navigation, leurs ordonnances sur les droits de fret, etc.

indépendant, supposé même que jusqu'ici elle ait été la seule avec laquelle il a commercé. Rien n'empêche cependant qu'un peuple ne puisse convenir avec un autre d'un tel commerce exclusif (c), et restreindre par là sa liberté naturelle. Mais tant que de semblables restrictions n'ont pas eu lieu, une tierce puissance n'est pas autorisée à s'opposer au commerce que deux nations voudraient établir entre elles ; et c'est là ce qui constitue la *liberté naturelle du commerce* des nations.

[La question que soulève notre auteur ne se rattache que bien incidemment au droit des gens. C'est plutôt à l'économie politique qu'il appartient de rechercher jusqu'à quel point la diversité des facultés de l'homme d'une part, de l'autre l'inégale répartition des produits naturels sur la surface du globe, imposent aux nations le devoir de se rapprocher les unes des autres pour faciliter des échanges réciproques qui leur sont également utiles. C'est à l'économie politique surtout qu'il appartient de retracer l'histoire des mesures fiscales et des dispositions prohibitives auxquelles les gouvernements ont cru longtemps nécessaire de recourir pour protéger les intérêts de leurs nationaux; c'est à elle à démontrer, en présence des progrès incessants de l'industrie, des moyens nouveaux de communication et de locomotion, que les peuples doivent, dans leur affection réciproque, comme dans la communauté de leurs intérêts, s'avancer avec une ardeur nouvelle dans les voies de la liberté commerciale. *V.*, du reste, dans le *Dictionnaire de l'économie politique*, v° *Liberté commerciale*, un article de M. DE MOLINARI; et Ch. GOURAUD, *Essai sur la liberté du commerce des nations*. CH. V.]

§ 141. — Vicissitudes du Commerce.

Dans les siècles qui suivirent la destruction de l'empire d'Occident, la navigation dégénéra en piraterie et les

(c) Exemples dans KLUIT, *Hist. fœderum*, t. II, p. 339.

guerres en brigandage : alors le commerce, dans la plupart des États de l'Europe, n'était rien moins que libre aux étrangers considérés et traités comme ennemis. Là même où ils ne furent pas repoussés, le droit de naufrage, le droit d'aubaine, et une foule de droits de douanes, d'étape, et autres péages inventés par l'esprit fiscal des princes et des petits seigneurs (a), remplissaient de difficultés un commerce méprisé par la noblesse et abandonné aux villes qui lui servirent d'asile. Des lettres de *guidage* et de sauf-conduit accordées aux sujets de telle nation, des libertés pour le commerce étranger pendant les foires, établies de bonne heure dans quelques États, des priviléges vaguement accordés au commerce de tel État ou de telle ville, sont à peu près tout ce que nous offre l'histoire du commerce avant l'époque des croisades; époque mémorable pour l'histoire des progrès des arts, du commerce et de la navigation des Européens.

Déjà au treizième siècle on vit prospérer la navigation et le commerce de l'Italie, de plusieurs villes de France, d'Espagne, de Portugal, dans le sud, et se former celui de la Hanse dans le nord de l'Europe. Le nombre des priviléges accordés au commerce des étrangers s'accrut; bientôt ils furent suivis de traités de commerce, et la liberté d'entrée et de séjour pour les étrangers, sanctionnée de bonne heure dans quelques États par les lois, s'introduisit insensiblement dans les autres. Elle était généralement établie en Europe, la Russie exceptée, pour les temps de paix, lorsque vers la fin du quinzième siècle, la découverte de

(a) Schilter, *de Jure hospitii*, diss. 1, § 6; Bouchaud, *Théorie des traités de commerce*, p. 15 et suiv.

l'Amérique et du nouveau chemin vers les Indes ouvrit un
champ beaucoup plus vaste au commerce et à la navigation, apprit aux souverains l'importance de ces branches
de l'industrie nationale, en multiplia immensément les objets, et, suivie bientôt de la fondation de colonies en Amérique, et de l'acquisition de possessions lointaines en Asie
et en Afrique, donna lieu à l'introduction d'un double
droit des gens en fait de commerce et de navigation, savoir, pour les États situés en Europe, et pour les possessions des Européens dans d'autres parties du globe.

§ 142. — Liberté du commerce de l'Europe.

Le commerce entre les États de l'Europe est libre aujourd'hui en temps de paix ; de sorte qu'en exceptant les
cas de représailles (a) aucune nation n'est exclue du commerce avec aucune des autres, et qu'il ne faut pas de traités de commerce pour en assurer la jouissance. Mais cette
vague liberté n'empêche pas jusqu'à ce jour de faire tous
les arrangements et d'introduire toutes les restrictions
qu'on juge être conformes à ses intérêts , par conséquent,
1° d'exempter telles places ou provinces du commerce
étranger, ou de le borner à telles autres (b); 2° de fixer le
mode d'importation et d'exportation (c); 3° de défendre

(a) MOSER, *Versuch*, t. VII, p. 421, 432.
(b) *V.* mon *Grundriss der Staatsverfassung der europäischen Mächte*,
t. I, p. 18 et 120.
(c) Le fameux acte de navigation de l'Angleterre, de 1660, liv. V, dans
mon *Sammlung der Grundgesetze*, t. I, p. 794; le *Product-placat* de
la Suède, de 1724, dans mon *Recueil des traités*, t. VI, p. 165, note *x;*
l'acte de navigation de l'Espagne, de 1790, relaté en extrait dans la préface du t. VI de mon *Recueil*, et rapporté en entier dans *Memoriale lit-
terario*, avril 1790, p. 561 ; de la France, de 1793, dans mon *Recueil*

l'importation ou l'exportation de certaines marchandises, et d'en augmenter à son gré le catalogue ; 4° d'établir et de hausser les douanes ; 5° d'accorder à telle nation des avantages sur telle autre.

Elle ne suffit pas non plus pour assurer aux sujets étrangers ce traitement favorable qu'en général ils ont lieu de désirer dans un état où le commerce les engage à établir leur séjour.

Elle suffit aussi peu pour les mettre à couvert d'un traitement rigoureux en cas de rupture, ou pour fixer les droits du commerce neutre.

[Il ne faut pas confondre la liberté du commerce dans le sens que lui donne, de nos jours, le langage de l'économie politique, c'est-à-dire la liberté d'importation et d'exportation des denrées et marchandises étrangères, sans les grever de droits de douane, avec la liberté offerte à tous les étrangers de s'établir et de faire le commerce dans un pays sur le même pied et avec les mêmes avantages que les nationaux. Ces deux principes sont très-distincts, et en ce qui concerne la France, s'il est à regretter qu'elle n'entre pas plus résolûmen dans la voie de la liberté commerciale, on ne saurait lui adresser de reproches au second point de vue. On a très-bien compris en France qu'il est de l'intérêt de toutes les nations d'attirer les étrangers pour les engager à y importer leur industrie et pour ouvrir des débouchés à leurs propres produits. Aussi, les étrangers y sont-ils admis à faire le commerce comme les Français, sans condition de domicile et de réciprocité ; ils jouissent de la liberté la plus absolue et sont entièrement assimilés aux regnicoles. Ils sont dispensés de fournir la caution *judicatum solvi*, quand il s'agit de contesta-

des traités, t. VI, p. 318, et mon *Sammlung der Gesetze. V. üb. d. Handel*, t. I, p. 18, ne peuvent pas être considérés comme contraires à notre droit des gens de l'Europe, en tant qu'ils ne blessent pas les traités antérieurement conclus avec d'autres nations.

tions commerciales (art. 16, C. Nap. et 433 C. Proc.); ils ont le droit d'être naturalisés Français après cinq ans d'une résidence continue, lorsqu'ils ont formé un établissement de commerce en France. (L. 30 avril-2 mai 1790); enfin, la loi du 14 juillet 1819 assure l'exercice du droit civil à tous ceux qui viennent se fixer sur notre territoire. Par là l'étranger qui a dans son pays la capacité de contracter, la conserve en France. Il peut y acquérir la capacité de commerçant; seulement il est soumis à nos lois, à la juridiction de nos tribunaux et à toutes les conséquences de ses actes. Quant à sa capacité civile il est régi, quoique sur le territoire français, par la loi de son pays. C'est son statut personnel qui le suit partout. Quand il s'agit de la forme des actes, la loi du pays dans lequel ils sont passés doit être observée d'après la maxime, *Locus regit actum*. Ainsi, une lettre de change souscrite en Angleterre est dispensée d'exprimer la valeur et d'être tirée d'un lieu sur un autre.

Selon la même maxime, les contrats passés dans un pays sont régis par les lois de ce pays sur la foi des garanties qu'elles pouvaient offrir aux contractants; et si, dans un pays étranger, un acte interdit en France y est autorisé, il y a lieu d'en ordonner l'exécution. Cependant, si aucune clause n'a été exprimée, il est de règle qu'il faut suivre, pour l'exécution des contrats, la loi du pays dans lequel cette exécution doit avoir lieu. *V.* sur ce point Saint-Joseph, *Concordance du Code de commerce;* mais si, comme le fait observer Masse, *Le droit commercial dans ses rapports avec le droit des gens,* 2e édit., t. I, n. 741, tous les actes commerciaux qui se résument en contrats de vente, d'échange, de louage, de mandat, de dépôt, de société, c'est-à-dire en des contrats essentiellement du droit naturel et des gens, sont permis aux étrangers à la condition de se conformer aux lois françaises qui en déterminent la forme et les effets, dans le cas où ces contrats doivent être exécutés en France, il n'en est plus de même pour les actes qui regardent moins l'homme que le citoyen. Il faut alors que les étrangers se trouvent dans les conditions voulues par les art. 11 et 13 du Code. Ainsi, par exemple, ils ne peuvent prétendre aux droits de famille en général, tels que les droits de puissance paternelle et maritale, de tutelle, de curatelle, etc....

Quant aux restrictions que les nations européennes ont apportées à la liberté des relations commerciales, elles se sont manifestées surtout dans l'attention de la plupart d'entre elles d'exploiter par elles-mêmes et d'une manière exclusive le commerce de leurs colonies. Sous ce rapport, on trouve dans DE CUSSY, *Causes et phases célèbres du droit maritime des nations*, t. I, p. 131 et suiv., l'indication des traités qui, depuis le commencement du siècle, ont fait des réserves au sujet de la liberté commerciale pleine et entière.   CH. V.]

§ 143. — Nécessité des Traités de commerce.

Il importe-donc aux nations entre lesquelles il doit s'établir un commerce direct et considérable, de mieux assurer leurs droits réciproques par des traités de commerce. Le nombre de ceux-ci s'est accru successivement depuis le seizième siècle, et surtout depuis le milieu du dix-septième.

Malgré la diversité naturelle de plusieurs articles de ces traités, rien n'empêche d'en former une théorie générale (a), en distinguant, 1° les articles qui concernent le commerce en temps de paix; 2° ceux qui traitent du droit du commerce neutre ; 3° ceux qui se rapportent au cas de rupture ; 4° enfin ceux qui fixent les droits des consuls.

[*V.* le § suivant.]

§ 144.

I. — *Commerce en temps de paix.*

Relativement au commerce en temps de paix, il faut distinguer deux genres de stipulations qu'on rencontre

---

(a) MASCOV, *de Fœderibus commerciorum*, Lipsiæ, 1735, in-4; J.-G. PESTEL, *de Servitutibus commerciorum*, Rinteln, 1763, in-4; BOUCHAUD, *Théorie des traités de commerce*. Paris, 1777, in 8; VAN STECK, *Handlungsverträge*, Halle, 1782; Œuvres de MABLY, t. V, p. 194 et suiv.; t. VI, p. 535 et suiv. Les écrits sur les traités de commerce de telle nation en particulier se trouvent cités dans mon *Cours diplomatique*, sous les États qu'ils concernent.

dans les traités. Le premier comprend les conventions générales touchant le commerce et le traitement des sujets réciproques que le commerce engage à s'établir ou à séjourner chez nous. Souvent on se contente de stipuler qu'ils seront traités *comme la nation la plus favorisée* (a), *ou à l'égal des naturels du pays;* mais ordinairement on entre encore dans des détails ultérieurs pour leur assurer la liberté : 1° d'importer ou d'exporter toutes sortes de marchandises non prohibées ; 2° de décharger ou de ne pas décharger leurs navires, et de ne payer de droits que dans le premier cas, et une seule fois; 3° la liberté de conscience; 4° une administration de justice prompte et impartiale ; 5° le droit de tenir leurs livres de compte dans leur langue, et de ne les produire que dans leurs procès; 6° le droit de choisir à leur gré les agents, procureurs, avocats, etc., dont ils auront besoin ; 7° le traitement égal aux sujets pour le paiement des impôts; 8° le droit de disposer de leurs biens et de les transmettre à leurs héritiers, même étrangers, en exemption de droit d'aubaine, et quelquefois de celui de détraction ou autres lois restrictives ; 9° les secours pour le recouvrement des biens en cas de naufrage ; 10° l'exemption de saisie de leur personne et de leurs biens, les cas de crime et de dettes exceptés (b).

Le second genre de stipulations, le plus important, mais

(a) Sur l'origine de cette clause, *V.* van Steck, *Handlungsverträge*, p. 23 ; sur le sens qu'on doit lui attribuer, *V.* mon *Essai concernant les armateurs, les prises et les reprises,* § 57, 58.

(b) Sur les articles particuliers et propres aux traités avec les États barbaresques et la Porte, *V.* mon *Cours diplomatique*, t. III, liv. I, chap. xvi, sect. I, et liv. X.

le plus difficile à obtenir aujourd'hui *(c)*, renferme les
avantages particuliers accordés relativement au commerce
et à la navigation des sujets de l'une des puissances contractantes. De ce genre sont, 1° les articles qui accordent
la liberté de l'importation ou de l'exportation de certaines
marchandises qui d'ailleurs ne sont point, ou ne sont pas
généralement libres ; 2° les articles qui fixent les droits
d'importation, d'exportation ou de transit, d'après un tarif
inséré ou ajouté au traité, quelquefois pour un temps plus
limité que le traité même; 3° ceux qui accordent à telle
nation un droit d'entrepôt dans telle place, ou d'autres
prérogatives ou immunités individuelles de préférence à
d'autres nations étrangères (*d*).

[Les traités de commerce et de navigation deviennent chaque
jour plus nombreux et tendent de plus en plus à établir et à
consolider les rapports commerciaux en réglant (*V.* de Cussy,
Causes et phases célèbres du droit maritime des nations,
t. I, p. 32 et suiv.), la libre fréquentation par les bâtiments marchands des ports ouverts dans les divers États au commerce maritime étranger. Ils stipulent, soit pour ce qui concerne les droits
de douane, soit pour ce qui concerne les droits de navigation, ou
le *traitement national*, ou le *traitement de la nation la plus favorisée*, ou la plus *exacte réciprocité*. Il ne faut pas que la convenance de l'un des contractants soit la seule base des traités de
commerce. Il est, au contraire, à souhaiter que, dans les dispositions qui étendent ou restreignent la liberté naturelle du commerce, l'intérêt des deux contractants soit également pris en considération.

(*c*) Mably, *Principes des négociations*, chap. xvii, dans ses Œuvres,
t. V, p. 194.

(*d*) Sur ces points, les anciens traités de la Hanse peuvent servir
d'exemples instructifs à tous égards. (*V.* Sartorius, *Geschichte der
Hanse*, 3 vol.)

Tous les traités de commerce n'ont pas une égale étendue ; ils ne renferment pas tous les mêmes stipulations ; mais, en général (*V.* DE CUSSY, *loc. cit.*, auquel nous·empruntons les énumérations qui suivent), leurs clauses principales portent sur l'importation, l'exportation, l'entrepôt et le transit des marchandises ; sur les tarifs des douanes, sur les droits de navigation, sur les quarantaines, sur les péages concernant la navigation des fleuves et des canaux, sur le séjour des bâtiments dans les *docks* ou bassins, et des marchandises dans les magasins de la douane ; sur les primes, *bounties* et *drawbacks* qui seront accordés de part et d'autre, soit à l'exportation, soit à l'importation de certaines marchandises ; sur les amendes que pourraient encourir les capitaines qui chercheraient à introduire des marchandises prohibées, etc. ; sur l'exercice du droit de *préemption,* sur la tare légale en faveur de diverses marchandises ; la *réfaction* de droits ou remise partielle des droits à percevoir sur les marchandises avariées ; les conditions du transbordement ; les déclarations en douane, à faire par les capitaines et les subrécargues à leur arrivée, ainsi que la visite des marchandises par les préposés du fisc.

Les traités de commerce désignent aussi les divers papiers de bord dont le capitaine étranger doit être muni : d'une part, ceux qui établissent la *nationalité du bâtiment* (la patente de nationalité, connue en France sous le nom d'*acte de francisation,* le congé ou passe-port de mer, le rôle d'équipage, la patente de santé, etc.); d'autre part, les documents qui sont relatifs au chargement (la charte-partie, le manifeste, les connaissements, les certificats d'origine, quand ils sont exigés par les lois de la localité ; les factures originales des marchandises qui sont frappées d'un droit *ad valorem,* etc.).

Ils portent également sur les cas d'angaries et arrêts de prince, de relâche forcée, d'échouement et de naufrage des bâtiments, et sur leur sauvetage ; sur les frais de magasinage dans les locaux d'entrepôt de la douane, sur le radoub des bâtiments qui ont des avaries à réparer ; sur l'hivernage des bâtiments ; sur l'admission des paquebots porteurs de valises de lettres et de ceux qui se chargent du transport des voyageurs ; sur l'admission dans un port, dans le même temps, des bâtiments de guerre, dont le nombre est en général déterminé ; de même que sur le cérémonial maritime et les saluts; sur le cabotage, généralement réservé aux bâtiments nationaux.

Les traités de commerce et de navigation stipulent également l'admission des consuls; ils reconnaissent à ces fonctionnaires politiques et diplomatiques le droit de réclamer les matelots déserteurs, de régler les différends entre les nationaux, d'exercer la police sur les équipages des navires de leur nation, de procéder au sauvetage des bâtiments naufragés, de délivrer des passeports, de faire apposer les scellés sur les effets de leurs nationaux décédés dans la circonscription de leur district consulaire, et de procéder à l'inventaire desdits effets; mais ils leur imposent l'obligation de faire débarquer les malfaiteurs ou déserteurs du pays qui se seraient réfugiés sur les bâtiments de la nation qui les a institués.

Ces traités stipulent enfin la permission pour les négociants étrangers de tenir leurs livres de commerce dans la langue de la nation à laquelle ils appartiennent, et d'employer les hommes de loi et avocats qu'ils jugeront à propos de choisir; ils établissent que lesdits négociants ne pourront pas quitter le pays sans avoir payé leurs dettes; ils leur assurent d'ailleurs, en cas de décès, le droit de faire passer leurs propriétés, effets et marchandises à leurs héritiers; et, dans ce but, les négociateurs négligent bien rarement de reproduire les clauses des traités antérieurs qui ont aboli les droits d'aubaine et de détraction.

Il est dit dans un grand nombre de traités qu'en cas de violation, par malentendu, des articles du traité, il ne sera pas délivré de *lettres de représailles*, ni exercé aucunes représailles avant qu'il ait été fait appel à la justice et à l'impartialité des contractants, et seulement en cas de déni de justice évident.

Les traités de commerce contiennent encore des stipulations pour le temps de guerre. C'est ainsi qu'ils règlent les conditions du commerce maritime en temps de guerre de la nation qui sera restée neutre; ils déterminent la série des marchandises qui seront considérées comme *contrebande de guerre*, et celles qui pourront continuer d'être portées dans les ports de la nation ennemie, moins les ports bloqués; ils disent de quelle manière sera exécutée la visite qui pourra être faite, après *semonce* (par les bâtiments de guerre et par les bâtiments armés en course), des bâtiments marchands *qui ne voyagent pas sous convoi*; le degré de protection et de franchise que le pavillon neutre assurera à son chargement ; les papiers qui devront faire preuve de la nationalité et de la neutralité ; le droit de *préemption* que les bâtiments de guerre pourront ou ne pourront pas exercer sur les marchandises dont ils auraient besoin, ou en payant, d'ailleurs, la valeur d'après la facture et les connaissements.

Ils règlent les droits et les devoirs des armateurs propriétaires des bâtiments armés en course et porteurs de lettres de marque ; ils stipulent au sujet des prises, des reprises, de la rançon, etc.

Ils fixent le terme passé lequel, et selon la distance, les prises faites depuis la signature de la paix seront rendues ; et le terme passé lequel les marchandises amies chargées sur bâtiment ennemi, dans l'ignorance de la rupture, seront confisquées.

Ils déterminent la distance des côtes des Etats neutres, au delà de laquelle les prises pourront être faites, le sort et le traitement des prisonniers.

Enfin ils mentionnent le délai qui sera accordé, en cas de rupture, aux négociants sujets de l'un des deux contractants, établis sur le territoire de l'autre, pour se retirer, munis de sauf-conduits, avec leur famille et leurs propriétés, etc.

Les traités de commerce contiennent d'habitude l'indication de leur durée.

V. sur les traités de commerce, et notamment sur les derniers traités de commerce conclus avec l'Angleterre, la Belgique, l'Italie, etc., l'ouvrage récent de M. Paul Boiteau.　　　　Ch. V.]

§ 145.

II. — *Commerce neutre.*

Les articles relatifs au commerce neutre roulent surtout sur les points suivants : 1° l'exemption d'embargo sur les vaisseaux ; 2° la liberté de commerce avec l'ennemi de la puissance contractante et entre les places ennemies, à l'exception des places bloquées et de la contrebande ; 3° la notification des blocus et des objets déclarés de contrebande ; 4° la restriction de la confiscation aux marchan-

dises prohibées, sauf le navire et le reste de la cargaison ;
5° la détermination de la question, si le navire couvrira
et confisquera la cargaison ou non ; 6° la caution à prêter
par les armateurs ; 7° la visite en mer ; 8° la procédure devant les tribunaux d'amirauté ; 9° la conduite que la
puissance neutre tiendra dans ses ports envers les vaisseaux
de la puissance contractante, ceux de ses ennemis, et leurs
prises ; la défense à ses sujets de prendre aucune part aux
commissions pour des armements particuliers de l'ennemi.
Il sera parlé plus au long de ces points, en traitant de la
Neutralité (liv. VIII, chap. vII).

[V. les notes aux § 305 et suivants.]

§ 146.

III. — *Cas de rupture.*

Il y a eu jusqu'ici peu de traités dans lesquels on soit convenu de l'époque où commencera la rupture (*a*). Les articles qui touchent celle-ci se bornent ordinairement à fixer
l'espace de temps qui sera laissé aux sujets pour pouvoir se
retirer en sûreté avec leurs biens, ou à stipuler qu'ils pourront même continuer leur séjour en temps de guerre (*b*),
tant que leur conduite ne sera pas suspecte.

[Il a été longtemps d'usage parmi les puissances de se livrer à
des actes d'hostilité immédiatement après et même quelquefois
avant la déclaration de la guerre. Mais de nombreux traités sti-

(*a*) Traité de commerce entre la France et la Grande-Bretagne, de
1786, art. 2.
(*b*) *Ibid.* Ces stipulations sont rares ; il est plus rare encore de les voir
accomplir.

pulent d'une part que, en cas de rupture entre les nations contractantes, un délai de six mois ou d'un an sera accordé aux
négocians pour retourner dans leur patrie avec leurs propriétés,
d'autre part, que les marchandises qui ont été embarquées sur les
bâtimens d'une nation devenue ennemie, avant que la rupture
avec cette nation ait pu être connue au port d'embarquement, ne
seront point confisquées. Au moment de la déclaration de la
guerre à la Russie en 1854, les gouvernemens français et
anglais ont voulu diminuer autant que possible les maux de la
guerre, ils ont à cet effet solennellement et officiellement déclaré :
1° que le pavillon neutre couvrirait la marchandise ; 2° que la
marchandise propriété des neutres trouvée sous pavillon russe,
serait restituée ; 3° que les armemens en course ne seraient point
autorisés et qu'il ne serait point délivré de lettres de marque.

Cн. V.]

§ 147.

IV. — *Droits des consuls.*

De bonne heure on avait établi en Italie et en Espagne des
juges particuliers pour les affaires du commerce et de la navigation, sous le nom de *consuls*. C'est à leur imitation que,
pendant les croisades, les Francs accordèrent à plusieurs
villes d'Italie, de France et d'Espagne, le droit d'envoyer des
consuls (*a*) en Asie, pour y protéger le commerce de leurs
nationaux, et pour leur servir de juges (*b*). A l'exemple de
ceux-ci, quelques États de l'Europe ont commencé, dès le

(*a*) *Dictionnaire du citoyen,* au mot *Consul.* MISLER, *Ébauche d'un
discours sur les consuls,* 1754, in-4. VAN STECK, *Observationes subse-
civæ ;* le même, *Versuch,* 1772, p. 20 ; mais surtout du même auteur,
Essai sur les consuls, 1790, in 8. Louis LA REYNIE LA BRUYÈRE, *Manuel des commissaires des relations commerciales,* Paris, an XI, in-8.

(*b*) Outre les exemples cités par M. VAN STECK, p. 14, on en trouve de
consuls italiens dans F. DEL BORGO, *Scelti Diplom.,* Pisani, p. 85 et
suiv ; de consuls espagnols, dans CAPMANI, *Memorias,* t. II, p. 56.

treizième siècle (c) à se faire accorder le droit d'envoyer des
consuls ; cependant cet usage n'est devenu plus général
qu'au seizième siècle, et dans bien des relations, tant entre
les États de l'Europe qu'avec les États barbaresques et la
Porte, il est d'une date encore beaucoup plus récente. Au
reste, quoique le nombre de ces consuls soit aujourd'hui
considérable, leur envoi suppose une convention expresse
ou tacite, et le droit de les nommer est un droit de souverain, qui ne s'accorde plus aux villes municipales, et n'appartient point aux compagnies de commerce (d).

———

[Le but de l'institution des consuls est de protéger le commerce
et la navigation des nationaux auprès des autorités étrangères,
d'exercer sur eux la police et la justice, et de fournir à leur gouvernement des documents dans l'intérêt de la prospérité du
commerce.

Les consuls furent dans le principe élus par leurs nationaux.
Mais on ne tarda pas à reconnaître qu'il était nécessaire, pour
donner à leur autorité et à leur magistrature une action plus
efficace, d'obtenir l'approbation du prince dont ils étaient sujets. Plus tard les gouvernements comprirent qu'il était de leur
dignité et de leur intérêt de choisir et d'instituer les consuls. Ils
se le réservèrent par les traités. On voit une réserve de cette nature dans le traité des Pyrénées. (V. sur l'historique de l'institution des consuls, DALLOZ, *Jurisprudence générale*, v° *Consuls*).

Il s'est élevé une vive controverse entre les publicistes des dix-
septième et dix-huitième siècles sur la question de savoir si les
consuls étaient ou non des ministres publics. Wicquefort ne les
avait considérés que comme des agents commerciaux et des
juges marchands. Vattel, Martens et Kluber, à son exemple, et

(c) *V.* des exemples de 1256, 1264, 1268, 1278, 1291, et du quatorzième siècle, dans mon *Versuch einer historischen Entwickelung des
wahren Ursprungs des Wechselrechts*, p. 52 et suiv.

(d) VALIN, *Commentaire sur l'ordonnance de la marine de Louis XIV*,
liv. I, t. IX ; t. I, p. 245 ; VAN STECK, *Sur les consuls*, p. 56.

sans tenir compte des changements qui se sont opérés, ont refusé aux consuls la qualité d'agents politiques C'est aussi l'opinion de WHEATON, *Éléments du droit international*, t. I, p. 223, et de FOELIX, *Traité du droit international privé*, t. I, n° 218. Aussi les consuls ne peuvent-ils prétendre au cérémonial des ministres publics : seulement plusieurs traités leur accordent le droit de mettre au-dessus de la porte de leur hôtel les armes du souverain qu'ils représentent. Les auteurs modernes (*V.* notamment STECK, *Essai sur les consuls;* DE CLERCQ et DE VALLAT, *Guide pratique des consulats*, p. 3 ; DE CUSSY, *Dictionnaire du diplomate et du consul*, et *Phases et causes célèbres du droit maritime des nations*, t. I, p. 38) reconnaissent aux consuls le caractère de ministres publics. D'après ces auteurs, quel que soit leur rang hiérarchique, quelle que soit leur position de subordination vis-à-vis d'autres agents, qu'ils agissent et parlent en leur nom et sous leur responsabilité, ou en vertu d'instructions expresses de leurs chefs, les consuls n'en sont pas moins revêtus d'un caractère public. Comme envoyés officiels et accrédités de leur pays, ils sont ministres, et leurs personnes comme leurs domiciles doivent participer du respect dû à leur nation.

Sans aller aussi loin que ces derniers auteurs, on peut cependant affirmer qu'en général les consuls et les agents pour les relations commerciales, qui sont assimilés au consuls, et les personnes faisant partie du consulat, jouissent, comme les ministres publics, de l'inviolabilité quant à leur personne, mais ils n'ont pas tous les priviléges de l'exterritorialité. Aussi ils ne seraient pas fondés à réclamer le libre exercice de leur religion dans un pays où elle ne serait pas tolérée. De même pour leurs affaires privées, ils sont justiciables des tribunaux ordinaires du lieu de leur résidence, et soumis aux mêmes voies d'exécution que les autres étrangers résidant dans l'Etat où ils sont établis. (*V.* encore DALLOZ, *Jurisprudence générale*, v° *Consuls*), et les nombreuses autorités citées par lui. Toutefois, il peut arriver qu'un consul ait reçu de son gouvernement une mission diplomatique spéciale ; il est alors regardé comme le représentant de son souverain, et jouit des diverses immunités appartenant aux ministres. Les consuls forment donc aujourd'hui, dans les différents Etats européens et du Nouveau-Monde, une espèce particulière d'agents diplomatiques. (*V.* encore HEFFTER, *le Droit international*, traduction de M. Bergson, n° 246 et une note de M. Pradier-Fodéré sur le § 24, *in fine*, liv. II, ch. II, de VATTEL, *le Droit des gens*, édit. Guillaumin.

Pinheiro-Ferreira dit à ce sujet : « Le peu d'exactitude que les écrivains de l'école positive mettent à définir les termes de la science, est cause des nombreuses fautes que M. de Martens commet dans ce court article concernant les consuls. Il commence par accorder que les consuls sont des *ministres publics*, mais, après avoir fait mention de leurs principales attributions, il leur refuse la qualité de *ministres diplomatiques*.

» Cette distinction ne repose que sur une équivoque. Les *ministres diplomatiques* ne sont que des *agents publics auprès des gouvernements étrangers*. Si donc les consuls se trouvent dans ce dernier cas, ils ne peuvent qu'appartenir au nombre des ministres diplomatiques.

» Dans leur origine, les consuls n'ont été, ainsi que M. de Martens le rapporte, que de simples fondés de pouvoirs établis par la prévoyance des négociants pour défendre les intérêts de leur commerce dans les pays étrangers. En cette qualité, quelque étendue que fût la sphère de leurs attributions et l'influence qu'en s'en acquittant ils exerçaient sur les intérêts publics, ils ne pouvaient être considérés comme des agents ou ministres publics, puisqu'ils ne tenaient pas leur mandat de la nation, mais seulement d'une fraction plus ou moins considérable de la nation.

» Mais lorsque dans la suite ces agents, au lieu de ne représenter que le commerce de telle ou telle place, devinrent les représentants du commerce national ; dès que ce ne furent plus les corporations du commerce, mais les gouvernements, qui les nommèrent, et qu'ils furent chargés de protéger auprès des autorités du pays, non-seulement les intérêts des individus qui voudraient se servir de leur entremise, mais aussi les intérêts de l'État lui-même, dans une latitude plus ou moins considérable, selon le degré de confiance qui leur était accordé par le gouvernement, les consuls ont dû être considérés dès ce moment comme des *agents publics auprès des gouvernements étrangers*, ou *agents diplomatiques*, quoique d'un ordre inférieur à ceux qui, dans le but aussi de veiller sur les intérêts publics, étaient accrédités auprès des autorités supérieures du gouvernement du pays où ils étaient appelés à exercer leurs fonctions. Mais, de même que les chargés d'affaires ne sont pas moins agents diplomatiques que les

envoyés, parce qu'ils ne sont accrédités qu'auprès du ministre
d'État, tandis que ceux-ci le sont auprès du souverain, les consuls
ne sauraient être exclus du corps diplomatique, c'est-à-dire du
nombre des *agents publics auprès des gouvernements étrangers,*
parce qu'ils ne sont accrédités qu'auprès des agents du gouvernement d'un ordre inférieur à celui du ministère.

» Mais ce n'est pas encore tout ce qui concourt à faire regarder
les consuls, dans l'état actuel des choses, comme des membres
effectifs du corps diplomatique ; car il est aujourd'hui généralement reçu que les consuls soient chargés par leur gouvernement
de se présenter aux ministres des affaires étrangères du pays où
ils résident (en l'absence toutefois du ministre accrédité), afin de
solliciter en faveur des intérêts non compris dans le ressort des
autorités subalternes ; d'y demander des décisions sur des points
en dehors du droit civil, et uniquement du ressort du droit des
nations ; partout on a autorisé enfin les consuls à donner des passe-
ports aux individus de leur nation dans les cas désignés dans leurs
instructions ou règlements.

» En quoi peut-on donc distinguer aujourd'hui les consuls des
agents diplomatiques du troisième ordre, si ce n'est en ce que la
loi ne les appelle à en exercer les fonctions qu'en l'absence de
ceux qui en auraient été expressément chargés ? Mais, de même
que l'envoyé résident à une cour ne cesse pas d'être un agent diplomatique lorsque, par l'arrivée d'un envoyé extraordinaire de
son gouvernement, il n'est appelé à reprendre l'exercice de ses
fonctions qu'au départ ou en l'absence de ce dernier, de même
la clause éventuelle qui limite l'époque à laquelle les consuls
peuvent exercer les fonctions diplomatiques ne porte aucune atteinte à la réalité du caractère qui résulte du droit de les exercer
en temps et lieu.

» C'est une grave méprise de la part de M. de Martens, de refuser aux consuls le caractère diplomatique parce que le diplôme de
leur charge n'est pas expédié sous la forme de lettres de créance,
mais de lettres patentes, ou, comme il le dit, de lettres de provision ayant besoin d'un *exequatur* ou confirmation du souverain
du pays où ils ont à exercer leurs fonctions. Cette diversité,
quant à la forme des diplômes, ne peut établir qu'une différence
spécifique entre les consuls et les autres agents diplomatiques,
mais elle ne saurait les exclure de leur corps ; de même que la

I.   25

différence entre les diplômes qui accréditent les ambassadeurs, les envoyés et les chargés d'affaires, ne font que les partager en trois différents ordres du corps diplomatique, sans qu'on en puisse induire que les derniers n'appartiennent pas, aussi bien que les premiers, à ce même corps.

» Ce n'est pas la forme, mais les clauses des lettres patentes accordées aux consuls, qui peuvent établir une différence essentielle entre eux et les autres agents du même gouvernement en pays étranger, et non pas ces lettres patentes elles seules, mais combinées avec d'autres autorisations que le gouvernement peut leur avoir accordées au moyen d'autres titres, tels que leurs instructions spéciales, où même celles qui se trouveront consignées en général dans les règlements consulaires de leur pays, ou bien des lettres de créance auprès du ministre des affaires étrangères du pays où ils vont résider, afin de pouvoir y exercer au besoin les fonctions de chargés d'affaires.

» A la manière dont M. de Martens s'exprime, il semblerait qu'il n'y a que les consuls qui aient besoin du consentement du gouvernement du pays pour pouvoir y exercer les fonctions dont ils se trouvent investis. Ce serait une grande erreur de le croire ; car l'envoyé, l'ambassadeur, et en général tout agent étranger, a besoin de ce consentement, comme cela est évident de soi-même ; et bien souvent on a vu des diplomates de tous les ordres être forcés de se retirer, ou parce qu'on ne les avait pas admis, ou parce que le gouvernement du pays ne croyait plus convenable de leur permettre de continuer à exercer auprès de lui les fonctions dont, au reste, ils s'acquittaient au gré de leurs gouvernements.

» La forme de lettres patentes et l'apposition de l'*exequatur* n'ont aucun rapport au caractère diplomatique du consul ; de même que ces formalités ne contribuent pas à le lui conférer, elles ne sauraient empêcher qu'il n'en soit investi : leur but est de lui fournir un titre qui constate auprès des autorités administratives et judiciaires du pays sa capacité comme fondé de pouvoirs pour ester légitimement devant elles dans les affaires de leur compétence qui exigeront la présence de ces fondés de pouvoirs des parties qui, par l'entremise du gouvernement, sont censées les avoir autorisés à y représenter leurs intérêts.

» M. de Martens commet encore une faute plus grave, lorsqu'il va chercher un motif d'exclure les consuls du corps diplomatique dans des accidents tels que l'exemption de telles ou telles charges, réquisitions ou impôts, la permission d'exercer le culte de leur religion dans l'intérieur de leur demeure, la concession de tels ou tels honneurs que les gouvernements, arbitrairement, accordent ou refusent aux agents diplomatiques ; qu'ils accordent à ceux d'un rang et qu'ils refusent à ceux de l'autre, sans que, dans aucun cas, soit qu'ils les accordent seulement en partie, ou qu'ils les refusent dans la totalité, ceux à qui on les refuse soient moins diplomates que ceux auxquels on les accorde. » Ch. V.]

§ 148. — Droits dont jouissent les consuls.

Tous les consuls de ce genre doivent protection et assistance aux marchands et aux marins de leur nation ; ils doivent veiller à l'observation des traités de commerce, et rendre compte à leur souverain, ou au ministre de la marine, de ce qui concerne l'état et l'intérêt du commerce de leur nation par rapport à la place ou au pays de leur consulat (a). Mais relativement aux prérogatives dont ils jouissent, on doit distinguer les consuls envoyés au Levant ou en Barbarie de la plupart de ceux qui résident dans les places maritimes de l'Europe.

(a) *Discours politiques*, t. III, p. 29 et suiv. Forbonnais, *Recherches et considérations sur les finances de la France*, t. I, p. 409, 410 ; Van Steck, *Essai sur les consuls*, p. 18, 22. Plusieurs États ont donné des ordonnances particulières sur les devoirs de leurs consuls, tels que la France, en 1669 et 1759 ; le Danemark, le 10 février 1749. On trouve des instructions pour les consuls hollandais dans *Groot Placaetboek*, t. VI, p. 300 ; t. VII, p. 521, 531-537, et dans mon *Recueil a*, t. VI, p. 222 ; *b*, t. IV, p 182 ; une ample instruction pour les consuls vénitiens, dans *Codice della Veneta mercantile marina*, part. 1, t. XII, p. 118-132 ; pour la Suède, dans Flintberg, *Droit maritime*, trad. en allemand par Hagemeister ; pour la Prusse, règlement du 18 septembre 1796, dans Kuster, *Beytrage zur preussischen Staatskunde*, p. 111. . *V.* aussi des formulaires de ces instructions dans mes *Erzählungen*, t. II, Append., p. 333-343.

Les premiers sont ordinairement pourvus d'une juridiction, même contentieuse, dans les affaires civiles des sujets
de leur nation entre eux, souvent aussi dans les procès que
leur intentent des étrangers, et en cas de crimes ils ont le
droit de les assister devant le juge. De plus, ils sont accrédités par des lettres de créance, et généralement traités sur
le pied de ministres, jouissant de prérogatives même plus
étendues dans quelques points que celles qu'on accorde à
ceux-ci en Europe ; ce qui n'empêche pas que les consuls
dans les échelles du Levant ne soient ordinairement dans
quelque dépendance du ministre de leur nation à la Porte.

Mais les consuls, dans les places de l'Europe, n'ont communément qu'une juridiction volontaire sur les nationaux,
et un simple arbitrage dans les affaires litigieuses (*b*); ou s'ils
jouissent d'une juridiction contentieuse (*c*), elle est bornée
aux affaires de commerce entre les nationaux. Et, bien qu'ils
soient sous la protection spéciale du droit des gens, et qu'on
puisse les considérer, en sens général, comme *ministres
publics* (*d*) de l'État qui les nomme, en tant qu'ils sont char-

---

(*b*) Van Steck, *Essai*, p. 58.

(*c*) *V.* par exemple, le traité de commerce entre le Danemark et la
Russie, de 1782, art. 5 et suiv.

(*d*) Dans la dispute entre la France et les Provinces-Unies des Pays-
Bas, après la révocation de l'édit de Nantes, celles-ci soutinrent que les
consuls étaient une sorte de ministres publics. (*V.* d'Avaux, *Mémoires*,
t. V, p. 171, 210) En accordant qu'ils sont sous la protection spéciale du
droit des gens, la dispute agitée entre plusieurs auteurs, si les consuls
sont ministres ou non, semble plutôt toucher le mot que la chose. Bynkershoeck, *du Juge compétent des ambassadeurs*, chap. x, § 6;
Wicquefort, t. I, liv. I, section V, p. 63; de Réal, *Science du gouvernement*, t. V, p. 58; Vattel, t. I, liv. II, chap. ii, sect. XIV, ne
veulent pas qu'on les considère comme ministres; mais *V.* van Steck,
Essai, p. 18.

gés par lui des affaires de son commerce, on ne peut pas
cependant les mettre de pair avec les ministres, même avec
les chargés d'affaires, quant à leurs prérogatives, en considérant, 1º qu'ils ne sont point légitimés par des lettres de
créance, mais seulement munis de lettres de provision, et
qu'ils ne peuvent entrer en fonction qu'après avoir obtenu
l'*exequatur* ou la confirmation du souverain dans les États
duquel ils résideront ; 2º que, dans la règle (*e*), ils sont sujets à la juridiction civile et criminelle de l'État ; 3º qu'ils
doivent payer les impôts, ou ne jouissent tout au plus que
d'une immunité d'impôts personnels, et quelquefois du lo-
gement des gens de guerre ; 4º qu'en Europe il est bien
rare de leur permettre le culte religieux dans leur maison (*f*) ; 5º qu'enfin ils n'ont point de cérémonial de légation à réclamer, et doivent céder le pas à tous les ministres, bien qu'ils exercent entre eux la préséance sur le pied
des États qui les envoient (*g*).

[Les traités conclus entre les diverses puissances au sujet de
l'établissement des consuls, de leurs attributions, prérogatives et

(*e*) Bynkershœck, *de Foro competente legatorum*, cap. x, § 5, 6 ;
Wicquefort, *le Parfait Ambassadeur*, liv. I, sect. V. Ils doivent donc
prouver une immunité particulière s'ils y prétendent ; il ne suffit pas, à
cette fin, qu'on leur ait permis d'arborer devant leur maison les armes
de leur souverain. (*V.* des exemples de disputes dans Moser, *Versuch*,
t. VII, p. 843 ; de Réal, t. V, p. 65 ; *Merc. hist. et polit.*, 1755, t. II,
p. 273, 1764.) M. de Vattel, liv. II, chap. II, § 34, soutient qu'ils devraient être exempts de la juridiction criminelle, mais sans le prouver.
On peut accorder que la plupart des États ne refuseraient pas l'extradition. (*V.* Bouchaud, *Théorie des traités de commerce*, p. 150.)

(*f*) Traité entre la France et les villes anséatiques, de 1716, art sép.
2 ; traité entre la France et la ville de Hambourg, de 1769, 1780, art.
sép. 2.

(*g*) Moser, *Versuch*, t. VII, p. 844.

immunités, sont en général incomplets. Les plus intéressants à consulter sont ceux conclus par la France avec l'Espagne en 1768 et 1769, par la France avec les États-Unis de l'Amérique septentrionale en 1778 et 1853, par la France avec la Russie en 1787 ; enfin ceux intervenus entre quelques États de l'Europe et les États nouvellement créés dans l'Amérique méridionale. Les traités ou *Capitulations* conclus par les puissances chrétiennes avec les États musulmans contiennent, en général, des dispositions plus étendues. On peut citer les *Capitulations* de 1675 et de 1740, la première entre l'Angleterre et la Porte ottomane, et la seconde entre cette dernière puissance et la France. *V.* sur ces divers points DE CUSSY, *Phases et causes célèbres*, t. 1, p. 40 et suiv., qui donne une énumération détaillée des édits, ordonnances, décrets et règlements de chaque nation, et des traités conclus entre elles au sujet des consuls et de leurs attributions.

D'après l'usage général des nations, les principales fonctions des consuls consistent :

A veiller à la stricte exécution des traités de commerce et de navigation, tant de la part de l'Etat près duquel ils résident que de la part de celui dont ils sont les agents ; en cas de complication, à faire auprès des autorités compétentes les démarches nécessaires et à donner les explications nécessaires pour les dissiper ; à prendre connaissance de l'arrivée des navires de leur nation, de leur chargement, de leurs équipages et de tout ce qui est relatif à la navigation. Ils sont chargés aussi de délivrer des passe-ports et des certificats de vie ;

A prêter aide et assistance aux commerçants et aux marins de leur nation, toutes les fois que ceux-ci le réclament. Ils exigent, dans les limites fixées par les traités ou les usages, des autorités étrangères l'extradition des hommes d'équipage qui ont quitté les navires de leur nation ;

A exercer une espèce de juridiction volontaire aussi dans les limites fixées par les traités et les usages. C'est ainsi qu'ils légalisent les actes des autorités ou fonctionnaires publics étrangers, et qu'ils délivrent aux marins et aux négociants des certificats authentiques ;

A servir d'arbitres ou d'amiables compositeurs pour les difficultés qui s'élèvent entre les sujets de leur nation, et entre ces derniers et les habitants du pays ;

A veiller à la conservation des biens de leurs compatriotes après décès ; à recevoir même les conventions intervenues entre les sujets de leur gouvernement, et ces actes sont considérés comme authentiques. Cela a lieu notamment en France, en Angleterre, en Autriche, en Prusse, dans les Pays-Bas, en Portugal, en Sardaigne, en Danemark, en Russie, en Grèce, aux Etats-Unis et au Brésil. *V.* notamment VATTEL, *le Droit des gens*, édit. Guillaumin, liv. II, ch. II, § 34 et les notes de M. Pradier-Fodéré; HEFFTER, *le Droit international*, traduction de M. Bergson, n. 247; DALLOZ, *Jurisprudence générale*, v° *Consuls*, n. 15, 46 et suiv.)

Les membres du corps consulaire, consuls, chanceliers, drogmans, ne peuvent ni faire le commerce, ni s'intéresser dans les armements en course, ni acquérir des biens-fonds dans les pays de leur résidence sans encourir des peines disciplinaires.

Les attributions des consuls envoyés dans les Etats du Levant et dans les Etats barbaresques sont plus étendues. C'est ainsi qu'on leur accorde habituellement dans ces pays le droit de juridiction criminelle sur les nationaux, et même, par suite d'anciens usages, la juridiction civile non-seulement pour les contestations de leurs nationaux entre eux, mais aussi avec les indigènes. La Porte accorde aux consuls européens le droit d'asile, ce qui n'est pas sans inconvénients, et le libre exercice du culte dans leur hôtel.   CH. V.]

§ 149. — Consuls généraux, vice-consuls, commissaires de la marine, etc.

Quelquefois on nomme des consuls généraux pour plusieurs places, ou à la tête de plusieurs consuls; quelquefois le consul est assisté d'un ou de plusieurs vice-consuls ou agents, qui, dans la règle, doivent comme lui être munis d'une lettre de provision et de la confirmation du souverain.

Les uns et les autres jouissent des mêmes droits, et font les mêmes fonctions que les consuls. La France avait, pendant la révolution, substitué à la dénomination de consuls celle d'*agents pour les relations commerciales* ; ce qui ne changeait que le nom seul, non les droits et les fonctions de ses anciens consuls ; elle a repris aujourd'hui l'ancienne dénomination (a).

Les *commissaires de la marine*, établis dans plusieurs places au lieu de consuls (b), ne diffèrent encore guère de ceux-ci, si ce n'est que leurs fonctions se bornent toujours à la place seule pour laquelle ils sont nommés (c).

Presque à la même époque de laquelle datent les consuls, on trouve aussi des priviléges accordant aux étrangers, dans tel État, le droit d'y choisir un *jus conservador*, c'est-à-dire un juge pour décider les causes des sujets de sa nation. Il en reste encore quelques exemples (d) ; mais leur nombre a beaucoup diminué depuis que l'Espagne et la Sicile ont fait difficulté de les accorder aux nations étrangères.

Les *aldremanns* que les villes anséatiques entretenaient autrefois dans plusieurs places, et dont il reste encore un souvenir, faisaient également les fonctions de consuls.

Enfin là où il a été permis aux marchands anglais (*merchants aventurers*) de se former en corps, le chef de ce corps marchand (*court master*) est aussi ordinairement investi d'une juridiction sur les nationaux, et ressemble en quelques points aux consuls, quoique jouissant de plusieurs droits particuliers qui dépendent du contrat de réception du *court* (e).

(a) *V.*, par exemple, *Almanach royal* de 1817, p. 121.

(b) KLUIT, *Hist. fœderum*, t. II, p. 556.

(c) VAN STECK, *Essai sur les consuls*, p. 55.

(d) Surtout en Portugal, et jusqu'à ce jour en Hollande; KLUIT, *loc. cit*, p. 501, 504.

(e) *V.*, par exemple, le contrat des marchands anglais à Hambourg, de

[Les attributions, dénominations et distinctions des agents consulaires varient dans chaque pays, suivant la législation qui leur
est propre. Il est à regretter que les règlements sur cette matière
publiés par les diverses puissances soient incomplets. Les plus
importants sont ceux en vigueur en France, au Brésil, en Portugal, aux Etats-Unis, en Grèce, en Prusse et en Russie. En France,
d'après les ordonnances royales des 20 août et 26 octobre 1833,
le corps des consuls se compose de consuls généraux, de consuls
de première et de seconde classe, et d'élèves consuls nommés
par l'Empereur, sur la présentation du ministre des affaires
étrangères. Il y a en outre des chanceliers de consulat, des se-
crétaires interprètes pour les langues orientales et des drogmans. Enfin les consuls peuvent nommer, mais sous leur responsabilité, des délégués que l'on appelle agents consulaires ou quelquefois vice-consuls. On trouve dans DALLOZ, *Jurisprudence générale*, v° *Consuls*, n. 16 et suiv., une énumération complète de
tous les édits, ordonnances, lois, règlements, etc., relatifs à l'institution des consuls en pays étranger. *V.* encore, pour tout ce
qui se rattache aux consuls et aux consulats, A. DE CLERCQ et DE
VALLAT, *Guide pratique des consulats.*   CH. V.]

§ 150 *a.* — Du commerce des Européens dans d'autres parties du globe.

Le commerce dans d'autres parties du globe ne jouit pas
de la même liberté que celui de l'Europe.

D'abord, 1° toutes les puissances de l'Europe qui ont
acquis des possessions dans ces contrées et y ont fondé des
colonies, ont suivi le principe général d'attribuer à la mère
patrie tous les avantages de ce commerce, soit en le confiant
à des compagnies de commerce (*a*), soit en l'abandonnant

1611, dans MARQUARD, *de Jure mercatorum*, p. 194. Conférez MOSER,
Patriotische Phantusieen, t. III, p. 173.

(*a*) J.-F -K.-B. BACHHOF *ab* ECHT, *De eo quod justum est circa commercia inter gentes, ac præcipue de origine ac justitiá societatum
mercatoriarum majorum*, Hallæ, 1751, in-4. *V.* la liste des octrois
dans mon *Guide diplomatique*, sous les premiers chapitres des États à
colonies.

au gré des particuliers, leurs sujets; mais en n'accordant à leurs colonies qu'un commerce très-limité avec d'autres peuples hors de l'Europe, et à l'exclusion de tout commerce direct avec d'autres États de l'Europe, aux sujets desquels il n'est pas même permis d'y aborder, quelquefois même de passer sous le canon des forteresses (b), excepté cependant les cas de nécessité. De plus, quelquefois les États à colonies se sont vus engagés à l'ouvrir aux navires neutres en temps de guerre, ou à l'accorder à telle nation particulière pour un temps déterminé (c); et, d'ailleurs, dans des temps plus récents, plusieurs motifs ont engagé des États à colonies à ouvrir, même en temps de paix, et plus souvent encore en temps de guerre, tels ports ou telles îles particulières au commerce des étrangers en général (d).

2° Quelques peuples indiens ont accordé un commerce exclusif à telle nation européenne (e), et, par là, se voient empêchés d'étendre leur commerce en faveur d'autres nations.

3° Il y a des exemples d'États de l'Europe qui, par traités avec telles nations européennes, ont renoncé au commerce des Indes ou à son extension ultérieure (f), comme aussi à celui d'une partie des côtes d'Afrique.

(b) *Lettres* du chevalier TEMPLE, p. 13.

(c) *V.*, par exemple, les traités d'*assiento* de l'Espagne avec la France et l'Angleterre.

(d) Exemples de Sainte-Lucie et du Port-Louis pour la France, de Saint-Thomas pour le Danemark, de la Jamaïque pour la Grande-Bretagne, de la Trinité pour l'Espagne, de Saint-Eustache pour les Hollandais, etc.

(e) Sur les traités de ce genre avec la Hollande, *V.* KLUIT, *Hist. fœderum*, t. II, p. 339.

(f) Exemples de 1648, 1713, 1731, et autres. (*V.* BOUCHAUD, *Théorie des traités de commerce*, p. 202.)

A ces exceptions près, et malgré les vaines oppositions
que firent quelques puissances aux seizième et dix-septième
siècles, il est reconnu aujourd'hui que chaque nation de
l'Europe est en droit d'établir un commerce avec tous les
peuples des Indes (g) ou des autres parties du globe qui sont
disposés à y donner les mains, sans qu'une tierce puissance soit autorisée à l'en empêcher (h).

4° Mais il s'en faut de beaucoup que tous les peuples,
particulièrement ceux de l'Asie, soient disposés à accorder
aux étrangers la liberté de commerce dans leurs ports.

[Les colonies modernes diffèrent essentiellement des colonies
anciennes ; leurs origines, leurs tendances, leurs moyens sont
complétement distincts. Dans l'antiquité les Grecs fondaient des
colonies, soit par la libre volonté des émigrants, soit par des motifs
politiques ; les Romains les créaient au loin, comme des postes
militaires avancés, mais sans qu'il y eût jamais pour elles d'assujettissement dans leur activité économique à la métropole.
Généralement elles étaient peu étendues : elles consistaient en
une ville et dans le territoire qui l'environnait, mais du moins
elles jouissaient de l'indépendance. Les colonies modernes datent
de la découverte de l'Amérique et de l'introduction de la grande
navigation ; elles se composent de territoires étendus possédés par
un Etat dans une autre partie du monde et dans les liens d'une
étroite dépendance politique et économique. Leur but fut la cul-

(g) SCHLATE, *Erläuteres Recht der Teutschen nach Indien zu han-
deln*, 1752, in-4.

(h) Déclaration de la Hollande à la France, de 1663, dans les *Lettres
et négociations* de Jean DE WITT, t. II, p. 566. Sur la compagnie danoise d'Altona, 1728, et suédoise, 1731, *V.* ROUSSET, *Recueil*, t. V, p. 41
et suiv ; t. VIII, p. 343. Sur la compagnie prussienne d'Embden, 1750,
V. MOSER, *Versuch*, t. III; p. 449. Sur la compagnie autrichienne de
Trieste, *V. Merc. hist. et polit.*, 1750, p. 520; 1776, t. II, p. 53, 328 ;
MOSER, *Versuch*, t. VII, p. 359. Sur les disputes entre l'Angleterre et
l'Espagne, 1790, *V. Hist. pol. Magazin*, 1790, p. 182.

ture sur une grande échelle, dans les pays conquis, des produits qui leur sont propres, notamment des épiceries, l'établissement de plantations et l'entreprise de grands travaux de mines. Mais soit de la part de l'Espagne, soit de la part de l'Angleterre et de la Hollande, les rapports entre les colonies et la mère patrie ont toujours eu pour point de départ l'interdiction faite aux colonies du commerce maritime extérieur, si ce n'est avec la métropole et l'exploitation exclusive, par la mère patrie, du marché colonial pour ses exportations par terre et par mer. Cette politique du monopole au profit de la mère patrie, de la production et de la consommation de ses possessions d'outre-mer est ce qu'on a appelé, dans l'histoire moderne, le *système colonial.* Pour en suivre historiquement le développement et les vicissitudes, on peut consulter Scherer, *Histoire du commerce de toutes les nations*, traduite de l'allemand par MM. H. Richelot et Ch. Vogel, et un livre de M. Guillaume Roscher, intitulé : *Les colonies, la politique coloniale et l'émigration. V.* encore Rossi, *Mélanges d'économie politique*, t. I, p. 68.   ·   Ch. V.]

⸬ 150 *b*. — Abolition de la traite des Nègres.

Depuis longtemps on s'était occupé dans plusieurs États, et particulièrement en Angleterre, de l'abolition de la traite des nègres d'Afrique, dont le trafic honteux a, durant des siècles, fait gémir l'humanité. La Grande-Bretagne en avait déjà fait l'objet de ses traités avec le Portugal en 1810, la Suède en 1813, le Danemark en 1814 (*a*). Elle en fit encore l'objet d'un article additionnel au traité de paix de Paris avec la France, du 30 mai 1814 (*b*) ; et les efforts qu'elle fit en conséquence auprès des autres puissances ayant été

·

(*a*) *V.* le traité avec le Portugal, du 19 février 1810, art. 10, dans mon *Nouveau Recueil*, t. I, p. 249 ; celui avec la Suède lors de la cession de la Guadeloupe, du 3 mars 1813, art. sép. n. 4, dans mon *Nouveau Recueil*, t. I, p. 362 ; avec le Danemark, le traité de Kiel, du 14 janvier 1814, art. 8, dans mon *Nouveau Recueil*, t. I, p. 672.

(*b*) *V.* mon *Nouveau Recueil*, t. II, p. 1.

accueillis favorablement (c), on s'occupa encore plus sérieusement de cet important objet lors du congrès de Vienne (d). Les huit puissances signataires du traité de Paris chargèrent une commission de s'occuper des mesures à prendre pour l'abolition universelle de cette traite. Le résultat du travail de celle-ci fut consigné dans leur déclaration du 8 février 1815 (e), annexée ensuite à l'acte du congrès, comme en faisant partie. Depuis, la Russie, la Grande-Bretagne, la Prusse et la France, après avoir déjà défendu chez elles à leurs colonies et sujets toute participation à ce trafic, s'engagèrent par l'article additionnel du traité de Paris, du 20 novembre 1815, « à réunir de nouveau leurs efforts pour » assurer le succès final des principes proclamés dans la » déclaration de Vienne, et à concerter les mesures les plus » efficaces pour obtenir l'abolition entière et définitive d'un » commerce aussi odieux et aussi hautement réprouvé par » les lois de la religion et de la nature (f). » En conséquence, nombre de traités (g) ont été conclus pour l'abolition entière et définitive de la traite, quoique l'époque fixée pour l'abolition ne soit pas partout la même.

(c) V. divers actes qui s'y rapportent, dans SCHŒLL, *Recueil de pièces officielles*, t. VII, p. 71 et suiv.

(d) V. KLÜBER, *Acten des Wiener Congresses*, b. IV, p. 609 et suiv.; b. VII, p 3 et suiv.; en français, dans SCHŒLL, *Recueil de pièces officielles*, t. X ou t. III des actes du congrès de Vienne, p. 68, 72, 111.

(e) V. mon *Nouveau Recueil*, t. II, p. 432.

(f) *Ibid.*, p. 690.

(g) Traités de la Grande-Bretagne avec le Portugal, du 22 janvier 1815, dans mon *Nouveau Recueil*, t. II, p. 96, du 18 juillet 1817, dans mon *Nouveau Recueil*, t. IV, p. 438; avec l'Espagne, du 22 septembre 1817, dans mon *Nouveau Recueil*, t. III, p. 135, et mieux t. IV, p. 492; avec le roi des Pays-Bas, du 4 mai 1818, dans mon *Nouveau Recueil*, t. IV, p. 511.

[Depuis 1815, l'abolition de la traite des noirs, sollicitée dès 1792 par le Danemark, a donné lieu à plusieurs traités entre les grands États maritimes, traités auxquels les États maritimes moins importants ont adhéré. Les principaux sont ceux que l'Angleterre a conclus, les 23 septembre 1817 et 28 juin 1835, avec l'Espagne; le 4 mai 1818, avec les Pays-Bas; le 6 novembre 1824, avec la Suède; les 30 novembre 1831, 22 mars 1833 et 20 mai 1845, avec la France; le 20 décembre 1841, avec l'Autriche, la Prusse et la Russie; le 3 juillet 1842, avec le Portugal, et le 9 août suivant, avec les États-Unis de l'Amérique septentrionale. Plusieurs de ces traités consacrent l'établissement de *cours mixtes*, c'est-à-dire de tribunaux composés par moitié de magistrats désignés par les deux puissances contractantes, pour juger les bâtiments arrêtés pour faits de traite.

L'abolition de la traite et la surveillance qu'elle nécessitait sur les côtes d'Afrique de la part des gouvernements abolitionistes avait pour conséquence, dans la pensée du moins d'un certain nombre de puissances, dans la visite, dans une zone limitée par les traités, des bâtiments de la marine commerciale par des bâtiments armés. Cette visite de bâtiments de commerce par des bâtiments de guerre étrangers devait amener et ne tarda pas à amener des inconvénients et des conflits. La France, qui avait consenti à la visite réciproque par des traités conclus en 1831 et en 1833 avec l'Angleterre, l'a refusée par le traité de 1845. D'autres États l'ont maintenue, mais dans aucun cas elle ne peut s'étendre aux bâtiments de guerre. *V.* le traité du 20 décembre 1841, ratifié le 19 février 1842, entre la Grande-Bretagne, l'Autriche et la Russie; *V.* aussi, au tome deuxième, les § 317 et 321. Ch. V.]

§ 151. — Transition.

Le commerce se fait ou par terre ou par mer; on sait combien ce dernier surpasse le premier en importance : d'ailleurs, la mer elle-même enrichit le commerce d'une variété de productions. Il est donc naturel, après avoir parlé des droits relatifs au commerce en général, de passer à ceux qui ont lieu par rapport à la navigation et à la pêche dans les mers et dans les rivières.

CHAPITRE IV.

DES DROITS DES NATIONS SUR LA MER.

§ 152. — Diversité des droits et prétentions sur les mers.

Il a été observé plus haut (§ 39 et suiv.), que bien que le vaste Océan soit libre, des parties de mers adjacentes, la mer voisine, des golfes, des détroits, aussi bien que les rivières et les lacs, sont susceptibles d'empire et de domination, et qu'en Europe plusieurs de ces parties sont effectivement sujettes, tandis que la liberté des autres est ou reconnue ou litigieuse; il résulte de là une diversité de droits et de prétentions lorsqu'une nation réclame sur telles parties, ou tous les droits de propriété exclusive, ou l'empire, ou enfin les simples honneurs maritimes.

§ 153. — *Jus littoris.*

La propriété et l'empire du maître du rivage s'étendant, dans la règle, sur toutes ces parties de rivières, lacs, golfes, détroits ou mers voisines qui se trouvent sous la portée du canon qui pourrait être placé sur le rivage (§ 40), les droits qui résultent de là, et qu'on désigne quelquefois

sous le nom collectif de *droit littoral* (*strandrecht*) *(a)*, renferment, quant à ces parties de la mer :

1° Le droit exclusif de la pêche du poisson, du corail,
des perles, etc., et de la perception des produits naturels
que la mer jette sur le rivage (*ejecta*); de sorte que les
étrangers n'ont rien à prétendre sur ces produits ;

2° Le droit exclusif de la navigation, du passage, de
l'entrée et du séjour, sur la rade ou dans les ports, sauf les
exceptions qui résultent de la liberté de commerce, aujour-
d'hui reconnue en Europe en vertu des lois, des traités, ou
des usages (*b*) ;

(*a*) En sens particulier, on entend par *strand* en allemand cette partie du rivage que mouille le flux et que le reflux laisse à sec. De là la
distinction qu'on fait entre le droit littoral (*strandrecht*) et la juridiction
littorale (*strandgerichtbarkeit*), qui s'étend sur tout ce qui se trouve sous
la portée du canon, et quelquefois même encore au delà. (J. Schuback,
de Jure littoris, t. I, s. I, § 1 et suiv ; § 5, note *s*.)

(*b*) La navigation sur les rivières qui traversent un seul État n'est pas
généralement libre pour les étrangers; sur celles qui traversent plusieurs
États elle l'est, dans la règle, pour tous les États riverains, mais non
généralement pour d'autres États ; et même, quant aux riverains, on
trouve des exemples du contraire, fondés sur les traités, comme pour
l'Escaut, le traité de 1648 et celui de 1785 ; ou sur des privilèges, comme
pour le Weser, en vertu du droit d'étape de la ville de Munden ; et quoique à défaut de traités cette navigation, là même où elle n'est pas défendue, peut être encore assujettie à des restrictions onéreuses pour la
navigation et le commerce. C'est sous ce point de vue que les puissances
réunies au congrès de Vienne ont cru devoir engager les puissances dont
les États sont séparés ou traversés par une même rivière navigable, à
régler d'un commun accord tout ce qui a rapport à sa navigation, en établissant à cet égard les principes avantageux à la navigation des États
riverains, et par là même au commerce de toutes les nations.

A la suite des changements survenus en Europe à l'époque de ce congrès, il était particulièrement important d'établir et d'appliquer ces principes dans les rapports suivants : 1° de l'Allemagne, tant entre elle qu'envers la France et le royaume des Pays-Bas : c'est à quoi tendent les
règlements annexés à l'acte du congrès, et qui, en vertu des art. 108-

3° Le droit de lever des douanes (c) d'exportation, d'importation ou de transit, et d'établir des péages pour le séjour dans les ports ou sur la rade, pour les frais qu'exigent les établissements tendant à la sûreté des navigateurs, tels que les fanaux, balises, fortifications, gardes-côtes, etc. (d).

On peut observer cependant qu'en Europe le Sund et les Belts sont les seuls (e) détroits de mer où la liberté de passage est payée par des douanes aujourd'hui réglées par traités entre le Danemark et les diverses nations qui font le commerce de la Baltique (f); et, tandis que, par opposition

117, sont censés en faire partie; et c'est de l'exécution de ces dispositions que s'occupent les commissions établies par les États intéressés, dans divers endroits, nommément pour le Rhin, à Mayence, et pour l'Elbe, à Dresde, et dont les résultats sont encore à désirer (V. les actes qui s'y rapportent, dans NAU, *Beyträge zur Kenntniss des Handels u. der Schiffarth*, Mainz, 1818-1819, t. I, p. 11, in-4); 2° de la Pologne, dans les rapports entre l'Autriche, la Prusse, et l'empereur de Russie comme roi de Pologne. C'est ce qui a eu lieu pour toute l'étendue de l'ancienne Pologne, par les traités entre ces trois cours, du 3 mai 1815 (savoir, entre l'Autriche et la Russie, du 3 mai, dans mon *Nouveau Recueil*, t. II, p. 225; entre la Russie et la Prusse, du 3 mai, dans mon *Nouveau Recueil*, t. II, p. 236, auquel l'Autriche a accédé le 4 mai, dans mon *Nouveau Recueil*, t. IV, p 127), également annexés à l'acte du congrès de Vienne, maintenus par l'art. 14, et déclarés en faire partie par l'art. 118 dudit acte, et suivis encore de traités d'exécution entre l'Autriche et la Prusse, du 22 mars 1817, dans mon *Nouveau Recueil*, t. IV, p. 537; entre l'Autriche et la Russie, du 17 août 1818, dans mon *Nouveau Recueil*, t. IV, p. 540.

(c) Prétentions des quatre électeurs à l'égard des douanes sur le Rhin. (*V*. KLIPSTEIN, *de Dominio Rheni inter plures controverso*, Giessæ, 1740, in-4; GUYTHER, *E. V. R.*, t. II, p. 22.)

(d) SCHUBACK, *de Jure littoris*, § 7, p. 39.

(e) MOSER, *Versuch*, t. V, p. 473, 489.

(f) DE MARIEN, *Tableau des droits et usages du commerce relatifs au passage du Sund*, Copenhague, 1778, in-8; VAN STECK, *Vom Sundzolle*, dans ses *Versuche*, p. 39.

aux ports *fermés* des colonies, les ports de l'Europe sont
ouverts, plusieurs de ceux-ci sont même ou *ports francs* (g)
ou places *d'entrepôt* (h), soit pour toutes les nations, soit
en faveur de quelques-unes, soit pour toutes les marchandises, soit seulement pour quelques genres.

4° Le droit d'exercer sur ces parties sujettes des
mers, etc., tous les différents droits de souveraineté tenant du pouvoir législatif, exécutif ou judiciaire, compris
quelquefois sous le nom collectif de juridiction littorale
(*strandgerichtbarkeit*).

———

[L'origine du péage du Sund et les commencements de sa perception, se perdent dans la nuit des temps. Ils paraissent cependant n'avoir été, dans le principe, qu'une rançon exigée par des
corsaires normands de chaque navire qui passait, ou suivant quelques auteurs, qu'un droit d'escorte payé par des bâtiments sans

(g) *V*., sur la notion de *port franc*, Émérigon, *Traité des assurances*,
t. I, p. 190; *Nouv. extraordinaires*, 1784, n. 79, Suppl.; L.-J. Colling,
Delineatio juridica portûs franci, Ludg.-G., 1775, in-4. On trouve la
liste des ports francs dans Moser, *Versuch*, t. VII, p. 730, en ajoutant
Lisbonne, et les ports de Sébastopol, Théodosia et Eupatoria.

(h) Les notions de *place d'entrepôt* et de *port franc*, conviennent, en
ce que les marchandises importées, lorsqu'elles sont réexportées, n'y
payent point de douane d'importation et d'exportation, ou tout au plus
une simple *reconnaissance*. Mais cette liberté, qui est générale dans les
ports francs, est souvent restreinte dans les places d'entrepôt; et quelquefois on se contente dans celles-ci de restituer les douanes payées à
l'entrée, ou de rayer les déclarations faites lors de l'entrée. Comparez,
par exemple, la déclaration par laquelle le roi de Suède a déclaré *port
franc* celui de Marstrand, en 1775, dans mon *Nouveau Recueil*, t. VI,
p. 162, et celle par laquelle il a accordé le droit d'entrepôt au port de
Gottenbourg, en 1794, dans mon *Recueil*, t. VII, p. 504. La France,
qui avait aboli en 1790 et 1794, en haine des privilèges, toutes les franchises de port (*V*. mon *Gesetze u. V. über den Handel*, t. I, p. 45 et
suiv.), accorda, en 1802, un droit d'entrepôt à une multitude de ses
ports.

défense contre les attaques de ces mêmes Normands. A partir du quatorzième siècle, ces droits provoquent de nombreux conflits entre le Danemark et les pays et les villes dont ils gênaient la navigation. On trouve dans l'*Histoire du commerce de toutes les nations*, par SCHERER (traduite de l'allemand par MM. H. Richelot et Ch. Vogel), le tableau des luttes provoquées par cette question et de la résistance opiniâtre et habile du Danemark, que viennent de résoudre dans ces derniers temps des négociations entamées depuis plusieurs années.

Par suite du traité conclu, le 14 mars 1857, entre le Danemark, d'une part, et les Etats maritimes intéressés dans la question d'autre part, le Danemark renonce, à partir du 1er avril 1857, aux péages de diverse nature prélevés jusqu'à ce jour sur les navires qui passaient le détroit du Sund ou les deux Belts. Cette renonciation est entière et définitive ; elle constitue ainsi une reconnaissance formelle du droit qu'ont tous les navires du monde à se rendre librement de la mer du Nord dans la Baltique et à en revenir. Le traité ne parle ni du *rachat* ni d'une *capitalisation* des droits du Sund qui auraient impliqué la reconnaissance, de la part des puissances étrangères, de la légalité des péages contestés. Le produit des droits du Sund a été la base de l'évaluation de l'indemnité. C'est à titre de dédommagement et compensation des sacrifices que les stipulations des articles 1 à 3 doivent imposer au roi de Danemark, que les États maritimes s'engagent, par l'article 4, à lui payer la somme de 30,570,698 rixdalers (86,409,370 fr.). Comme conséquence naturelle de ce caractère particulier de l'engagement pris par les États maritimes, les hautes parties contractantes ne seront éventuellement responsables que pour la quote-part mise à la charge de chacune d'elles ; d'après tous les précédents de conventions analogues, la garantie aurait été solidaire, si les Etats maritimes avaient entendu *racheter* un droit reconnu.

La suppression des péages du Sund est ainsi un hommage formel rendu par l'Europe entière au principe de la libre navigation sur toutes les grandes voies d'eau.

La navigation dans le Sund a pris d'année en année une nouvelle importance. On comptait, en 1856, 10,321 navires venus de la mer du Nord, et 10,211 venus de la Baltique, soit ensemble 20,532 navires ayant passé le Sund. C'est 4,745 navires de plus qu'en 1855, et 4,164 de plus qu'en 1854, quoique le chiffre de 1856 reste encore de 1,007 navires au-dessous de celui de 1853 et même de 994 au-dessous du chiffre atteint déjà en 1847. La moyenne de ces dix années dernières s'élève à 18,812.

Sur la somme totale de 86,409,370 fr. par laquelle les Etats maritimes ont consenti à se libérer d'un impôt séculaire, il sera payé 28.93 0/0 par l'Angleterre, 27.83 0/0 par la Russie, 12.69 0/0 par la Prusse, 4.55 0/0 par la Suède, 4.02 0/0 par la Hollande, 3.48 0/0 par la France, 3.21 0/0 par le Danemark, 2.91 0/0 par l'Espagne, 2.05 0/0 par les États-Unis, tandis que la quote-part de chacun des Etats restants de l'Europe et des autres parties du monde sera au-dessous de 2 0/0 du total.

L'Amérique du Nord figure au bas de l'échelle des quote-parts ; ce qui s'explique très-naturellement, puisque, sur les 20,532 navires, qui en 1856 ont passé le Sund, 93 seulement lui appartenaient. C'est cependant par suite de la déclaration des Etats-Unis de ne plus vouloir payer les droits du Sund que le Danemark a été obligé de proposer lui-même et de presser les négociations qui ont abouti au traité du 14 mars 1857.

Par l'article 1er, le roi de Danemark s'engage, à l'avenir, à ne plus percevoir aucun droit, à titre de douanes, tonnages ou phares, bouées, etc., sur aucun navire ou leur cargaison, passant de l'océan Germanique à la Baltique, ou *vice versâ*, par les Belts ou le Sund, et ceci sans s'occuper de savoir si les navires passent simplement dans les eaux danoises, ou s'ils sont contraints par le mauvais temps ou dans le but d'opérations commerciales d'y jeter l'ancre ou d'entrer dans ce port. Aucun navire d'aucune sorte appartenant aux puissances contractantes ne sera assujetti à l'avenir à aucune détention ni aucune autre entrave à son passage dans les Belts ou le Sund. En ce qui regarde les navires d'autres Etats non signataires du traité, le roi de Danemark sera libre de déterminer, par des arrangements distincts, les conditions fiscales qui devront leur être faites.

Le roi affranchira à l'avenir de tous droits pour phares, bouées, etc., et en général de toutes taxes maritimes, à l'exception des droits absolus de port et de douanes, tous les navires des parties contractantes qui pourront entrer dans les ports danois ou en sortir, soit avec cargaison, soit avec lest, et de la même manière, qu'ils aient ou non fait aucune affaire dans le port.

Dans le deuxième article, le roi s'oblige à maintenir et conserver en bon état tous phares, bouées, etc., actuellement en usage, soit dans le voisinage immédiat des ports et eaux de Danemark, soit le long de la côte danoise.

Dans l'intérêt du commerce et de la navigation, il aura égard à l'opportunité de modifier la position ou la forme desdits phares, bouées, etc., ou d'en augmenter le nombre, et ce sans aucuns frais pour les navires étrangers.

Il s'oblige à maintenir le service actuel des pilotes, que les commandants des navires seront libres d'employer ou non. Les frais de pilotage ne devront jamais s'élever au-dessus de leur taux actuel ; ils devront être les mêmes pour navires danois et pour navires étrangers, et ils ne seront payables que par les navires qui auront pris des pilotes à bord.

Il permettra à de simples particuliers, indigènes ou étrangers, d'établir des stations dans le Sund et les Belts, pour fournir des remorqueurs aux navires de passage et désireux de profiter de cette facilité.

Il étend à tous les canaux et autres voies conduisant de l'océan Germanique à la Baltique, les mêmes exemptions de droits que celles dont jouissent les marchandises danoises et étrangères sur certaines voies.

Il s'oblige à réduire le taux du droit de transit sur toutes les marchandises qui en sont passibles à un taux uniforme de 16 skillings de monnaie danoise pour 500 livres, poids danois ; et enfin, si les droits de transit venaient ultérieurement à être abaissés, sur quelqu'une des voies, au-dessous de ce taux, le roi s'engage à mettre toutes les voies reliant actuellement ou qui pourront plus tard relier l'océan Germanique ou l'Elbe, avec la Baltique ou ses tributaires, sur le pied d'égalité parfaite avec toutes les voies qui pourront être ultérieurement ouvertes entre deux ports de ses Etats. *V.*, sur l'historique de la question du péage du Sund, le *Mémoire du gouvernement suédois à consulter sur le péage du Sund*, Stockh., 1839 ; *Réplique au mémoire du gouvernement danois sur le péage du Sund*, Stockh., 1840 ; W. Hutt, *On the Sound-dues*, Lond., 1839 ; Lenonius, *Ueber die Verhältnisse des Sundzolles*, Stettin, 1841 ; Scherer, *der Sundzoll*, Berlin, 1845 ; Wheaton, *Eléments du droit international*, t. I, p. 173.

Pinheiro-Ferreira constate que, d'après l'opinion des économistes les plus distingués, la plus entière liberté de commerce est le plus grand besoin des nations, et le gage le plus solide de paix et d'union entre les puissances.

« Ce n'est donc pas seulement dans l'intérêt des étrangers, ajoute-t-il, mais c'est dans notre propre intérêt que nous devons viser à la libre circulation des objets du commerce, soit avec nos concitoyens, soit par leur entremise, à travers notre territoire, ou en établissant chez nous des entrepôts, où, moyennant une équitable rétribution de frais de garde et d'emmagasinage, ces objets soient en sûreté. Toute imposition proprement dite ne servirait qu'à éloigner le commerce de chez nous, et avec lui toute l'impulsion que les différentes branches de l'industrie nationale ne peuvent que recevoir de l'affluence des étrangers, que le seul motif du transit attire dans nos ports, ou à travers les routes et les canaux dont nous leur permettrions de partager avec nous et l'usage et l'entretien... »   Cн. V.]

§ 154. — Droit de Naufrage.

Mais quelle que soit l'étendue de cette juridiction littorale, elle ne comprend pas le *droit de naufrage* (a) (*strandrecht*, en sens particulier, *grundruhrrecht*, *compendium naufragiorum*) ou le droit prétendu d'attribuer au fisc les biens naufragés ou les choses jetées dans la mer pour sauver le navire du danger (*choses de jet*). On ne saurait considérer, au premier abord, ces biens comme délaissés ou n'ayant pas de propriétaire, ni autoriser l'État à s'enrichir aux dépens d'étrangers infortunés, sous le prétexte de pu-

---

(a) J. Schuback, *Diss. de jure littoris*, Gottingæ, 1750, in-4, suivie de son excellent Commentaire *de jure littoris*, Hambourg, 1751, 1 vol. in-fol. A la traduction allemande qui en a été faite en 1767, à Hambourg, in-4, on a joint un deuxième volume qui renferme les pièces justificatives. *V.* aussi, sur cette matière, Dreyer, *Specimen Juris publici Lubecensis, circa inhumanum jus naufragii*, Lubeck, 1762, in-4. Ces deux ouvrages se distinguent très-avantageusement de ceux qui les ont suivis, savoir : J.-B. Forstenius, *de Bonis naufragorum*, Grœningæ, 1764 ; Rainutius, *de Jure littoris*, lib. sing., Luccæ, 1778, in-8.

nir la négligence du maître du navire, ou de prévenir des
procès en réclamation, toujours pénibles ; ni se fonder sur
le droit rigoureux d'exclure les étrangers, ou sur la propriété du fond de la mer que ces biens ont touché (*b*). Cependant ce droit barbare était autrefois presque généralement exercé en Europe. Mais d'abord limité par des priviléges et par des lois dont on trouve des exemples dès le
douzième siècle, multipliés au treizième (*c*), il a été aboli
depuis par tant de lois et de traités, qu'on peut le considérer aujourd'hui comme tellement banni de l'Europe, qu'il
n'en reste plus que de faibles vestiges dans quelques endroits (*d*), qui peuvent donner lieu à des rétorsions (*e*).

———

[De Cussy, *Phases et causes célebres du droit maritime des nations*, t. I, p. 102, contient des détails intéressants sur l'historique du prétendu droit de naufrage. Malgré les dispositions pleines
de justice et d'humanité du droit romain [1]; malgré les peines
sévères prononcées par le code des Visigoths contre quiconque
pillerait les naufragés ; malgré les dispositions des conciles de
Latran en 1079, et de Nantes en 1127, l'usage s'était perpétué,
au moyen âge, de confisquer les débris des navires naufragés et

(*b*) Schuback, *loc. cit.*, sect. I, § 29

(*c*) *V.* mon *Guide diplomatique*, à la première section des actes de
chaque puissance.

(*d*) Schuback, *loc. cit.*, § 30.

(*e*) C'est sur d'autres fondements que repose le droit de confisquer, en
cas de naufrage, la contrebande, ou les biens et les navires des pirates
ou des ennemis ; quoique, à l'égard des ennemis, la compassion engage
quelquefois à ne pas se servir de la rigueur du droit. (*V.* Émérigon,
Traité des assurances, t. I, p. 428, 455.)

[1] [Si quando naufragio navis expulsa fuerit ad littus, *dit la loi* 1 Cod.
de naufragiis, vel si quando aliquam terram attigerit, ad dominos perti-
neat, fiscus meus sese non interponat. Quod enim jus habet fiscus in
alienâ calamitate, ut de re tam luctuosâ compendium sectetur. Ch. V.]

les marchandises que la tempête portait sur le rivage, et quelquefois même de réduire en captivité les personnes naufragées. Plusieurs seigneurs avaient poussé la cupidité jusqu'à élever de faux
signaux et à allumer des fanaux trompeurs pour appeler les
bâtiments sur les écueils.

Ce fut en vain que plusieurs Etats s'efforcèrent de défendre
l'humanité contre une pareille barbarie. On trouve des témoignages
de leur lutte dans les lois de Jacques Ier en 1243, et d'Al-
phonse III, en 1286, pour la Catalogne ; des rois de Sicile, en
1231 et 1270, de la république de Venise en 1232. Cette matière
a encore été réglée en Espagne, par les ordonnances de 1751 et
de 1753 ; en Portugal, par les lois de 1211, 1643, 1713 et 1837 ;
— dans le royaume de la Grande-Bretagne, par les lois de 1174,
1275, 1353, etc.; — dans le royaume des Pays-Bas, par les lois
de 1540, 1549, 1563, et l'ordonnance des états généraux de 1607;
— en Danemark, par les lois de 1163, 1558, et l'ordonnance
royale du 21 mars 1705 ; — en Suède, par les lois de 1667, 1692,
1729, 1734 ; — en Russie, par les ordonnances souveraines de
1720 et 1782, l'ukase du 19 avril 1827 et la loi de 1836 ; — en
Prusse, par la loi navale de 1727 et l'édit de 1741 ; dans les villes
anséatiques et dans la Poméranie, par les lois de l'année 1762 ;
— en Autriche, par les lois de 1589 et de 1633, etc.

Une première modification à la coutume du pillage s'établit :
un tiers fut restitué aux propriétaires des navires et effets naufragés ; un second tiers fut attribué au seigneur riverain, et le
troisième tiers aux personnes qui avaient opéré le sauvetage.
D'après les Rôles d'Oleron, les autorités devaient veiller au sauvetage des bâtiments échoués ou naufragés, s'opposer au pillage
et faire avertir les parents des naufragés. Il n'était disposé des
effets sauvés qu'après une année de recherches inutiles ; ils
étaient alors vendus et le produit employé en œuvres pies. Le
droit de naufrage ne disparut complétement que par l'ordonnance de la marine du mois d'août 1681, qui est devenue en
quelque sorte le code maritime des nations de l'Europe, et qui,
en France, a définitivement placé les naufragés sous la protection
du souverain.

Le droit de naufrage a successivement effacé de tous les
pays, soit par des lois spéciales intérieures, soit par des traités
publics. On lui a substitué le droit de sauvetage, *jus bona nau-*

fragorum colligendi, en vertu duquel les biens abandonnés par
naufrage ou par jet à la mer, et qui ont été sauvés, sont rendus
à leurs propriétaires lorsqu'ils les réclament dans le délai d'*un
an et un jour*, à la condition de rembourser les frais de sauvetage, de vente ou de conservation. Le droit de recueillir et de
conserver au profit des tiers sauveurs des objets naufragés ou
jetés à la mer existe encore lorsque les propriétaires de ces objets
restent inconnus.

La plupart des traités de commerce et de navigation conclus
depuis deux cents ans renferment des stipulations relatives au
naufrage des bâtiments et à leur sauvetage, et, en général, remettent au consul de la nation à laquelle le bâtiment naufragé
appartient le soin de veiller au sauvetage.

Les traités principaux relatifs aux naufrages, au sauvetage, à
la restitution des effets et à l'intervention consulaire sont d'après
DE CUSSY, *loc. cit.*, ceux conclus :

En 1713, entre la France et la Hollande, *un an et un jour;* —
en 1716, entre la France et les villes anséatiques, *un an et un
jour;* — en 1739, entre la France et la Hollande,*un an et un
jour;* — en 1742, entre la France et le Danemark, *un an et un
jour*, ainsi qu'il avait été stipulé dans le traité de 1663, art. 35;
— en 1742, entre les Deux-Siciles et la Suède, *un an;* en 1748,
entre le Danemark et les Deux-Siciles, *un an;* — en 1769,
entre la France et les villes anséatiques, *un an et un jour;* —
en 1801, entre la Russie et la Suède, délai d'*un an* après l'annonce faite par les gazettes; passé ce terme, les effets seront
censés abandonnés et dévolus au fisc des gouvernements respectifs; — en 1818, entre le Danemark et la Prusse, *un an*, à partir de la troisième publication; — en 1827, entre les États-Unis
et la Suède, *un an et un jour;* — en 1840, entre la Belgique et
la Grèce, *un an et un jour;* — en 1846, entre la Grèce et le
Hanovre, *un an et un jour;* — en 1846, entre le Danemark et la
Grèce, *un an et six semaines*, etc.

Mais ces garanties, assurées en temps de paix, cessent au profit
de la puissance belligérante sur les côtes de laquelle des bâtiments ennemis ou réputés tels viennent à être jetés par la tempête. Les lois de la guerre permettant, comme le fait observer
MASSE, *le Droit commercial dans ses rapports avec le droit des
gens*, 2ᵉ édit., t. I, n. 358, de combattre à armes inégales, aucun

principe de droit ne s'oppose à ce qu'un belligérant saisisse l'ennemi que la tempête présente à ses coups au moment où il se pré-
parait peut-être à accomplir un acte hostile, ou le neutre qui s'est
placé dans un cas tel qu'il peut être réputé ennemi. C'est le droit
de la guerre qui est exercé par le capteur; le naufrage n'est que
l'occasion de l'exercice de ce droit; il n'en est pas le fondement.
« La législation française, ajoute MASSÉ, *loc. cit.*, sur les bâtiments échoués ou naufragés en temps de guerre, est conforme à
ces principes. C'est ce qui résulte de l'article 26 du titre IX de
l'ordonnance de 1681, d'une ordonnance du 12 mai 1696, et de
l'art. 14 du règlement du 26 juillet 1778, confirmés par les art.
19 et 20 de l'arrêté des consuls du 6 germinal an VIII, qui soumettent aux mêmes règles que les prises ordinaires celles des
bâtiments échoués sur les côtes des possessions françaises.

» Il suit de là que si le bâtiment échoué est de fabrique ennemie, ou a eu originairement un propriétaire ennemi, il doit être
confisqué, à moins qu'il ne prouve par titre authentique qu'il en
a été fait vente à un sujet neutre, et que les bâtiments prétendus
neutres et leur cargaison doivent, en cas d'échouement ou de
naufrage, faire preuve de leur qualité de neutres, le tout comme
dans le cas de prise ordinaire, avec cette différence toutefois,
spécialement indiquée par l'ordonnance précitée du 12 mai 1696,
qu'il n'est pas absolument nécessaire que les papiers desquels
résultent les différentes preuves soient trouvés à bord du navire.
Lorsque ces papiers se sont perdus à l'occasion de la tempête
et par le malheur du naufrage, les réclamateurs sont seulement
tenus de rapporter une double expédition des pièces nécessaires,
pourvu que le capitaine ou le commandant du vaisseau aient
d'abord déclaré la perte de ces papiers, et que l'état du navire
et les circonstances de l'échouement puissent le faire présumer.»
V. du reste ce qui sera dit aux § 283, 312, 317 et 322, en
parlant des prises maritimes.   CH. V.]

§ 155. — Droit de sauvement.

Cependant on ne saurait refuser au maître du rivage le
droit de faire payer les secours prêtés à un vaisseau en
danger, et les soins de sauver et de conserver les choses

de jet ou les biens naufragés, et de retenir les biens jusqu'à
ce que ce droit de sauvement (*berglohn, servaticium* (*a*),
jus colligendi naufragium) ait été acquitté. Ce n'est que
lorsqu'on fait payer une rétribution disproportionnée, ou
qu'indépendamment des rétributions pour les soins et le
danger, le fisc s'attribue une quote-part, que ce droit
semble se rapprocher du droit de naufrage (*b*).

Ce droit de sauvement s'est exercé partout jusqu'à ce
jour, quoique d'une manière (*c*) et dans une proportion
différente ; et c'est en l'acquittant que le propriétaire obtient la restitution de ses biens, pourvu qu'il les réclame
dans le terme aujourd'hui assez généralement fixé à un an
et un jour, à compter de l'époque où le *sinistre* lui a été
connu.

[« Nous n'aurions rien à ajouter, fait observer Pinheiro-
Ferreira, à ce que M. de Martens dit ici au sujet des objets naufragés, ou autrement jetés à la côte, s'il n'avait pas présenté comme
un principe à peu près reçu et convenu, que le propriétaire de ces
objets perd le droit de les réclamer, ou du moins leur valeur, s'il
ne l'a pas fait dans le terme d'*un an et un jour à compter de l'é-
poque ou le sinistre lui a été connu.*

» Il y a dans cette assertion une inexactitude quant à l'énoncé

(*a*) SCHELE, *Diss. de Jure colligendi naufragium*, 1674, in 4 ; J.-H. BOH-
MER, *de Servaticio*, Hall., 1743, in-4.

(*b*) Exemple dans BUSCH, *Darstellung des Handels in seinen man-
nigfaltigen Geschäften*, t I, p. 110 et suiv.

(*c*) Soit en abandonnant le droit de concourir au sauvement aux particuliers habitants du rivage, soit en le confiant à des sociétés de plon-
geurs, comme en Suède (V. GATTEAU, *Tableau de la Suède*, t. II, p. 82.)
Des expériences dont l'humanité rougit forcent d'exclure les secours des
voisins étrangers, trop souvent dangereux à ceux auxquels ils sont insi-
dieusement offerts.

du fait, et il y aurait de l'injustice à vouloir convertir une telle
doctrine en principe de droit.

» Comme assertion de fait, il n'est heureusement pas exact
que ce terme de prescription soit aussi généralement reçu que
l'auteur l'indique quant à la restitution des objets naufragés. Ce
qui est généralement reconnu et assez généralement reçu, c'est
qu'on distingue les droits du fisc de ceux des habitants qui ont
eu ou qui sont censés avoir eu part aux dangers du sauvetage.
Ainsi, après avoir alloué à ces derniers une part plus ou moins
considérable des valeurs sauvées, le gouvernement se saisit du
reste, et le tient en dépôt pendant un espace de temps plus ou
moins long, selon les pays, et d'après la nature des objets, tous ne
pouvant pas être gardés, soit à cause des frais d'emmagasinage,
soit crainte de détérioration pendant un même espace de temps.

» Mais partout où le droit de propriété sera respecté, le fisc,
après avoir fait procéder à la vente des objets qu'on ne saurait
garder plus longtemps, en tiendra la valeur à la disposition de
ceux qui feront preuve de leur droit de propriété, à toute époque
où ils se présenteront; car aucune des raisons sur lesquelles se
fonde le droit de prescription n'a lieu par rapport au dépôt des
valeurs. Le gouvernement n'aurait à faire valoir qu'un retour fort
exigu, comme dédommagement pour la garde et la responsabilité de la somme, ainsi que cela se pratique, ou que du moins
cela doit se pratiquer, pour toute somme que les caisses de l'Etat,
dans l'intérêt des absents, se chargent de garder à la disposition
ou à l'ordre de qui de droit.

» Nous remarquerons encore que les personnes accourues au
secours des vaisseaux en péril, profitent souvent de l'état de dé-
tresse pour forcer les capitaines à leur promettre des récompenses exagérées. Il serait contraire aux principes les plus évidents
de la morale universelle de considérer comme valables de telles
conventions, extorquées sous l'influence de la terreur inséparable du danger; il y aurait de l'iniquité à faire valoir à l'appui
des prétentions exorbitantes des habitants, et contre les malheureux naufragés, le principe de la loi du contrat. C'est aux
autorités locales à décider la question d'après les lois du pays,
que nous supposons basées sur les principes d'une équitable
justice. » V. nos observations sur le paragraphe précédent.
                                                            Ch. V.]

§ 156. — Droits sur les lacs et les mers.

Les prétentions formées par telles puissances sur les lacs, les golfes et les mers adjacentes, ne sont pas de la même étendue, et ont été la source de plusieurs contestations.

1º Quant au *lac de Constance* (*a*), différents États qui le bordent du côté de l'Allemagne prétendent chacun à l'empire et à la propriété, à raison de leur territoire et dans l'enceinte des Haldines, soutenant qu'au delà de celles-ci le lac est libre;

2º La Porte, maitresse des Dardanelles, regarde la *mer Noire* comme une mer fermée aux étrangers; cependant elle en a accordé la navigation à la Russie, avec bien des difficultés, depuis 1774, à l'Autriche en 1784, à l'Angleterre en 1799, à la France en 1802, à la Prusse en 1806 (*b*);

3º Le Danemark prétend exclure les étrangers de la navigation et de la pêche à la distance de quatre lieues de l'*Islande*, et de quinze lieues du *Groenland* (*c*), quoique

(*a*) BÜDER, *de Dominio Maris Suevici*, vulgo *lacus Bodamici*, 1742, in-4; MOSER, *Wahlcap Carls VII*, p. 19; MOSER, *Nachbarliches Staatsrecht*, p. 440 et suiv.; GÜNTHER, *E. V. R.*, t. II, p. 55 et suiv.

(*b*) *V.*, sur la Russie, le traité de paix de 1774, dans mon *Recueil a*, t. IV, p. 606; *b*, t. II, p. 286; la convention explicatoire de 1779, *ibid. a*, t. III, p. 349; *b*, t. II, p. 653; et le traité de paix de 1784, *ibid. a*, t. II, p. 505, *b*, t. III, p. 707; sur la Grande-Bretagne, la note du 30 octobre 1799, dans mon *Recueil*, Supplém., t. III, p 189; sur la France, le traité de paix de 1802, dans mon *Recueil*, Supplém., t. III, p. 210; sur la Prusse, la note de la Porte du 17 juillet 1806, dans mon *Recueil*, Supplém., t. IV, p. 299; sur le commerce de la mer Noire en général, *V.* l'ouvrage de Peysonnel sur ce commerce, édit. de 1787; MOSER, *Versuch*, t. V, p. 472.

(*c*) C.-L. SCHEID, *de Jure regis Daniæ prohibendi navigationes et piscationes externorum in mari Boreali contra novissimas Batavorum*

cette prétention lui soit contestée, surtout par la Hollande;

4° L'Angleterre a formé, surtout depuis le seizième siècle, diverses prétentions à l'égard des *quatre mers* qui entourent les Iles britanniques, savoir : d'exclure les étrangers, nommément les Hollandais, de la pêche du hareng à
la distance de dix lieues, de défendre les hostilités entre
d'autres puissances dans des parties considérables de ces
mers voisines, et d'obtenir les honneurs du pavillon dans
toute l'étendue des quatre mers, et même au delà (d);

5° La république de Venise formait des prétentions sur
l'empire de la *mer Adriatique* (e), mais non reconnues par
d'autres puissances, et faiblement soutenues dans les derniers temps de son existence politique par le moyen insuffisant d'une simple cérémonie ;

6° La république de Gênes se bornait à demander les
honneurs maritimes dans le *golfe de Gênes* (f); mais cette
prétention contestée était faiblement soutenue dans les derniers temps ;

7° Les anciennes contestations sur l'empire et les honneurs maritimes entre les États qui bordent la *Baltique* ont
été réglées en partie par des traités qui fixent les distances
dans lesquelles le salut maritime sera accordé ou omis (g).

prætentiones, Hafniæ, 1741 ; KLUIT, *Hist. fœderum*, t. II, p. 422 et
suiv.; PESTEL, *Selecta capita Juris gentium maritimi*, § 9. *V.* les actes
relatifs à ces disputes du Danemark avec la Grande-Bretagne et les Provinces-Unies des Pays-Bas, dans mes *Erzählungen merkw. Fälle*, t. II,
p. 128, 165 ; KLUIT, *loc. cit.*, t. II, p. 422.

(d) SELDEN, *Mare clausum;* MOSER, *Versuch*, t. V, p. 473, 495. Sur
le détail des contestations, *V.* mon *Cours diplomatique;* Tableau, liv.
IV, chap. I et III.

(e) GUNTHER, *E. V. R.*, t II, p. 45.

(f) GUNTHER, *loc. cit.*, p. 47.

(g) GUNTHER, *loc. cit.*, p. 42.

Le Danemark tenant les clefs de la Baltique, a itérative-
ment déclaré aux puissances qui n'ont point de possessions
sur les bords de cette mer, qu'il la regarde comme neutre
en temps de guerre par rapport à elles (h), et les puissances
qui bordent la Baltique sont d'accord entre elles sur ce
principe.

[*V. suprà*, les § 39 et suiv. et les observations qui les accompagnent.]

§ 157. — Droits sur l'Océan et sur la mer des Indes.

Le vaste Océan, et, en particulier, la mer des Indes, étant
aujourd'hui reconnus pour libres, les prétentions générra-
les de quelques puissances ne touchent que le cérémonial
maritime ; mais outre que, dans d'autres parties du globe,
elles prétendent également à l'empire et à la propriété sur
les parties voisines de la mer, et l'exercent surtout par
leurs gardes-côtes avec une rigueur qu'on a plus d'une fois
accusée de dégénérer en piraterie, il y a, surtout en Amérique, des parties plus considérables de mer, desquelles
elles prétendent pouvoir exclure tous les étrangers, quant
à la navigation et à la pêche (a), et dont quelquefois elles
ont fixé les limites par des traités (b).

(h) Déclaration du Danemark, du mois de mai 1780, dans mon *Recueil*, t. II, p. 84 : b, t. III, p. 160. *V.* aussi la convention du 27 mars
1794, entre le Danemark et la Suède, art. 10, dans mon *Recueil*, t. V,
p. 274.

(a) SPRENGEL, *Geschichte der Europäer in Indien*, t. I, p. 35 et suiv.;
MOSER, *Versuch*, t. V, p. 497; MOSER, *Nordamerica*, t. II, p. 401, 583;
t. III, p. 350.

(b) Traités entre la Grande-Bretagne et l'Espagne, de 1670, art. 15 ; de
1790, art. 4.

[*V. suprà*, les § 39 et suiv. et les observations qui les accompagnent.]

§ 158. — Du Cérémonial maritime

Le prix que les puissances attachent à tout ce qui tend à l'empire de la mer a fait attribuer au cérémonial maritime un si haut degré d'importance, que l'omission de ce que telle nation croit pouvoir exiger à cet égard a plus d'une fois donné lieu à des violences, et même servi de motif ou de prétexte à la guerre (*a*).

Ce cérémonial maritime (*b*) consiste dans les points suivants :

1º Le *salut par la décharge du canon;* et déjà, sur ce point, quoiqu'il ne soit, à proprement parler, que de *politesse,* il s'est souvent élevé des disputes touchant la distance à laquelle on doit saluer, sur le premier salut, et sur le nombre de coups dont le salut sera fait et rendu (*c*);

(*a*) Exemples dans Engelbrecht, *de Servitutibus Juris publici,* sect. I, § 5, p. 42.

(*b*) Sur son origine, *V.* Bouchaud, *Théorie des traités de commerce,* p. 411; J. Sibrand, *de velorum Submissione,* § 6. Sur les droits introduits à cet égard, *V.* surtout van Bynkershoeck, *Quando et quorum navibus præstanda sit reverentia,* dans ses *Quæst. Jur. publ.,* lib. II, cap XXI. On peut voir aussi J. Moser, *Abhandlung aus dem Flaggen und Seegelstreichen,* dans ses *Vermischte Abhandlungen von dem Volkerrecht,* n. 6 , F.-C. van Moser, *Abhandlungen von dem Seegelstreichen und Schiffsgrufs nach den Grundsutzen und der Praxis der Völker,* dans ses *Kleine Schriften,* t. IX, p 287; t. X, p. 218; t XII, p. 1. Mais les exemples que ces deux auteurs allèguent ne suffisent point pour établir comme eux des principes, quand on n'a pas soin d'observer toutes les circonstances qui les accompagnent, et dont la moindre quelquefois n'est pas indifférente.

(*c*) Presque toutes les puissances saluent d'un nombre impair, 3, 5, 7, jusqu'au salut royal, de 21. La Suède seule salue presque toujours d'un nombre pair.

2° Le *salut du pavillon*, en amenant, baissant ou ôtant
.le pavillon ; salut qui n'est plus considéré comme affaire
de politesse, mais comme un devoir envers les vaisseaux de
guerre ou les forteresses d'une puissance qu'on approche
dans une mer qui lui est sujette : de même, un vaisseau
qui veut se rendre à l'ennemi ôte son pavillon et arbore un
pavillon blanc ;

3° Le *salut des voiles*, en baissant les huniers jusqu'à
demi-mât : ce salut n'est guère observé que par les navires
marchands, à moins qu'il soit stipulé par traité.

———————

[On comprend, sous l'expression de cérémonial maritime, les
différents saluts et contre-saluts que les bâtiments de guerre de
différentes nations doivent se faire entre eux en mer et dans les
rades, et ceux auxquels ils sont tenus en passant devant les forteresses étrangères, en entrant dans les ports ou en les quittant;
les saluts que les bâtiments de commerce doivent aux bâtiments
de guerre, les saluts aux princes de famille souveraine, aux ambassadeurs, ministres, consuls généraux et consuls, les pa-
vois, etc.

Le salut consiste, comme le fait observer notre auteur, à amener ou à ferler le pavillon, ou à amener les voiles hautes, ou à
tirer un certain nombre de coups de canon.

Il appartient à chaque État souverain de régler le cérémonial
maritime que doivent observer ses vaisseaux entre eux ou vis-à-
vis de ceux d'une autre nation, soit dans ses limites maritimes,
soit en pleine mer. Il lui appartient également de déterminer le
cérémonial à observer, sur la partie de la mer placée sous sa juridiction territoriale, par les navires étrangers entre eux ou vis-à-
vis de ses propres forteresses et bâtiments de guerre, et les
honneurs que ceux-ci doivent rendre aux bâtiments étrangers.
Le cérémonial maritime est fixé par les lois particulières de chaque État ou par des traités.

Le cérémonial maritime international a été longtemps et surtout au dix-septième siècle l'occasion de prétentions à la souve-

raineté ou à l'empire des mers, élevées par plusieurs puissances et notamment par l'Angleterre. Certaines pratiques de ce cérémonial étaient considérées moins comme des actes de politesse et de déférence, que comme une reconnaissance d'infériorité de la part de la puissance qui s'y soumettait. Cela s'appliquait surtout au salut des navires de guerre entre eux.

Aujourd'hui, suivant la remarque d'Ortolan, *Règles internationales et diplomatic de la mer*, t. I, p. 374 et suiv., la question de salut entre les diverses nations est dégagée de toute idée de domination et de suprématie d'un État sur un autre ; mais le cérémonial maritime n'en demeure pas moins un objet digne d'attention...

« La méthode de saluer, en amenant ou en pliant le pavillon, est dit-il, abandonnée entre navires de guerre. On ne ferle le pavillon et on ne l'amène plus à mi-corne ou à mi-mât, si ce n'est en signe de deuil ou dans un danger quelconque pour appeler du secours. Cependant, par marque de déférence, les bâtiments marchands saluent souvent ceux de guerre, en amenant et rehissant trois fois leur pavillon. Le salut leur est rendu de la même manière... Quelquefois les bâtiments marchands saluent aussi en larguant la boulinette, lorsqu'ils sont sous l'allure du plus près.

» Le salut du canon, fait aux forteresses et aux places maritimes par les navires de guerre qui y sont mouillés ou qui passent auprès, doit toujours être rendu par le même nombre de coups, parce qu'il est, à proprement parler, le salut d'une nation à une autre, et que toutes deux, étant également souveraines, ont les mêmes droits. On comprend aisément pourquoi, dans ce cas, les bâtiments arrivant ou partant doivent saluer les premiers. Ce salut est presque de rigueur ; cependant un État n'en doit considérer l'omission que comme un manquement aux convenances, et non pas comme une offense envers lui, à moins de circonstances particulières qui donnent à cette omission le caractère véritablement injurieux.

» En pleine mer ou dans le territoire maritime d'une tierce puissance, il n'y a, même en l'absence de tout traité stipulant l'abolition du salut, aucune obligation générale pour les bâtiments qui se rencontrent de se saluer ; cependant il est reçu qu'un navire de guerre portant pavillon d'officier général, ou

guidon de commodore, soit salué le premier par tout bâtiment
dont le commandant est d'un grade inférieur ; qu'un bâtiment naviguant seul salue le premier une escadre qu'il rencontre. Cette
règle de pure courtoisie doit être observée par les officiers de deux
nations qui sont dans des rapports d'amitié et de bon vouloir.

» En somme, ajoute M. Ortolan qui, en cette matière, unit
l'expérience de l'officier de marine au savoir du publiciste, le
cérémonial n'est plus un signe de domination, une occasion de
choc entre les prétentions rivales de suprématie ; mais c'est un
échange de courtoisie et de bons procédés qui, dans ses mille et
mille cas d'application, demande du tact, du discernement et
souvent un sentiment élevé des convenances. » V. sur les honneurs à rendre et sur les saluts, le décret du 15 août 1851 sur le
service à bord des bâtime ts de la flotte, et un règlement pour
la marine suédoise du 25 octobre 1844 (*Annales maritimes et
coloniales de* 1845) que M. Ortolan cite comme un des plus com-
plets et des plus détaillés, et les différents traités indiqués par DE
CUSSY, *Phases et causes célèbres du droit maritime des nations,*
t. I, p. 150 ; *V.* encore BYNKERSHOECK, *de Domin. maris,* cap. II
et IV ; KLUBER, *Droit des gens mod. de l'Eur.,* édit. Guillaumin,
part. II, tit. I, ch. III, § 117 à 122 ; WHEATON, *Éléments du droit
international,* t. I, p. 155, et Pinheiro-Ferreira, dans ses notes
sur Martens :

«... Ainsi, dit ce publiciste, pour ramener à des principes les
doctrines qui concernent les honneurs et les saluts que les vaisseaux se doivent entre eux, et ceux que se doivent réciproquement les vaisseaux et les forteresses dont ils approchent, nous
distinguerons le cas de rencontre des bâtiments en pleine mer de
celui où un vaisseau étranger approcherait d'un autre vaisseau
en commission, soit dans le port, soit dans les eaux de son propre
territoire.

» Dans le premier cas, il serait à souhaiter que d'un commun
accord toutes les puissances reconnussent que l'usage des saluts
en pleine mer, n'étant motivé par aucune raison d'utilité, doit
être aboli, ne fût-ce que pour mettre un terme aux discussions
aussi vétilleuses que désagréables qui en résultent tous les jours.

» Quant aux saluts à rendre, soit aux forteresses, soit aux vaisseaux stationnés en commission. ils sont fondés sur la nécessité
qu'il y a de la part des vaisseaux qui en approchent, de constater

qu'ils reconnaissent les droits appartenant au territoire dans les eaux duquel ils s'avouent entrés, et la juridiction des autorités locales, tant de terre que de mer. Aussi, du moment que, sortis de la ligne de respect, il n'y a de part et d'autre aucune supério- rité, aucune juridiction à reconnaître, le salut devient un acte de pure civilité, qu'on ne saurait omettre aujourd'hui sans manquer à celui qui, d'après l'usage, est en droit de s'y attendre. Aussi n'est-il pas rare que les commandants envers qui de tels actes d'incivilité ont lieu, se soient crus autorisés à en tirer satis- faction eux-mêmes; conduite évidemment blâmable, eu égard aux abus auxquels les prétentions de l'amour-propre national peuvent et doivent donner souvent lieu à l'abri de tels prétextes. En pareil cas, le devoir du commandant qui croit son pavillon offensé, c'est d'en faire à son gouvernement un rapport fondé en faits ; et nul doute que le gouvernement du commandant qui aura manqué aux égards que, d'après les usages, se doivent les agents des différents pays, ne laissera pas impunie une action d'autant moins impardonnable, qu'étant en elle-même insignifiante, elle a souvent entraîné des suites beaucoup plus désagréables que des griefs d'une véritable importance. »

Heffter, *le Droit international*, traduction de M. Bergson, n° 197, présente un exposé précis des règles aujourd'hui prati- quées relativement au cérémonial maritime international.

Il y a lieu, suivant cet auteur, d'appliquer le cérémonial mari- time international : 1° lorsqu'un navire passe sous le canon d'une forteresse ou d'une place maritime étrangère, ou lors de son entrée dans une rade ou dans un port étrangers ; 2° dans cer- taines occasions solennelles au moment du séjour d'un navire dans un port étranger ; 3° lorsque deux navires se rencontrent en pleine mer.

Le cérémonial maritime consiste principalement dans l'échange du salut des navires qui a lieu de différentes manières que notre auteur énumère.

Quant à l'observation des diverses manières indiquées de sa- lut, il existe des prétentions particulières de la part de certaines nations et des conventions conclues au sujet de ces prétentions, mais on peut aujourd'hui considérer comme règles générales du droit international que :

1° Chaque puissance est libre de régler, sur son territoire ma-

ritime ou dans ses propres eaux, la manière de salut des navires, pourvu qu'elle ne contienne rien de blessant pour les autres
puissances;

2° En pleine mer, et dans le territoire maritime d'une tierce
puissance, il n'y a aucune obligation générale de se saluer pour
les bâtiments qui se rencontrent;

3° Il ne faut pas considérer comme des actes obligatoires, mais
comme de simples actes de courtoisie, les cas suivants : 1° la rencontre faite par un bâtiment de guerre d'une escadre d'une puissance étrangère. Le navire de guerre salue le premier par des
coups de canon; 2° le ralliement d'une escadre principale par
une escadre auxiliaire. L'escadre auxiliaire salue la première;
3° la rencontre de deux navires de guerre. Celui qui est d'un
rang inférieur salue le premier; en cas d'égalité de rang, c'est
celui qui marche sous le vent. Si l'un des navires porte le pavillon d'amiral, il reçoit le salut le premier, quel que soit son rang;
4° les navires de commerce doivent le salut les premiers aux bâtiments de guerre, si ce n'est dans le cas de marche à pleines
voiles; le salut consiste à amener les voiles et le pavillon, quelquefois à tirer le canon. Lorsqu'un bâtiment porte un souverain,
un prince de sang royal ou un ambassadeur étranger, les autres
bâtiments, forts ou places, doivent saluer les premiers.

Heffter renouvelle le vœu exprimé par notre auteur, ci-après,
au § 163, de la suppression du salut des navires qui se rencontrent en pleine mer. Les fastes maritimes ne sont que trop riches
en exemples de conflits provoqués par les exigences des grandes
puissances pour obtenir le salut, et il est à souhaiter que les conventions conclues en ce sens entre plusieurs nations trouvent des
imitateurs. Dans tous les cas, la violence ne saurait se justifier et
le redressement ultérieur des torts, en cette matière, peut s'obtenir par la voie diplomatique. *V.* encore, pour la connaissance
des nombreux traités sur cette matière et des conflits qui ont
surgi, DE CUSSY, *Phases et causes célebres du droit maritime des
nations*, t. I, p. 148 et suiv., et t. II, p. 393 et 600.   CH. V.]

§ 159. — Salut dans les mers sujettes.

Tous les États maritimes, soit monarchies, soit républiques, demandent que tous les vaisseaux étrangers, soit

vaisseaux de guerre (de ligne ou frégates), soit navires naviguant seuls, ou formant une escadre ou une flotte, 1° saluent la forteresse sous le canon de laquelle ils naviguent,
ou le port avant d'y entrer, et qu'ils les saluent tant du
canon que du pavillon ; sur quoi la forteresse rend le salut
aux vaisseaux de guerre par le canon, et quelquefois en
arborant un drapeau : mais le nombre de coups pour le
contre-salut et le moment où il commencera, varient d'a-
près le nombre et la qualité des vaisseaux de guerre, et
ont plus d'une fois donné lieu à des contestations (a);
2° qu'en rencontrant leurs vaisseaux de guerre, soit en
pleine mer, soit à l'ancre, ils les saluent de même du canon et du pavillon, en n'obtenant toutefois que le contre-
salut du canon.

Ces points sont reconnus dans la généralité ; cependant,
1° l'Espagne, la Grande-Bretagne, et, à leur exemple, la
France, n'ont pas voulu jusqu'ici accorder indistinctement
cet honneur à toutes les républiques de la part de leurs
vaisseaux *amiraux* entrant dans le port, en demandant
d'elles le premier salut (b); 2° lorsqu'une puissance prétend que telle mer lui est sujette, et que d'autres n'en

(a) Dans les traités avec les États barbaresques ce point se trouve ordinairement réglé.

(b) Les instructions des puissances pour leurs armées navales jettent
le plus grand jour sur leurs prétentions à l'égard de ce cérémonial. Sur
l'Espagne. V. les ordonnances de Philippe II, de 1563, dans ABREU Y
BERTODANO, *Colleccion;* de Philippe IV, de 1664, *ibid.*, p. vii, p. 642;
de Carl. II, de 1671, *ibid.*, p. i, p. 549; sur l'Angleterre, *Laws, of the
Admiralty*, t. II, p. 303, sur la France, ordonnance de Louis XIV pour
les armées navales, 1689, liv. III, tit 1; ordonnance de 1766; lettre circulaire du ministre de la marine aux préfets maritimes sur le salut du
canon, du 9 frimaire an X, DUFRICHE-FONTAINE, t. II, p. 1034; sur le
Danemark, ordonnance de 1748, dans le *Merc. hist. et pol.*, 1748, p. ii,

conviennent pas, il résulte de là des disputes touchant
l'application des principes ci-dessus énoncés (c).

§ 160. — Cérémonial sur une mer libre ou neutre.

Quoique, dans une mer reconnue pour libre ou sujette à
une tierce nation, il n'y ait aucune obligation générale
pour les vaisseaux de deux nations qui s'y rencontrent de
se saluer, et que souvent aussi ce salut s'omette entièrement, on peut observer cependant, 1° qu'il est reçu qu'un
vaisseau de guerre d'un grade plus relevé soit salué le premier par tout vaisseau d'un rang inférieur, et lui rende le
salut par un moindre nombre de coups, d'après la distance
des grades (a); 2° qu'un vaisseau de guerre naviguant
seul, salue le premier une escadre ou flotte qu'il rencontre,
et que de même l'escadre auxiliaire salue du canon, la
première, la flotte à laquelle elle veut se joindre (b); 3° les
vaisseaux de guerre des rois ont demandé jusqu'ici que
les vaisseaux de guerre des républiques les saluassent,

p. 171 ; sur les Provinces-Unies des Pays-Bas, ordonnances de 1671, de
1750, Recueil de Van Placaaten, t. VI, p. 367.

(c) On a plus longtemps disputé sur le salut maritime dans les mers
qui environnent les îles Britanniques, où la Grande-Bretagne prétend
les honneurs du canon et du pavillon pour chacun de ses vaisseaux de
ligne et frégates, de la part de tous les vaisseaux, escadres et flottes des
autres nations Les Hollandais l'ont accordé dans une partie de ces mers,
en vertu des traités de 1667, art. 19, et de 1674, art. 4, lequel article
a été confirmé en 1783. (V. Pestel, *Selecta capita Juris gentium
maritimi,* § 7.)

(a) Entre deux vaisseaux d'un rang égal, il semble que le plus souvent
le salut s'omette réciproquement ; V. cependant les *Lettres et Mémoires
de* M. de Witt, t. III, p, 506.

(b) Alliance entre la France et les Provinces-Unies des Pays-Bas, de
1635, art. 12, dans les *Mémoires du comte* d'Estrades, t. IV, p 293;
alliances entre le Danemark et la Suède, de 1679 et de 1734.

non-seulement du canon, mais aussi du pavillon, ou qu'ils omissent plutôt entièrement le salut, lequel toujours ne leur est rendu que par le canon (c); l'Espagne, la Grande-Bretagne et la France ont demandé jusqu'ici que, dans toutes les mers, leur pavillon amiral fût salué pas les vaisseaux de toutes les nations, tant du canon que du pavillon.

§ 161. — Salut extraordinaire.

Indépendamment des prétentions formées sur l'honneur du pavillon dans telles mers, il est d'usage de saluer le premier, du canon même des forteresses, un vaisseau de guerre portant un souverain, un prince ou une princesse de sang royal (a), ou un ambassadeur. Cependant ce salut personnel même a fait naître quelquefois des contestations (b).

§ 162. — Salut des navires marchands.

Le cérémonial des navires marchands présente moins de difficultés, ceux-ci ne pouvant se refuser de faire le salut du pavillon marchand, des voiles, et, s'ils sont armés, du canon, toutes les fois qu'ils rencontrent un vaisseau de guerre, soit en pleine mer, soit dans la rade, ou lorsqu'ils passent devant une forteresse ou s'approchent d'un port (a). Pourtant, vu les difficultés qui peuvent se pré-

(c) MOSER, *Kleine Schriften*, t. X, p. 351.

(a) Exemple mémorable entre la Suède et la Russie, en 1788. V. *Nouvelles extraordinaires*, 1788, n. 59, 61, 62, 63.

(b) KHEVENHULLER, *Annales*, t. XI, p. 956; *Allgemeine Geschichte der vereinigten Niederlande*, t. VI, p. 95.

(a) Quelques traités font mention même du salut des navires marchands. *V.* par exemple, les traités entre la France et les Provinces-Unies des Pays-Bas, de 1646; entre la France et les villes anséatiques, de 1655, de 1716, art. 34.

senter, de saluer ainsi en pleine mer quand le vaisseau
fait voile, on dispense quelquefois les navires marchands
de cette inutile et onéreuse formalité.

§ 163. — Moyens d'éviter les disputes.

Lorsqu'un vaisseau, sommé par la semonce de saluer, s'y
refuse, ou ne salue pas comme on l'exige, il arrive souvent qu'on lui lâche un coup à balle ou une bordée, et
que, de force, on l'empêche d'entrer ou de passer. Cette
conduite étant aussi nuisible que peu décente pour des
puissances vivant ensemble en amitié, quelques États ont
sagement donné l'exemple de convenir, par traités, d'o-
mettre le salut dans des cas particuliers (a), de le restreindre, ou de l'abolir (b); et il serait fort à désirer que ces
exemples pussent un jour être suivis généralement. Aussi
semble-t-il que les rigoureuses instructions données aux
commandants de vaisseaux de guerre soient limitées quelquefois par des instructions secrètes en faveur de puissances avec lesquelles on n'a pas d'autres motifs de vouloir se brouiller.

(a) Entre la France et les Provinces-Unies des Pays-Bas, de 1685, dans
les *Mémoires du chevalier* DE FORBIN, t. I, p. 94 ; entre la Grande-Bretagne et les Provinces-Unies des Pays-Bas, de 1692, dans DUMONT, t. VII,
part. II, p. 310.

(b) Au sujet du salut dans la mer Baltique, *V*. traité entre le Danemark et la Russie, de 1730 (ROUSSET, *Supplém.*, t. II, part. II, p. 285);
traité entre la Suède et la Russie, de 1743, art 17, répété en 1790 et
1791. La France et la Russie, dans leur traité de 1787, art. 20, sont
convenues d'abolir totalement le salut. (*V*. mon *Recueil a*, t. III, p. 13 ;
b, t. IV, p. 196.)

FIN DU TOME PREMIER.

TABLE SOMMAIRE

DES

LIVRES, CHAPITRES ET PARAGRAPHES

CONTENUS DANS LE TOME PREMIER.

LIVRE I.

DES ÉTATS DE L'EUROPE EN GÉNÉRAL.

LIVRE II.

DE LA MANIÈRE D'ACQUÉRIR DES DROITS POSITIFS ENTRE LES NATIONS.

LIVRE III.

DES DROITS RÉCIPROQUES DES ÉTATS RELATIVEMENT A
LEUR CONSTITUTION ET A LEUR GOUVERNEMENT INTÉ-
RIEUR.

LIVRE IV.

DES DROITS DES NATIONS RELATIFS AUX AFFAIRES ÉTRANGÈRES.

FIN DE LA TABLE DU PREMIER VOLUME.

Saint-Denis. — Typographie de A. MOULIN.

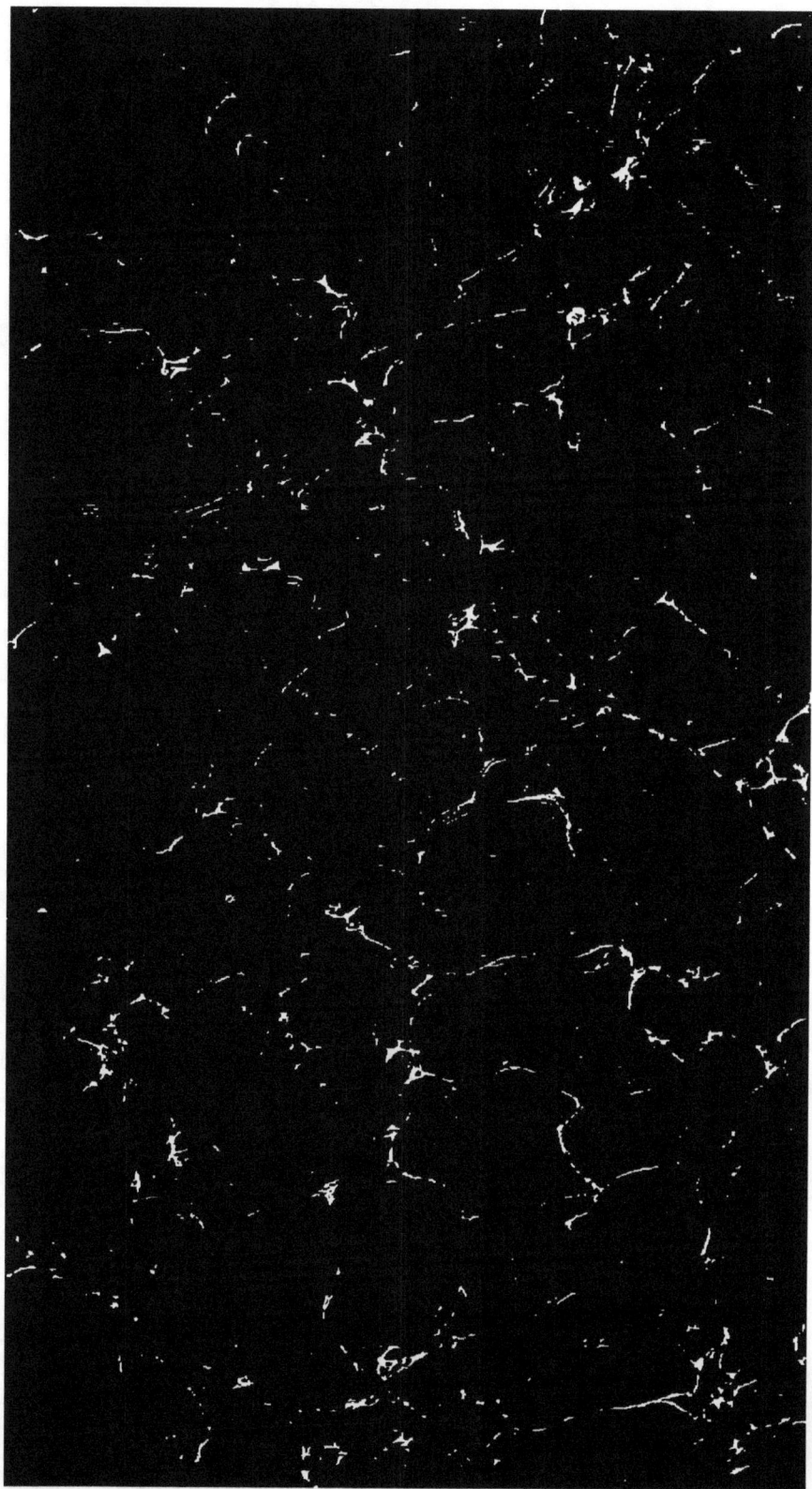

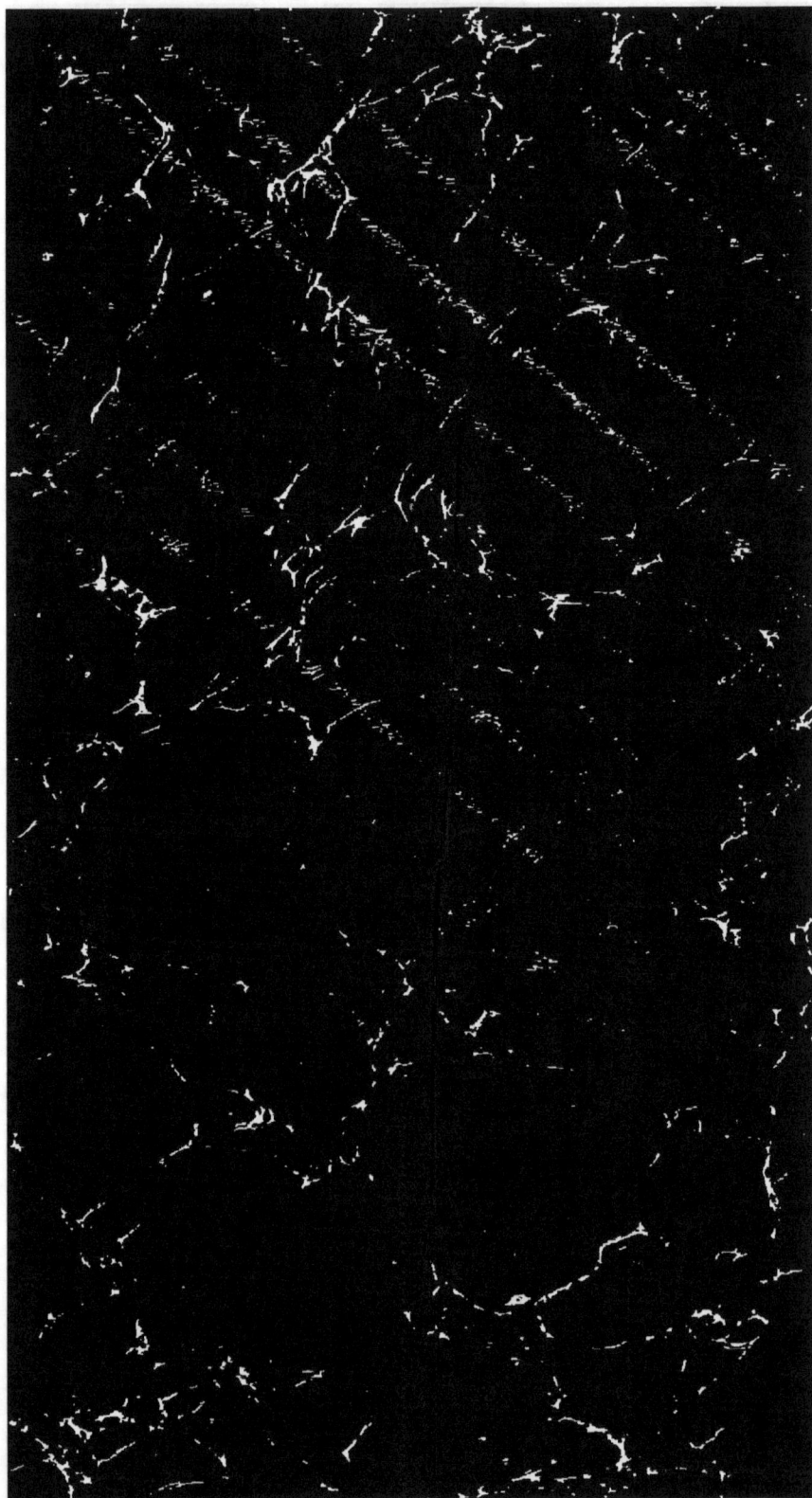